京都大学史料叢書 12

吉田清成関係文書三

書翰篇3

思文閣出版

写1　吉田清成
(渋沢史料館所蔵)

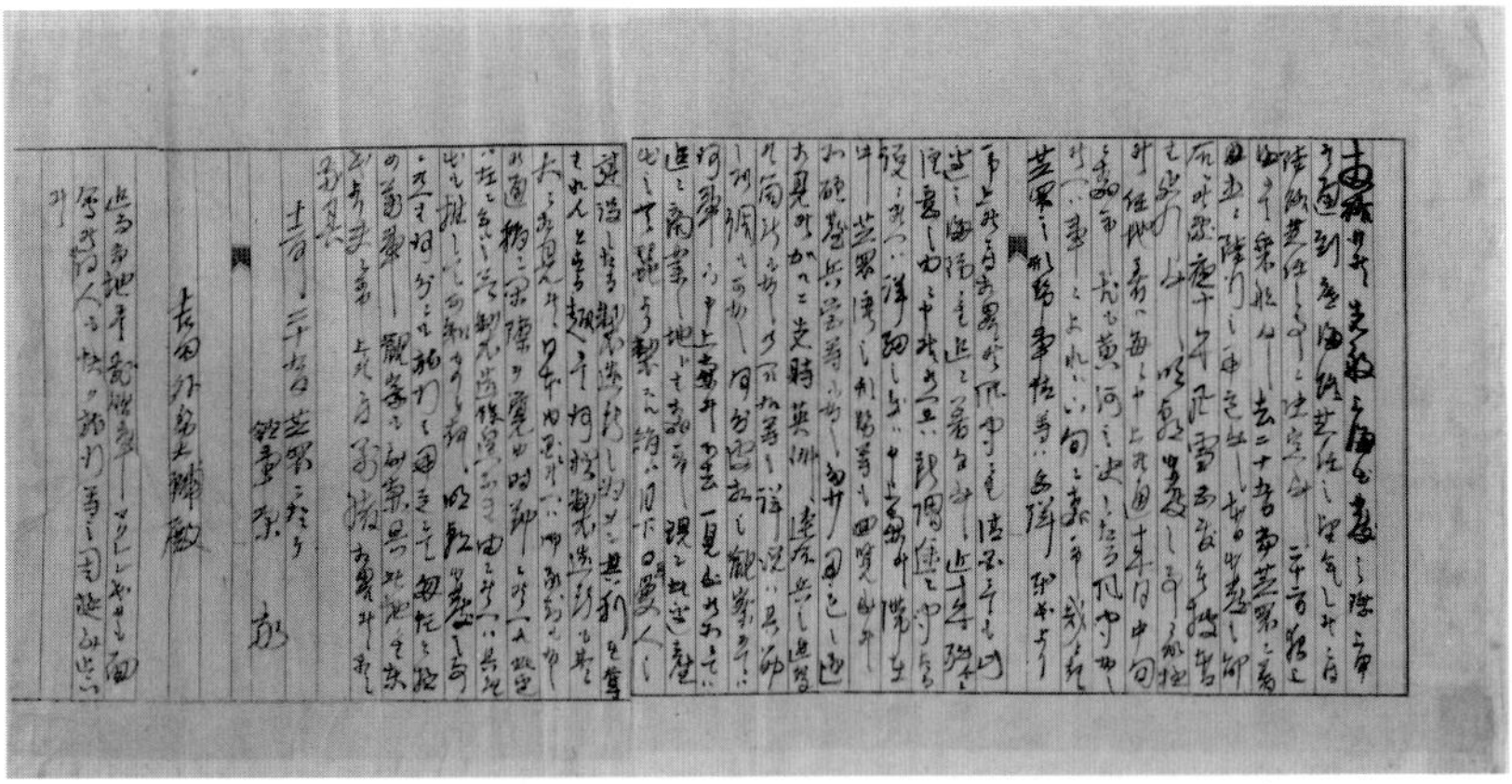

写2　原敬天津駐在領事の書翰。赴任途中に立ち寄った芝罘の状況を伝える。（48頁）

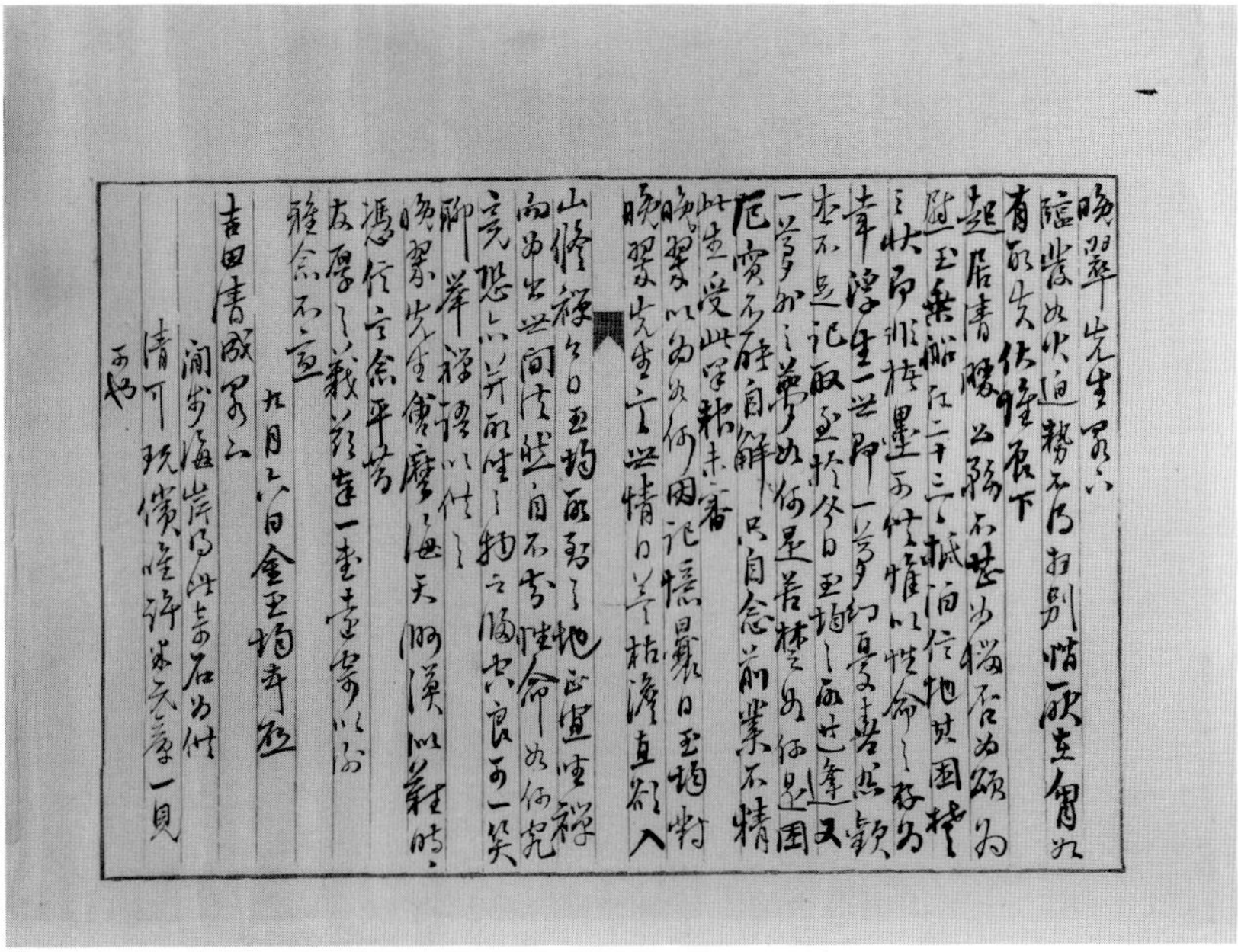

写3　小笠原島に流された直後の心境を伝える金玉均書翰　（299頁）

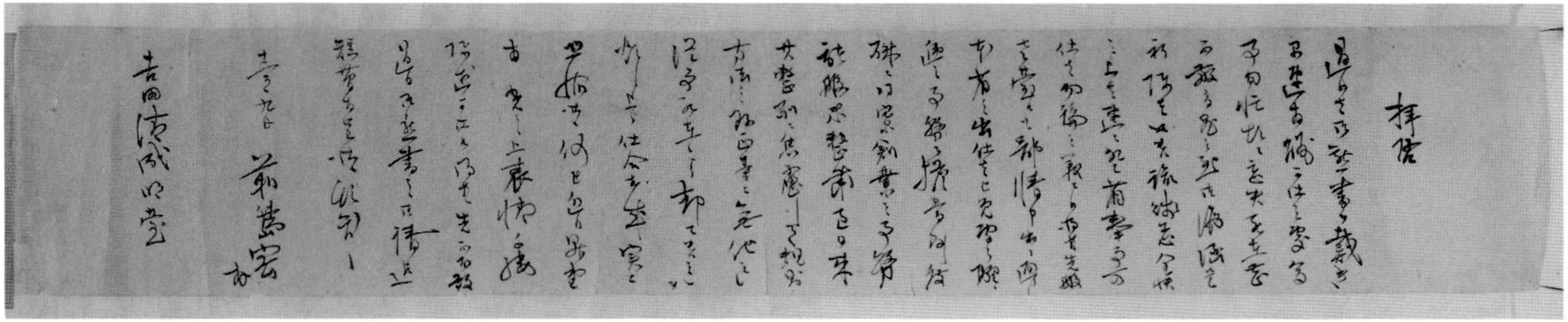

写４　駅逓寮創業事務に多忙な旨を伝える前島密書翰　（80頁）

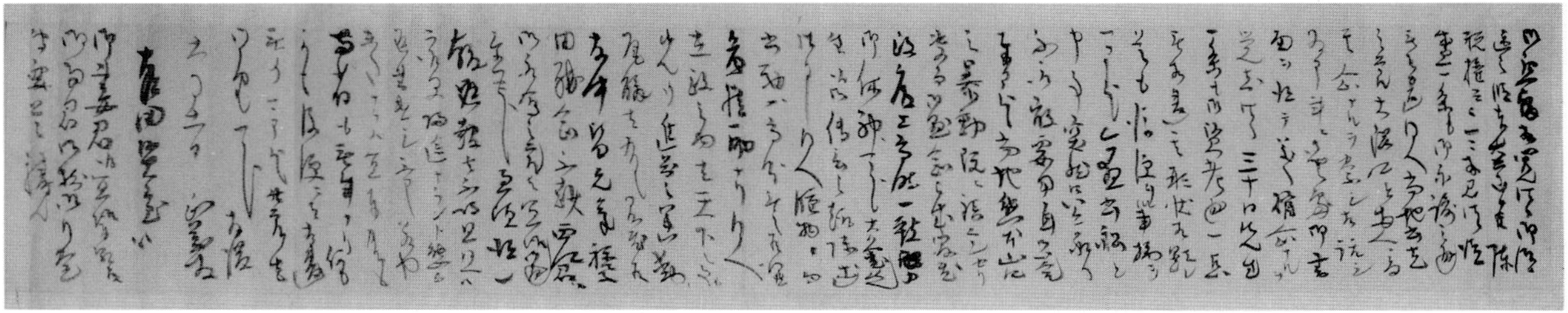

写５　神風連の乱・萩の乱の鎮圧を伝える松方正義書翰　（114頁）

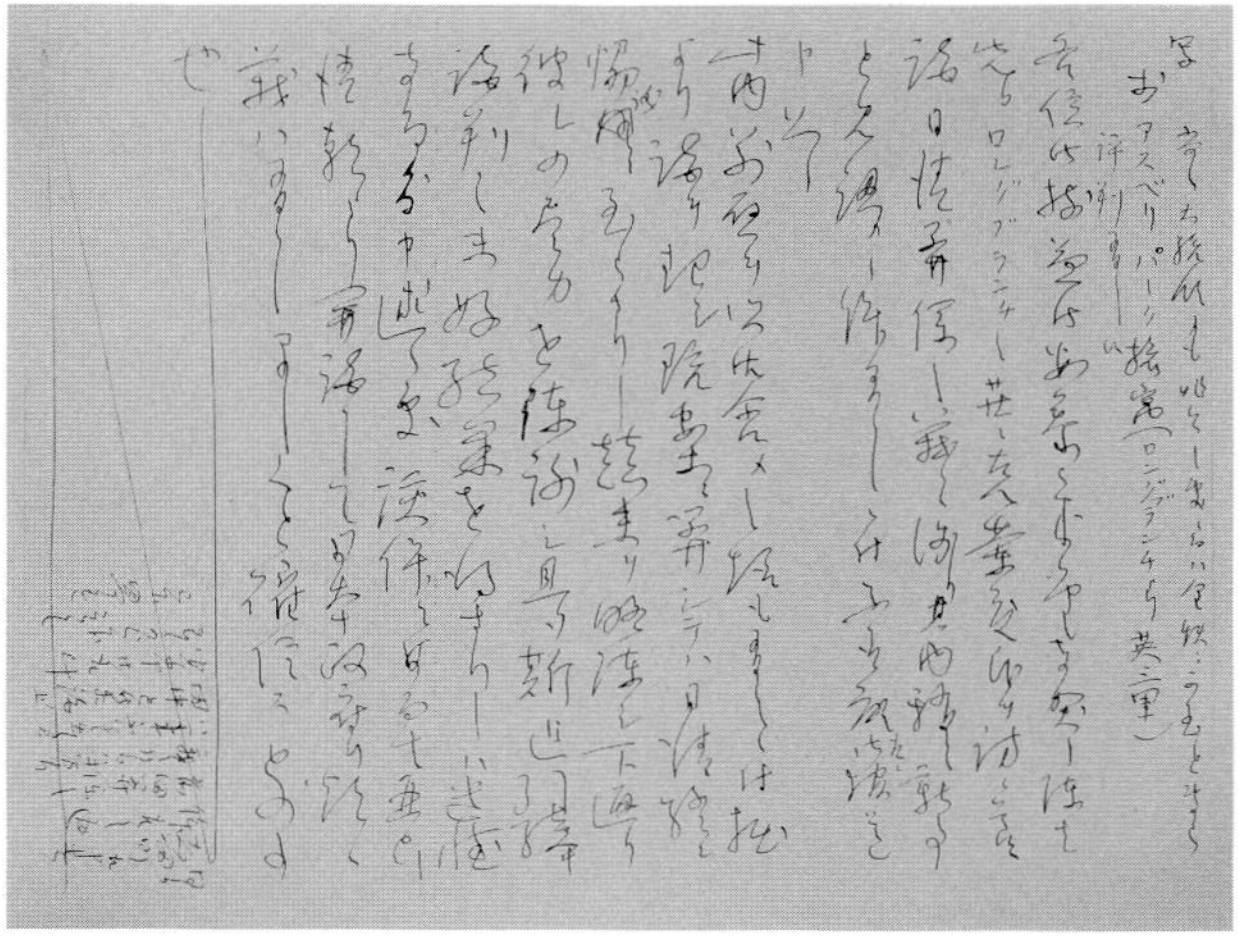

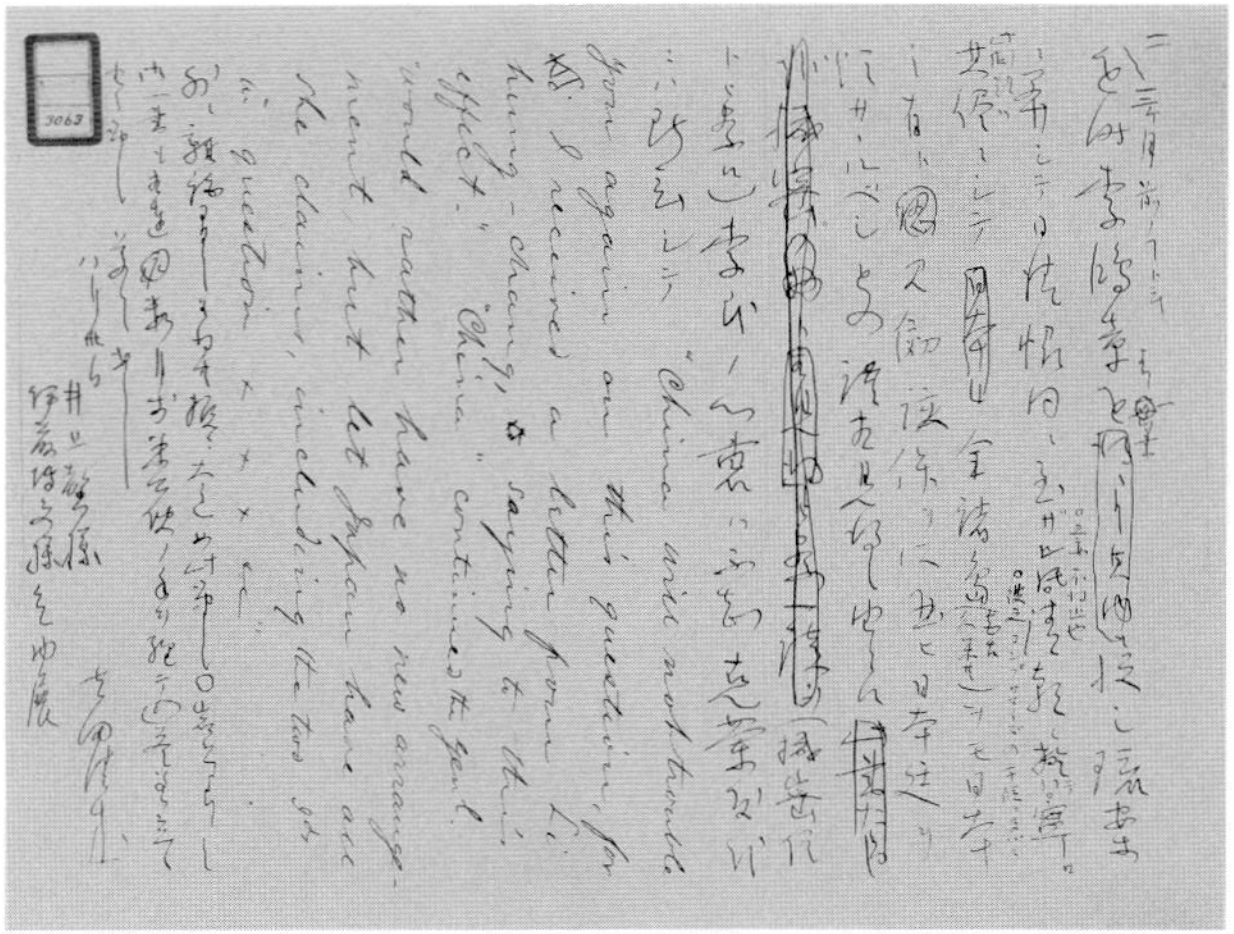

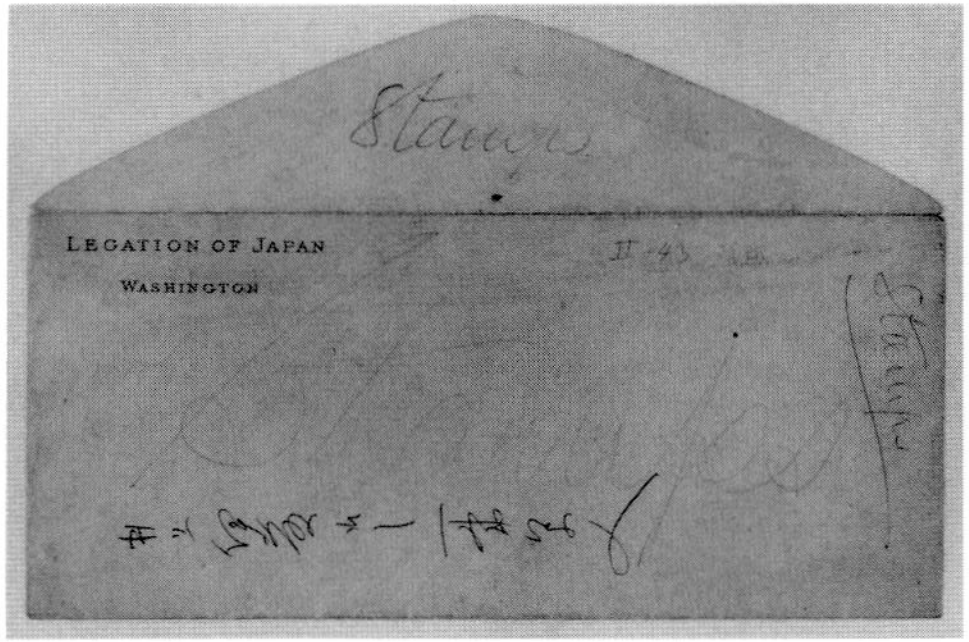

写6　井上馨・伊藤博文宛吉田清成書翰。琉球帰属問題についてのグラントとの会談を報じる。(311頁)

書翰篇　凡例

(一)『吉田清成関係文書』は全七巻構成とし、書翰篇に五巻を、書類篇に二巻をあてる。

(二)書翰篇の配列順序は、まず日本文書翰と欧文書翰とに分けた上で、さらに両者を吉田清成宛書翰・吉田清成書翰・第三者間書翰に分類した。その際、次のような措置を施した。なお、書翰篇のうち最終巻を吉田が駐米公使時代に作成した書翰のコピー・ブックにあてる。

1 日本人書翰については、それぞれの発信人または受信人の五十音順に配列した。また、朝鮮人・中国人書翰については、通常の日本語読みにそって五十音順に、欧米人書翰については、その姓または団体名のアルファベット順に配列し、日本人書翰に続けて収録した。第三者間書翰は発信人の五十音順またはアルファベット順に配列した。

2 日本人書翰で、別名・変名等を使用している場合には、一般的に知られている姓名によって配列した。

3 同一人物の書翰の配列は、差出し年月日順とした。明治五年一二月三日以前の分については、陽暦によるものは、陰暦に換算して配列し、陽暦を〔　〕内に示した。推定年代については、(　)を付して示し、とくに多少疑点が残るものについては(　カ)と表記した。また推定が両年に渡る場合には、(　/　)で示し、適宜いずれかで代表させた。年代を確定しえない分については、月日順に配列してそれぞれの末尾に収録した。

(三)文章表記に関しては、次のような措置をとった。

1　旧漢字・異体字は、原文の意味をそこなわない程度に、いわゆる通行の字体を用いた。ただし、別字体などは、原文にしたがって両用したものもある（例、島／嶋など）。
2　適宜、句読点を付した。原文に句読点がある場合には、とくに注記することはせずに、それらを尊重しつつ調整した。
3　明白な誤字・脱字等については、〔ママ〕〔　カ〕〔　欠カ〕で右脇に示し、訂正の場合には〔　〕で傍注を付した。当時常用されていた表現については、あえて示さなかった。
4　一般に片仮名表記されるものを除いて、原則として平仮名に統一した。また、変体仮名や𪜊・𪜈・ゟ・メなどの合字も通常の平仮名に直した（とき、とも、より、して）。
5　闕字は一字開けで処理し、改行は原文通りとした。ただし、擡頭および謙称の小字などは採用しなかった。
6　破損・虫食などによる判読不能の箇所は、□や〔　　〕で示した。
7　外国地名の漢字表記の場合、〔　〕に入れて片仮名のルビを付し、原文のルビと区別した。
（四）　書翰中の人名等についての編者注記は、〔　〕で右脇に示し、また参考になる事項は、〔注〕としてそれぞれの末尾に注記した。
（五）　巻封や封筒の表書・裏書などについては、それぞれの冒頭に注記した。
（六）　書翰篇の最終巻に吉田の年譜と人名索引および書翰篇解題を、書類篇の最終巻に文書整理番号との対照表および書類篇解題を収録する予定である。
（七）　吉田清成関係文書研究会構成員（本巻刊行時）は次の通り。

（代表）山本　四郎　　神戸女子大学名誉教授

伊藤　之雄　京都大学大学院法学研究科教授
高橋　秀直　京都大学大学院文学研究科助教授
鈴木　栄樹　京都薬科大学薬学部助教授
松下　孝昭　神戸女子大学文学部助教授
飯塚　一幸　佐賀大学文化教育学部助教授
落合　弘樹　京都大学人文科学研究所助手
井口　治夫　同志社大学アメリカ研究所助教授
田中　智子　立命館大学・花園大学・仏教大学非常勤講師
大石　一男　京都大学大学院文学研究科博士後期課程
谷川　穣　京都大学大学院文学研究科博士後期課程

目次

凡例

目　次

目　次

目　　次

吉田清成書翰

細目次

吉田清成書翰

吉田清成関係文書三

書翰篇3

三四三　橋口直右衛門

1　明治(14)年7月13日

昨今暑気酷敷、今日は九十度以上に御座候。

拝啓　御一同様益御安泰可被為入、大慶之至に奉存候。尊君にも御発府後は炎熱の御障も無之御安着相成り、多分今頃は毎日の御欝結も清涼〔カ〕たる海風の為め致飛散、御爽快御楽不尠事と御遠察候。当地相替事も無御座候。太〔ママ〕統領〔J.A.Garfield〕は逐日順快に被赴候由新紙に相見へ、可賀事に御坐候。兼て通知相成居候江木〔高遠〕氏にも山尾〔庸三〕氏と同道一昨夕当府へ被参、昨日は拙者の誘導にて墓参并議事堂抔見物被致、余程満足之姿に被窺申候。同人等は昨夕発府被致申候。山尾之来府は実に意外にて、下拙之喜躍不尠、昔日紐育〔ニューヨーク〕府於て敗走の羞を雪かんものと直に挑戦に及申候得共、残念なる哉、如何之訳歟下拙は常日に替り不出来、還て恥辱を益候様の勝負を致申候。御笑草の為申上候。高平〔小五郎〕氏には御出発当夜より当館に被留候間、左様御安神被遊度候。下拙にも毎日定刻出館仕、専勘定精算之事に取掛り申候に付、不日整頓致積に御座候。来十八日頃当府出発、貴地え罷越度御座候間、左様御聞済置被下度候。右荒々奉伺貴意度如此御座候。謹言

七月十三日　橋口直右衛門

吉田清成様

御家内様

二白　馬車売却も未た取調不申、折角フランク尽力中に御座候。敬白

2　明治(14)年7月15日

乍憚様、湯地氏え宜敷様御伝言奉願候。

拝啓　十三日附花墨今朝拝誦仕候。御着島後益御爽快被為入、殊に御子供衆にも御健全之由、幸不勝欣喜奉存候。随て当館おひても一同無異罷在候間、御放神被遊度候。時計之儀は御下命之旨趣を以て、早速先方え依頼及申候処、幸丁度修復出来候に付、貴地之直接御

橋口直右衛門

回送致呉と之返辞承候間、自然両三日中には御入手相成候事と奉存候。

暗号電信簿は御入手被遊候由、以後肝要之事件は右を相用候様御申越之趣奉拝承候。大統領《J.A.Garfield》も逐日快方に被赴、大慶之事に御座候。今日は暑気少し相減、八十五が極点にて御座候。昨夕はチーカーを拝借致、高平氏《小五郎》同車晩景ソルヂヤスホームに罷越、納涼《カ》仕候。馬車買人も未た決定仕不申、是非私発府前に売却仕度と存申候。御返辞まて。草々謹言

七月十五日　　直右衛門

清成様

御家内様

3　明治(14)年8月24日

謹啓　陳は、御全家様益御安康可被為入奉欣喜候。高平氏えの御電報今朝相達奉拝見候処、閣下方にも既にブロック島御出発被遊、今日アスバリーパークえ御出向被遊候由、折角御愉快の御避暑可被遊候様奉禱候。二に小生にも途中より御通報申上置候通、一昨朝ヲルバニー府を出帆致、午后五時過紐育《ニューヨーク》に到着仕候処、幸ひ阿久津氏船之着場にて待邀被致呉、其より同行同氏之寓所に参一泊仕候。昨朝同府を発車、当地に午后帰着仕候。当館も何も異状無御座候間、左様御安神被遊度候。

大統領之容体も格別の変症相顕不申候得共、一体の人気を察するに皆失望の姿にて、唯凶期の来るを待居候様に被窺申候。

馬も引続牧場に差遣御座候。孰れも健全に御座候由承申候。

会計来信該島出発の際取残候事と見へ、書類中捜索仕候得共見当り不申候。多分右はホールの机上辺に忘置候事と奉存候に付、御出発の際取纏め御持参被遊候事とは奉存候得共、為念申上置候。扨、当地は暑気未たに厳敷、唯今(午后一時)役所に於て八十六度に御座候。併し朝夕は余程冷敷様に覚申候。右奉窺貴意度如此御座候。草々謹言

八月廿四日　　　　　　　　　　　橋口直右衛門拝

吉田公使閣下

4　明治(14)年8月29日

尚々、皆々様暑気御厭可被下拝具

謹啓　過廿六七日の両尊書今朝拝見仕候。御一同様御安全被為入奉恐賀候。当館於ても何も相替候事無御座候間御放神被遊度候。

辺にて相使候トム義を役所小使に御約定御召連相成候旨奉拝承候。下拙にも兼て彼が為人は粗識認仕候事にて、渠なれば至極適当ならんと奉存候。

各国公使連には皆在府に候乎の旨御尋の趣拝承、今日まで之所にては各国公使の内、惟独も在府の方無御座候。閣下御不在の義は少も外見に触候様の事は無御座歟と奉愚考候。其に当地は昨今暑気頓に酷敷相催、下拙の如き冷所に長く滞留仕候身には些と苦敷様の思被致申候。依て今暫時は御逗留の方が可被宜と高平〔小五郎〕氏と申居事に御座候。

御願申上置候金の義は、御聞済被下難有奉謝候。百二十弗の為換券は正に奉落手候。

馬の義は仰越通牧場に残置可申候。馬車も既に出体〔来〕致居申候由、少も申分無御座候旨承申候。山中氏え之返答は早速電通に及可申候。大統領〔J.A.Garfield〕容体之義に付ては、過日来御電通申上候通にて、一時は既に絶命之場合に立至申候処、一昨晩より頓に好き方に変し、今朝八時半の布告にも、昨日通引続き変症相現不申、脈度百、温度九十八・七と記載御座候。目今にては人心の騒も大に薄らぎ候様被窺申候。

過廿六日宵より毎晩公館に泊り、万事見締仕候間、左様御安心被遊度候。隣明地面に数日前より建築を始め、毎日数人の労夫を用、囂敷事に御座候。

湯地氏にも最早到着相成申候半奉察候。同氏え宜布御伝被下度候。右御返辞まで、草々恐々謹言

八月廿九日午前　　　　　　　橋口直右衛門

吉田公使閣下

追て、乍憚御令閨方え宜敷御伝言奉願候。

橋口直右衛門

5　明治15年3月27日

尚々、玉体御愛護第一に奉存候。

謹啓仕候。陳は、御帰朝後未不奉得貴音候得共、御全家御揃御無事の筈奉欣賀候。随て当方於ても両人共至極の壮健にて公務勉励仕候間、幸御放神被遊度候。屡申上候仕第〔ママ〕に候得共、前便より御書信不下候儀は、誠に失望千万之至にて御座候。然るに高橋氏も既に到着相成候に付、委詳大人方の御安否聞取度存候得共、未た同氏も当府え出向無之候故、此儀も相叶不申候。今日之紐育新聞に拠れば、寺嶋〔宗則〕元老院〔ママ〕長当国公使に被任、大人には此内風評通り弥大蔵卿に御転任の事相見候。因て熟考仕候に、御在府中粗御話も承り通り、或は寺嶋氏該職に被任候儀は実説には無之候哉と奉存候。尤も御出発前拙者共の心算に依れは、業已に今比は後任の人相知候事に奉存候処、大人の御転任は勿論、後任も不相分些と失望罷在候儀に御座候。当地も格別異状無御座候。レントに入り少は交際事務も閑慢に罷成候事歟と存居候処、矢張ボッニの諸所より招状を受け出行候事に御座候。先夜は国務卿の所え罷越申候処、グラント氏幷大統領等参会被致、グラント氏えは始ての紹介を得、仕合之事にて御座候。然るに最早大抵宴会等も相済み候故、是から少にても読書等仕度相考申候。当地は日々春暖相催し、昨年今比ロッククリー氏辺え御供仕候事共追想仕候。其比の愉快に引換当年は唯両人にて誠に寂寥罷在、春日之長閑なるにも籠城読書の外無御座候。

一御出発御遺嘱相成候墓所云々の儀は、本便本省え伺出相成候間、左様御承知被下度候。就ては先日該地価等聞糺の為め同地之罷越、御墓地えも参詣仕候処、至極清潔に掃除等行届き、最早徐々と薔薇等萠芽致申候。

一此内より差上候勘定書は御落手の事と奉存候。馬車幷鞍等は成丈け早目売却仕度存候得共、未た好望手無御座候故依然扣居申候。

当地の情実等委曲申上度奉存候得共、ランマン氏等より詳報可有之事と存申候間、下拙よりは贅言不申上候。先信にも申上候事ながら、下拙の去就に付ては偏に大人の御指揮に御任せ申上置候間、如何様とも時機に従ひ御取計被下度、偏に奉願候。尚公務上に於ては微力之及丈けは尽力勉励仕候間、此辺は露も御掛念被下間敷候。乍筆末マダム始御子供様方には御堅勝の筈、御出発後は日々御念残惜事而耳〔マヽ〕罷在申候。草々謹言

十五年三月廿七日　　橋口直右衛門

吉田清成様虎皮下

6　明治(15)年6月21日

謹啓仕候。日々炎熱甚敷能〔罷〕成申候得共、御揃御安康之事と奉大慶候。扨、先便よりは貴音拝承仕候事と覔望仕候処、不幸にして不得尊書、何とも失望の至に御座候。然るに大人御栄転の事も未た相運ひ不申候由、従て新公使の所も決定不相成、元より拙者如きに於ては雲間の御都合は相分る次第には無御座候得共、種々の想像を引起し、是は些と変な事かなと何も愚説を吐露せす、黙々の外無御座候。併し又大人の御進退都合能相成候様日夜奉禱候事に御座候。先便申上置候通ダウリンえ托、額幷器物等売捌方の儀は、即ち甲乙丙丁号之通り差遣置申候処、戊号之通り勘定書幷百七拾九弗二拾五戋に宛る金券送越申候間、右金額は早速官え返納仕置申候。然るに額絵等の如きは意外の低価に売捌け、何とも遺憾の至に御座候。御承知の通諸器物を一緒に売却候には、雑売者の手を経るより外に好手段無御座候。又其手え相托申候上は、其時の運不運にて甚価に高低御座候事にて、其辺は宜御斟酌被下候様奉願候。油絵の内三個は未た売捌け不申候趣にて、未た報知無御座候間、左様御承知被下度候。馬車は未たに売れ不申、精々尽力中に御座候。官より御借用金残額の儀は、即ち別紙調書の通に御座候処、右は迚も庖厨具庇道具幷蚊帳の如き官え御買上の品物代価にては補塡の儀は六ヶ敷、孰れ多少御送金不被下候ては不相済候事と奉存候間、左様御承知被下度候。公信発出に差掛

り、右要々まで申上候。恐々謹言

六月廿一日　　直右衛門

清成様閣下

乍憚様、マダム其外え宜敷奉願候。已上

7　明治(15)年9月30日

尚々、御自護専一に奉禱候。

謹啓　日増秋冷相催申候処、御一同様御安寧可被為入奉欣躍候。降て当地にも一同無事罷在申候、ランマン氏も此節解雇相成、同氏に於ては十年間首尾能相勤、殊には過分の賜金頂戴致候に付は、無此上難有事と余程満悦の様子に相見得申候。就ては跡は俄然淋敷罷成、役所には唯独語居事に御座候。今日之新紙に寺嶋〔宗則〕公使にも弥本月廿六日本邦発輪の筈と相見得、今比は多分太平洋中ならんと存申候。何れ当府赴着は来月廿日前後に相成可申乎。大人御帰朝以来既に九ケ月間の星霜月日を消過し、回顧すれは諸事如夢御座候。何れ来年早々には帰朝仕、久々振御快話承度と一日千秋の思ひ致申候。御笑察被下度候。

当地格別の異状無御座候、秋分に赴き追々避暑より帰る人も不尠、日々賑然に相成申候。過日はミスミラと邂逅仕候処、大人并マダムの御安否共被尋、当府え御帰任なきは実に遺憾なりと被申居候。扨彼荒川氏の事も農務局にては周旋は墓々敷参不申、四五日跡同行、佐藤氏の方え被赴申候。彼方には元学校にて教師たりし某がおりて、同氏の為め好場所を周旋致呉候趣に御座候。拙者より大人え宜敷申上呉候様同氏之依頼に御座候間、左様御承知被下度候。先は奉得貴意度、取急き寸楮如此御座候。恐々謹具

九月三十日　　直右衛門

清成様

乍憚様、マダム其外え宜敷奉願候。

8　明治(15)年12月7日

尚々、御摂生専一に奉禱候。

拝啓　時下寒気凛冽罷成候得共、御全家益御安泰可被

為入奉欣賀候。随て私にも始終壮健勉務仕候間、乍余事御放神被下度候。寺嶋〔宗則〕公使其他も至極の壮健、追々当地の実情にも慣熟相成、鮫島〔尚信〕氏は公信、大井〔敬太郎〕氏は会計、高平〔小五郎〕氏は専機密と申役割にて、最初は聊仲間の折合さる事も御座候得共、今日に至りては万端都合能相運び誠に仕合之至、私には交際事務担当可仕との事にて、先其方に尽力仕候。併し未た交際も盛に相成不申候故、少し閑暇を得勉学共仕居申候。

一議院も弥去四日を以て開会相成申候。米韓条約批准之儀に付ては、スチーブン幷高平氏におひて至極之周旋、唯今の処にては甘く参候様承申候。償金一件は今会議にて談了可致と乎、些と如何と危殆に愚考仕申候。大統領使書には如例償金返還の事慫慂相成申候。

一先便も申上置候通り、大人御所有諸器物は別紙甲号より乙まて調書の通り寺島公使え譲渡、右代金米金三百五拾弗九拾弐戋は官え返償仕申候。尤も乙号の儀は曽て官え御買上相成候様伺出候。品物にて其後本省より何分の指令御座なきにより、寺島公使え一先譲渡置、追て何分の指令に依り官物に可相成物に御座候。

一子供寝具幷四角形ピローテース、先日ダウリンクえ依頼、別紙之通り売却仕候。然る処大人御帰朝之際、御持帰り相成候官有洋書籍弐三部有之候趣にて、官え返償可致旨高平氏より承知仕候に付、其代価として右の内拾弗丈け引去り、残額拾八弗六十四戋官え返償仕申候。

一過般高平氏より御報知相成《申上》候彼無名にて大人え宛て郵送仕候米金五拾弗は、未た大人より何分の御指示無御座由承申候得共、右は大人え対し、コンセンスモニー〔conscience money〕と愚考仕候に付ては、大人にて御請取相成候ても少も差閊の儀無御座と存し、高平氏と相談の上断然官え返償金の内之差加申候間、左様御承引被下度候。

一別紙勘定書の通り、総御拝借の内、尚米金百三拾五弗八拾六戋返償残御座候間、御都合を以て御送金被下候様仕度候。右の通り返償不足相成候儀は何とも遺憾千万之事に奉存候。

一彼僕長デートンなる者去頃盗賊相働き申候由にて、

橋口直右衛門

新聞に掲載有之、即ち切抜差上申候間、御一読被下度、右に依れは大人御召使中竊〔ママ〕盗相働き候事今日に至りコンフアーム仕申候。実に可悪次第に御座候。用事は扨置、当地唯今至極の寒気にて御座候。今日共北風烈敷、暖炉の火計にて尚足ざる様に御座候。今年之交際時節は、昨年に比すれは大に繁劇に可有之、諸人の流言に御座候。最早参会も厭果申候得共、是も公務と思えば致方無御座候。一杯尽力仕候外無御座候。先は今便要々まて申上候。早々謹言

十二月七日　橋口直右衛門

吉田清成様虎皮下

追伸　マダム其他え宜敷御致声被下度候。

9　明治(24)年4月3日

拝呈　益御清適奉恐賀候。然は小生事、弥来る七日発、赴任の積に御坐候。就ては明後五日芝金杉見はらし亭に於て午餐差上度候間、何卒御繰合十二時比より御賁臨被下度偏に奉懇願候。当日は叔父幷添田君等参筈に付、随分御話対手多〔カ〕御坐候間、是非とも御出の程奉願候。明日比は小生参館御願可申上候得共、乍畧儀以書面奉得貴意候。草々敬具

四月三日　橋口直右衛門拝

吉田清成様

〔注〕橋口は漢口副領事（領事代理）として赴任。

10　明治(24)年4月30日

拝別　爾来益々御堅勝可被為入奉遙賀候。随て小生にも去七日東京出発以来、海上無恙十四日に上海に安着、此所に中三日滞在、十八日早朝出発、揚子江を溯航する事三昼夜にして、廿二日未明当漢口に安着仕候間、乍余事御安神被成下度候。当漢口は居留地予想外に立派に有え、河岸バンド辺は中々横浜抔之企及所に無御座候。附近え都府武昌漢陽を合せて人口百二三十万御座候。武昌は所謂蘇東坡の赤壁の賦にある東望武昌西望河口云々の武昌に有之、又呉の孫権が都せし所にして、其他名所も不少様子に御座候。当地は御承知

の通茶所にて、茶季節も追々相迫り申候。外国貿易高は年に五千万円に達し、日本貨物は昆布、石炭其他雑貨等に御座候。随分将来に望有之候半と存申候。先は安着の御通知仕度如此御座候。恐々敬白

四月三十日　橋口直右衛門

吉田大人

再伸　御令閏え宜敷御伝語奉願候。

11　明治(　)年2月18日

捧呈申候。御安康被為入奉賀候。陳は、私も去十日より当地え罷越申候処、地位は好し、空気は清良、鮮魚は沢山有之、真に極楽浄土にて、日々愉快に消光罷在申候。

過日横須賀に参候際、御別業を遠望仕候所、好位地に御建設と御賛賞仕候。私には今月中は逗留の積に御坐候間、万一其内御別業に御越被遊候様の事あらば鳥渡御知せ被下度、左候得は直ちに拝趨伺候可仕候。草々頓首

二月十八日　橋口直右衛門

吉田様玉机下

三四四　橋口文衛

1　明治(　)年7月13日

拝啓仕候。近来は不奉得拝顔候得共、此炎暑にも御渾家様無御別条御消光被成御坐、奉大悦候。陳れば、以紙面甚恐縮の至に御坐候得共、愚書持参の者は過日駒場農学校に於て卒業せし知識四郎にて、私の友人に御坐候処、是非一回拝謁を願上度と本人の歎願に御坐候間、御繁忙中甚恐縮千万に奉存候得共、本人の願意御許容被成下候へは誠に難有仕合に奉存候間、御序に御引見被成下様偏に奉願上候。此旨以禿筆奉伺尊意候。謹言

七月十三日　橋口文衛

吉田清成様閣下

三四五　橋口文蔵

1　明治11年12月15日

〔前欠〕云ひ、別冊目録を取り出し、小生へ示し申候。さ候て同氏の申様、是の目録を先生へ御送り申候て御一覧を請ひ、どふかして其道あらば此エキスペヂションの人数に日本帝国の名代人として小生を御差遣し被下候様歎願しても別に害は無ひだろーと申候に付、其後早速小生の部屋へ帰りし上、其目録を篤と吟味いたし申候処、実にテムプテーションの元因と成り、どふなりとして金策を致し、此開化国の諸生等と此未曽有の面目なるエキスペヂションに、数ならすとも日本帝国よりの名代人として差越度御座候得共、元より些少ならざる入費なれば、迚ても自力を以て二千五百円を調達仕難くは鏡に掛て見るが如くに御座候。夫は勿論可驚義でも無御座候乎。当校の諸生輩も大さわぎ致します。けれども、彼等でさへも容易其金出来かね候と被察申候。此学校に一の土耳其《トルコ》人あり、名をカスベリヤンと云ひ、此奴抔は此エキスペチションには殆んと狂人の如くなり。是非どふかして願望を遂け度と奔走いたし居申候へども、元より小生に同様の身なれば其事不叶と思ひけん、遂に土耳其帝ソルタンへ歎願書を送りましたよし。夫は如何なります乎未た分り兼ね申候。此儀にに《ママ》付、小生一身上を顧るに、華盛頓を出発の折、是非先き両三年ハ当校へ踏み止り、決して再ひ転校はいたし不申と尊公様へ約束を申上、殊に彼開拓使云々の事も御願置申上候て《ママ》、未だ半年も過経せざるに、如斯事突然申上候ては実に相すまずと思ひ、聊其念無御座候得共、前に述し如く校長クラーク氏の話を聞しより其念俄に増長し、而して其目録を熟読せしより、其希望前に千倍し申候に付、譬へ小生の願不叶とも、第一尊公様の御高慮を奉伺度と決心し、彼目録壱冊差上申候間、御繁劇中とは山々相考申候得共、何卒其目録を御一覧被下度様更に奉歎願候。左候て愚意を聊左に申上候。小生此問題を熟考仕るに、此エキスペヂシヨンは日本帝国の為め少からざる利益と相考申候。如何なれば、第一に日本政府は西洋諸国と交際を開きし爾来、日に月に其諸機芸学業の彼等に劣れるを悟知し、早く勧業寮等を建築せられ、日本人民へ洋米諸国の機芸学術を教んとし、要路の諸君其目的を達せんと、夜を日に継き御周旋有之とも、元より師匠なければ子弟を教育するの術なきより、莫大の入費を不顧洋米人を高賃にてやとい《雇》込まるゝとも、在官の人に真技術に練達されし人乏ければ詮方なきも、是も彼が云ふ如く、彼も彼が差図する如く譬へ非材の事有りとも夫かと思ひ、何も歟も外人へ御委任なりしに依て、結局我まゝ勝手をする様の弊害を免れざるか故に、政府は早く其任に当るの人品を鋳造せんと欲し、六七年前には夥多の入費を不顧、多数の諸生を諸外国へ御差出しに相成りしとも、速に其結菓不相見とや思われけん、未だ未熟の諸生輩を半途にして御よび返しに相成り申候。是は元来諸生を撰挙するの法、麗〔亀カ〕なりしより、如斯の結菓無きむだ骨折と相成り申候半か。殊に六七年前には未だ洋学盛に行はれず詮方無きも、いまだａｂｃさへも知らざる諸生等を御派遣に相成りし事故、少くとも七八年間も留学を許さゝれば中々其結菓を見る事無覚束、而して見れば又一概に其諸生等が三四年間留学したと云て、其巧不見得と非難するは余程無理なる話と愚存に御座候。併し当今に至りては、御熟知の通り、日本諸生等の学業前に比すれば遙に上達したるもの不少、数年を不出して折々日本帝国の為めに大利益を生するの人品相出来申候半か。夫故に此節相当なる諸生等を御撰挙に相成り、此エキスペヂシヨンと一緒に日本国よりの名代人として御差出に相成り申候に於ては、不日相応の Scientific men を相生し申候半乎。如何なれば、此エキスペヂシヨンは浮き学校にて学芸は勿論、諸有名家より教授を受け、殊更実地上にて万事を目撃して勉学する事なれば、是れ容易に得難き特別の便益と相考申候。第二には世界万国有名所を巡回し、其地の商法技術風習等を目撃上に学び、専ら夫に付ては諸有名家の説を聞き、疑〔し欠〕きは是を質問し、殊にクラーク氏は頗る日本の情実に通せし人なれは、彼是と学ひ得る所あらんと相考申候。第三には世界万国より奇美の草木学及ひ地質学等の見本をあつめ日本へ持帰り、未だ赤子の勧業局を装るに於ては、中々容易ならさる補助ならん乎。ケ様な事は莫大の金を費さゝれば迚も難遂、譬へ金は費しても、未熟の日本人のみ他国を巡回しても、此エキスペヂシヨンの様に諸有名の師と同行する等の事は万々無覚束御座候半。然るに此エキスペヂシヨンは折々は日本海へも巡回の事なれば、ケ様の品々はさまで入費と可申程の事無御座、容易に運送出来申候半。第四には日本憐〔隣〕島ヲーストラリヤ近辺の諸島を巡回するに依て、頗る未来の為めには交易上に関し其の地の産物等に付知識を得る事御座候半。第五には此エキスペヂシヨンは折々日本海へ回り、暫時日本へ滞在するに依て、我か風習より家屋の建築其他万事彼等が奇妙に着目する所となり、動〔も欠〕すれば真の事情には通ぜずして、妄りに嘲笑する事多からんと想像いたし申候。

「小生ケンタキーに在りし折に Commodore《彼の金満家》 Vanderbuilt の息子、ボーマン氏を見舞に来し折に、小生も彼と知人となり、彼是と日本の風習等笑ひものになし、形も何も無き事抔吐きちらし、実にこまりました。而して小生彼へ幾何間日本へ留りしやと尋ね申候所、漸く半ケ月計をりしと申候に付、汝は其位日本へ居て迚も日本の真の情実には通せずして、左様な評をされては実にこまると申せし事御座候。」

ケ様な人達との僅に舟妓等の振舞を見て、日本全国の人民の見本とと〔ママ〕做す弊あるを免れず。況や此エキスペヂシヨンはヤンキーの若年輩なれば、ケ様な僻説を為し、彼等帰国の上形も無き事抔吐きちらし、笑物にされては聊こまります。ケ様な折には日本人其艦中にあれば、可成骨を折て彼等の僻説を破り、彼等に好き日本風に吹かして帰国させ度ものに御座候。其他数ふへからざるの利益御座候半と愚存に御座候。日本政府より相当の諸生を御撰挙に相成り、此エキスペヂシヨンへ御差遣し相成り申候はゝ、多分其実巧上り申候半と相考申候。然る上は小生不肖の身ながら、一配に身命を抛ち、其任を相尽す〔し〕可申候間、其の数に御差加へ被下候様奉懇願候。小生元より愚鈍の性質なるに依て、特別なる人品を製するや否は予め難期御座候へども、専ら我学課を勉励する義に付ては、予めの決定して申上候。此遠往は第一当国の壮年輩の為めに企てられしものなれば、クラーク氏其任に在らざれば、日本の子共を引請け教育する義は少し六ヶ敷歟とも想像罷在申候。さすれば旁無二の好機会と相考申候間、何卒彼目録を御一覧被下候て、若し尊公様是は余程日本帝国の為め利益ある事と御賢慮被遊候はゝ、いづれの筋とも御取計ひ、其方に相運び申候様御尽力被下儀は相叶申間敷や。更に奉歎願候。左候へば、小生帰朝の上は専ら身命を抛ち、国家の為め相尽し可申候。若し閣下ヶ様な事は迚ても難被行願望と御高慮被遊候はゝ、どふかして其入費を官より拝借し、小生帰国の上相当の道へ仕へ、其入費を払ひ尽す迄は無銭にて如何の事でも御勤め可申候間、どふかヶ様な御工夫は無御座候哉。此道相違び申候はゝ、如何の事でも官に我が身を売りし上は、相勤め可申様御約定申上候。

一クラーク氏の話に、魯国へ派遣の榎本〔武揚〕公使は日本へ近々帰朝へ〔に〕相成り申候由、左候て黒田〔清隆〕参議と交代に相成るとか云評判の由、其は実説に御座候や。

一彼春本某より日本の情実を述べられし新聞は、疾く発兌に相成り申候て、小生にも其一巻を買求し一読いたし申候処、余程目を開きし事多く御座候。是は自然日本へも回り、日本新聞上に発兌に相成り申候半。どふか左様ありて皆々其情実に通達せばよろしいと祈り入申候。頓首再拝　Mass. Agri. College. Amherst, Mass.

明治十一年十二月十五日認む　橋口文蔵

吉田清成様膝下

再伸　甚恐愕之至りに御座候へとも、其願望達する哉否の訳、御寸書なりとも鳥渡御知せ被下儀は相叶申間敷や、何しろ此上は尊公様へ任せ上け置

申候。よろしく御賢慮被下度奉合掌候。頓首

2　明治(12)年3月16日

御帰朝後未た御左右承り不申候得共、弥以御安康にて被遊御精務候半奉遙賀候。扨、此内彼エキスペヂシヨンに付愚書を以て頼願申上候事件は、如何之御思召に御座候哉、実以て恐愕之至りとは山々相考申候得共、ケ様な好機会は度々あらじとおもひ、自由に御願申上候次第、不悪御賢察可被下候。何卒御賢慮を以て可然様御周旋被成下度奉伏願候。大統領〔校長の意〕クラークも当学校《コウ》の其職を辞し申候。之に付ては余程諸生中に失望之人も不少、是は畢竟同氏の人望を得し訳かと愚存に御座候。次に小生儀も無相替日々精を出し勉励罷在申候間、乍余事御休意可被成下候。於当地も別に珍聞も無御座、支那のちやん〳〵坊主征討も大統領の一決にて彌寛仁之所ちに相成り申候よし、自然御伝聞被成候半と相考申候。未た地上には雪が見へ、殊に当地は寒風肌を烈〔裂〕が如くにて、何も別に風景無御座候。又いつ方に当国へ御帰りの御胸算に御座候や、指を屈して其期を待居申候。井上も大壮健にて精々勉強中のよし、間々互に通信いたし申候。高橋氏は如何の事やら久濶彼の動静を聞不申、是は折々フヰラデルフヰヤの御嬢さんと親睦の交際中ならん乎と想像罷在申候。当校も両三日後より春の休業に相成り申候間、明日より遊山がてらにスプリングフヰールドに差越度と相企居申候。唯今は余程ビート砂糖耕作に注意し、其実地を目撃仕度御座候得共、何分有限の学費金にては方々に旅行する訳にも参り兼ね、仕方無も読書上に時日を消光仕申候。元来此ビート砂糖は日本国へ耕作するに於ては、折々に一方ならず国益と相考申候。年に三百万円乃至の砂糖輸入を外国へ仰がざる様相成り度ものに御座候。御存之通り、仏国に於てもナポレヲンが此産業を興起せし爾来、当今第一等の国産と相成り申候よし。当国に於ても此産業に付ては、百姓仲間に一大問題と相成り申候。ポルトランドに其砂糖制造〔ママ〕所御座候へども、何分道程も隔り候事故、心に任せ差越兼申候。実

に残念の至りに御座候。おふみさんは日々御生長被成候半、随分御目に相掛度と相考申候。乍恐縮御令閨様へ可然様御鶴声被成下度、偏に奉願候。先は以禿筆奉伺御機嫌旁申上候。尚書余は後便に譲り置申候。恐惶謹言

三月十六日認　　橋口文蔵

吉田清成様膝下

尚々、折角無御痛様御愛護被遊度奉祈候。頓首

3　明治12年8月9日

〔封筒表〕日本東京外務省吉田清成殿(c/o Via San Francisco Yokohama P. O. Japan)〔以下印刷〕MASS AGRICULTURAL COLLEGE AMHERST. MASS.

暫時は御無音罷過申候得共、尚御安泰被成御精務候半奉大賀候。此内は（グラント）氏日本遊歴中にて、尊兄方彼是と御待遇にて御繁劇の事と奉遠察候。何も扨置此内より御頼申上置候開拓使事件は、不一方御尽力被成下、御蔭を以疾く其命を蒙り、何共不容易儀と深く奉感謝候。彼のウヅロフ遠征事件も不一方御尽力被成下よし、誠に重畳難有御厚礼申上候。ウヅロフ氏死去せし以来は、前の校長クラーク氏其を担当して、其成巧する様偏に尽力中と被伺申候。此節は少々其規則等を改正し、其航海中には舟中にて毎週間一新聞紙を発兌する計算のよし。左候て何れの諸生に限らず、右新聞紙を前以てソブスクライブ〔Subscribe〕する人五百人を得るに於ては、フリーにて航海を免許すると。若し此方が其目算通り行はるゝに於ては大成巧と雖、一〔ママ〕諸生にして五百人の新聞紙書留めの人を得る事は中々六ケ敷事と愚考いたし申候。譬へクラーク氏の尽力なりと雖〇〔ママ〕小生にも夏休暇に相成り申候以来、諸耕作の方々等目撃せんが為めに去月中は此州中を遊歴罷在申候。いづれ開拓使の御蔭に相成る以上は、第一に我が分をわきまゐ、尊兄方の御尽力なし被下し詮のあるよふに精々勉励して、不及ながらやがて日本国の為めに一事なりとも補助をなす決心に御坐候。小生事抑愚鈍の性ゆへ、非常の事をなし申儀万々無覚束無〔ママ〕御座候へども、今日学課其他校則等には聊も違背する事勿るべしと折角注意罷

在中候間、聊も御掛念被成下間敷奉存候。当地に於ても別に珍聞も無御座候。黄熱病は弥増長いたし申勢ひ○井上は此夏はカナダ辺へ運用の稽古とやらにてさしこし申候よし。此夏は是非何方にてか面会する様約束いたし置申候得共、最早秋学校の期も遠に非されば、迚も其意を遂る事六ヶ敷と相考申候。尊兄は何方に御帰米の御胸算に御座候也。早く御帰りを待上申候。唯今はやや華府のホームシッキの塩梅に御座候。先は奉伺御機嫌度、御礼旁荒増申上候。謹言

明治十二年八月九日認　橋口文蔵

吉田清成様膝下

再啓　乍憚御全家様へ可然御鶴声被下度奉願候。

頓首

4　明治(13カ)年4月26日

尚々、不順の候、御子様方は勿論、折角無御障様御自愛専一と奉祈候。

御離袖後尚御安寧御精務被遊御座候由奉歓喜候。御令閨御子様方にも御無事にて重畳祝賀の至に御座候。野夫にも其後無難にて、帰途ブルクリン、ニューヘブン辺え立寄り、爰元には二十二日早朝安着仕申候。続て又勉学に従事し、百姓の事ゆへ一向別に面白き事も無く、碌々凡とする外無御座候。併し最早卒業の期も遠に非さる事ゆへ、其内に知恵の輪を壱ツなりとも重さねて帰朝仕度と専ら注意は為して居候愚存に御座候。さて御地へ逗留中は例の通御懇篤に被成下、更に謝する所を存し不申候。御内室えも可然様御鶴声被成下度奉願候。謹言

四月二十六日　橋口文蔵

吉田清成様

5　明治(13カ)年7月22日

〔封筒表〕〔前欠〕if not called for in ten days, to ALFORD & SMITH, Attorneys at Law, LEXINGTON KY.
〔以上印刷〕
Hon. K. Yoshida c/o Willisfood Dey Esq. Asbury Park N.J. (Japanese minister)

過日愚書差上申候間、疾く御落手被下候半。然処尚御静謐被遊御座候御儀と奉大慶候。此内御当地へ避暑がてらに御差越被遊候由、定て御地は清涼之場所がらにて、御遊山ども多からんと奉推察候。随て野生にも閉校後于今徐々に勉励いたし、昼寝等にて多く時日を消光いたし居申候。昨今は非常の炎熱にて、日本海風に吹き馴されたる人には殆と難堪程にて御座候。然は小生儀昨年来数度愚父より帰朝するよふにと催促を受申候得共、たま〳〵遠方まで踏出し、学業半途にして帰郷するの存念更に〔無欠〕御座候に付、数度野生の趣意を述べ、先き両三年留学いたし呉候よふにと懇々と申遣置候得共、御存し通り昨年東京諸官省改革等にて、随て愚父事も官級を減少され申候由、故を以迚ても月々続金難致候と切迫の情実に御座候間、親子の間とは申なから、我か意勝手に難致と相考申候。如斯之情実にて殆困窮罷在申候。先生好き御工夫ども被為在候はゝ、乍恐御助言被下申間敷や。誠につまらない事ども申上候て甚汗顔の至りに御座候得共、やゝもすれば先生の仁恵心に付込み、勝手な懇願を申上候次第は、不悪御賢察可被下候。昨年公使館へ逗留仕居候節に略小生の趣意を申上候通り、農業を学んで未来は蝦夷〔ママ〕開拓へでも我が身命を抛ち、我身に相応の職務を日本帝国に尽すと、是れ畢竟小生の性質静和を好むより起りし訳にて御座候。□□併し当今日本帝国の形勢を熟考仕るに、万事西洋米国に劣る事多く、故に本邦少年輩小し〔少カ〕くとも日本国現今の情態を了解せし後は、倹父頑固の米虫連中に比較すれは、其任更に重く、况や外国まで蹈出し、其形勢を熟知するに於てをや。就中交際学は独立上に関して容易ならざる重事と愚考に御坐候。左すれば愚鈍の性なから、専ら其道に身命を抛ち勉励仕候はゝ、折々は政府の御為にも相成べくも難計。是は畢竟無詮方より如斯く志を変し候故、迚も十分職務に尽力する事無覚束と御賢慮被為在も難計候得共、小生は是非農業を学ばねばならんと天性を学得しては無御坐候乎。さすれば一の方向を変し他の方に転換するも無理では無御座候と相考申候。甚以恐縮の至りに御座候得共、華盛頓府日本公使館に於て、小生へ適当したる職務ども御座候へば、何卒御助力被下候て其職に拝命する様に、御取計被下儀は相叶申間敷や。さすればたま〳〵遠国まで踏出し、半途にして帰朝す、漸首足をそなへて帰郷する様な訳にて御座候間、とくと御勘考被下度、いづれの筋可然と一筆なりとも御洩し被下候様奉懇願候。小生事も英語丈けは可成りに進歩いたし申候間、唯今は通弁等には少も不自由なく出来る含に御座候。当地に於ても別に珍説無御座候得共、The Execution Comitee〔ママ〕 of Ky. University abolished the regency、夫故に Mr. J. B. Bowman も唯今は空手と相成り、少しく困きやくの様子と被窺申候。此一件は余程長き歴史のある訳にて、一筆の能く尽す所に無御座、去なから一口に言へは、ボーマン氏事長く其職に当り、何となく近日に至り人望を失し、加るに当校基礎を編制する当り〔に欠〕宗旨のもつれにて過る四五年間は一年増に衰微に赴き、甚面白からざる情態に御座候。併し小生身上に於ては、聊も右へ関する所にては無御座候得共、やゝ余波を受し心持に御座候。此南州に参り申候て、別に学文上にて知識を広め候儀多く無御座候得共、案外に纔にヲハヨ〔Ohio〕川を越した所にて、此野蛮風の吹とぞ実に驚愕の至に御座候。悪風習数るに暇あらしと云程にて御座候。此風習丈は目撃上にて精密に学ひ申候。当地人民の軽転な事と遊惰人の多き事博睹の流行其他一として開化の字義に適当したる風習を見不申候。こんな所に碌々と留学いたし申候ては、とても夜は明けません。寧ろ一大都府に踏出し、昼寝して新聞紙でも読む方遙に優れりと愚存に御座候。御笑察可被下候。扨又伝承すれは先生にも来秋は一時御帰朝被成とやら、弥其運なれはどふぞや、其内に一筆なりとも右事件に付御助言被下度幾重にも奉懇願候。先は伺御機嫌且要事まて申上候。謹言

七月二十二日　橋口文蔵

吉田清成殿

二白　炎暑の折柄無御痛様御愛護専一と奉祈候。

頓首

先生には来秋御帰朝に相成り、又々御渡航之御賦に御座候や、乍恐縮其段も御知せ被下度奉合掌候。先生へ面謁するにては無御座候得共、若し他の奸人でも先生の交代に派出相成るに於ては、現今我目的を変するに当り、篤と勘考せさるを得す。敬白

6　明治(13カ)7月30日

暫時は不奉得鳳意候得共、倍御安泰被遊御座候半奉大賀候。さて唯今は御地へ御避暑がてらに御遊山の由、遙に伝達恐悦罷居候。随て鄙夫にも三週間前アムヘルストを発足し、カナダ地方を跋渉、頗る農業上に関係し、学ひ得し事御座候。御存も被為在候半、当州は羊畜其他蜜蜂等に付有名なる所ゆへ、右等を少し目撃し、且つ当州農学校等見物して、今日より十日間の内には此地方を発車し、東方へ帰途の心組に御座候。其折時機に依ては御地まで立寄り、拝顔を遂け度ものと希望仕候。此節は岡部大谷（御存の人）と同行にて、頗る愉快の事共御座候。併し同氏には一昨日チカゴにて離袖いたし申候。此内は疎忽のみ無申訳歎願仕り、今更恐縮の至りと奉存候。併し野生の趣意は、我目的を充分に達せんと欲せしより外に出し訳にては更に無御座候間、左様御賢慮被下度奉希候。先は以禿筆荒増申上候。謹言

七月卅日　　橋口文蔵

吉田清成殿下

〔注〕欄外に「Holland Mich. 7.30.1880」と書込あり。

7　明治(13カ)年10月18日

鳳翰幷にケンタッキーよりの一書正に落掌仕難有、奉深謝候。弥以て御安養御精務中大慶奉存候。次に小生にも精々勉学仕、殊に専ら草木学とケミストリを眼目とし、随分いそがしく罷居申候。此学校では沢山麦飯の御馳走にて、是は元来ハイチーンより来たもの歟と、金が安い丈け些少のふしやふなく満足いたし居申候。最早一〔た欠カ〕ひ当地へ根居〔ママ〕をすへ申候上は、当国を出立する

までは聊も志を変する決心無御座候間、乍余事御安心可被下候。彼是之舟の都合がわるくて、まづ暫時は御逼〔逗〕留之よし、併し最早冬天に近寄る之時節なれば、早く御出発の方万策と奉存候。彼松本某が日本の情実を述べたる文が発兌に相成申候次第には、一葉頂戴被仰付被下度奉伏願候。高橋卒〔倅〕は未た御当館へ滞在中ならんと推察いたし申候。過日同氏よりの手紙とポストヲヒスヲルダルも正に相達し候、彼是と預面働申候に付、早速一書差出す含に御座候へども、当分彼是と日課に逐はれ、一寸の暇なきより延引に及申候。いづれ後日一書を差出含に御座候間、乍失敬左様御通し置被下度、偏に奉合掌候。此旨以禿筆尊酬迄、匆々謹言

十月十八日　　橋口文蔵

吉田清成様膝下

折角〳〵気候容易に転変之時節柄、御身御保護専一と奉祈候。敬白

8 明治13年11月29日

一翰奉謹呈候。向寒之砌に御座候得共、弥無御障御精務被遊御座候半奉欽賀候。次に小生にも無相替碌々勉学仕居申候処、既に秋の学期も経過し、過日より休業に罷成り申候間、唯今稍慰労の感覚を成申候。斯く徒手にて部屋へちゞみ籠り候ては、不日北海道へ移住すべき百姓の名目にも耻へき訳に御座候間、一両日内より当地を発し、東の方ボストンを差し、道々サウスボローに寄り、同所にて当州の農業会に出席仕り、夫よりボストン近辺に数日ビート砂糖製造所に赴き、充分に其製方等目撃する決心に御座候。時機に依てはメーン州迄出掛けよふ歟とも略勘考中に御座候。抑此勧業たるや貿易上一大緊要の者にて、現時の如き我邦に発起仕るに於ては往々は容易ならざる国産と相成り、随て現今尤〔ママ〕重大なる輸入品なる砂糖を外国に不仰様相成申候も、自然輸出入平均を保有する補助に可相成と、是れ小生が専ら其勧業に通達せんと勉励する所に御座候。我政府も爰に着目する不遅、既に仏国より白砂糖を製造するの機械等の購求に相成りしと遙に伝聞仕候

間、此百姓が雀躍する事云はん方なし。本邦に此業を発起して其成功を見能ふ事は、十に九までは別条無御座事は、普仏魯の先例を以て明瞭なり。御存の通り、仏国にては第一ナポレヲン此業を創起し、今日に於ては自国の供給は勿論、英国にて需用する砂糖の惣高四分の三乎は皆仏国より輸入すると、ナポレオンの仏国に鴻益を為せし事実に明瞭ならずや。又此業の仏国に利ある事は小生輩今日喋々するに及不申、彼有名家のチエールス氏の一語を以て瞭然なり（This industry twice saved France from ruin）此勧業は東京辺にて唐芋桂より藍を製する如きの夢物語とは全反し、其業を起し、結果を見るの日に於ては、国家に鴻益ある事更に疑無御座候得共、此業も自ら一の技術にて、其ビート根を播植すへき地質、其耕作及ひ其製造所を建築する位地等に暗けれは、名刀も武人に非れば其用を不為ると同然なる訳にて、終には莫大の入費を投消せし後、其業を放棄するに至らん。実に遺憾千万の到〔至〕御座候半乎。当国に於ても諸方会社を組立、其業を起せる者往々御座候得共、充分に其耕作等に注意せざるより、自然要求のビートを収獲し不能、随て砂糖製造高も少く、譬へ損失を為す迄に不至とも、充分の利潤なきより、終に夫を廃業する外無御座次第に御座候。夫故小生には是迄当国人の失策せし元因を能く探索し、不日帰朝の上、此業に従事する日に至り、前車の覆轍を不踏様尽力するこそ、官生たる義務と相考申候。我国に此業を起し、充分に政府が其利潤を占め不能とも、第一輸出入平均を補助する一点より見ても、其緊要なる事不可計。如〔然カ〕るに幾万の邦国人民へ有益の職業を与へ及アルコホール等此業に驥尾するに於てをや。譬へ本邦にて一斤の砂糖を製する時、夫丈けは外国の輸入を追払ふ訳にて、少でも輸出入平均の一助に相成り可申、然は政府たる者我海関税を我人民の好む如く成し能はざる迄には、かゝる勧業は一日も盛大に為度ものと、此百姓が切に冀望する所に御座候。先は以乱筆奉伺御機嫌度、早卒申上候。前後混乱の所は不悪御海恕可被下候上、御推読被下度、頓首再拝

明治十三年十一月二十九日　　橋口文蔵

吉田清成様膝下

9　明治(13／14)年(　)月12日

扨々何故にこんなに天気が俄に熱く相成りし乎と、実に頭をかたむけ、不思議に黙考仕居申候処、果して前兆に不違、昨日鳳翰をかたじけなふし、初めて疑念逐〔ママ〕け申候。弥以て無御替御清祥被遊御勤務、且つ御全家様御揃御息才〔災〕之由奉大賀候。却説、時計ひもは態々被掛御心頭御恵贈被下奉厚謝候。右は即今より重宝仕候。昨週までは時としては部屋へ火を保ち居位にて、いまだ夏服も檀子〔箪笥〕より取出さゝる内に昨今は真の炎熱と変し、実に奇妙な候に御座候。些事さえでも早く亜米利加を跡にして、花の御江戸の温和な風に吹かれ度は、人情またとがむ可からん訳では御座りません乎。況やさまで風景も無く、雅も無く、農学校にまがり、朝夕耕耘之道を論談し、加るに今頃は学校のリュウテナントやらを被命調練場に出て、号令を下せば英語の充分ならざるより、自然三度に壱度はやりそこない、横着なるヤンキー子共の笑顔を禁止するには随分此百姓も骨が折れ申候。是も五斗米の為めに既に腰を屈せし末なれば、今更後悔するは臍を噛むに似たり。こんな炎天には灯下に安座し、書を読むにもあまり物好きでは出来ません。鄙夫の夜毎に古郷へかゑる夢を見るのも無理では御座りますまい。郷里へかゑりておかめのしがめ顔を夢中に見る内は、まだ随分がまんが出来ますけれども、たまには長官やら其他の芋先生が怱卒にちゃん〳〵坊主と軍を開き、一時は勝を得ても結局大蔵の支へざるより、行くに不被行、戻るに不被戻そふする内に一二の欧洲英国が大口に一呑せんとする像が夢中に顕出するのは随分気味わるく御座候。日本へかえり度事は間違は御座りませんが、又帰った上に万事を目撃したら、一層不満心が増加しはすまいかと、おそろし者は見度といふ塩梅に御座候。

井上がしきりに帰朝をいそぎ申候間、成るべくは一緒に行度と今頃よりそろ〳〵帰途に付く仕舞の心組に御座候。早く蚷蛱の深山へ引籠り、我学び得し業を実地へあてはめ申候て、一粒なりとも国産を増加仕度と相望み居申候。過日は当校同級生等とスプリングフキールドの武庫司へ赴き、小銃の製造方は勿論、其他武器に関する珍物等細に見物いたし申候処、少く得し所ある乎と覚へ申候。是も後日英夷を打攘ふときの一助にも相成可申乎。榎本〔武揚〕海軍卿は近日失言失策之やりづめにやら、遺憾千万に御座候。矢張芋で無くては政府の車は運動しますまい。良質純粋なる御薩が出て来て鯰の頭をひどくおさへ無くては、我国家は危殆では御座りません乎。筍且偸安の慣習を早く脱せざれば、インドの鑑不遠云々。

扨又御懇切に御紙被下奉感謝候。小生にも何も不自由なる事は更に無御座候。併し開拓使より旅費が到来仕申候はゝ、早目に御回送の程乍恐縮奉伏願候。思の外此節の卒業に付ては入費に相及び申候。証書《デキプロマ》でさえも拾五弗計払ねばなりません。併し是は数が三つにて、先づ安き者に御座候。いづれ移住車を取り桑港まで行かねば済みますまい。是も昔日鹿児嶋より兵隊にて上京する時分に、汽船の舟底《そこ》へ荷物の如く打込まれ、胴乱枕にて安眠所で御座ります乎。殆んと呼吸を取り切る様な目に逢ひし事を考るときは、何の面目ありてエミグラント汽車や、又は汽船のスデキレーヂ様の事を不満足に思ふ訳はないとあきらめて居ます。其旅費の内より諸雑費を払ふてまだ不足を生するときは、私の上等の時計もかた付る賦〔つもり〕に御座候間、安心して帰朝出来る決心に御座候。唯今此学校では小統の射的流行仕申候。可笑には此百姓が一番上手の塩梅に御座候。弓術も又流行し、此社の大統領も此百姓で御座ります。

先は尊酬まで是以増以乱筆申上候。謹言

十四〔ママ〕月十二日　　開拓使の　橋口文蔵

吉田清成様玉下

乍恐縮御令閨へ可然御取なし被下度奉願候。

10　明治(14)年(8)月(　)日

尚々、不順之気候御身御愛護専一なり。謹言以寸毫奉申上候。弥以先醒にも御離袖後無御替被遊御消光奉大賀候。次に野夫にも桑港を去月二十三日出帆仕、漸く此十五日午後一字比着浜仕候。此節は案外に長舟中になやまされ、種々之申立も云申候得共、実事は香港へ早く着くと長く炎熱に苦む故、海上にて時日を送る姑計にて、石炭がもゑぬと乎何とか申立有る、実に舟客の為には失敬なる話に御座候。まづ何は扨置、私在米中は種々の御懇切に成、且官費生までも先醒の御尽力にてやり付け、実に御懇篤の程深く感佩奉深謝候。野生にも一昨日開拓使出張所より御用にて罷出候処、左の通の拝命を蒙り、実に身に余り難有事に御座候。

「御用掛准判任月俸金三十円」色々開拓使の事に付ては不満足の事屈指するに不レ暇と雖、其内にて最〔カ〕甚き事は、安田〔定則〕書記官が津田仙へ名をたばからせて、黒田〔清隆〕と両名にてソルガムの種を御館の手を経て購求せし事、実に其事を安田より承り及候時は、私には安田が頭を蹈ふかひに思ひ申候得共、まづ此後韓信の教を守る方よろしと決心仕、唯今欽々然たる色を現はし、御助言に従ひ少々も激論などはき不申、若し一人が何でも質問候時は、余は土百姓ゆへ何も不知と答る而已にて御座候。御伝聞も御座候半、昨今は関西貿易会社と申もの被設、其親玉は五代をはしめ其他安田等（安田は役人なれとも不遠辞職して右会社に入る）其社の目的は、開拓使にて是まで建築せし諸製造所や気船やら何やら数ふ可〔ママ〕ざる官物を右社が三十年年賦にて三拾万円にて御払下を願出、内々は許可ありしと乎。其惣官物の価はどふ安直に積り申ても三百万円なり。世評喋々なり。若しヶ様な事、実事なれば、私の考には、黒田長官の首を打落さなくては、迚も政府は難永久、実に此度帰朝仕候て万事の様子を見〔聞〕るに、日本政府の役人の腐はいせし事は実に涙〔ママ〕の立つ次第なり。其内にて殊に鹿児嶋人は尤甚し。愚人が才人の真似をして其ばけの皮が現はれるのは、実に見にくきてたまりません。申上度事は山々御座候得共、着後随分繁多に御座候間、又書余は後便に譲置申候。乱筆の所は御免被下度、此旨御礼まて匆々申上候。恐

惶謹言

橋口文蔵

吉田清成様膝下

再啓　御令閨様へ宜敷御申伝へ被下度奉願候。頓首

11　明治14年10月20日

尚々、早く御帰朝被下候て、財政困難を救ふ方術を御講し被下なくては、国家は泰山の如く安しとは難云からん。

久潤御疎遠罷過候得共、尚御安康被遊御精務奉歓喜候。此内は暫時は避暑に御出掛被成候て、今比は一層御健康に被為在候半と奉察候。次に野夫にも不相替大元気にて碌々月日を消光して更に愉快の事も無御座、往々我生国にも等しく恋慕する合衆国の事ども思ひ出し、該国に在る親友共にまた何の時に面会を遂ける期来らんと、稍涙に袖をうろふさんとする心持に御座候。久し振り我生国に帰り来て見れば、今は昔日とは大違ひ、怪化〔マヽ〕と共に人民も悪ひ知恵の輪が重さなりて、昨日豊芽〔葦〕原の純粋風とか何とか自らほこりしものも、いづれにか吹き去りて、今日は唯ちりあくたを積みし夷国風が吹き来りて、夫が為め頭痛気分に相成る外無御座候。鹿児島人も昔日は愚直の性質ゆへ、まづ面白く御座候得共、昨今は余程直の字義が薄く相成りし様に御座候。皆さんが金さへ自分の手にはいればまづ其余の事は第二第三といふよふで、中々今日は身を殺して仁を為す人物は余程希有に御座候半と被思候。野夫もいまだ三拾円の御用掛にて、別に勤場も定り不申、唯ぶらりぶらりして居計に御座候。是は畢竟開拓使一件が余程やかましく、廃使置県に成るとか、又は夫が延期に成ると乎にて、巷説取り〱に御座候故ならん。若し廃使置県に相成候て、野夫の身が該使に関係なき場合に至れば、何か能き策を考出し、自力を以て農業に従事する方上策ならんと相考申候。中〱小生輩黄吻の一諸〔書〕生の身、且つ別に尽力して相当の官途につく様周旋して呉れる人も無御座候。「中々証書

三つも当時は三文の直ひ無御座候景況なり」。小生が身に相当の位置とは何を云ふや、是他なし、月俸の多少を論するに非す、何か農事に係る一二の事を担当すべき所を云ふ。併し是迄の御取扱を以て推察すれば、亜米利加より余計な者が帰国した様に御考乎と被思申候。先つ是は扨置、爰に又面白き事は、近日地震計がゆり出し、既に大隈〔重信〕は辞職、其他三四名彼幕下の重立たる者も其通（新聞紙にて御覧の通）是から佐野〔常民〕と河野〔敏鎌〕に外に段々此地震の為ゆり落さるるあると乎。又此節は余程諸組織が変ると申事ゆへ、毎日頭を傾け其御布告を待居申候。就ては貴顕方は現時余程いそがしく、徹夜とやらにて方々え夜会が御座候よし、其帰り掛又は過る朝抔は、西郷〔従道〕・山県〔有朋〕参議は御落車にて、山県は面部より其他にかけ御怪我なされ候よし、其節は所謂民権家がせし暗殺が初まつたとか何とかいふて、人民を少しはさわがせし事も御座候よし。余り長くなりますから爰迄申上け、尚又後便より可申上候。謹言

明治十四年十月廿日　橋口文蔵拝

吉田清成先醒閣下

二白　御全家様へよろしく御鶴声奉願上候。頓首。井上杯も至極元気にて過日より横浜へ在勤に相成り申候。

12　明治(14)年10月24日

書添申上候。別書相認め置申候処、過日所謂地震の為東西南北にゆられ、且つゆり落されし者も御座候。夫等は新紙上にて委曲御覧に相成申へくと相考、爰に喋々するを要せす。ほのかに伝聞するに、閣下若し此地にあらば、勿論其地震の針路に当り、M. of Fin.〔Minister of Finance〕は別条なしとの事、近此小生等に於ても遺憾千万。大蔵卿には松方〔正義〕さんが御串に御当り被成候得共、同氏は農商務の方が余程適任ぢやと自分からも御話のよし、ほのかに聞く。昨日は焔魔王の前に出申候処、王小生が首尾能卒業せしを喜悦すと、しをらしくも戯言たり。不日野夫も大阪辺え出発の筈御座候に付、昨今其仕度中ゆへ取敢ず以乱筆荒々如斯、謹言

十月二十四日　　　　文蔵拝

清成閣下

三四六　長谷川方省

1　明治(4)年1月15日

〔巻封〕吉田君閣下　方省拝復

華墨奉拝見候。昨日御高諭、爾後馬渡〔俊邁〕先生其外追々申談仕候処、如論長倉御出寮可有御座と御待申上候へ共、別に御用も無之候間、御出寮不被為在候由拝承仕候。

一井上〔馨〕先生より御差出し相成候金塊テンドルは全く未たブラガより差出不申、先日の書面は大概之見込を書記し候分にて、真のテンドルにては無御座候由申居候。真のテンドルは現今取調べ最中と申居候。可然御含奉希上候貨幣も昨今は大分出来仕候也。

一政府貨幣と内外人民の分と凡半分つゝ毎日鋳造云々に付、地金請取方に付、制限相立候は可然と高論の趣を以段々申談候処、種々議論有之一定不仕、唯今の処にては先つ出来の上渡〔カ〕方期限は御存しの通三拾日にて有之候処、右期限を延し候方が可然との説起り、是亦可然哉に相見へ、いづれ拝青の上可申上と奉存候。何分請方の地金に制限は無之儀様子に御座候。

一銅貨器械并硫酸室器械共、先は井上先生滞留中キンドル談合の上、既にキンドルより注文申越候よし御座候。何も御面上可申上候へ共、概略に御答迄申上候也。

正月十五日

追て、岡藩煙草も今朝より請取方として官員出張仕せ置候、旁御承知被置可被下候也。

2　明治(4)年12月21日

〔巻封〕吉田大蔵少輔殿至急　長谷川方省

過日神戸御出張昨夜被成御帰阪の由、未た御無沙汰仕候。然は別郵の通、於当地御賞典米渡方可仕候様申参り、御取調べ候処、いつれ米価は日増相進み候儀と奉

存候間、何分石代渡之方可然奉存候。尤御金繰六ヶしくに付、別紙の通御評儀呈出申候間、御高覧之上思召相伺申候。為其草々敬白

臘廿一日

3　明治(4)年12月22日

〔巻封〕吉田様至急御直披　方省

過刻御高議被成下候金拾万両御遣用の儀、猶又再考仕候処、不図堺県奈良県租税金上納方取運、右拾万金の繰合迄相整候間、何時も御引当相成て差支無御座候。尤御賞典後不作の分は、造幣寮より繰替の儀、最前御伺仕候書相違無御座候。右之段至急申上候也。

臘月廿二日

尚々、右税金之内新貨金札取交せにて拾万円何時も差支無之、此段為念申上候也。

4　明治(5)年1月5日

〔巻封〕吉田大蔵少輔殿至急奉復　長谷川方省

如貴諭旧臘より追々差繰を以新貨金札共外出方を見合備置候処、銀貨八万余、金札拾七万両旧臘大晦に残高と相成居候。其内新貨の方御都合可然に付ては、当用におゐても損益比較両替仕、可相成丈け新貨御入仕置度奉存候。委曲罷出可申上候へ共、不取敢御請迄。匆々頓首

開春第五

三四七　長谷川方省・伴　正臣

1　明治(4)年12月24日

〔巻封〕吉田大蔵少輔殿略封御高免　長谷川方省・伴正臣

尊書奉拝見候。先日申上候租税金不図相集り、新貨金札共取合せ拾万金何時も差支無之に付、他出方不相用候様云々御申越之段拝承、且又其他御有金可相成丈け儲置候様承知仕候。

一界紙〔カ〕沢山御入用有之、神戸迄呈出候様仰御聞、只今難波御蔵出張中御書翰到着に付、当所有金を不残差出

し申候。余は後便を以呈送可申奉存候。右不取敢御答
申上候也。

臘月廿四日

三四八　畠山義成

1　慶応（2）年2月13日〔（'66）年3月29日〕

任急速麁毫御免、乍末ペン外御連中えも如斯可然
頼上申候。

今日二時比より「ウィクトリヤステーチヲン〔Victoria Station〕え待居候
処、無程橋〔直輔〕・南〔貞助〕も来会して「チッケットも五人分用意
致し、丁度蒸気車之動くまでも野村〔宗七〕を相待候へとも、
頓と不相見得、不得已事遂に車に飛乗り、四人列れ立
て四方山となへてのどけき春の日に勝れたる影色〔ママ〕を見
はらし〱車を馳するも無面白き有様にて、丁度五時
にも成りぬれは、爰に「ブライトンのステーチヲンに
そ着き待りぬ。扨野村には決て次之車かと、夫迄同所
え待居候ても其義にも不到、尤南氏も被申故最早時刻
も遅引に及ひ候へは、爰に見合せても実に無詮とて其
儘直に出立、六時過に思ふ宿にそ着にけり。ステーチ
ヲンより当所迄は二里位にて、左候へは貴君様御出之
ホテルよりは大抵壱里半二里位も可有之歟と被察候。
併何処之ホテルと申事をいまた不存候へとも、取究め
ては申上難く候。当所は海辺にて殊之外影色〔ママ〕も宜敷、
勿論繁栄なる市中にては、必す〱貴君抔もサーチュ
ーデイより御気張可被成候。然る処野村には些刻限を
過し、右之車に乗る不能して、七時半にヲレンチヤ衣
服にてライフルを携へ爰許え着しけり。則〔ママ〕より法則と
も相究め、可成丈け我国語も不唔様致度と相共に約速〔ママ〕
いたし候。ホテル之茶委敷探付有様申上度候へとも、
今に着候事に候へとも委細之義は不能、勿論無相違用
意有之候へは、尚又余は明日も可得御意候。先は右の
左右早々如斯。恐惶敬白

英三月廿九日夜八時認

杉浦〔弘蔵＝畠山義成〕

永井兄え〔五百介＝吉田清成〕

追啓　爰許は静なる場所にて、夜抔勉学之為め以

実に宜敷、必御出被遊候。乍自由、御大人はしめ童子なとへ右之段可然様御伝達希申候。以上

2　慶応（4）年7月21日〔（'68）年9月7日〕

鼎〔欄外〕〔長沢〕一封、宿許へつかはれたくごさそひに付相達可被下候。

御懇書昨日 Sunday 午前に相達、難有拝閲いたし申候処、御一統御壮勇来る九日御出帆なさるのよし、万里の海濤、実に御大義に候半と無御恙御通行之処祈居申候。

扨、生等に付云々被仰聞、旁御配慮被成下候処、御洞察奉多謝候。鼎に於ては先度忍〔忍冬はWoodbine—オリファント〕　冬氏より野田〔鮫島尚信〕・沢井〔森有礼〕の両士え細書を以さつまプリンス近侍に伺はれ候。故に遠からす返答も参るべければ、夫辺は一切誠翁〔Faithful—ハリス〕より世話被成候故、彼〔カ〕これ進退裁決の難なり。

一に於ては御存通り非常の至難、人並の人となるにも余程骨折いたさすてはならず、曲らむ強骨も曲けてためんとは工夫に及候得共、動すれば黒雲心胸を打塞ぎ敢て月明の涼天を観る能はず。しかる時は勉めて雲霧を排き、荊棘を除き、関路を尋、もつて歩まむと欲すれ共甚難し。故に当分願す候駕力して己を省、私欲心の芽を打挫ぎ、心志を能く保護せんと力行する事には御座候。愚考るに治乱飢渇は素より、天道の明不明に関る、みな之〔カ〕のしるところ、天下利をもつて争ふべからす、道をもつて争ふべし、権威は人のこのむところ、権威をもつて万民を御せんと欲する、恐くは天意に乖戻す。権謀をもつて民を御する、譬へは丸木の橋ゆくか如し。能く人まろぶの危あり。関橋は盲者も能く通行するを得、夫当時京師に衆議する処、至上の神典に基すし、猥に政事人意の宜に感する時、八千里の誤を生じ庶民の辛苦を醸し、再神護を失ふに到らん。夫今日本は革乱の運循環せり。故に悉く旧弊を改め、神制の善を取りて万民を風化し、普く神徳を飛揚し、万古不易の大政を布き、世界万国の交際あるべきの機会ならむ。公道を万界に布く、恐くは各国、道とする処の道を講明せすんはあらす。然して明に正邪得失を万国の古典に糺し、善を採り、其非を問ひ、其難を去て万

国和親し、道をもつて真の交通をなし、国の栄をなさすんば、偽善者輩出し、才を上に飾り、功を下に貪る。恐くは万世に到て神民を害ふに及ばん。今京師一を株守して闕典を他に求めず、天道の如何を深く講究せず、風教乱れ、根基動揺して信を失する時は、帝帝たらず威々たるに能はす、深く本を勉めさるべけむや。仮令僕故ありて当地を立去るとも、身を賤夫に労して敢て国難を醸〔ママ〕さるなり。天道を奉し力を尽して、耕し、身を養ふ能はされば、道を捨〔ママ〕ひて山野に骨を曝のみ。全く日本に帰らすとてはこれなし。憂るの路にては日に切なり。時成らばかへるべし。成されば帰らす。僕近を押〔カ〕し遠を慮り焦思せしに、信々ならされば正しく天意を奉し、身を進退する能はずと只思はず。不用の事をいひて冗長の乱文と相成、御高覧を労し候。不相応の広言は全く風子の説と御寛恕をもつて御笑捨下さるべし。Bill は野田・沢井氏は御承知なりと。只今誠翁も旅行にて右等の事能く分明ならすに付、御帰りの上野・沢氏え御引合下さるべしと忍冬氏申されたり。

九月七日夜したゝむる　　杉うら〔弘蔵〕拝

島田・久松・むらかみ　賢兄
永井〔五百介〕・まつむら〔淳蔵〕

3　慶応〔4〕年9月5日〔(’68)年10月9日〕

BOX 442 New Brunswick N. J.

爾来は御元に御疎遠不本意之次第罷過候。定て今比は愈御壮健御勉学御無暇之程察申候。於爰許諸兄大元気、随て小僕も乍漸息災達者罷在候て、乍憚左様御静念之程願候○日下部〔太郎〕生には弱体保養之故を以て Mill-stone え転宿、毎日懸て爰許え来校○富田〔鉄之助〕生には先つ暫時英語を学ばんと Bro Corwin 之許え混て黙て勉強なり。扨、凡そ二回以前長州生児玉淳一郎と申一大人着に相成、追々学問有之賦〔つもり〕なり。未た英語不通故、先つ暫時之間僕之所え当時 Miss Du'Mont 之 house え小拙は boarding 仕候 御出、School 之下地致されんとの事にて、僕辞するに能はす、遂に乍不肖毎日文典は勿論、U. S's Hisy 又は地理書等之諸学問有之候。当人之荷物近日相達し、別封壱通只今児玉生より相著〔ママ〕申候まま、則差上申候。御落掌可被下候。本邦は先つ静謐之模様歟と相見へ御同慶之次第御座候。未た日本より送出しに相成候官財は不相達、僕には例之通困窮極り候、然共何も心配する程之義は曽て無之 According to the Commandment:
"Take no thought even even for morrow."
Christian bretheren え対し借財いと安き事にて候へ共、方今我大政府も紛乱困窮故唯不勘弁に官名を出すを憚り、可成入費を省《ハブ》き patience を取り財着之期を相待事に御坐候○先達ては C. B. Thomas より壱封之懇書を得、早速答書差送含にて同人之 address 義唯 Midd town と計り書て宜敷やと諸所探索仕候へとも、於爰許誰れ壱人も知る人無之、不得已事于今黙止、御序次第右之名宛御しらせ被下候はゝ別して幸存申候。若し其中当人え御書通も有之候はゝ a deep thanks 可然様頼上申候。段々得御意度事も不少候へ共、只今甚急速に任せ不能其義、何れ書余は期後音候。敬白

龍十月九日　　杉浦

井〔ママ〕様

三四九　畠山義成・松村淳蔵

1　明治(2)年6月11日〔('69)年7月19日〕

New Brunswick

先日より C. B. Thomas 爰許見舞にて数々面会、兄之有様も当人より諸事承り、定て last Fri. or Saturday には御帰邑之筈と理会〔ママ〕致居候処、Sunday morning に Miss Du Mont 答〔ママ〕ひ候へとも、未た御帰宿無之との事にて、Monday 早朝に Thomas 僕之宿え舞レ見万端至て緩話、principally Religious Conversation & the affairs of Wesl, Univ. 誠に interesting にて日を暮し、久し振り Thos も面会之事にて甚だ愈〔ママ〕快を尽せり。御推察可被下候。然処丁度只今飛脚屋え差越候処、貴芳相達直様拝見致し、然は、爰許御出立後尚御壮剛之由、珍重目出度存申候。陳は、御出〔ママ〕出立以前に略 Wesl. Univ. におひて御滞学之様承知致居候得共、未たしかと取究たる御情態にても無之、尤丁度御

出立之折は別段其義御決定之様子共不伺、故に未た先之御見留も付かざりしやと存し、何分理之当然に須らく首尾克兄の御事も成り度と噂共致居る事にて御坐候。就ては彼方御周旋も出来、諸事 expediently に相運ひ候上は、僕等に至り決て秋毫之 objection 無之、至て御同意なり。何分願はくは何処にても兄之十分御愛好之学校又は其 Profs 之類にて Perfectly free will を以て聢と根を取り substantially に兄之学業実のる様御勉強之処而已に御坐候。自ら余は両三日之中御帰宿之上篤と御賢慮も承知致し、又愚存之程も旁得御意度、何分是迄態々微少之僕等え右之形行御相談抔とは近頃恐入次第、如何様とも愚説もあらは御聴に達し度山々存候へとも、右通り何も存寄無之御決意之趣甚た可然と奉存申候まゝ、此旨御答まて、早々如斯頓首敬白

七月十九日即刻

松村〔淳蔵〕
杉浦〔弘蔵〕

永井〔五百介〕様

追啓　御地三兄え可然御伝声頼上申候。Misses Du Monts え御伝意之趣は早速通し可申候。Prof. Ry は当分在邑 Dr Camp〔Campbell〕留主なり。御都合次第何分御帰宿之時に諸事を期候。

2　明治3年3月3日〔'70年4月3日〕

猶又工藤〔湯地定基〕之壱紙大原〔吉原重俊〕より昨晩相達候まゝ左様差出申候。穴賢

Box 442 New Brunswick april 3rd 1870

一昨日之貴墨、昨晩相達し不取敢直様拝読、然処、御差送之百ドル楮に落掌仕候間折角御静意可被下候。此一条に付 a few weeks ago 吉田〔種子島敬輔〕生迄相談に及候事件共、同人より委細御承知之筈なれば余は略す。御存知も有之候哉。僕には Brocton え差越候以来随て財乏追々困窮に差迫り、既に先日より諸所え書通之便も殆んど難成折柄にて、此百銀は重き事、実に如泰山歟と思ふ計りなり。何れ後日鼎生〔長沢〕之方は可然所置も可有之と存慮罷在候。

先比ヲク氏え面会之砌、左之金彼方え可成速に差送り可呉義は相叶間敷哉と頻に切願有之候得共 This question におひて同意する理更に無之、態々帰宿後当時之処にては Brocton え差送義不相叶と断て直《カ》に封を遣置候次第にて、此節兄にも至て御困窮之折から、ヶ様之"B" Providen 到来御同慶之至覚申候。

○日下部《太郎》生には追々病体に相成居候処、就中近比に到り愈弱身、丁度沼川《三郎＝横井太平》之有様に少は似掛り Dr. Baldwin 之説に、必す我国え帰帆養生可致との事にて、当分同生には僕之所え滞宿相成候まゝ、精々保養方尽力仕候。尤快気次第には可成速に新約克《ニューヨーク》え出府、船出之用意夫より大凡そ来る十七日比同府出立、大平蒸車え旅行之賦りに予しめ相定り候間、為御心得此段早々御知らせ申上候○先達ては英和対語之書御望に任せ早速探索致候へ共、御存之通爰許諸生一同精々勉学之事にて、とふも不用之書無之、然れとも児玉氏之書を漸く借り求め差上申候間、御落手可有之候○兄にも又々御転邑之由承知致候。Middle town は御好にて候哉、憚なから折角御愛自《ママ》之程望入候事なり。御序之折藤馬《Thomas》須え宜敷御伝声頼上申候。此之際に送度義御座候へとも大分急速故心に任かせす。何れ書余は期後音。敬白

松《松村淳蔵》、杉浦《弘蔵》

永井《五百介》様

奥生より兄之写真御持合候はゝ何卒御与へ被下間敷哉。左候へは同人之分もおのつから近日可差上旨申呉るゝべくとの事なり。

追啓　至て変りヶ間敷時候、乍憚折角無御病御自愛御勉強之程暮々も万祈罷在申候。

三五〇　花房直三郎

1　明治(　)年12月17日

昨日御認之尊翰只今落手拝読仕候。陳は、衆議院官吏傍聴券兼て本院へ廻送相成、其中本日之分は既に過日佐野《常民》顧問官の御請求に依り、同顧問官へ差出有之、其他には既に差揃居候て、何分にも都合相付不申、折角の尊命なから前文の次第、不悪御承知被遣度願上候。

将又議長には去る十二日帰京相成候。右御答まで、拝具

十二月十七日午後一時　　花房直三郎

吉田顧問官閣下

追て、明十八日の傍聴券壱葉差出候。若、御不用に候はゝ御返却奉願候。草々頓首

三五一　花房義質

1　慶応（4）年5月16日〔（'68）年7月5日〕

御両所様より御念書先に拝見仕候。此節之御進退振之義に付、不顧失敬率爾相伺候処、御叮嚀之御書通被成下、尚結城〔幸安〕子よりも承り御心事委細拝承仕候。前後の御苦慮憮かしと奉察候。小生義も先頃湖辺に雪を衝て参候節可疑もの不少候故、御承知の通縷々疑問をも発し、尚以て落さるもの不少候故、不得止一旦立帰り候事に御座候得共、毎々貴兄方の御決意の程ふと存出し、今一度は是非とも参候て尚推究候半と存し居候処に御座候得共、此節諸君の御議論の趣を以ては、愈不可信ものと決定致候故、最早存留りし事に御座候〇此節御国許より被為召候よしにて、愈御帰国の思食のよし、さすれは次の便には御発被成候哉、御都合奉伺候。小生も当時の形勢に付ては日夜不能安候故、寧早急帰国の方勝らん歟とも毎々存居候得共、聊心底に不任義とも有之候て此節は存留候。乍併、此頃の悪消息にては実に日夜苦慮仕候事のみにて、学問も自然怠かちに相成残念に御座候。尚御決定の趣且御見込の趣も御坐候はゝ、逐々奉伺度候。先は先頃の御挨拶かた〳〵此節は是非参向拝顔の存寄に御坐候処、差支候て不能其義候故、幸便にまかせ御挨拶まで如此御坐候。草々頓首

西暦七月五日　　虎生九拝

〔注〕裏に「永井五百介様　杉浦弘蔵様　花房虎太郎」とあり。表の欄外に鉛筆別字で、「結城士出船之砌持参新約克にて覧る」・「六十八年」とあり。

花房義質

2　明治（5カ）年（　）月20日

〔巻封〕吉田太郎様　花房虎太郎

昨夜は御馳走奉謝候。然は、過日一寸御尋仕候サンフランシスコ行御省官員は未決に候哉。若し御決しなるべくは誰れに候哉。且如何之企に候哉を承知し度候間、御答へ被申越可被下候。以上

二十日

3　明治（5カ）年（　）月21日

〔巻封〕吉田太郎様　花房義質拝

昨日御尋申上置候サンフランシスコ行の人名並そのプルポス〔purpose〕等、大概にても承知いたし度、重て御尋およひ候也。

二十一日　花房義質拝

吉田太郎様

4　明治（8）年12月7日

益御清安可被成御坐奉敬賀候。然は、乍早速左之書

International Code

By Dadry-Field

New York

壱書を得度候処、何分此地にて手に入不申、何とも乍御面倒御買入御送り被下度奉願候。且タイトルを暗記せす不充分の書方歟と存候得共、外に類書なきもの故〔カ〕増々是れにて足り候事と存候。代金は知れ次第差上候事御謝〔カ〕可仕候。且先般御送り相願候。

Foreign relation

も最末即本年之分出来候はゝ御廻し相願度候条、此段併て是に相願置候。

○明年の博覧会のための委員既に到着に付ては、彼是御多事あるへしと存候。西郷〔従道〕君へ御序に宜く御伝声可被下様奉願候。関沢〔明清〕其外小生知音之人も可有之と存候。逐一記せす候間、御序へ可然御伝声奉願候○欧洲此節は「ヘルゼゴヴィナ」一件絮々紛々、其上昨今は「スウエス」溝の株を英政府の買ひ取在りとて、もう

「エジプト」を取りたるかの様に新聞紙は大騒きを遣らかし申之外、為差異状なし○魯国内は静安唯、「ヘルゼゴヴィナ」の事に付て人心全く静にはなき迄の事、其上中亜細亜の「コカン」を半分併せたる事、少し忙しき様子に見え候迄にて其余異事なし。皇帝一昨日御帰府、諸長官等も帰来賑敷あり。街頭雪橇の往来、頗る美麗壮観と云へきものあり。「ヲルバニー」や「ボッファロー」で見たるものゝ類にあらす。余期後音候。奥様へ乍末筆宜可被仰上候様相願候。草々頓首

十二月七日　花房義質

吉田清成閣下

5　明治(9カ)年3月25日

三月二日の貴翰に続て、米国外交書二冊も落手、御配意奉多謝候。外に「ダットリフィールド」氏の著書之方は、目今再刷に際し候旨に付、発売の節御買入可被下との事逐々拝承、御手数奉拝謝候。尚其節重て御配意奉煩候○博覧会辺より気候も温暖に向ひ、楽事亦多しと奉存候。此地氷上尚馬の行くを許し候。余は御察可被成候。先は至急拝答まて、草々如此御座候。

奥様にも御健固と存候。此程新聞紙中縫箔の美なるを召されたる事を聞、何も御勢よき事と御歓申候。極て英語も追々御進みと奉存候。余期後音、頓首

三月廿五日　義質

清成大人

6　明治(9)年8月2日

〔前欠〕帰朝之途中博覧会をも一見致し度。

去十八日「リブルプール」発船、廿八日「ボストン」着、昨朝当紐育府来着いたし候。明晩〔ママ〕字之汽車より「フィレデリフィヤ」に向て発する積りに有之、閣下頃日同府近傍御滞留の由に付ては、いつれ滞留中拝顔万緒可相伺候得共、右明晩貴地に向へき御報如此御坐候。尤四日間の滞留にて、直に南行の心組に付、日本行の相当御用有之候はゝ可承、御用意被成置候様奉

存候。西郷〔従道〕・田中〔不二麿〕其他博覧会関係諸君へ可然御伝言奉
願候。頓首

八月二日　花房義質

吉田清成閣下

7　明治10年1月15日

愈御清適御迎春可被成奉恭賀候。加るに昨冬は令子御誕生被遊候哉の様、遙承奉祝賀候。次に劣子健康無油断素志の目的を達し度勉励罷在候条、乍憚御放念奉希望候。

扨、旧冬両度劣生より書状差出し、終の節は米国税則の書、又は熊谷氏の内情等縷々申上候処　佳兄〔カ〕より御返書の栄輝を未た蒙らざるに付、多分相達し不申事と奉存候。今般は書留にて差出候間、御落握の上は寸尺の玉章を返答あらん事を希望す。

米国「ロカール」収税法を書せし等の書類等差立候はゝ、乍御手数御逓送被下度、深く御依頼仕候。

昨年米国大蔵省スタチスチックス寮報告書及ひ内務省センセス寮の報告書一部つゝ、乍御手数御恵送被成下候はゝ大慶此事に御坐候。

魯国公使榎本〔武揚〕及ひ伊国公使川瀬〔真孝〕の諸君帰国の報承及候。佳兄にも不遠本邦え御帰朝の由哉に遙承仕候処、実事に御坐候哉相伺候。

欧洲土国〔トルコ〕形況は日々新聞にて御熟覧被成、篤と御了解の事と奉存候。土も頗る頑固なる様被考候。其頑固を達せは至極妙に御坐候。然るに英は全く土国に関しては情態《ポリシー》を変候様に御坐候。「御地は未た大頭領〔ママ〕を決せず、多少血を流すなるべしと管考仕候。随分米国商業工業等には大なる実害を醸し候事と奉存候。

此間井上〔毅〕議官に会せしとき、今般小生より書状差上候はゝ宜敷申上呉候様依頼有之候。

時下折角御厭御勉務可被遊奉敬賀候。草々頓首

明治十年一月十五日　義質

清成大賢兄尊下

8　明治(15)年9月23日

我公使館保護の為め一中隊を残し、其他は悉く引上くる。天城艦は仁川に残り、孟春艦は猶数日同所に碇泊す。馬建忠は未た朝鮮に来たらず、拙者は支那の海軍総督と懇親上の尋問を為せり。聞く所に拠れは、支那の陸兵及軍艦は近日朝鮮を去り、陸軍の少数と一二の舟のみ残るべし。朝鮮使節も亦た明治丸にて来れり、数日間神戸に滞留の積り。使節は批准を交換し、且償金払方の方法を決定するの全権を有せり。国王の親書は交際を厚くするの為めにして、謝罪の書翰は礼曹より来る。

九月廿三日午前九時三十五分発　馬関　花房

吉田大輔

〔注〕電報の訳文か。

9　明治(15)年10月21日

花房義質

過日石橋〔政方〕より差上置候由の京城遭難者へ別に慰労金被下方、賞賜に等しき御文義に相成り居候由之処、右にては陸軍其外にも彼是差支有之、種々情実も御坐候条、一応御下け被下候様相願候。余は拝晤に可尽候得共、不取敢此段申上置候間、石橋氏迄御下け被下度奉存候也。

十月廿一日　花房義質

吉田大輔殿

10　明治(15)年(10／11)月4日

御所労如何御坐候哉、御案思申上候。賞賜論は愈韓地出張之者に限り可賜事に内決、一時出張之向へも内地尽力の向へも御沙汰無之方に相成候付、人員幷に賞格等庶務・検査両局長の手にて取調相成様任し置候。此義は此間中御心配の末に付、一応申上置候。草々頓首

四日　花房生

吉田様

花房義質

11　明治（16）年2月15日

〔巻封〕御覧後御火中

外務卿〔井上馨〕より鈴木成章を被差来、峨〔ロシア〕皇戴冠式も差競ひ候旁、他の人選は六ケ敷、又空館にも難差置候付、急に赴任候様奉命せよとの事に付、荊妻も未全快、急に出発無覚束候得とも、それに関らす御受可仕旨答遣し置申候。就ては兼て御内談仕候意味あるに関せす、一憤発之覚悟に御坐候。唯ランク之義四位之地に至候様相願度、心中別に差急候情実有之に付、不申とも御心配可被遣義を是に敢て吐露仕候。可然御取成奉願候。余期拝芝。草々頓首

二月十五日　　花房義質

吉田太輔〔ママ〕殿

12　明治22年11月（　）日

拝啓　陳は、別紙趣意書の通り、会員諸君の醵金を以て本会事務所及標本陳列室設置の筈に候処、閣下には名誉会員として兼々本会の目的を御賛成被降候義に付、尚此際多少の金額御醵出被下候様相願度、名誉会員諸君の御醵出は別て会員一同の奨励にも相成候に付、格別の御配慮を以て御承諾被下候様希望の至りに御座候。草々頓首

明治二十二年十一月

大日本織物協会々頭

花房義質

吉田清成殿

追て、醵金は収理方の都合も有之候に付、御承諾の上は其金額及納付方法等先以御通報被下度、御金員は日本橋区浜町弐丁目壱番地本会仮事務所へ宛御送付被下度候。

13　明治（　）年2月2日

妻儀、近日中奥様へ御見舞に参上するとて延引致居候折節、「チヨコラート」仏朗西〔フランス〕より到着候儘、乍少々子共〔ママ〕様方へ御慰に差上度申出候。奥様へ御差出可被下

候。海月〔くらげ〕一桶は珍敷ものにも無之候得共、能く幾回も清水にて洗ひ、細そく刻みて酢醤油かけ、花かつほにてもあしらい候得は、酒家晩酌之下物には好むものに御坐候。御好如何哉と存候得共、此頃備前より取寄候付、乍少々御分配仕候。御賞味被下候はゝ本懐に御坐候。右耳〔カ〕余譲拝眉、早々頓首

二月二日　　花房義質拝

吉田老台閣下

14　明治（　）年2月16日

拝別後御無音打過居候処、承候へは御実兄御病気御養生不被為叶候由、御愁傷奉察候。御滞留中も此義御心懸りの由御噂も有之候処、遂に如此相成候段、御心中奉察候事に御坐候。右御悔迄、草々如此御坐候。

二月十六日　　花房義質頓首

吉田清成殿

15　明治（　）年6月18日

本法院死去の節は、被入御念御供物被成下奉謝候。随て中陰志執行候に付、乍略義〔ママ〕粗菓壱函呈上仕候。聊御礼之験迄に御座候也。

六月十八日　　花房義質留守

吉田清成様

三五二　花房義質・柘植善吾

1　慶応（4）年6月15日，〔（68）年8月3日〕

爾来愈御安祥可被為在、奉恭賀候。就は川北〔義次郎〕・天野〔清三郎〕両氏此程火急発立帰朝の心組にて、去廿八日則火曜日此地出立、ニウヨルクよりロントンへ向け出帆に相成候。此壱封は貴所様方へ御届申上くれ候様との事にて、ニウヨルクより送来候間、不取敢差上申候。委曲書中に御承知可相成と別に不申上候○下生等碌々残食罷在候。乍憚御放念可被成下候。大兄方御帰帆之儀、如何の御都合に御座候哉。御治定相成候はゝ為御知奉願候。種々相伺度事も有之、是非其以前に拝顔相願度

存し居候事に御座候。ジウライ〔July〕第四日シャンハイ出之テレガラフ之旨にて、皇国東西講和の運ひに趣き居るよし承候。何歟委細御承知も候はゝ奉伺度候。当時御学業は御都合よろしく候哉。勝氏〔小鹿〕御一列及肥後〔横井兄弟〕其外御一同御同様御勉強と奉存候。此度は別に不呈書候故、御序よろしく奉願候。先は右壱封御転達迄、草々裁一書候。余は奉期後鴻候。頓首

西暦八月三日　花房虎太郎
柘植善吾

永井五百介〔吉田清成〕様
杉浦弘蔵〔畠山義成〕様
松邨淳蔵様

三五三　浜田信夫

1　明治(15)年7月9日

信夫再拝謹啓　時下霖雨之節、伏惟、閣下御起居益御清適奉恐賀候。陳は、今般被為遊御転任候由、奉拝賀候。乍併、信夫為国家憤恨の至に勝へさるもの御座候。信夫平生以為らく。如今朝廷人才済々其人に乏からすと雖とも、多は皆な乱を治るに長するも治を治るに長せす。故に内は不逞の徒日々益す蜂起し、外は治外法権未た回復せす。加るに年豊にして人民道路に餓凍す。今の世に当り、此数難事を治めて天下を兼利するの人は、閣下に非らすんは又た其人なしと。是を以て去十二年、閣下帰朝あるや世人皆謂らく、朝廷当に閣下を内閣に留め復た外に出さゝるへしと。然るに豈に意らん、閣下をして再ひ赴任せしむ。此時に当り、信夫既に憤恨に勝へす。蕪詩を賦して曰く。何事漢廷軽賈生、高帝尚且患陳平、豈唯独惜使君去、離涙難禁憂国情と。然るに今又た民望に背く。嗚呼朝廷何そ其の不明なるや。蓋し今や条約改正に際し、閣下外務の職に在らすんば誠に国家に不利なるものあるを以てなるへし。然るに信夫此に不平を訴ふるもの閣下にあるに非らす。誠に天下之治道に関係あるを以てなり。加之喜功有為の士は、朝廷忠良の臣を採用すれは之を欣

ひ、之を軽用せは則ち恨む。独り之を恨のみならす、則ち平生の望を朝廷に絶ち、以て自ら為さんとす。夫れ功業を天下に樹てんと欲せは、決て一身の能く為す処に非らす。此を以て現今の政党と称するものの如く、類を求め党を集め、時を計り機に乗し、以て平生の望を達せんとす。苟も天下の志士をして如此気象を懐かしめは、誠に国家の大患に非らすや。抑も閣下の仁徳と勲労とは内外人の夙に欽望する処なり。朝廷宜しく閣下を重用し、以て内外人之望を収へし。然るを之れ為さす。唯た其名を転して外務の亜卿に移す。閣下素より至誠忠純、之を以て慊と為さるも、天下の志士誰か之を憤激せさらんや。況や信夫閣下の門下に出るもの其憤恨せさるを欲するも豈に得んや。閣下其狂愚を憫みて其不敬を恕せは千万幸甚、信夫頓首再拝

七月九日　浜田信夫拝

従四位公閣下

副啓　昨八日発兌東京横浜毎日新聞に、米国議院に於下ノ関償金返還之件に付、華聖頓《〔ワシントン〕》駐劄日本公使より返還を促せし云々の語あり。然とも此事は既に無実なる事明にして、且つ閣下去後の事と奉存候得は、素より閣下の名誉に関せすと雖とも、然とも今日の同新聞に返還受否を論し、又た演説にても議題と為し討論致候由、兼て右毎日新聞を御購求無御座旨承居候に付、聊か見聞する処を御報道申上候也。

2　明治(15)年12月21日

賤牘拝啓仕候。伏惟、時下御眠食益御健勝之段、奉恐賀候。陳は、過般は登館御清燕を相妨け、不敏之罪更に御海恕被成下度候。就ては兼て種々御配慮被成下候信夫志願之儀も、爾来数々加藤先醒え面謁、縷々懇願仕置候、未た何等之御沙汰も無之候得共、定て早晩御採容被成下候はんと仰望罷在候。御礼旁是等之趣、趨陳可仕之処、既に明治十五年と冠唱候光陰も残り少なく相成、定て公私之御要事御繁敷之御事と奉恐察候に付、乍恐乱書を以て、御起居謹禀旁略陳仕候。早々謹

言

十二月廿一日　　浜田信夫拝

従四位公閣下

三五四　浜田信正

1　明治(14カ)年11月13日

口演

謹て拝晤仕候。陳は、家弟信夫仕官御推撰之儀、兼て情願仕置候に付、時機之御都合御伺申上度縣々〔ママ〕拝趨仕候得共、御在宅之際には賓客踵を絶たす、如何にも御繁雑の状を推察し、情誼上に於て伺出兼、空しく相過罷在候。御多忙中甚た恐縮の至り御座候得共、何卒御憐察を加へられ、松方〔正義〕君へ御親托、或は御依托之副翰御附与被成下候様奉悃願候。尤閣下御紹介之徳に恥ちさる様為致可申候間、御賢察を以て八等属位に御推撰相成候様伏て奉情願候。于時御不在中に付、万々不得止、寸紙を以て粗情拝具し、書余は拝鳳に期し候。謹言

十一月十三日　　浜田信正拝

吉田公閣下

再拝　過日は、銀行希望云々申上置候得共、銀行局之誤にて、粗具之罪謹て拝謝す。

三五五　林　有造

1　明治(　)年12月21日

打絶御無音、倍御清適可被成御奉職奉賀候。次に迂生前日来滞京、此頃帰途、明後日は当地発港の筈、一寸御面会の上御示談申上候義有之候間、明早朝御旅館御尋問申上候に付、御面会相調候哉、乍失敬書面を以御尋問申上候。右迄匆々頓首百拝

十二月廿一日　　高知県林有造

吉田大兄侍史

2　明治（　）年12月22日

〔巻封〕吉田大兄御直披　林拝

今朝は縷々御示談申上奉万謝候。則紅葉賀艦〔鑑〕之儀は直様為取計候に付、近日洋人為引払、追々曽和慎八郎より可申上候。且今朝御咄しの書生詮議の処、北代〔正臣〕より御依頼申候儀は、平井直次郎と申者之様承り申候。右の者に候得ば、相応の者に付、不差閊候間、御登用被下度候。右迄、匆々閣筆

十二月廿二日

吉田様
御奥様閣下

三五六　原　善三郎　他十五名

1　明治12年6月9日

来る十二日横浜町会所に於て夜会相催候間、午後九時御光臨被下度、右御案内之為め如此に御座候。謹言

明治十二年六月九日

平沼専蔵
小野光景
渡邊福三郎
大島成渡
中山安次郎
中村俊二郎
上郎幸八
中村惣兵衛
吉田幸兵衛
伏島近蔵
西村喜三郎
田村利七
原田二郎
三井篤治郎
茂木惣兵衛
原善三郎

追て、当夕は香港鎮台ヘンネーシー閣下及ひ夫人来会有之候。且又同夜一時、別仕立汽車相備置申候間、此段御含迄に申上候。

〔注〕日付と宛名以外は活字印刷。

三五七　原　敬

1　明治(16)年12月29日

拝啓仕候。先般上海出発之際上申候通、到底海路赴任之望無之候に付、陸路赴任之事に決定致し、二十二日夜上海にて乗船致し、去二十五日当芝罘に着、直に陸行之用意致し、本日出発の都合に候処、夜来飛雪甚敷、無拠本日は延引致し、明朝出発の事に取極候。任地着は毎々申上候通、来月中旬に相成可申、尤も黄河之決したる風聞有之候へは、事によれは下旬に相成可申哉と存候。芝罘の形勢事情等は委詳東〔次郎〕氏より可申上候に付相略し候。風聞には清国にても此辺の海防には追々着手致し、近来殊に注意の由に申居候へ共、所謂途に聞たる説に候へは、詳細の義は申上兼候。滞在中芝罘湾の形勢等も回覧致候所、砲台兵営等も有之、多少用意の迹相見候。加るに先時英仏連合兵の進撃候箇所も有之候へ共、右等の詳況は其筋の取調も可有之、何分皮相之観察にては何事も申上兼候。乍去一見致候所にては、追々商業之地とは相成可申、現に此辺産出の天蚕より製する絹は、目下日耳曼《ゼルマン》人之建設したる製造所之為めに其利を奪はれんとする趣にて、何様製造所も盛大に相見候。日本内国に候へは御承知も有之候通、稍々閑隙を覚ゆ時節に候へ共、此辺は左に無之、益製造余遑なき由に候へは、其産出も推して可知ものと存候。明朝出発の事に候へは、何分にも旅行の用意にて匆忙を極め、万事観察も致兼、且つ此地には東〔カ〕氏より夫々可申上候に付、万緒相略候。早々敬具

十二月二十九日　　芝罘に於て　領事　原敬

吉田外務大輔殿

追て、当地にて前領事マクレン氏にも面会候所、同人も快く旅行等の周旋致呉候。

2　明治(22)年11月15日

〔封筒表〕白金志田町　吉田子爵閣下　書籍一冊相添

拝啓　拙著埃及《エジプト》混合裁判壱冊進呈仕候。御閑暇之節御一読被成下候はゝ本懐の至に存候。匆々頓首

十一月十五日　　原敬

吉田子爵閣下

三五八　原　保太郎・南　岩太郎

1　明治(5)年2月29日

〔巻封〕吉田巳二様　南岩太郎・原保太郎

以手紙得御意候。然は、明卅日御出被下候様御頼申置候得共、明日は御暇参　朝且外に彼是用向御坐候間、甚勝手ヶ間敷義申入候得共、明後朔〔ママ〕日朝御出被下候様御頼申入候。弥出帆は来る三日、事に寄り候はゝ二日出帆に相成申候。仍て右得御意度迄、早々以上

二月廿九日

三五九　原　六郎

明治(21)年5月31日

尊翰只今相達拝誦仕候。陳は、本日白金御邸に於て小集御催角力御取組ませ被成候に付、拝趨可仕様御招に預り難有奉存候。然るに本日は、無余儀用事御坐候に付、遺憾至極には御坐候得共参邸難仕候間、御断申上候。右御礼旁不取敢申上度、如此御坐候。恐惶謹言

五月三十一日　　原六郎

子爵吉田公閣下

三六〇　檜垣直枝

1　明治(21)年5月29日

拝伸　爾来御無音申上居候段恐縮之至奉謝候。陳は、来る三十一日御集会に付、角力御催被為在、就ては御懇志之段深謝之至に奉存候。必す当日参上拝観可仕、先は右御受之印迄寸楮如此に御坐候也。恐々頓首

五月廿九日　　檜垣直枝百拝

吉田殿閣下

三六一　東　次郎

1　明治(17)年1月7日

一簡拝呈仕候。厳寒之節御健剛御揃可被凌奉恭禧候。二に小拙旧臘廿五日当港着、同三十一日マクレン氏より事務引継、広街新沙遜商社家屋借入、一月一日より開館仕候。乍憚御省念可被下置候。偖又、本邦出発之際は特別之御眷顧相蒙、兎に角到清之志願相達候段、偏に御高庇に寄り候儀と不堪深謝候、爾後共宜敷奉願上候。

一上海にて追々承候にはマクレン氏何分不折合之趣に相聞及候故苦慮仕候に付、着港翌日不取敢相訪、小拙赴任之披露も仕、外務卿〔井上馨〕より之御寄贈品並御謝状相渡、小拙も数年之勤労を謝言懇に申述候処、御時状閲見後は殊外悦喜之様子にて英国人は勲賞よりは賞品を悦候慣習之由に聞得候速に不平相解、万事懇切に意見等も申述候に付、爾後共小拙より紙面或は上野〔専一〕書記生を以、大細事及相談、万端顧問に頼入候処、同人も無隔意既に両三度も訪来、心附等申談候様之都合に有之候。且同人之周旋にて当港在留地内一等之場所に有之候旧病院建家煉化〔ママ〕造表通並間取等一切此方望之通修繕仕、右修繕出来之上冬期には修繕難仕来る五月初旬より向三ヶ年間一ヶ月五十元内外にて借入候筈、マクレン氏共々持主に面談略内約仕候。随て当分之内新沙遜にて開館仕候。此建家も煉化造にて随分当地にては上等之部に有之候、是亦マクレン氏之奔走周旋にして、着日より二日間に旅寓引取諸具共悉皆相運候。存外速に開館相成候も全く同氏之懇情尽力に出て候。御安心可被成下候。畢竟寄贈品御下附相成候より如斯好都合に引直候儀と深く感銘罷在候。上野書記生も増給にて赴任仕候に付ては、一層相励み精勤仕、万端応接向にも都合好安心仕候。総て閣下之高庇に出る処千万奉深謝候。俄国〔ロシア〕副領事フエルクーソン氏は三十年来当港に在留之仁にて、専ら政事上に思想有之、最朝鮮之事に着目致居候。至て懇切に及談話候間、爾後は別て懇親に仕候含に候。御含迄に申上置候。

一未た日浅候得共、当地之形勢にては実備之効験不相見候。随て相考候へは清政府にて内実飽迄平和説に一定仕居候様に被察候。

一長崎出発之際は既に天津閉河之趣に付、京津へ陸行仕候含之処、上海滞在中榎本〔武揚〕公使着相成、陸行之儀及内談候処、却て世評を醸し不可然、厳寒を浸し陸行仕候儀は相扣候はヽ如何可有之と之事に付、公使之意見も此節柄尤に相聞得候間、此度は相扣候。然るに予て相願候通京津之近情も大略覚知仕置、津烟間之陸路も経歴仕置度に付ては外務卿にも委細申出置候間、別段御止命無之節は開河次第出発仕度、此段御含置可被下候。吉田〔二郎〕臨時代理公使には御内々御伝語も有之候得共、紙面にては如何と考候間、面会之節迄相扣居候、不悪御聞済被下度候。書外後信拝陳可仕、先は段々之御謝言等申上度、旁奉呈訳書候。時下折角御愛護奉祈候。頓首拝

一月七日　東次郎

吉田大人閣下

〔注〕裏に別筆で「十七年」とあり。

2　明治（　）年11月3日

前略御高免。扨、別筥之金石見本は、平常借区営業等致し候部類之礦物のみ御参観之為め蒐集仕、御手許に指上置度存候。或は御用済の上は御賢息様之御学問用に被成下候はヽ、多幸之至に奉存候条、御咲収奉願上候。且亦本邦一切之鉱物は何時にても御閑暇之時分、以て一寸御沙汰を蒙り候はヽ御邸へ持参御高覧に可供候。先は右迄、匆々恐々

十一月三日　次郎拝

吉田公閣下

3　明治（　）年（　）月23日

爾来御無音に打過居候折から貴翰落手、恐縮之至りに奉存候。貴命に随ひ、中井〔弘〕老翁誘引明日午後参邸、万其節と申残し不取敢拝答まて。

廿三日　次郎頓首

吉田君貴下

三六二　東久世通禧

1　明治(22)年(12)月26日

〔封筒表〕吉田清成様　内披
〔封筒裏〕東久世通禧

昨日之総理御決定、先々為国家奉賀候。扨、昨夜三条〔実美〕公邸へ八時罷出候処、先に御談合人有之、待合候処十時半頃に相済、夫より善後の策愚意申上置候。大臣の代りは未たに決定無之、今日も不相定よしに被仰候。付ては人物論に渉り候得とも、代り人物にて又々世評を嘩しく致し可申候。充分御評議有之度段申上置候。右彼是致、十二時前に相成候に付、別文通にて今朝申上候。猶善後の策精々御骨折被下度、為国家祈望此事に御座候。頓首

廿六日朝七時半　東久世

吉田様

2　明治(　)年2月21日

御清康抃喜候。拝借之秘冊謄写出来致候に付、返上致候。御落手可被下候。早々頓首

二月廿一日　通禧

吉田清成様

三六三　東久世通禧・三浦　安

1　明治(　)年9月8日

愈御佳勝奉賀候。一昨日は御清閑相妨恐縮、其節御話漁獲之交魚沢山嘉贈大謝仕候。随て菓子一瓶、味噌漬一小箱御うつり迄に進呈候。本日は大磯へ廻り帰京に付、右敬謝旁告別候。匆々頓首

九月八日　安
通禧

吉田賢台

三六四　東伏見宮嘉彰

1　明治(6)年9月30日

過日御参邸御用繁中畏入候。扨、拝借金之一条、宮内少丞香川〔敬三〕と及示談候処、先宮内省え可差出、其上大蔵省え可相廻旨に付、別紙草案入高覧候間、宜御削正被下度希入候。猶前条之儀万縷御取計之様頼候也。

九月三十日　嘉彰

大蔵少輔殿

二白　乍御面倒使え御面会被成下、委細御申入被下度候。

2　明治(　)年1月19日

〔封筒表〕吉田清成殿　御答

先日御約束之油画即御持せ、御細翰之趣領承深忝存候。孰れ拝面御礼可申述候也。

一月十九日　東伏見嘉彰

吉田清成殿

三六五　肥後七郎衛門〔カ〕

1　明治(4)年6月29日

当月六日之尊状同十三日相届、難有拝見仕候。弥御壮栄被成御座、恐悦之御儀奉存候。扨、私にも当十日大坂出立十三日長崎え着仕候。早速より吉祥等え罷立に御座候。其中外国船も相少く当分て〔は〕代金持渡之船も無之候へとも、追々渡港に御座候。当分之風説にては六ケ敷御座候と承り申候。請取所も未た相究不申候、外務省又は運上所かと申事にて、掛り役人今日までは相分不申候。近日中何分相分可申候。尤御証書紙幷御印鑑等は早目御差廻し相成候様御取計被下度奉願上候。扨、先日寺嶋〔宗則〕之下屋敷へ家内之者共分附奉願上候、速に御届被成下、旁御手数恐入仕合奉存候。追々御願申上候様可有之候間何分可然様奉願上候。先御礼旁申上度如斯御座候。恐惶謹言

六月廿九日

吉田大蔵少丞様　　　　肥後七郎衛門〔カ〕

三六六　土方久元

1　明治(7)年4月5日

造幣権助遠藤謹助より別紙辞表上申相成候に付、則指廻し申候。願之通被仰付て指支無之候哉、御打合申入候。御見込之程御回報有之度候也。

四月五日　　　　土方大内史

大蔵大少丞殿

尚々、別書御返却有之度候也。

2　明治21年6月26日

皇居御造営追々成功に付、来る二十八日拝見被差許候間、同日午後四時、令夫人御同伴随意御参向相成度候也。

明治二十一年六月二十六日

宮内大臣子爵　土方久元

枢密顧問官子爵　吉田清成殿

追て、新宮内省玄関にて御昇降、且当日微雨にても御参向相成度候也。

三六七　日高枳山

1　明治(10)年4月11日

拝啓　尊館被為揃御幸栄に被為渡、奉恐賀候。陳は、鄙生儀極健気罷在候間、乍憚御降念奉祈候。扨、大限〔重信〕先生へ御懇書被成下候以来、先生頻りに親切にて志願も近日相達候趣に御坐候。松方〔正義〕先生も同断申添被呉、且又西郷〔従道〕老将には特別之懇意を以て、陸軍は今日多忙之際ながら小生は老台等之御見込も有之と申訳を以て武官は相免じ被呉候筈、実に幸然之至に御坐候。且又松方先生　老台より御書翰御送被下候趣に付、同先生にも一増周旋被呉候儀に御坐候。実に即今は政府一改革を施し官員を減し候際にも有之、然るに小生には新たに拝命する事に相運び候とは、真に是れ非常之栄を得ると申ものにて、深く老台之御恩、感佩之至に奉存候。先日も大隈先生に面晤仕候処、小生之一件にては不日に相運候都合之旨懇々示し被呉候。実に右拝命仕之栄誉を得候はゞ、孜々勉励聊国家之為委〔萎カ〕身相勤申度、只々其時節を期し罷在候。不幸にして伊東〔博文〕先生には西京出張中に有之、併御懇書は工部省を経て差出置申候。該御書翰も他日之為要用と奉存候。

一志村〔智常〕君御宅にも至極御無事に御坐候間、御安意被下度候。

一九州之一乱は今日に到り未だ good result 之確報無御坐候。併官軍は日に増加仕候付、必不遠中平定に相及可申儀と奉存候。然るに只可惜は西郷南洲にして、御互に華府〔ワシントン〕に於て同氏之事を頌談仕候も回レ首二三ヶ月以前之事にて、今般は賊名を蒙らん抔とは実に意外千万之至ならずや、且同氏之事に付ては南薩武夫輩之類に無御坐候、実に国家之柱石と被奉存罷在候に、如此偉丈夫を失するは同氏之不幸にあらず、国家之不幸と痛悼に不堪、乍去今般之事に相及候上は最早如何とも仕方無之義と奉存候。却説、戦争の景況に於ては新聞上には官軍始終勝利と相見得候得共、余程難渋之闘争と被察候、実に開戦以来已に二ヶ月、然るに官軍之進入する僅に五六里に過ぎず、之を以て推按仕候に随分苦戦乎と被存候。併今日に相及候ては兎に角に官軍速に凱歌を奏するの外無御坐候。然るに国力之疲弊を生じ、且又許多之壮士を失ひ候は真に痛悼之至に御座候。実に向後は内国之保民経綸之事務尚大要務と相成候へは、廟堂之御苦心不一方御義にて老台には一増御憂慮相成候義と遥察仕候。

一当秋には一度御帰朝被為在候哉にも御内話拝承仕居候得共、此節柄如何被為成候哉と配慮に不堪候。然るに右之如く政府に於ても多端之世態に相成候。付ては訳によりては却て御帰朝被為在候哉も難計と窃かに御待仕居候。

一吉田〔二郎〕書記官には御内話通御願相叶候趣、同氏若し帰

朝に及候節は　老台之御事具さに相分り可申と奉存罷在候。
一乍筆末貴夫人え宜敷被仰上被下度、且又御少女君には不相変御成長と奉察候。
一右御伺旁乱墨を顧みず如此拝啓仕候　誠惶謹言。
四月十一日　日高枳山拝
晩翠老台玉搨下
二伸　当地に於て何ぞ相当之御用御坐候はゞ、御申越被為在度、此段抔〔ママ〕啓仕置候。

三六八　日高

1　明治(　)年8月14日

曩は御在游中には絶て御伺も不仕、実に失敬不可言次第、御仁恕伏て奉祈候。爾来愈御幸福之御儀と奉敬賀候。貴夫人にも御同断御帰館被為在候御事と祝奉候。可然御鳳声乍憚奉願候○兼て吸々貴聴を奉煩候小生志願之一件は、太た恐入奉存候得共、御垂考被成下度偏に奉祈候。実に老兄及西郷〔従道〕老兄之御尽力偏仰望する所に御座候。
一、一昨日西老兄より貴老兄え今般到着之士官御地え出張一件被申上越候書翰は、必御落掌被為在候御儀と奉存候。頻りに貴酬待居られ候に付、御面倒之儀ながら御垂慮被為在候上、速に御報可被下候義、乍憚奉希候。
右御安否伺旁、匆々頓首敬白
八月十四日　日高拝
吉田大人台下

三六九　平井希昌

1　明治(18ヵ)年9月12日

拝啓　貴官御兼務に関し、御心得可相成書類御入用之旨承知致候。別紙廉書之通り御廻送申上候。但職制章程之儀は旧時之儘故、即今にては矛盾致候廉も有之候に付、右は曽改正之儀上申中に有之候。此段御領掌被下度候也。

九月十二日

賞勲局主事 平井希昌

吉田外務大輔殿

三七〇　平岡温熙

1　明治(　)年2月1日

昨日御談に付追々取調居候処、草稿掛紙等御覧被成悪く候間、別に認差上申候。且助役之者心得書も取調候間御覧可被下。

○ウィリヤム氏心得書之末え、第十ヶ条目之事認入候間、御勘考可被下候。

○顧問之文字議理如何御坐候哉、猶御考御坐候様奉存候。

右申上候。尚巨細は明日出省之上可申上候得共、書面御覧に入候迄如此御坐候。謹言

二
正月朔日

平岡温熙

吉田賢台閣下

三七一　平岡通義

1　明治(21)年5月30日

拝展　益御清祥奉賀候。扨は、明三十一日御案内被下難有奉存候。参上可仕之処、近族中に不得止件出来、乍遺憾御無音仕候間、不悪御聞取被下候。右貴酬御断為て如此御座候。匆々敬具

五月卅日

平岡通義

子爵吉田清成殿

三七二　平田孫六

1　明治(　)年2月8日

拝啓御無事御清適之筈、奉大賀候。就ては態々御伝声被成下、尊命に随、早速履歴書差出候間、何卒可然様御尽力之程、伏て奉希望候也。謹言

二月八日

平田孫六

吉田清成殿机下

三七三　平山靖彦

1　明治(　)年1月1日

新年之御慶尽期無御坐候。閣下益御機嫌克被遊御超歳恐悦至極に奉存候。右年頭之御祝詞申上度如斯御坐候。恐惶謹言

一月一日　平山靖彦

吉田清成様執事御中

三七四　深沢勝興・富田鉄之助

1　明治8年5月11日

〔封筒表〕His Ex. Yoshida Kiyonari Legation of Japan
Washington D.C.
〔消印〕NEW YORK MAY 11 6.P.M.
〔封筒裏〕〔消印〕CARRIER 8AM.

奉呈　昨夜新聞紙にて拝承仕候へは御愛児様御早世之由驚入申候。嘸々御愁傷之程奉恐察候。過日当府より至急帰館之儀は矢野〔二郎〕氏より伝承仕候得共、斯迄御危篤之御容体共不奉存、御不音罷過候段御海恕被賜度奉仰候。此節御令閨様には御障も不被為在候哉、乍恐宜敷被仰上度奉願候。右御機嫌御伺旁如斯御座候。謹言

八年五月十一日

深沢勝典
富田鉄之助

吉田清成様閣下

三七五　福地源一郎

1　明治(15カ)年9月17日

謹啓　時下秋涼進来し候処、老台益御勇剛被遊御起居、奉恭賀候。陳は、昨夜韓地より之電報到来候よし伝承、右は其後之処分等之御義にも可有之哉、万一流伝無御差支事項も候はゝ、本日之新紙へ掲載仕度候間、甚恐縮之至りに御坐候得共、何卒此者へ御垂示被成下

候様仕度、此段奉懇請候。草々拝奉

九月十七日　福地源一郎

吉田公閣下

三七六　福地源一郎・渋沢栄一

1　明治(12)年(7)月(　)日

一筆啓上仕候。然は、本月八日虎門内工部大学校に於て合衆国前大統領グランド君接待之為め、夜会相開候間、同日午後九時より同校え御来会被下度、此段申上候。謹言

月　日　東京接待委員総代
渋沢栄一
福地源一郎

吉田清成様
御内室様

尚々、当夜小礼服若は羽織袴御着用被下度、且つ諾否の御答は速に木挽町十丁目商法会議所に相設候接待委員局え御報道可被下候。

〔注〕宛先以外は活字。なお紙背に墨書で左の書込あり。
「九日午後七字四十五分新橋発車横浜行　十日午後八字出門法理学部　十二日午後七時半出門蜂須賀邸にて川開花火見物の事」

三七七　藤田伝三郎

1　明治(21)年4月21日

〔封筒表〕東京赤坂区溜池榎坂町一番地官舎　吉田清成殿親展
〔封筒裏〕大阪今橋弐丁目　藤田伝三郎

拝啓仕候。春和之好時節、愈御安泰被成御座、奉恭賀候。爾来御無音に打過失敬候段、幸御宥恕可被下候。却説、取引所一件に付ては格別御厚配被成下候処、御廟議も少々変更致候より、一時困難之場合に陥り、最初御高論に随ひ周旋致候少生共も甚当惑致、此末如何可相成哉と案労仕居候処、幸に此度大坂より請願之規約標準改正之御認可相成、大に安心仕候。右に付ては

田中左七郎も上京毎に参館御厄介に罷成、彼此御配慮被下候段奉万謝候。小生も昨年病気之為め理事長も辞退致度申出候処、標準改正之請願中にも有之、一同承認致呉れ不申、其儘名義のみ相存候次第に有之、此際愈後任も撰挙致候筈に奉存候。右は病気不得止次第、宜敷御諒察被下度奉仰候。先は一応御挨拶申上度、匆々頓首。

四月二十一日　伝三郎

吉田殿侍史

〔注〕年代は消印による。

三七八　付属書記

1　明治(6)年12月8日

尊翰捧読仕候。被仰下候趣一々謹領仕候。夫々奉答候事に御坐候。

○

卿〔大隈重信〕殿え之御書は至急との御儀故、御臨省を不待、正院え差出申候。

○

吉田少輔殿い〔カ〕下は直に呈申〔カ〕候間、御差書被差上候、御承知奉願候。

右之件々御請仕候也。

十二月八日　付属書記

吉田少輔殿侍史

三七九　渕辺群平

1　明治(5)年1月12日

尚々、今日繁務故巨細相認兼候間、尚追々事実可申上候。何も右用事迄申上候也。

追日春気相催長栄に相成候処、弥御安康御奉職被成御座、奉欣喜候。従て僕等去十一月於東京北条県参事拝命致、同十二月東京出立、同廿七日当地え致着、諸官員人撰に取掛候処、誠に人物相少く込入仕合故、別紙相認願書候間、乍御手数至急相運ひ候様御取計被遣度

御依頼仕候。先は右御依頼旁迄、匆々敬白

正月十二日　　直大夫事淵辺群平

吉田巳二様

追て、元津山県郷村幷物成等今十二日より相請取、賦《つもり》に御座候。余は従て追々相請取順序に御座候也。

三八〇　船越清之助

1　明治(24)年(1)月(　)日

過日貴族院へ御来院之節、衆議院へも御出向相成候事と御待申上候へ共、御帰相成候由にて本日河島醇氏へ兼て御依頼之傍聴に付、本日券相渡相成候に付、一寸持参之上罷出候。就ては本日加藤平四郎より提出したる保安条例廃止の件を明日議する事、次に青木一連等の議会交渉事務を設くるに付、特別委員に撰挙する事にて決定致候に付、明日御都合傍聴如何御座候哉、御伺申上候。御室様御光来之由承り候。此旨伺上候也。

吉田清成殿　　貴族院　鹿児島人船越清之助

三八一　船越　衛

1　明治(7)年6月3日

前略高恕　陳は、過日貴諭御坐候通り得能君《了介》へ拝眉、田口太郎《カ》事私承知之まゝ申述候処、丁度右様之人物入用に付早々可申出旨被申聞、等級は先つ七等位に申出置候間、此上早く相運申候よふ御尽力懇願仕候。彼の人物たいていの事は用便可仕愚考仕候間、奏任出仕には御登庸敢願仕候。委曲は拝眉可申上候得共、御繁用中御手間奉恐入候に付、却て以書中得貴意度、如此御坐候。

早々頓首

六月三日　　船越衛

吉田少輔殿御侍史

2　明治(19)年11月5日

奉謹啓候。時下涼秋之候に御座候処、愈御安穏被為渉奉恭賀候。然は管下牧畜之義は房州地方およひ上総南部之人民所業罷在、畢竟嶺岡牧場は往古よりの慣行有之、現人民自然其風習に染み、専ら牧畜に従事せしも、頻年物価低落之影響に連れ、牧場も頓に衰退之状を顕したるにも関せす、該業者は能く耐忍其業を維持し、近来倍進取之気象を発奮之情勢に有之、加ふるに現時肉牛乳牛之需用も増加し、曩に陸軍省におゐても産牛数量之取調も有之、今回有志者を召集し、勧業諮問会開設致候折柄、幸御省御傭博士フェスカ土質調査之際、房州地方巡回嶺岡牧場等実視し、該牧之義は良好なる牛馬産出之地と確信せさるも、稍々牧場に適したる地質と認め、且牧場之大体に付種々演舌致し候より、会員も大に感覚を惹起し、現に牧畜組合規約を結ひ、充分該業に従事可致気勢に赴き、就ては嶺岡牧を本県へ拝借致し、之を模範として此際一層奨励勧誘相加度候処、該場之義は御省緊要之御用地に相考候得共、前陳之事情も有之に付、御都合に依り拝借之義相叶ひ候はゝ規約方法等取調、表面上申可仕と奉存候処、如何に可有之哉。御繁用中貴慮を煩し恐縮に奉存候得共、何分之御内示被下度、此段内々奉伺置候。頓首

十一月五日　　船越千葉県知事

吉田農商務次官殿閣下

3　明治(20)年5月11日

粛啓。陳は、嶺岡牧場拝借之義兼て御内願致し置候次第も有之候処、今般上申之通御指令相成、実に管下牧畜之事業奨励上好都合に有之候。右は偏に閣下御尽力之所致と不堪感謝候。不取敢前陳御礼まて申上候。草々頓首

五月十一日　　船越千葉県知事

吉田農商務次官殿閣下

4　明治(　)年5月10日

本人直々御帰可申候に相成候得は、芝居位は御見せ遣り被遣度候。

奉拝啓候。愈御清安御帰京奉恭賀候。此内は御繁用中御来県被成下、難有仕合奉謝候。然し失敬のみ相働き恐懼之至、万々御海容奉願上候。扨、御約束に因り阿〔お〕秀参上仕候間、令嬢様常盤津之師匠に御採用被成下度候。御約束之期日相違の節は、科料之御契約に付本人用事は捨置、独歩参上候間、左様御承知被下度候。若も閣下御違約之節は拙者代言となり、何かへ訴訟候も難測、予め御承知置被遣度候。此段奉得貴意度候。匆々頓首

五月十日　衛

吉田大人閣下

さし急相認、乱筆御海容被遣度候。畏しく。

5　明治(　)年10月25日

昨日は無此上大愈快〔ママ〕難有奉拝謝候。不知々々深酌、平に御寛大を仰候。

西郷〔従道〕公御逢に候はゝ御鶴声奉願候。岩山・鈴木・半井君等手札をくれ候。宜敷奉願候。御帰を窺、野生も急様帰車仕候。連の者も大歓喜にて同車仕候。殊に高堂に於て御馳走頂戴、実に夢を見たる様也。今早朝走車罷も壱紙有合の中吟味入御覧度願出候。御細書奉願候。廿八日愈御発船御供相楽申候。今朝来酔中、乱筆失敬相伺候也。頓首

十〔ママ〕廿五日　衛拝

晩翠先生侍史

三八二　古沢経範

1　明治(12)年8月19日

明廿日戸山学校及競馬一覧之儀、左之通に相成申候間御心得迄に申上候。

一朝九時半延遼館出門、十時半戸山学校着之積、然し

て体操相始め候事、尤射的は競馬場之為め遠距離発射出来兼候、且時間も切迫可致に付、殊に因り相止候程も難図哉之由、高田大尉より薄々承り申候。

一競馬は午後一時より相始候筈に候得共、十二時に午餐に相成候ては時間無之、且聖上臨幸にも相成候に付、其前にグラント氏被参候方都合可然に付、競馬は一時半に相始候様可致との事に御坐候。

一臨幸は十二時御出門之趣に御坐候。皇居より競馬場迄は凡五十分時間相費候趣、宮内省馭者之申出に候。

一馬見所之儀は左図之通。

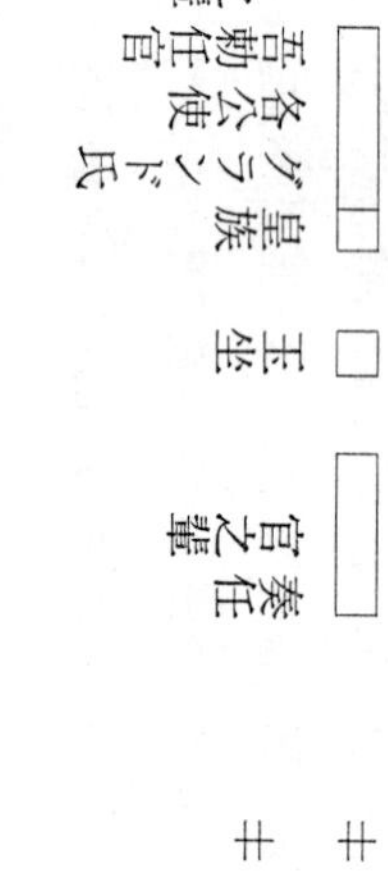

右は皇族・大臣・参議・グラント氏・各国公使等は最初より御同坐にて御覧相成候方都合可然被存候処、曽て陸軍卿〔西郷従道〕より仏帝ナポレヲン競馬を被見候節、帝は前段に馬見所を被設、各国皇族等は前段之桟敷之由、右之例を以て御覧所前段取設候方可然由、宮内卿〔徳大寺実則〕へ御談に相成、直に奏問相成候趣にて、外務省にても右之儀は一向不存、奏問済後承候に付、不都合之趣一応申談候得共、陸軍宮内両省にても今更取直方も出来兼候由、右に付ては 聖上着御之上グラント氏を被召候筈に相成、太輔〔森有礼〕より宮内卿へ御掛合相成申候。実に不都合之次第に候得共、取直方不出来は遺憾之事に候。

一競馬に付案内は我勅任官已上、各国公使領事・在横浜米国軍艦士官・各国艦長・宮内外務接待掛・御雇外国人・横浜競馬会社に有之候。

但、夫人方も数々案内有之趣に有之候。

一来る廿五日上野公園地へ午後二時御出門にて 臨幸被 仰出候に付同日グラント氏にも被相臨度、就ては接待振如何致候方都合可然哉之旨、接待委員之者より都合問合有之候。猶右に付、明朝八時委員之者延遼館へ出頭致候筈に御坐候。

一来る廿五日は横浜米国領事にて夜会相催候由、上野公園にても夜分に催し有之候事に付、右を相延し貫度、右等は接伴掛にて周旋は相叶間敷哉之趣に申居候。右等之次第も有之のみならす明日外山〔ママ〕学校之都合も委曲筆紙に難述場合も御坐候間、何卒明朝八時より延遼館へ御出頭被下候様仕度奉存候。

右急に申上候也。

八月十九日　古沢経範

吉田全権公使殿

追て、石橋〔政方〕・建野〔郷三〕・南氏へ前条之趣申上候様との事に候得共、もはや別段同氏等より不申上候。

別包御届申候也。

三八三　古沢

1　明治(　)年1月19日

〔巻封〕佐の茂にて　吉田様御執様〔ママ〕衆中　運上所宿直古沢

午後東京往復蒸気刻限承合候処、別紙之通申出候。此段申上候。已上

正月十九日

三八四　古谷簡一

1　明治(4)年9月25日

拝啓　陳は、横浜御出張中御調もの有之候はゝ、小生出港之義御達可有御座筈、御改件々之程敬承、然る処極差向き御調ものゝ候はゝ、例之通浄書之もの召連度候間、其儀も其節御達し被下度候。勿論左程之御急之義に無之候はゝ、小生一人にて何之差支も無御座候。
右之段申上度、頓首

九月廿五日　古谷簡一

吉田権頭様

2　明治(4)年10月12日

拝啓　本日御出港之趣承知仕候。就ては兼て御急調之義も有之候間、御用済直に御帰京可相成儀と奉存候得共、神戸長崎等へ御出張之御手都合も可有御座候間、

何卒早々御帰京相成、書類御決定之上御出務之御都合に至り度奉存候。右に付ては小生儀、兼て上野殿〔景範〕より暫時出港之義御諭有之候得共、可相成は御帰京を待、書類決定之上出港仕度、此儀可然被思召候得は宜敷御同人え御弁解被成下度奉仰願候。

横浜両人義も御帰京之上書類取調之儀も有之、奉企〔カ〕待居候儀に付、何卒御差操を以早々御帰京奉願候。

一昨日、省中にて奉願候運上所詰北嶋乙吉郎儀、東京詰相成候様、上野殿へ宜御談判被成下度奉願候。

右願直入迄、いつれ明日は御帰京と奉恐察候間、拝謁之上万々可申上候。恐々頓首

十月十二日　古谷般節

吉田権頭様閣下

三八五　堀　壮十郎

1　慶応（2）年8月25日〔（'66）年10月3日〕

愈以御壮健御勉強可被為成、奉恐悦候。偖は、幕長之戦も先月大樹〔徳川家茂〕他界以来其儘打捨罷成、小笠原〔長行〕閣老小倉表之指揮役御坐候処、一戦に敗走、終に落城、先日崎〔長崎〕陽へ逃来り候。亦長人襲来らん事を恐れ、当港開帆被仕候。然る処其後之評判には天草へ潜伏之様子、実に狼狽究れり。長州には九州口・石州口とも毎戦勝利、幕悲むへし、人口ありて人才なく、例之因循言語不絶、御遠察可被下候○新納家ボーイ〔次郎四郎〕、既に今夕当港開帆、モンブラン方へ約定之通航洋之義に御坐候。同伴は加州藩両人〔関沢明清・岡田元臣〕、此者は英国へ遊学之志ありて、航洋先ガラハ〔Glover〕万端世話致し、ロントンへ右三人とも同伴之約定に御坐候。着府之上、可然御心添被成下度奉希上候○使節も我来月中旬には決して欧行之賦〔つもり〕、即今種々支度中に御坐候。不遠我朝之形勢且御国許御模様等御直々達御聴可申哉奉存候。

右は任好便、御安否御伺旁奉申上度、恐々敬白

我八月廿五日　壮十郎

西洋十月三日

杉浦〔畠山義成〕様

〔淳蔵〕松村様
〔吉田清成〕永井様
〔森有礼〕沢井様
〔鮫島尚信〕埜田様

弐白　時候可被為成御厭飫と奉存上候。早々白

三八六　堀　基

1　明治(4)年7月15日

〔巻封〕吉田小丞殿　堀監事

明日は御差支之趣、委細承知仕候。右御回答迄如此に候也。

七月十五日

2　明治(4)年8月10日

〔巻封〕山下御門内佐土原屋敷吉田権頭殿　堀監事　要旨

御繁用之御中、御願申上兼候得共、ケプロン氏へ緩々懇話致し度義御座候間、明十一日十字より外御用向御繰合、御出被下度義は相叶申間敷や。兼て御承知之通り通詞云々之義に付、実に困居次第に御坐候間、是非とも御繰合御出被下度、此旨乍略儀書中を以て御願申上候。艸々頓首

八月十日　堀監事

3　明治(5)年2月14日

〔巻封〕吉田様　堀基

今般大鳥圭介洋行云々に付、今日正院え伺出候処、未御省より何等之事も御中出無之と之事に付、万事御打合申度賦《つもり》にて罷出候処、御他出中不得拝眉、残念此事に御座候。就ては明日九字比迄御省へ可罷出候得共、今日御伺相成候次第も可有之候に付、御帰宿後芝増上寺内三嶋谷静恩寮まで形行《なりゆき》鳥渡御申越し被下度奉存候。右迄、艸々頓首

二月十四日

4　明治24年5月27日

暖和之候、益御機嫌能御起居、奉恭賀候。滞京中は多用に取紛れ始終御無礼而已罷過候段、御海恕可被下候。却説、北海道問題も漸次世人の注目する所と相成、随て道庁に於て施設すべき事業も一層複雑に相趣候処、現任長官永山〔武四郎〕氏は屯田兵司令官より兼任候義に付、屯田拡張、事業多端之際、力を一方に専にするを得す、且行政又は殖民事業等は本人之長技に無之、近来製糖会社之不都合等より、道庁之不体裁益世間に暴露、実に慨嘆之外無之、小生多年友誼上より永山氏をして長く攻撃の衝点に当らしむるは実に見るに忍ひす、且つ屯田事業一層拡張之際に付、寧ろ此際道庁長官の兼任を罷め、専ら屯田に力を尽す方、公私共に得策と奉存候。万一右等に決定候節は、何卒閣下に於て、為北海道十分御尽力被成下候様希望之至に奉存候。尚、広田千秋上京に付御面会之上、当地の近況同人より詳細御聞取被下候はゝ幸甚之至に奉存候。時下折角御自愛奉禱候。匆々敬白

明治廿四年五月廿七日　　堀基

吉田清成様侍史

三八七　本阿弥成善

1　明治(　)年4月28日

貴翰拝読仕候。然は、今朝は万用繰合参上可仕筈に御座候得共、両三日前より風邪にて伏臥罷在、参上仕兼候。就て明後日（三十日）午前必す参上可仕候。猶其節、一刀得貴覧可申品持参可仕候。先は拝復、匆々頓首

四月廿八日　　成善拝

吉田清成殿閣下

2　明治(　)年5月9日

拝啓　過日は難有奉万謝候。扨、貞次研継出来仕居候間、持参可仕筈に御座候得共、無拠差掛り急物に取掛

居候に付、甚奉恐入候得共、明日にも御使被下候得は千万難有、尤国行も来る十三日か十四日之両日中には持参、可相納手都合に相成居候間、其節にて宜敷候得は同時に持参可仕候。先は右要用、匆々頓首

五月九日　本阿弥成善拝

吉田清成様閣下

三八八　本多　晋

1　明治(5)年2月11日

申上候。昨日奉命之統計表、則写取呈上仕候。しかし夜中乱書薄墨、如何にも見苦敷次第、偏奉謝上候也。

二月十一日　本多晋再拝

少輔様閣下

再啓。原本は大輔〔井上馨〕公へ差上申候。

2　明治(8)年10月22日

〔巻封〕全権公使吉田清成君閣下

拙翰謹啓仕候。時下寒冷之処、閣下及御令閨様にも御揃、益御勇健被成御座候義、奉敬賀候。二に、劣生一家老少にも無異罷在候間、乍憚御休意被下度候。爾来は打絶御疎闊申上、不本意之至御座候。然は此程中、風に伝聞仕候処、米国御在留吉田君御大病之由に付、閣下にや又は書記官〔吉田二郎〕君にやと大ひに過慮いたし、本日志〔智常〕村君に相伺候処、四五日前八月中御地出之御状到来、御文面中右様之儀も無之由承知仕、先つは少敷安心仕候ものゝ、猶如何之御様子に被為在候哉相伺度、奉務草倉〔ママ〕中拙翰拝呈仕候。御返翰之近きを仰望仕居候

○内国之義は時々新聞等にて御承知可被為在候へとも、即今朝鮮当征不当征之議論は新聞上に喋々と有之候得共、廟議いつれに相決候や不堪掛念次第に御座候。閣下には定て卓然たる御見解も可被為在に付、劣生輩申上候迄にも無之候へとも、遠く朝廷え御奏議御忠告被為在候様相願度候

○外国債年々支消高頗る巨額なるに付、本省卿輔は勿論、諸人危疑を抱候容子に有之候旁、今般政府へ建議

し、内地物産を米英其他へ輸出し外債支消に充候積りにて、既に正院御允可も相済候。就ては今般ウイリアムス氏帰米掛け、印度海を経、欧洲へ航し候間、本省之官員一名同氏に同行英米諸洲に至り、彼地人民所好適宜之内国産物取調候上、逐々輸出之積り決議相成申候。就ては米国におゐては日本茶等大ひに所好之由、其辺も段々着手之筈に御座候間、御明案も御座候はゝ被仰〔カ〕下度候。

先は右申上度如此御座候。匆々中、心緒難申尽候。且乱毫御判覧被下度候。恐々謹言

十月廿二日　　本多晋

吉田清成様

尚以、時下折角御自愛可被為遊候。吉田書記官君を始、諸君へ宜御鶴声奉希上候。頓首

3　明治(10)年3月9日

一月六日附を以、態々芳翰被成下、難有拝読仕候。先以、閣下益御機嫌能被為成御奉職、奉恭賀候。随て野生頑健消光仕候間、乍慮外御休慮被下度候。陳は、尊意に被為懸、私退職之儀御案問被下、御懇命之程奉感謝候。是全、私、職掌を不顧不束之至りより相生候儀にて、懺悔之至りに御坐候。兼て御厚情を蒙り上候閣下之御事故、無腹蔵左に申上候。

○昨年秋小生暑中休暇にて在宅罷居候処、横浜にて兼て存居候上海パンク〔ママ〕之カンフ支那人、拙宅え罷越申聞候には、米国トレート〔tradeカ〕弗五万弗程有之候間、何卒大蔵省におゐて御買上方取扱暮〔ママ〕候様申聞候処、大蔵省より銀弗要用にて長官より其命を受候事なれば、買上方之取扱も致し可申候得とも、此方より申立候儀は難相成候旨相断(同ハンクにおゐて同年六月中、同弗拾万弗御買上之事有之、小生国債頭之命を受け取扱候事有之)申候。然る処再度罷越、何分取扱方依頼いたし実は同弗横浜第一銀行へ抵当にて借用金いたし置候事故、金利相嵩み困り居候間、何分不売払ては難相成旨申聞候。然る処折節小生休暇中にも有之、誠に右様御買上方之周旋強ていたし候ては、官府と銀行との間に居て周旋金にても相掠め候様之嫌疑無之とも難申に付、堅く断り候

得とも、前文頗りに依頼之事情も有之に付、幸ひ小生元来恩儀有之華族にて、正金銀を相贈度旨兼て話候もの有之候間、其方へ相咄候処、其華族之答には、近日三万円程之貸金相戻り候間、可成は其米銀買入方取計致可申、然るに金位幷相庭上等、元来不心得之事故宜しく相談し、小生にて買入方致呉候様頼談に付、不得止事上海バンクへ罷越、相引合金札百円に付米弗百六弗之相庭にて、八月廿六日取引之条約いたし、小生名前にて証書差遣し置候処、同廿四日に至り前文華族約束之貸金返入無之とて、銀弗買入方破約いたし度段申越候間（是は金子差支候も全く偽りには無之候得とも、一つには猶追々銀貨下落と見込候故歟と推考いたし候）此際に至り破約は難相成趣、頗りに切迫議論いたし候得とも到底不被行、去迚バンクに対し違約も難相成、小生におゐて実に進退相極り、段々朋友間とも相談いたし候処、仮令前華族は違約いたし候とも、手前に於て銀弗取引致候得は事済候事との忠告も有之候旁、右米銀五万弗を抵当にて横浜第一銀行より金四万五千円借入いたし（尤私義は奉職も仕居候儀に付、借主は別に相立、小生は保証人に相成申候）上海バンク之方は取引為相済申候。尤此際右様之事に関係候段、国債頭なとへ悪敷聞候ては不都合奉存、為念外債課長岩崎小次郎へ内々相咄し置申候。扨又前文米銀は第一銀行之手を以大坂へ回送し、日本貿易銀に改鋳相頼候積りに有之候（元来米銀を買ひ日本貿易銀に改鋳いたし候ても、回送入費保険料其他改鋳手数料又貿易銀に成りて後東京え回送之船賃等を計算いたし候得は、素より利益等は僅々に候得とも、華族などにて紙幣を積置候よりは宜敷との目途より相生し候事に御坐候処、右破約に相成候上銀行等にて高直之利足を払ひ候ては到底損金は必定にて、既に自分にて引受候節金利其外入を計算仕候処、凡百円余之損失は相見へ居候得とも、外人え対し不信を為し候得は違約金をも被奪候上、名前を悪しく致し、後来公務引合等之節も不都合可有之哉と聊かの信義を踏ん為め損失を乍存右様取計申候）。然る処国債頭を始め大蔵卿〔大隈重信〕公にも、小生横浜にて洋銀之相庭師を致候哉之御聞込有之候様子にて、俄に辞職可致旨被相諭候に付、其節前文之事情を以、課長岩崎国債助より申立方懇願仕候得とも、遂に難被容、且は国債寮に在り最初他人之為めに料り候とも、右辺に関係仕候は不相済事との談しも有之候に付、不得止退職仕候儀に御坐候。

扨又、前文米銀は大坂へ相廻し貿易銀に改鋳仕候処、不幸にして貿易銀相庭下落に際し円札百に付九拾八円に相成、右差損幷四万五千円之金利其外借入金四千円程之高利（五万弗之代り金に満る為め大鳥圭介先生等え依頼し他方にて金融いたし候金利也）仕払等之為め終に一千円たらず之損失を相醸し候に付、小生所有之地所物品等迄沽却仕、段々相償ひ候得とも、未た四百五拾円程之負債を相残し申候。御一笑被下度候。

前条之次第にて是全小生在職之地位を不顧、聊か之小信を粘着仕候に寄り、此災害を相求候儀に御坐候。乍併其儘打過候ては何歟官途上邪曲を成候様之他人之疑惑も有之旁、今一度大蔵省へ奉職不仕候ては世間へ面目難相立に付、昨十二月中岩崎氏を以国債頭及大隈卿へも申立候処、大ひに御嫌疑も相晴れ、再任之模様も御坐候得とも、本年一月十二日大改革に付、迚も再奉職には相成間敷と存居候処、不計二月十六日大蔵省御雇被仰付、月給三十五円被下、先前之場所即ち国債局外債課え出仕被仰付候。先つ些か民権を回復仕候様相成申候間、乍憚此段御休意被下度、実に今般之再勤は誠に難有奉存候（月給之多少に不拘）。以後謹慎奉務可仕覚悟に御坐候。右之次第クダ々々敷ながら直情に申上候。笑覧後御投火奉願候。乍末筆御奥様にも御機嫌克被為渡候哉奉伺上度候。即今賤痾平臥中発郵に臨み、呈乱書候。御判覧是祈候。恐惶頓首

三月九日　本多晋

吉田全権公使様坐下

尚以、乍失敬吉田〔二郎〕書記官君へも宜敷御伝声奉希上度候。扨又、本文之儀疾くに可申上之処、此前出郵に後れ候に付、遂に延引仕候。此段御海恕被下度候也。

4　明治(11)年5月1日

〔封筒表〕米国華盛頓　特命全権公使吉田清成様侍史御中
〔封筒裏〕本多晋

粛啓　逐日向暑之季候に相成候処、先以閣下益御安泰可被成御奉職、奉敬賀候。次に野生瓦全碌々消光候間、乍憚御省慮被下度奉存候。爾来は意外に御疎濶に打過不本意至極、平に御海恕被遊度願上候。扨又、閣下先年御在英中之拝借金之儀、御返納方兼々御配慮被

為在候処、倫敦マルコムハトソン会社破産一条、結局不至候より段々迂延〔ママ〕に相成居候処、今般同会社に不関、先つ御返納金丈け本省用度課に於て返納取計申候。右は御留守宅志村〔智常〕君よりも定て御報知相成候儀と存候得共、為念此段申上候。

一内国之形情昨年中は西南之暴動にて人心も兎角不穏之処、本年は之に反し、春来墨涯東台之桜花も芳香を増し、朝野之観客如雲、実に平安之象を顕し候。将又即今は地方官会議にて民政之討論千緒百端、是等は新聞紙上にて定て御明瞭可被為在と敢て贅言不仕候。志村君へも暫御不音申上居候。いつれ其内可相伺覚悟に御座候。

大鳥〔圭介〕氏も不相変奉職被致候。併し同細君には過般病死被致、甚歎息之事に御坐候。

先は久々御無沙汰之御詫旁、御容子伺度、官務倉忙乱毫を極候。恐々拝具

五月一日　　本多晋

全権公使吉田閣下

尚以、時下折角御厭被遊候様奉遠念候。乍末筆御奥様へも宜御鳳声奉願上候也。

〔注〕端裏に鉛筆で「六月四日領事高木方より達す。要用の書なり」、赤鉛筆で「六月八日回答」とあり。

5　明治(13カ)年8月4日

柔素謹啓仕候。辰下残暑之砌に御座候処、先以閣下奉始皆々様被為揃、益御喜元〔ママ〕能可被成御坐、奉恭悦候。亜に卑官瓦完碌々消光仕候間、乍慮外御放念被下度候。陳は、御赴任以来は時々呈書御安否奉伺度之処、兎角公私多忙に取紛、又は横浜出帆之期を謬り候等にて御疎濶に打過候段、頗背心意候。此段御寛恕奉冀候。過般御留守宅え相伺候処、先頃御奥様御安産御出生被遊候趣、謹呈祝賀候。嘸々御安心御歓之儀と奉存候。御留守志村〔智常〕君にも御総容様御別条も不被為在御様子、是亦所賀に御坐候。先は御安否伺迄如此御坐候。書外期後郵候。惶懼謹白

八月四日　　本多晋頓首

本多　晋

吉田公閣下

猶以時下折角御愛護被遊候、様為邦家神念仕候。将又二郎〔吉田〕兄にも近頃帰京可相成旨承知仕候に付、いつれ面会之上、御地之御実況承知可仕と相楽み罷在候。

一当春来御在京之節は、卑官素願朝鮮行之儀に付御配慮を煩候段、難有奉感謝候。其後上野〔景範〕君えも懇願仕、又前田〔正名〕氏よりも懇々来諭之趣も有之候得共、未成就仕兼居候。積年御鴻恩に甘し奉願度儀は、御序之節閣下より上野君へ今一度之御辞を御添被下候はゝ大に卑官之光栄を増、前途之大益を得候義に御坐候間、伏て願くは御一言之御嘱托被下置候はゝ難有仕合に御坐候。此段不顧御譴責、奉懇願候也。

6　明治14年3月17日

十四年三月十七日　於横浜正金銀行

本多晋

在華盛頓〔ワシントン〕

特命全権公使吉田清成公閣下

謹啓　逐日春暖之候に相成候処、閣下益御安泰被成御坐、奉恐悦候。陳は、弊生儀、客冬当銀行へ従事仕候儀は、其節速に田中君へ報知し、同君より閣下へ申上候事に御座候処、過般同君よりの来状に閣下にも深く御歓ひ被下候趣申越候。就ては以来何卒不相変御厚情相蒙度奉冀上候。扨又、本行之儀は兼て御承知も被為在候哉、一昨年来諸有志相集り、近年本邦輸出入之不平均より銀貨之騰貴を醸し、且は頻年吾商人輩之内地産物を海外に直輸し商業を相営み候者乏敷、多くは内地物産は当港其外二三之我開港場に在る外商之為めに商権を専有せらるゝを以、前文之有志輩相協議し、資本金正貨三百万円を以*当銀行設置之儀相願候処、政府に於ても特別之御保護を被加、資本金中三分の一即壱百万円は大蔵省より御差加相成、昨十三年二月廿八日開業仕候儀に御坐候。其以来益事務に迫候処、内地物産即生糸・茶等之諸商人に於ても我銀行設立の為めに大に奮起し、米欧え向て直に輸出を企て候者陸続として弊行え来り、海外荷為換金之依頼有之に付、迚も資本金額にては其要求に応し候事相難兼〔ママ〕候折柄、大蔵省に於ても内地物産輸出之道は御奨励之御主意にて、終に弊行へ一ヶ年紙幣三百万円を限り荷為換の為め別段御預け入之御許可を蒙り、尤其支出方は荷為換要求之時に、兼て当行へ同省より出張相成居候管理掛之調査を経て貸出候手続に御坐候（前文三百万円は一時に御渡には無之一ヶ月若干つゝと割賦に有之候）。依て右事務為取扱、米国紐育〔ニューヨーク〕へは昨年中社員安達佑四郎を派出し、欧洲えは本年小泉信吉・日原昌造之両名を派出致し候。幣行之景況概略如斯之次第に御座候。漸次其目的を達し一分之国益にも相成候様累願之至に御座候。何卒向来思召付之儀も御坐候はゝ、御忠告御教示之程偏に奉冀上度候。且弊行頭取は中村道太と申者にて三州之産に有之、支配人は当港之者にて小野光景と申候。其他役員惣計三十余名に御座候。詳悉中上度事御座候得共、本日メールデーにて事務頗る繁多、僅かに寸暇を以て此呈書仕候に付、大略且乱書失敬御海恕被下度候。恐惶頓拝

〔欄外〕当行設置に付ては大蔵少輔吉原〔重俊〕君当行管理長となり、属官二名即国債局より一名、銀行局より一名管理掛となり、且二名之管理掛は常に当行に出張被致候。

〔注〕「横浜正金銀行」用箋を使用。

7　明治14年8月11日

謹啓仕候。酷暑之候に御座候処、先以閣下奉始御総容様被為揃、益御安泰可被成御坐、奉喜悦候。並に劣生瓦完消光仕候間、乍憚御休神被成降度候。殊に当横浜正金銀行本年上半季決算に付、右考課状壱本在紐育〔ニューヨーク〕安達佑四郎を以て進呈仕候間、御一閲を賜り候はゝ幸甚之至に御座候。扨、劣生昨年末以来、該行に於て外国為換之事務に服従仕、即ち本邦に於て生糸製茶其外雑貨等に至るまて、米欧諸洲へ直輸出営業者之為め、荷為換之依頼を受け右取扱候処、近来直輸者続々相増、殊生糸に至ては海外信用も漸次に相増候趣にて、売捌

本多　晋

方も宜敷候。

海外之内米国は殊に売捌方宜敷候。委細は別段預金運転実況に詳悉仕候間、御一覧被下度候。

右之次第に付、漸次我物産輸出旺盛に至り、終に内外貿易之平準を得る之地位に至り可申と後日を楽み罷在候。閣下には元来右等深く御憂慮被為在候事共に御坐候間、今後御明識之儀御教諭被成下度奉希上候。

一御館に於ても御改革にて大に御減員被成候趣にて、田中・小倉〔治郎〕等帰朝被命、今明日之内当港へ到着可仕旨、到着之上は親しく　閣下之御安否其他御地之実況可承と相楽み、一日千秋之思にて着船を相待居候。

一吉田二郎氏にも先般外務省を辞職いたし関西貿易会社之事に尽力被致候由に御坐候。同会社之儀に付ては世間種々之風説有之、北海道に着手且開拓使製造所其外物品御払下之件に付ては、即今社会の一大議論と相成居、此件に付ては劣生等も大に嘆息仕居候事共に御坐候。委細は近時之新聞紙上にて御詳悉と奉存候間、敢贅言不仕候。

先は右御安否御伺旁如此御坐候。当地に相応之御用向も御坐候はゝ被仰降度候。出郵に臨み匆々捧乱書候。恐惶九拝

十四年八月十一日　　横浜正金銀行に於て

本多晋

吉田公閣下

尚以、時下炎熱之候に御坐候処、折角御保護奉神禱候。乍末毫御奥様え宜敷御鳳声奉願候。嬢様若様共嘸々御成長と奉存候。荊婦拙女よりもよろしく申上度旨兼々申上候。

8　明治14年11月25日

謹啓仕候。寒冷之砌に御坐候処、閣下益御安泰被遊御坐、奉恐悦候。亜に弊生瓦完消光仕候。陳は、今般当港於て従来米英直輸出貿易に従事仕候貿易商会社員佐藤〔原文アキ〕なる者紐育〔ニューヨーク〕支店へ出張仕、本日当港出帆仕候に付、貴地到着之上は万事御厚情御庇護相蒙度旨申出候。右は弊生兼て懇信なる者にて且至て真実之者に

御坐候間、何卒御目を御挂〔ママ〕被下置候様奉願上度候。右願用迄如此御坐候。誠恐頓拝

十四年十一月廿五日　横浜正金銀行に於て

本多晋

吉田公閣下

尚以、時下折角御厭被遊候様邦家之為奉神念候。乍憚御奥様へも宜御鶴声奉願上候也。

9　明治(16)年7月10日

短章謹啓仕候。時下不順之季候に御坐候処、先以閣下奉始御奥様御惣容様とも被為揃、益御安泰被為渡候御儀と奉恭抃候。陳は、爾来は暫御機嫌も不相窺、御疎闊に打過、不本意之至に御座候得共、業務不得止次第にて既に昨年十月中長野県下より一書を奉呈し申上候通り、飯山第廿四国立銀行鎖店一条に付、昨七月中同地え出張滞在罷居候処、留守宅病者有之、十一月中帰浜右看護中、福島県下須賀川第百八銀行営業停止に付、本年三月中より同地え出張仕、該行に関する事務粗取片付、於福島県庁、為換御用之為め同県下に前月中迄滞在居候処、又々当群馬県下蚕糸改良会社及第三拾三銀行に関する荷為換事務監督之為め、当地え転居仕候。如斯四方奔走仕居候故、乍不本意御疎闊申上候次第に御坐候。尤当一月在宅之節新禧拝賀として参殿仕候処、熱海御入浴御留守中にて拝顔を不得、前後稍一ヶ年間拝謁不仕、景仰之情不堪候。其内出京仕度存居候得共、蓋し本年中は当地を去る事出来仕間敷哉と奉存候。依て御疎濶之御詫兼て御機嫌相伺度、如此御坐候。心緒万山譲後啓候。恐懼敬具

七月十日　前橋出張先きにて

本多晋

吉田清成公閣下

尚以、追々炎熱之候に向候間、折角尊体被為厭候様、為邦家奉神念候。乍憚御奥様へ宜敷御鶴声奉願上候。以上

10　明治(21)年5月30日

謹啓仕候。逐日薄暑相催候処、閣下益御機嫌克御坐被成、恐悦奉存候。陳は、一昨廿八日付之台翰本日拙宅より当行え転送致来、拝見仕候処、明三十一日貴館に於て御盛会、且相撲御催に付陪席可仕候様御案内被下、難有拝承仕候。依て午后一時参趨拝覧可仕候。右御請迄如斯御座候。恐惶敬具

五月卅日　　本多晋

吉田子爵様閣下

三八九　前島　密

1　明治(6)年8月31日

別紙之通り被達候に付、小生為尋問、可罷越筈に候得共、実は大蔵省三等出仕にては名札え洋文之タキトルを認候にも甚不都合にて、却て不都合之官名を以大蔵卿之代を勤候は奇異之事と可相成、幸に先生は延遼館之御最奇〔寄〕にも被為在候に付、何卒御苦労被下候様奉願候。然し、若し格別御不都合之儀も有御坐候はヽ、無御遠慮御申越可被下、小生罷越可申候。右可申上如此、草々不具

八月卅一日　　前島密拝

吉田清成閣下

延遼館え御越之節は、尋常之礼服御着用之事に致し候。為念此段も申上候也。

2　明治(6)年9月30日

益御多祥奉恭賀候。陳は、頃日賤恙快方に無之、乍不本意引籠罷在、何共恐悚之仕合に御座候。扨、引込中御書牘心事申上候ては何歟胸臆事故有之様に相視へ、甚以如何歟且心苦敷候得共、決して右様に無之、全く平慮心にて申上候儀故、願くは亦平坦之御意を以、一応御聞取被下度候。先般小生三等出仕拝命之節《義》は、井〔馨〕上・渋沢〔栄一〕之両氏辞職之折柄にて、陸奥〔宗光〕壱名故不手廻事共多く、是を以て被仰付候次第、又小生も其折柄を承

知仕居候故奉命仕、先生之御帰朝を相待上候事に御座候。然るに既に御帰朝、且此頃は御職務に御就被成、陸奥氏も帰京同しく其職に相就候上は、決して御人少にて事務不手廻と申場合に無之、詰り前日は井上・渋沢両氏にて事足るを、今日先生・陸奥・小生を合せて三名、殊に大隈〔重信〕参議之総裁も有之、云はゝ四名にて執行候も余り満足したる事とも不被存、所謂人と器は有り次第と申諺の如く、幾名ありても各々其用ある様相見候得共、其実甚無益に有之候間、小生儀は出仕を被免度段、大隈閣下え申上候。又小生儀は過日も申上候通り、郵便創業之事務を執り、且是に属する各般之事を挙け、併せてマリインボールドの取調等も専心に当りて担任到し度は素願に有之候間、純一之駅逓頭に被任候様被成下候はゝ至極満足之仕合、元より士之仕るや官の尊きを好まざる無く、又俸禄之多きを喜はざる無きは常情に付、若し出仕を免し駅逓頭を本官と被成候ては、其常情に背き、罪無くして罰する如きと云ふ御憐情など有御坐候ては甚以恐入候儀に付、其辺には毫も無御心置御処分被下度奉願候。又出仕を被免候ても本省之事務を不顧と云ふ儀には決して無之、井上氏在職中には段々臨時取調もの等は下命有之、小生も亦奉令〔ママ〕致し居候間、其例を以何事にても御下命有之候はゝ、相半して奉事も可仕候。究竟僕之衷心一日も自ら在るも妨け無し、無きも障無きと云ふ地位に立て奉事致し候は甚所不安、殊に一方之駅逓寮には一日も欠くへからす、一事も見さるべからざる之緊要位置を占て、此不安之地に相立候は実に無詮次第と存し、病中平臥之間も甚衷情苦楚を相覚へ、何卒此衷情御諒察、総裁閣下え御相談、速に請願候如く出仕御免、駅逓頭本任之運ひに御周旋被下度、此段伏て奉懇願候。

○

乍序相伺候。是は小生之本分には無之候哉に候得共、甚関心仕候故、廟議御聞込も有之候はゝ御洩被下度、又何等御聞込も無之候はゝ総裁閣下其他えも御論被下間敷哉。大使〔岩倉具視〕一行も既に昨御帰朝相成候処、未た本省之事務章程御一定之議も無之所、大久保〔利通〕君之大蔵卿あ

前島　密

りて大隈君之総裁あり。云はゝ一省に両頭あり、其実は姑く舎くとも、其名甚不都合にして世上の疑も如何あらん。又事一に帰せさる間は必す変革あるへしと、人皆其変革に瞩目して当務を苟且にするの弊あるなり。今日本省事務之際、勢此弊を可不免、早く此一事を御決定、衆庶之望を帰着せしめ度事に御坐候。此辺は疾く御配慮も被為在候半と存候に付、伺旁申上候。右褥上相認文字不整、失敬多罪御海恕を以御推読可被下候。謹言

九月三十日　　前島密拝

吉田少輔殿

〔注〕文頭紙背に「御一読済御返可被下候也」とあり。

3　明治(6)年10月7日

拝啓　本日は出勤仕度存被在候処、脚病未快、何分心底に不相任次第、恐縮之至候得共、猶一両日御寛恕被下度此段奉願候。〔大隈重信〕総裁閣下御出府召御坐候はゝ、其旨被伝上被下度、是亦御願候也。

十月七日　　前島密

吉田少輔殿

4　明治(6)年12月9日

拝啓

過日は御懇書を戴き早速拝酬可仕之処、多事匆忙頓に忘失罷在、甚不敬多罪之至、御海涵是祈。陳は、如貴諭賤恙全快之上は速に登省奉事可仕は勿論之義に候得共、先般老台えも鄙情申出候通り、本省之出仕は被免、専ら駅逓之事務を担当致し度、殊に同寮創業之事務諸般未整粛、過日来其整列に焦慮して規則方法之改正等に無他意従事罷在候より、却て貴意を煩し申上候仕合相成、実に恐縮仕候。何れ近日昇堂拝光之上、衷情千縷陳述可仕候得共、先不取敢過日御懇書之御請迄、短簡拝呈仕候。頓首〳〵

十二月九日　　前島密拝

吉田清成明台

5　明治(7)年11月21日

益御清穆、華府《ワシントン》御到着之儀と遥に奉恭賀候。陳は、本邦御発艦之砌は横浜表迄御見送仕積り候て、疎闊を拝謝可仕と則罷越候処、御発程之期日延引仕、弥御実発之節も猶又可罷越と存居候処、斯く申上候ては何共恐悚之至御坐候得共、其頃余り公事之多繁なる為め頓と其日を忘却致し、御名刺を被下候に気付、何共愕然仕候迄に畏縮仕候。然し既に十日之菊にて其期を過き、無致方に止り候のみ。今猶回顧すれは寒汗背を凌候場合に有之候。全く不敬之罪を重ね候条、偏に御寛恕を奉希候。

御発纜後支那之事件も吉左右にて、実に邦家之為めに大慶仕候。定て外務省より詳細之報知有之義と存候に付贅言を附せす。

郵便之義も愈益盛大に相成候形勢にて、前日閣下之小生を此職に御推挙被下候に原由候と回視仕候得は、少しく面目を施し候様に有之候。已に即今之概算を以てする時は来年之郵便税五拾万円以上に可及と存候。昨来〔ママ〕之収入に比すれは壱倍以上に有之候。且本年中には郵便局之数三千弐百所に相過可申、且来一月よりモネーを以ドルも相開申候。乍贅言茲に其一端を申上候。皇米郵便交換条約によれは、横浜香港之太平洋郵船にも通する米国と香港之条約を相止可申筈、且日本郵便局にては、甚此一郵船之便之少かるを不好義に付、香港駅逓院長え条約相結候ては如何哉之旨掛合及候処、彼のパークス氏彼是異論有之候。殊に米国政府より香港駅逓院長え六月の報告無之に付云々と申、一難事出来致候。然し是は別段之事無く平定可致と存候得共、乍序閣下之御耳え入置申候。

先は御起居奉伺、旁御安着之祝辞申上、且御発艦之節不礼之罪を拝謝可仕と、一簡拝呈候条、如此御坐候。

恐々謹言

十一月廿一日　　前島密拝

吉田清成閣下

乍失敬、吉田次郎〔ママ〕君え御序之節、可然御伝声被下

前島　密

度奉願候已上

6　明治9年3月9日

〔封筒表〕吉田大蔵少輔殿　前島駅逓頭

本年一月廿三日之御手書忝拝読仕候。

郵便交換条約改正之件に就ては、種々御配慮被下、万謝此事に御坐候。外務卿え之御公信に依て詳細了承仕候。既に先般電報にて御往復之後、其改訂之件は御調印済之儀と想像仕候。

上海え吾支局開設之儀に就ては、夫々手筈も整頓有之候間、右様御承知〔被欠カ〕可下候。

第五条之儀に就ては元より御申越之如くにて差支無之次第に有之候。

ネヴダ号之儀は全く米国政府にて承諾無之上は、致し方無之理合に候。決して三菱会社より太平洋郵船会社え対し苦情を訴ふへき条理は無之候。何となれは先度船々買入之節協議熟談之上、其約束書を交換致し候故に有之候。先は先日之御書に拝答迄、草々頓首

九年三月九日　前島密拝具

吉田清成閣下

御全家御揃御清迪之趣、恭賀此事御坐候。卑官儀も瓦完奉職罷在候間、乍憚御放念〔被欠カ〕可下候。御国内は平穏、殊に朝鮮之事件も啻に静謐のみならす、至て都合能条約も締結相成候由、此程全権大臣〔黒田清隆〕も帰朝相成、朝野一般歓呼之声を発揚罷在候。実に此儀に就ては御同慶に奉存候。

〔注〕封筒は誤入ならん。

7　明治(10)年3月29日

爾来益御清穆被成御坐、恭賀之至、陳は、西辺之騒擾云々戦闘之模様等は新聞紙にて御読相成候故、別に茲に贅せす。唯幸に東京府下は至て平穏、東北に於ゐては何等之異状も無之に付、此一段は御安心〔被欠カ〕可下候。

過般御来書に本多晋氏之事を御訊問相成、早速御答可申上候処、繁忙に取紛れ是迄忘却罷在候段甚恐縮仕候。同生儀は先度之減員にて、何之事故も無之免職相

成候。其後大蔵省へ再勤候趣、後便何局何官たるやの事をも束て御報可申上候。同生身上に就ては海外御在留之閣下を煩し、旧時より知られたる小生か放抛罷在候段は、甚赧然之至御坐候。

ブライアン之儀は米日両国間太平洋郵便之運送一件に付、其地え差遣し置候事に有之候。委細同生より御聞取、猶御心付之廉も有之候はゝ御助勢被成遣度、已に半ヶ年を過き候得共、今に其効を不奏、尤大統領撰挙一件より、太平洋郵便汽船会社助成金不定等より、不相運儀と存候得共、此段乍序奉願候。

先は御起居奉伺旁、寸楮拝啓如此。草々不具

三月廿九日　前島密拝

吉田清成閣下

8　明治10年5月23日

復啓　益御清適雀躍之至に存候。陳は、四月七日付を以聯合郵便等之義に付、縷々御内示被下、委曲承了仕候。右件に付在独乙青木〔周蔵〕公使え御照会相成候書類等は、〔寺島宗則〕外務卿え御申立相成候公信、同省より転報有之、尤ブライアン滞米中公用入費精算書御一覧後、同省へ御回し相成候分はいまた落掌不致候得とも、是亦同省より転報有之へく義と相信し候。御書中之件々は詳悉仕候間、逸々貴酬不申上候。同人義に就ては是迄別て御配慮を煩はし恐謝之至りに存候。右御挨拶旁如是に御坐候。拝具

十年五月廿三日　前島正五位

吉田従四位閣下

9　明治(11)年12月30日

御帰朝之趣は承知罷在候得共、何分歳末に迫り繁忙とて参候之間日を不得、乍不本懐失敬仕候。依て猶乍失敬、当地より短簡を呈し、謹て御起居相伺候。何れ帰京之上昇堂、万其罪を拝謝可仕候。草々謹言

十二月卅日　熱海に於て　前島密拝

吉田清成君閣下

10　明治(　)年8月21日

恭拝読、陳、明後廿三日昇堂御佳筵に可陪旨被仰下、難有仕合奉伺候。下命之時刻迄には必参館可仕候。右御請のみ。匆々謹言

八月廿一日　　前島密拝

吉田清成閣下

11　明治(　)年12月9日

益御機嫌能御起居被過候由、奉恭賀候。陳は、今般別紙公書を以御手数奉願候条件、毎度御煩累之至、恐縮仕候得共、何分御尽力総て目的之通り整頓候様御周旋之程奉悃願候。且右別紙三件は甚差急き候間、何卒以御丹精早急御整頓被下、且其旨以電信御報知被下候様、是亦乍御手数奉懇願候。先は御起居伺上旁右之段可奉願、如此御坐候。恐々頓首

十二月九日　　前島密拝

吉田清成閣下

時下折角御愛護に被在候様千祈万禱此事御坐候。随て小生瓦完奉職罷在候条、乍憚御放念被下度候。

乍失敬御序之節、吉田次郎君へ宜敷御鳳声を被伝度奉願候。

三九〇　前田清照

1　明治(21カ)年5月30日

謹啓仕候。陳は、明卅一日於尊邸相撲御催しに付御招待被下、御厚意奉拝謝候。同日午後一時拝趨陪観可仕候。随て粗薄之至候得共、松魚節壱箱御栄転御歓之験迄奉呈仕候。御叱留被下候はゝ本懐之至奉存候。右御請旁如斯御座候。謹言

五月三十日　　前田清照

吉田明台閣下

2　明治（　）年3月23日

返却為致候事〔以上朱書〕

拝啓仕候。益御清穆御起居被為在、奉賀上候。陳は、此品誠に軽微之至りに御座候得共、今回大坂表より携帯仕候品に御座候付、進呈仕候。御試被下度奉願候。此旨書中を以奉得貴意候。匆々頓首頓首

三月廿三日　前田清照

吉田清成様閣下

三九一　前田献吉

1　明治10年5月3日

時下逐日暖気相募候処、先以閣下益御多祥御奉務被為在、奉恭賀候。扨、粗御聞及も候半、今般於鹿児島存外之奇事差起、西郷〔隆盛〕・桐野〔利秋〕・篠原〔国幹〕等上京之上、政府へ暗殺云々之義尋問すると云を名とし、壱万有余之同志壮兵を率ひ、本年二月廿二日熊本県下に来襲し鎮台兵と開戦に及ひ、爾来連戦今日迄未平定に到らす、是迄之草賊とは違ひ、御承知通頗る慓悍の勇兵なれは、官軍の死傷も殊に夥敷、今日迄官兵之傷者五千二三百人と申事、一時は賊勢甚猖獗にして一手は熊本城の鎮台兵を囲み、余は植木口・山鹿口・南の関等迄押出し、諸所に砲塁等を築き要害により殊死〔ママ〕して下らす。故に熊本籠城の台兵も殆と粮に尽んとするの勢なりしか、去月十四日籠城の台兵一大隊、死を決して囲を破り、終に意外に傷者もなく宇土に達したれは、外諸口之賊も挟撃を恐れ、遂に日向地方へ逃去候に付、去月中旬征討総督府を熊本城に移され、諸方之官兵も大半之れに集り、半は平定の姿に立至候得共、未残徒西郷、桐野以下概計九千人斗も有之由、右に付海軍医官も八代口陸軍兵傷者を施療之為め、下官も本年三月四日医官以下属官三十余名引連れ東京を発し、最初筑前福岡へ出張し、同月十五日当長崎え着港、大浦居留地之家屋数軒を借請、臨時海軍病院を開設いたし、当時患者総計五百名余入院有之、日々繁忙罷在候。外に軍団病院

及警視兵之病院も当地にあり、在港之傷者殆と二千有余に有之候。其他詳細之義は難尽短紙御推考可被下候。将又先般は高橋新吉秃弟新一之義に付、不一方御尽力を蒙り、全御庇蔭を以本人宿望相遂奉厚謝候。然処今般前顕之暴挙に付、大山〔綱良〕県令も縛に就き、目今東京に於て糾明中之次第なれは、同人学資之義如何とも致方無之、困苦此事と被察候。依ては重畳願兼候得共、此上は本人学資官費給与相成候様、御垂憐之程偏に奉願上度、尤本人より必歎願可仕候得共、尚下官よりも只管奉希願上候。此節幸ひ吉原〔重俊〕租税頭も当港へ出張相成居候に付、右高橋之義内話いたし候処、同氏よりも松方〔正義〕氏へ相談可致置との事に付、此も御含迄申添候。何分御依頼いたし候。

先は前件要詞而已如斯御坐候。時候折角御自愛是祈候。余譲後信候。匆々敬具

十年五月三日　　前田献吉

吉田清成閣下梧右

追て、繁忙中乱毫御海容是祈候。

2　明治(15カ)年8月29日

時下愈御清適奉欣賀候。陳は、先般書面差上候間、疾々御落手被成下候儀と奉遙察候。当港も相変り候儀無御坐、漸く昨日比より韓人も少々宛之牛皮砂金等持来り、まつ平穏に御坐候。扨、今般之儀に付清国と関係不少事件に付、東次郎儀兼て御承知も被為在候通り、数年該国え滞留致居候故、事情は勿論此時に当り可尽見込も有之趣縷々承り、建言書も差出、且書面に難認め云々有之由、就ては上京之上、上申致度願出候に付、自費を以一時帰朝聞届候条、篤と同人より御聞取可被成下候。又当地之事情も書面のみにては難御分事情も可被為在奉存候。已に今般宮本〔小一〕氏え之電報も、先般上申仕候意見書と少々違ひ候儀も有之候条、旁以同人帰朝聞届け候間、左様御承知可被下候。当地之事情は別に記載不仕候条、探偵其外用意等之儀は同人より御聞取可被下候。先般別に金を以探偵費之儀上申仕置候間、已業に遣払にも相成居事故、御許可相成候様、

至急御達相成度候。不取敢此段奉得御意候。匆々再行

八月廿九日　前田献吉

吉田大輔殿閣下

書　添

東次郎儀、本文に自費を以帰朝聞届候儀には御坐候得共、当港之事情御聞取為にも可相成、旁を以聞〔ママ〕聞候間、御用帰朝旅費丈は被成下候様、御都合相叶候はゝ難有奉存候間、何分可然奉願上候也。

八月廿九日　献吉

吉田老台閣下

3　明治(　)年5月25日

尊翰拝見仕候。時下愈御清適奉欣賀候。陳は、小官職務上に就き何歟誹謗致候儀、松岡譲外両名より当路二三の人え申立候趣に付、用心可致旨御垂示敬承。然処何にも誹らる可き事無之候間、別に用心も不仕候得共、尊翰之程は深く銘心可致、且御懇情に依り、属官等の中小人ありと覚悟仕候。まつは不取敢拝答迄申上候。匆々

五月廿五日　前田献吉

吉田清成公閣下

4　明治(　)年10月16日

御清適奉欣賀候。扨、松葺西京より取り寄候に付、乍軽少之至に奉存候得共、入御覧に候間、何卒御落手可被成下候。匆々不備

十月十六日　献吉

吉田老台

三九二　前田正名

1　明治(　)年3月31日

拝啓　陳は、新聞紙本日午後五時三十分之御発車云々出居候条、相違ひは無御坐候哉、為念御伺申上候。就ては昨朝御談之モニー云々は夫までに御取極に相成候や、是亦伺ひ上候。別封差し上候に付、過日差上置候

筈と一向に願上候。不取敢早々御伺まて、奉得御意候
也。
三月卅一日　前田
〔後欠〕

2 明治(　)年11月4日

愈御清適奉賀候。然は、意太利《イタリア》より携ひ来る葡萄酒呈
上仕候間、御笑味被下候はゝ大慶之至に存候。草々不
尽
十一月四日　前田正名
吉田盟兄玉案下

三九三　牧野伸顕・柴山景綱

1 明治(21)年10月23日

三島通庸儀、兼て病気之処養生不相叶、本日午前第八
時廿分致死去候。此段為御知申上候也。
十月廿三日　親戚　柴山景綱
吉田清成殿　牧野伸顕

三九四　増田穂風

1 明治(　)年3月21日

一書奉敬呈候。時下御満堂様増御安泰被遊御座、奉恭
賀候。穂行義先日出京中は拝謁被仰付、殊に種々御馳
走頂戴仕千万難有々々奉存候。御地の御用相済去る十
六日に当表に被帰候処、其翌日より脹〔ママ〕かたるの病に罹
り、于今打臥罷在り今日少康を得候に付、乍延引右御
礼奉申上度、乍恐尚此上共諸事宜敷々々御庇蔭の程奉
願上候。先は右迄奉申上度、他は奉期後鴻之時候也。
三月廿一日　増田穂風
吉田様御左右
二伸　乍末筆奉申上候。当方中村様御清栄御勤務
相成居候間、御安慮被遊候様、奉希上候也。

三九五　益田　孝

1　明治8年6月9日

御発帆前は不得拝顔遺憾不少、爾来益御清適御起居被為在候段奉抃賀候。先つ御国もさして相変り候儀も無御座御放神可被遊候。陳、甚卒事に一翰閣下へ奉呈候は余事に無之、一事奉願候儀有之、右は愚妹永井繁義開拓使之女学生中に加り、兼てカナティヤルトニュへンウン、アホット氏方に留学罷在候処、此度ノソルプ氏と申ものよりポブリックスクールえ入校可致命有之候よしにて、永くアホット氏之手を離れる事と相成候よし。然るに森〔有礼〕前公使よりもアホット氏にも一切愚妹之義被委頼候趣を以、同氏は此事を甚遺憾に思ひ、又ノソルプ氏は己れ之権内に有之趣を以、自身之見込に従ひ取斗んと両人之間に聊か葛藤相生し候趣、アホット家族是まで懇切に教授をも受け深く愛顧致候念より、他〔ママ〕勢之男女生徒も加り修業するは格別不可然候間、いつれとか今少々上達するまで御任也被下度段、其節え従小生願立候様申越し候へ共、愚生従元如何ともするなく、殊に閣下御在米なれは、都て閣下之命を奉し進退致候事当然と奉存候に付、不取敢此儀奉報候。何卒御明断を以いつれ之道充分に修業も相調ひ、数ケ年莫大之御費用を不被為厭御鴻恩に対し、聊か帰朝之上は御用立候様御取計偏に奉願候。アホット氏数年懇切自身之児に異ならす教授致呉候事故、同家に罷在候て可然事なれは、何卒可相成依旧御差置き被成下候はゝ千万難有、今一段上等之学校え入門を被許候まて同家に被罷在候はゝ、同氏懇切之意にも悖らす、当人に於ても仕合せ仕候、然し愚生米国之情を知らす、就れか当人之為不成相成哉も難計候間、只管閣下に御依頼仕、御頂戴仰くより他事無之候、何卒可然御指揮奉願上候。

一爾来御国もさしたる新聞も無之、元老院之御設施〔ママ〕も近々順序相立ち候模様に候へ共、兎角紛議不絶未た何たる事も顕出不致、只諸方頻にごたつき罷申候、此ごたつきこそ都て人民之為に甚憂る処に候へはどうなり〔原文に傍点あり〕こうなり相纏り平和を祈る処に御座候。当方随分之御用向は何卒被仰越被下度候。先は本文奉願候。時下折角御愛護為邦家所祈願に御坐候。匆々謹言

明治八年六月九日　孝拝

吉田公使閣下

2　明治(12)年7月9日

御紙面奉拝読候。陳は、昨日クラント〔ママ〕君招待に付て、各国公使及属官招待之名前及不参之人名御承知被遊度旨、御示命奉拝承候。即ち別紙に記載奉差上候。此段御答まて。早々頓首

七月初九　益田孝拝

吉田清成様台下

3　明治(12)年7月12日

御書拝見仕候。陳は、新富座之義は弥十六日に取極め申候。後刻までに招待状為持差上候間、可然御発し被成下、外えは御約束無之様奉願候。テイケット六枚は仰越奉拝承候。必す小生相心得罷在、取計方可仕候。此段御答まて。早々頓首

七月十二日　益田孝

吉田公使閣下

4　明治(12)年(7)月16日

拝見仕候。陳は、御依頼之チッケット六枚は一昨日踠と其懸りえ申聞、無相違差上候事に相成居候間、既に御落手被下候事と奉存居候処、豈図哉、御状を得て未た其事之運ひ不申を承知、汗顔之至りに御座候。尤尊台幷御奥様はクラント〔ママ〕氏御同席、外は官員或は醸金連中之場処にて御勘弁可被願置候。福地〔源一郎〕とも申合せ切符差上候事に致置候次第に付、呉々事済候事而已と相考へ罷在候次第にて候。小生従是出勤仕候間、必す浜延遼館まて無相違為持差上候様取計可申候間、後刻まて御猶予奉願候。尤実は昨〔カ〕朝にて都て出切りと相成居候趣に候へ共、如何様とも取計方可出候に付、兎に角後

刻までに差上候様可仕、もし不差上候とも竹田屋方小生え宛御遣し被成下候ても無相違御引受可仕候。此段御答まて。早々頓首

十六日　　　　　　　　　　　　益田孝

吉田様閣下

三九六　益田　孝・福地源一郎・渋沢栄一

1　明治(12)年8月8日

昨日被仰聞候大賓接待之一条は、吹上禁苑に被相定め、夫より頻に相談に取懸候処、委員の重立候輩は固より此条に付、異論は無之候へ共、兎角に議事は跡戻り〳〵と成り往き、何分にも沮喪之敗兵勇気に乏しく、支度も奮発して之を咄嗟に弁する、昨昔の如きを得す。若し強て之を督責仕候時は、所謂る強迫の圧制と相成り、益々委員一同之気配を損し可申と、私共三名にて専ら心配罷在候。就ては迚も其支度は、十二日前之間には合ひ申間敷候間、断然貴客箱根よりの帰後と仕度、然る時は時日も有之候に付、其内には人心も折合ひ、却て当日の都合も宜しかるべしと奉存候。前顕之次第に付、何卒委員之内情を御賢察被為下、接待之一挙は箱根帰後と可然御取なし被下候様奉願候。右様に成行候は、実に私共に於て不本意千万には御座候へとも、事情不得止次第に起り候義、只々老台之御明察を仰而已。但し箱根帰後は当然不都合なく、接待之一挙を執行可仕は、乍憚私共三名にて尽力可仕候間、御放慮を冀望仕候。右奉申上度尚拝眉之上に詳細を悉し可申上候。匆々頓首謹言

八月八日　　　　　　　　　　益田　孝

福地源一郎

渋沢　栄一

吉田公使閣下

三九七　町田実一

1　明治(15)年8月8日

町田実一

弥以御壮建〔ママ〕之筈奉大寿候。然は、神戸へ四日之朝安着致し候に付同夜出帆之筈に候処、近年になき大風にて激浪の為め出帆する能はす、漸く昨六日午後二時揚錨、七日午前十時過馬関へ着船相成申候。就ては、兼て御内話如く〔ママ〕候通り朝鮮へ往く事と心得居候処、清国出張を被命（曽根大尉〔俊虎〕も同断）当便にて航し、夫より牛荘之内地へ踏入る積りに有之候間、右御承知置被下度、不取敢先つ右之形行のみ申上置候。頓首

八月八日　長さきにて認　町田実一

吉田清成様

再伸　昨日電信を以て支那行之事は、下ノ関より可申上筈に候処、旁取込候て申上けさりし罪は御許容可被下候。

2　明治(15)年(　)月(　)日

口代

今般朝鮮の変動は全く孤陋なる攘夷党の集合して乱暴に及ひたる事なるへけれとも、仁川の官兵も不意に起りしを以て見れは、或は大院君の旨を奉し此挙に及ひしも知るへからす。両国間の交誼は勿論、欧米人に対し亜西亜政略上の失策、実に憂患の至りに堪へす。然るに朝鮮と条約以来清国に於ては常に多少の浮説を唱へ居たる事ゆへ、此暴挙清国に聞こへなは必す民間に説を為し、幾分か輿論に影響を生し、我れに対するの挙動異事あるも知るへからす。実に緩視に置くへき時にあらすと存し候。就ては昨日も申上候通り、是非支那に対しての事に尽し以て報し度心願に付、異情あつて後出張する様にては間後れに相成候間、今般の挙よりして渡清被仰付様の運ひにも相成候は丶、実に生涯の本懐ゆへ分を尽し度候に付、精心御洞察宿志御採用被下度重て奉懇願候。頓首

町田実一

吉田清成君閣下

3　明治(23)年7月1日

拝啓　然は、拙者外務省え奉職候義は、全く閣下之御

尽力に預り希望を達し候義に付、漢口にて粋〔ママ〕身粉骨為国勉強致す心得に有之候処、何分本邦今日の有様を以て将来を卜する時は、生等何程心配候とも迚も目的を達し公益を起す事無覚束被存候間、数日間勘考の上、終に辞職するの至当なるを悟り、別紙を差出す事に決心致候間、右御含置被下度、実に閣下の御賛助を得て積年の素志を遂け調査する丈の事は調査し、亦職務上の意見も存分に申立候ても行はれす、斯く迄尽して行はれさる已上はなんとも致方無之、依て今月に於て職を辞する事は少しも遺憾に思ひ不申、時勢止を得さる事と諦め居候義に有之候。何れ不遠帰郷の事に相成可申候間、将来の事は尚何分にも宣しく御賛助被下度、只今より御願申上置候。右用向迄得貴意候。已上

七月一日　町田実一

子爵吉田清成様

尚々、新製紅茶一箱進呈仕候間、御風味被下候はゝ太幸之到に候。

〔注〕野線用紙使用。柱に「柳園信箋」とあり。

〔別紙〕

〔欄外〕
青木〔周蔵〕大臣
岡部〔長職〕次官え差出候私信写

御揃益御壮栄之由奉賀候。然は突然なる申上事に有之候へ共、外国貿易を盛んにし富国の資を作るには、近き清市に向つて始めさるへからすと明治六年冬始て望を起し候後、本年迄凡十七年間毫も目的を変せす艱難辛苦を凌き日夜此事にのみ注意罷在候。一身の主義を変し他に目的を立、閣下方之御推挙に預り其公務に従事勉強せさるへからさる目下の時勢と相成候に付、最初清市に対し目的を起し続て外務省へ奉職、已来今日迄の概略と一身の主義を変へさるへからさる実情を申上、併て今后の希望を遂け候様御尽力相願度、尤俄然斯く申上候ては定て御案外之事と存候へ共、世の時勢に依り事の成否を考へ目的を変するは実に止を得さるのみならす、外務省へ奉職後、凡八ヶ年清国にて歳月を経過せしに、其間寸功を奏せさる代りに、任国政府及彼我人民に対し

不都合を仕出したる事も無之、当今迄勤続候義、一身上に取ては無此上仕合に候間、不都合なき内に職を辞し　閣下方之御賛助を得て、他の公務に従事、既往の八ヶ年と同様勉強国の為尽す方、今日に於ては真に希望仕候義に有之候間、別紙御熟読之上事情御憐察速に帰郷之事に御取計被下度、右御願之為態と一札差出候。頓首

明治廿三年六月廿八日　在漢口

町田実一

子　青木周蔵殿

子　岡部長職殿

再伸　御賛助を願ひ勉強致度希望之事有之候に付、右は帰郷之上御意見も伺ひ、其上にて御願申上る心得に有之候。

〔注〕野線用紙使用。柱に「まちだ」とあり。

4　明治(　)年3月29日

益御壮建〔ママ〕之由奉恭賀候。然は、小生進退之義に付昨年十二月相伺候処、尤要地と思ふ処へ滞在候様御達しに付、暫くは在清の事に御確定被下候義と存し、多年の宿志漸く達すべき機会に相成候事と、実に手の舞ひ足の踏む所も知らす、同十六日付私信にて趣意申上置十二月に到り、風雪を犯し北地の視察も無事に相済ませ候に付、見込は追々可申上心得に候処、帰朝候様御示令書去る廿四日に相達し、今後の目的を失ひ実に遺憾千万心事紙上に尽し難く、併し命を請け候上は速に出立可仕は勿論の事に候得共、兼て御承知被下候通りの身上に候得は、適ま渡清の命を奉しなから寸功も立す人并〔ママ〕みに平々凡々空く帰朝候義、いかにも心に恥ち候次第、就ては後来の為め兼て見込を起し居候山西省河南省其他の各地を経歴して帰朝候はゝ、必す御参考に相成候義可有之と存候に付、別紙公信を以て伺出候間、追々の関係及ひ、素志御洞察趣意相立候様御評議被下度、伏て奉懇願候。頓首

三月廿九日　牛荘滞在　町田実一

吉田清成殿

再伸　去る十二年渡清候節は、琉球云々一時都合よき談判の色相見得候に付、結局相付候事と政府においても信せられ、生も帰朝の命あり、当時迄は支那政府の内情を知らさりしゆへ、速に帰朝候処、瞬時間に亦一変して公使〔宍戸璣〕は断然帰朝の事に迄相成、当時北京にあらさりしは、于今遺憾の次第にて、目下支那の所為を実地上に就き見聞するに、我れとの関係は弥面倒に成り、我れより数歩を譲りさゐせねば、到底無事には相済申間しく存候付、其節に到り出張候様にては、迚も非常の功を奏する能は〔ず欠〕候間、是非今暫くは清地にあつて尽し度念願に付、旁御賢察被下度奉拝願候。

〔注〕欄外に朱筆で「私信」と書込あり。在上海日本総領事館用箋。

5　明治(　)年7月18日

〔巻封〕吉田様　町田実一

今朝外務省へ出頭候処、御帰県之由伝聞、因て直に参上候へ共、御不在にて拝眉を得す候に付、後刻横浜迄御送りとして参上可仕候。其旨申残置候也。

七月十八日

再伸　御尊兄様之御宅は、拙者の宅とつい近所に候ゆへ、乍恐後刻一封を願ひ、家父え御伝言も相願度、草々

6　明治(　)年10月26日

弥以御壮建〔ママ〕之筈奉賀寿候。然は韓地事件も追々其実行相成候由に付、此上は償金一条のみの事かと被存候。之れに付ては在当地之韓人共、時として不審なる説、則先に申上置候償金云々之事を申居候得共、之れは其期年月に到らざれは不相分義ゆへ、唯々巷説かとも被存候。

当地へ出張致居候陸軍大尉伊集院兼雄（鹿児島人）今般帰朝致候に付、近比之事情は具に申上呉候様申談置候間、御聞取被下度、因て昨今之様子不申上候。右用向迄奉得尊意候。頓首

十月廿六日

在牛荘
町田実一

吉田清成殿

7　明治(　)年10月26日

当地へ出張罷在候伊集院兼雄より、当課之事情は巨細申上呉候様申談置候間、御聞取被下度、生におひても大に見込有之候に付、之れは追て尚可申上候間、右御承知置可被下候。

当地は御案内之通り吉林辺より持出す皮類沢山有之候ゆへ、何なりとも思召有之候はゝ差上度候へ共、不取敢山猫皮拾枚差上候に付、日本羽織之御裏用に御用立候はゝ大幸之至りに御座候。尤皮数種之内虎皮・豹皮・水獺皮等之如きは上もの有之候へ共、羊・鼠〔ママ〕皮等に至つては上物無之候。右奉得尊意候。頓首

十月廿六日

在牛荘
町田実一

吉田清成様

三九八　町田久成

1　明治(3)年6月22日

今般上野〔是範〕氏欧行奉命相成幸便に付、一翰拝啓仕候。陳は白峯〔駿馬〕氏帰朝之節尊翰御附属相成、同氏着府後即刻持参被致不取敢拝見仕候。如旧御安泰奉拝賀候。学費之事件に付ては段々行違候由にて遙に致承知候。前文行違にて未給之分并将来学費廉書之通にて今度上野氏ぇ相諭し差送り申候間、御配達可然御取計可被下候。外諸彦ぇも別啓不仕候間、貴君より可然御伝声奉願候。当地事情等は上野より御聞取に可有之不能贅言候。頓首

六月廿二日

東京外務省
町田久成

永井盟兄

二白　長沢〔鼎〕之儀は毎度野村〔鮫島尚信〕氏よりも承趣有之、同人より通信も疾有之末之事故、今頃は部録郎〔ブロクトン〕より

出去被申候事と存候得共、何分にも御配意被下候様相祈申候○別紙は先度より度々申進候書留に有之、行違之事候よりして過日写取らせ置候儘差上申候○佐土原公子《〔島津忠亮〕》え御逢も御座候はゝ、可然御伝言願上候。貴翰も慥に落手仕奉拝謝候旨をも宜敷願上候○西徳二郎は魯留学之為近々発足なり。

2　明治(6)年8月22日

〔封筒表〕拝復　町田久成

尊牘拝見仕候処、此程御帰朝之由、疾に参趨可相窺候処、御無沙汰罷過恐縮之至奉存候。明廿三日参堂候様尊示難有奉謝候。何れ拝芝万々申残候也。

八月廿二日　町田久成

吉田少輔公閣下

3　明治(6)年9月3日

〔巻封〕吉田少輔公閣下乞貴答　町田久成

御出勤前御調物之処、御妨仕恐縮之至奉謝候。陳は、此程御恩借仕候孱馬サイコロピチヤ《〔サイクロペディア〕》疾に返璧可仕之処、今少し取調申度、今暫時之際御借用申度、此相願候。残之分不残全部拝借被仰付候得は、万々多幸之至に御坐候。此段願試候間否かも御都合次第御答可被下候也。

九月三日

〔注〕端裏に「六年九月　同七日に返答迄相行候事」との書込あり。

4　明治(6)年11月12日

御疎隔罷過、失敬千万御海涵可被下候。陳、孱馬氏博物書直々御恩借仕長々等閑段打過候、御宥恕可被下候。必拝趨可奉多謝候得共、一先紙上匆々如此御坐候也。

十一月十二日　町田久成

吉田少輔公閣下

5　明治(　)年1月19日

〔巻封〕吉田太郎様不乞貴答　町田久成

過日は却て御退屈被成候半、今更恐縮之至奉存候。此一冊は過日御噂に付在右之故拝呈仕候。御用立候得は多幸之至也。

正月十九日

町田久成

6　明治(　)年1月29日

〔巻封〕吉田太郎様　町田久成

一星学事務伺書

一大学教師雇傭伺書

右二件御省へ吟味として弁官より相廻り居候由、如何之御運に相成候哉、御取調被下度、運方遅延相成候ては込り申候間、尊兄迄内々相伺候。若も御都合よろしくは詰所にて鳥渡拝話可仕候得共、一先以紙上申上候。頓首

正月廿九日

7　明治(　)年3月(　)日

〔巻封〕吉田太郎様奉復　町田迂弟

尊翰拝読仕候処、御召仕候小僧にて御不都合之由、就ては兼々御噂之家来御相談之趣委細致承知候。当方召無之者にて町田耕造と申者、実は石谷五郎に御座候得共、長々都下にて召仕候者に有之今度差上度存候。御試之上貴意に適候はゝ御仕役被下候て宜敷御座候。少々書生風にて事務迂遠之義も難計候得共、是は充分に御鞭策被下候はゝ随分御間に逢可申候。是迄どろぼふかましき体たらくも無之姓合に取ては御請合申上候。兎角も暫時御試み可被下。貴答早々如此御座候。仍て右之者差上申候也。

桃花之佳節　　町田

吉田君

二白　万事は拝眉に申残候。

8　明治(　)年4月15日

過日は鳥渡寺嶋〔宗則〕先生迄参上候得共、貴兄御退館前にて終に不得拝顔候。今日は御相談仕度候儀有之、拝趨可仕心得候処、所労にて不参仕候付不得止紙上拝啓仕

候。陳は、御省より御問合にて南校川上万之丞〔冬崖〕と申者御用に付、暫時之間差出候様致承知候。当人儀は差急候事務多端差つとひ込居候付、若御用柄御示被下候はゝ御用に適候者余人取調差出候積に有之候間、不日御答可被下候。此段早々得貴意度如此御座候。頓首

四月十五日　町田

吉田盟兄

9　明治(　)年7月22日

此一封到来之処米国書生之様にも相見得候得共、多分は貴兄え之一紙に候半哉と心付候間、差上候。若も相違も御座候はゝ御返却可被下候。陳、過刻は御邪魔に罷成候段奉謝候。早々頓首

七月廿二日　町田

吉田様

三九九　松井喜七郎

1　明治(　)年5月13日

〔巻封〕吉田公閣下　松井喜七郎拝上

御高翰之趣委曲拝承仕候。早期参殿可仕候。右御請迄、忽々頓首敬白

五月十三日

四〇〇　松方　厳

1　明治(　)年9月23日

〔巻封〕於東京吉田太郎様要詞貴下　従横浜松方厳拝

御清康被為成御座候半、奉敬喜候。陳は、鄙夫にも碌々消光罷在申候間、乍慮外左様御諒被下度奉希候。扨、御面到千万奉存候得共、貴君御都合之節厳父正義え御贈〔ママ〕ひ被成下度義は相叶間敷哉、此段乍大略以書中奉希候。敬白

九月廿三日

四〇一　松方正義

1　明治(4)年9月15日

御同意ならは御印可被下候。
吉田君は先日より再度御出浜之由、嘸御太儀奉存候。扨、先達より御待相成居候鹿児島県より御用召相成候者共数名到着相成、其内別紙名前精撰仕置候間、直に当寮へ十三等位出仕に被相出候ては如何御座候や。其運上所御都合向も可有之と一先御懸合申上候。何分急に御報奉願上候。当方指て相替儀も無之候間、今日当寮え　臨行之御節は、上野〔景範〕君御陳述之筈と態と文略仕候。折角為邦家御自玉専要奉祈上候也。

九月十五日　　　正義

吉田君
上野君

〔注〕端裏に「税所新十郎」との書込あり。

2　明治(4)年9月19日

〔巻封〕吉田権頭殿御答　松方正義

朶雲拝見。明日は両人之内壱人参堂仕様申遣置候。且談判書は取出し、直に卿え差出可申候。尤御状も相添呈し可申候間、左様御承知可被下候。御不参之届は卿えは今朝申出置候へとも、輔えは未故、直に参り尚可申出候。貴答迄、匆々頓首

九月十九日

再白　昨夜は難有御礼申上候。

3　明治(4)年9月20日

〔巻封〕吉田権頭殿御答　松方権頭

御紙面之趣拝承、篤と一冊拝見仕、直に卿輔え出し可申候。左様御承知可被下候。尤昨日差出置候当府下地税取調一冊御覧済之上は、速に拙夫方え御廻し被下度奉希候也。

九月廿日

4　明治(4)年10月6日

四日御仕出之朶雲難有拝見仕候。愈以御壮健被成御在務候由、奉恐賀候。扨、其御地御仕舞次第には御帰京奉仰候処、諸般御取調中にて何分御処決之上御帰京之儀

御尤之事候間、何卒乍御太〔ママ〕儀宜奉願上候。又指掛一応なりと御帰京奉促程之事件も無之候間、御決尾之上は早目御帰京奉待上候。其内は跡や先きと迂生相勤居可申候間、御省念可被下候。上野君〔景範〕え別段不奉得御意候間、貴兄より宜御通し可被下候。尤兵庫港地税取調事件は既に明日は正院え突出申賦《つもり》に精々都合仕置候間、左様御承知可被下候。将亦其醬油税之云々も御取候由、兎角開港場丈〔カ〕は諸券税則速に執行相成可然やに覚へ申候。併、三府之地税は発行、兎角留主になる西郷〔隆盛〕大人之決心次第にて施行は出来申事故、同人も近日中出懸、篤と愚存も申述、又賢慮も承り度存申候。民心之向背に関係するは租税之事件最大之訳にて、中々基軸堅固ならされは決て成就に至る訳には参り不申候。其訳は纔に民心動き立候得は、暫時見合抔との議諜〔ママ〕々たるは必然、右辺尚亦貴兄之御賢考も可被為在、孰れ御帰京之上細大可奉御伺候得共、一先貴酬迄、匆々敬言

十月六日　正義

清成老台

再白　先生方使節一条最早発表、省中にもとかく説承り、留主中は難問御座候。御深察可被下候。

5　明治（4／6）年10月27日

御壮健被成御坐、奉敬賀候。陳、昨日は御細教之御報被下一先安心仕申候。大先生出仕深慮可有之事とは御示に依り勘考仕候得共、一応昇堂御深慮奉伺度山々奉存候処、一昨日より少々風邪に被犯、乍残念今日も出仕難仕、夫故未不得御顔〔カ〕、追々大体は相運ひ可申と乍蔭多幸之至に奉存候。兎角近日中昇堂、尚御細話可申上様候得共、一先奉得御意置候。拝具

十月廿七日　正義

清成賢台

6　明治（6）年9月7日

過日は俄然昇堂、不図種々乍再御馳走頂戴、万々奉深謝候。偖、御出浜、残暑之候御苦労奉存候。総裁〔大隈〕は御同行御帰り相成申候や、又は総裁は未御帰り無之候

哉。何分乍御手数御報知願上候。実は明日迄帰り無之候はゝ差急伺度事件有之候間、明早朝より出浜仕度奉存候。匆々拝具

九月七日　　正義

清成賢台閣下

〔注〕裏に吉田筆で「大隈も帰府候間、即刻返答す　六年九月七日夕七字過」とあり。

7　明治(6)年12月11日

〔巻封〕吉田様　松方

朶雲拝見、御厚意之趣逐一拝承、十三日之御催しに御案〔カ〕内被下候。又今日角力は是非罷出度奉存候へ共、唯今より大隈〔重信〕卿宅え大江〔卓〕其外生〔カ〕糸改会一条に会議之積御坐候間、早く相仕廻〔ママ〕申候はゝ御跡より罷出候間、左様御承知可被下候。貴答迄、早々頓首

十二月十一日

8　明治(7カ)年1月12日

拝啓　愈御壮健被為渉、奉敬賀候。陳、一昨夜は遠方迄御光臨被成下、乍亦御懇告被仰下、万々難有、今日よりは是非出仕之含御坐候へ共、療医も今朝迄は見合候様、唯今も遮て被止申候間、乍不埒本日迄は充分加養相遂度、明日よりは死ても出仕可仕候間、左様御伝置可被降、誠に分省之央引籠、両卿え対しても甚以気之毒罷在候段は、何卒御洞察被遣候様願上候。若や御都合も被為在候はゝ可然様御陳述願上候。此旨乍失敬以乱毫御礼旁如此御坐候。拝具

一月十二日　　正義

清成賢台

9　明治(7)年2月16日

御揃御壮健被成候由、奉敬賀候。陳、本日は老公御出船に付、横浜迄罷越度、甚以恐入候得共、一日丈御助勢御聞置被下度奉願上候。頓首

二月十六日　　正義

吉田様

吉原〔重俊〕様

吉原君え願上候。爪生〔震カ〕罷帰申候間、形行《なりゆき》卿輔両公之間え御届可被下候。尤老達外務に譲るに就ては、跡に書記官一人雇入之儀御同意可被下候。拝願

10　明治(7)年3月5日

〔巻封〕吉田少輔殿至急　松方正義

　御所労は何様候や、折角御加養専要奉存候

昨日御談申上置候吉井〔友実〕少輔洋行入費金為替手形、吉田〔二郎〕少丞え尚相頼置候処、閣下え差上候筈に付、閣下より拝受いたし候段承知仕、就ては重々恐縮に御坐候義、御調名等相渡候て直に吉井へ今日御送り被下候様、是亦御頼申上候。吉井は明朝当地出立と歟申事故、其内宜御頼申上候也。

　三月五日

松方正義

11　明治(7)年4月29日

〔巻封〕吉田少輔殿別冊相添　松方正義

尚々、御賢慮之程は無御遠慮充分御加除願上候。為其御内見願上候。御返書分御示諭可被下候。拝具。

大久保〔利通〕老台・吉原〔重俊〕も都合克午後第四字に乗船相成、御安心可被成候。陳、昨日粗御話申上置候別冊差上候間、一応御内見被下度、到底大体之御趣意窺、据置順に着手仕度心得に御座候間、宜御汲量被下度、尚明日も拝顔可奉伺候得共、其内、如此御座候。頓首

四月廿九日

12　明治(7)年5月10日

拝啓　別冊魯公使え相懸り候云々一件、再ひ横浜税関え推問に及ひ候処、悉く附籤を以申出候付、御一覧之上は可成速に外務省え差遣置候。願くは今日御出仕前御覧後直に石渡〔貞夫〕なりと御渡被下候様奉願上候。為其早々頓首

五月十日　正義

清成様

13　明治（7カ）年5月14日

芳墨拝読仕候。陳は、過日来痔疾之煩にて乍恐縮意外長々引籠無申訳、然処、痛入候御深志被仰聞奉万謝候。○波多野手先なる柴帰県につき、金之儀は今夕も同人より承り候得共、未日給不相渡込入、乍併明日出発との事故、波多野帰る迄之処は何と歟いたし、明日は是非為持遣候含に御坐候。然るに種々被仰聞候趣別て多幸、兎角五代〔友厚〕氏え逢ひ申候はゝ細情相咄可申と存候得共、此内より引入中にて其儀も不叶次第御坐候。明日之都合は百円丈遣し置候はゝ可然と相考、夫丈は昼迄には無相違差送候約致し置候間、御安心可被下候。○木戸仁兄之事、実に意外に御坐候。誠に種々困難相重り、如命たゝならすと奉存候。○大久〔利通〕先生明日帰之〔ママ〕様子多幸に奉存候。○明日迄は迚も出勤難仕、明後日共に参り候て是非共出掛可申候間、左様御承知、何とそ御聞置被遣度奉頼候。拝復迄早々、兎角近日中拝眉御礼答可奉申上候。拝具

五月十四日　　正義

清成盟兄

14　明治（7）年5月15日

〔巻封〕吉田少輔殿　松方正義

御壮健奉敬賀候。陳、証券印紙改正規則此内より粗御話申上置候通、司法省懸合再三議論有之、漸く今日双方折合、別冊懸議之通相定申候間、早々今一応入御覧候。尤右取調引受候立田〔彰信〕権助え為持差上候間、細情尚亦御聞取被遣度、其上は明日は幸休暇故、篤と御覧之上明後十七日には是非御決印を願、当日正院え上申之積に御坐候。無左は六月一日後相成候ては甚実際上困難之廉々不尠候間、一日も差急申度、宜御聞取可被降此旨早々拝具

五月十五日　　正義

晩翠賢台

昨夜は御厚意難有奉多謝候。いよ〳〵大久保〔利通〕氏も着相成為申候由多幸之至、迂生も明後日是非共出

仕可仕間、右様御承知可被下候也。

15　明治(7)年5月20日

快晴之候、愈以御壮健被成御坐、奉敬賀候。陳、今日は自然出仕之上、別冊昇級調書差出筈に御座候処、今日は所労にて御頼申上度候。依て乍恐御宅え差出申候間、無御異存候はゝ可然御計可被下候。若や多人数に過んとの御賢慮も被為在候はゝ、石渡〔貞夫〕御呼出細事御聞取可被下候。寮中判任進退は正月以来相止置、各課此節精撰之上、一同差出候事に有之候間、右等は宜御汲量願上候。今日は実は昨夕女子出生、母子共元気罷在、夫故旁にて不参、不悪様御推計可被下候。乱筆御海恕奉願上候。頓首

五月廿日　正義

清成賢台

16　明治(7)年7月21日

御清適被為渉候御事と奉敬賀候。陳は、迂生過日来耳之痛にて引籠、甚以恐縮之至に御坐候。今三日位も加養仕候は快方無疑と療医も申事ゆへ、夫迄は何歟寮中之事も御注意願上候。然るに星亨進退伺一条既に御下命相成、其段は御承知被遣候半、就ては是迄之一段着は相片付申候間、兼て御相談仕置候税関長官人物、過日大隈〔重信〕卿えも相伺参候処、中山外務五等出仕にて随分よろしからふと再度の返簡〔カ〕に承り申候間、卿と御談合被成下、何分御計可被下候。尤細事は吉原えも御聞取被遣度、尤中山を長に取におひても、等級は是迄之通にて宜可有之候。別に釣合も有之候間、宜御含置可被下候。要用迄御頼旁取束如此御坐候。拝具

七月廿一日　正義

清成盟兄

17　明治(7)年7月29日

御分袖爾来愈以御壮健、海上は平和御着之筈奉万賀候。陳は、台湾より一昨日電報有之候処、既に清国より兵端を開かんとする勢ひに立至り候趣也。就ては大

松方正義

蔵卿大隈〔重信〕断然近日より清国え使節に参り度、一昨朝より条公〔三条実美〕抔へ建言相成、愈其運ひ可相成事歟と愚考仕申候。大久保〔利通〕兄も踏込度、頻に立論に有之候得共、此節は大隈氏当然と今朝条公宅にて承り申事に有之候。迂生においても御同意仕置候。就ては大蔵省之事甚懸念仕申候間、其他御用向昼夜迅速に御勉強被下候て、一日なりと御帰京早目被下度、昨日も大久保兄話も有之候は、大阪は速に仕廻、如此時節には本省え御帰り有之度ものと承り候事也。何分いよ／＼兵端を開き候事に相決申候得は、重大之場合に相成候間、返す／＼も速に御帰京願上候。造幣寮之事は石丸〔安世〕着迄に凡御仕廻相成、同人着次第、委細御示諭相済候はゝ同人え御委托相成候て可然事と奉存、此段友情而已に無之、為国家奉得御意候。不悪御汲置是禱。税所〔篤〕・五代〔友厚〕両君え御都合之節可然御つたへ可被下候。前文之形行〔なりゆき〕は未発故其御含にて御包蔵被下度奉頼候。敬具

七月廿九日　　正義

清成賢台

当地御家内様御無事御安心可被成候○両日之暑甚敷有之、尚其御地も同断なるへし。折角御自愛為国家是禱る○迂生湯治行は于今さたまり〔カ〕不申候。中／＼如此時勢には無之勢ひに立至り困却御一笑可被下候。

18　明治(7)年10月2日

〔封筒表〕吉田清成殿親展　松方正義

御発航も追々近寄候に付、御離杯と催〔ママ〕来る四日午後三時中村楼え参集可致、且上野〔景範〕・得能〔良介〕輩と共に主人代り之心得云々来旨謹欣、早速前両人えも申通し可罷出候。此段御答迄大要代筆を以得御意候也。

十月二日　　正義

清成様

追て、過日三等出仕拝命、本日輔之心得被達候。猶宜敷所希候。

19　明治（8）年3月10日

両度之尊翰時に相届、難有拝見仕候処、海上は御難風之由、乍去御夫婦様御揃無御恙御安着之段拝承、恐悦不斜奉存候。於本邦は清国調和後何も無事に相成、民撰議院論家も已に平和に帰し、方〔カ〕時近代稀なる平和に御坐候。御安心可被下候。木戸〔孝允〕は一昨日被任参議、奮然出仕、是も大久保〔利通〕老翁之余程尽力にて、御察可被下候。政府上至て調和、先つ今歳なれは内国政治之事、追々相運ひ可申歟と御同慶此事に奉存候。此後軽挙軽率之動揺不被為在様に希望此事に候。官中皆同壮健、小西郷〔従道〕も帰朝後大に元気再勤、御安心可被成候。大蔵省之景況は卿名を以申上候間、此れにて御承知被遣度○志村〔智常〕義も内務之方少し仕事中にて御難儀之由故、統計寮え御転任被為在候間、御安心可被成候○吉原〔重俊〕は租税権頭へ転任相成、方今精励中に御坐候。租税之儀も必す興廃改正之御発令相成候様尽力仕候得共、漸く今般御発令相成申候。是も御布告にて御承知、可被下候。以後は誠に税法も簡易に相成、事務整頓致し易く可相成、烟草之税は葉に賦課候より、却て割煙草にスタンフにて収税之方法可然と、稍草稿出来仕申候間、後便より可申上候○大久保老翁も不相替精励、益感服之至に御坐候。大限〔重信〕〔カ〕氏も当時病臥に御坐候得共、追々出仕可相成と相考申候○久光〔島津〕公は未出仕無之、併平隠〔ママ〕之事に御坐候。御安心可被成候○鹿児嶋も先つ静謐、御懸念之端には至り申間敷、外県には勿論也○貿易は甚不景気、融通別て不宜、込入申候○折角御自愛為国家専要に奉祈候。

右は拝復旁乍序御安着之御諠奉申上候。尚追々景況可申上候。拝具

三月十日　　正義拝

清成賢台

御妻君

乍恐御夫婦様御揃之御写真一枚拝受仕度、過日ウリヤムスより拝見為仕、誠に賑々敷奉祝候○賢台岩山え御預相成候午、方時御不用被為在候半と

存、頂戴仕度、代りには当地之品物何なりと御下命有之度、此段御頼申上候。拝言

松方正義

20　明治(8)年10月9日

拝啓　愈御清穆被為渉奉敬賀候。二に、小生依旧消光御休神奉仰候。陳は、御疎遠罷過、何共無申訳、真平御海恕願上候。御愛女様には御遠行之由、御悲哀之程奉深察候。実に天乎命乎は無疑候得共、御旅行中嘸やと奉察候。併無致方はかれ〔ママ〕にして、折角御両所様御自愛御清適之程奉祈上候○当地当春来粗御伝承相成候半、大阪会議とやらつと差起木〔木戸孝允〕と板〔板垣退助〕と同盟を成し、余程尽力の姿に相見へ、段々の変革と相成候処、過頃来両人之間甚六ヶ敷相開き、当今紛議区々に御座候。木は山に歟、板は退散可致乎と互に東西の離情と相見へ、あさましき世の有勢に御座候。不相変歎息無限。大蔵〔大隈重信〕卿は当春来病気入、漸く七月より出院相成、其内小生苦痛之景況は御推察可被下候。小生も昨年末方より当春に至り、兼務辞退懇願仕候得共、其儀不叶、唯々今日迄追日罷過候。何事も夢中の夢中にて世渡、甚恐縮に不堪械第、御大咲〔笑〕可被下候。何も不変不易は甲東先〔大久保利通〕生也。大之元気、無異日出仕、併万事夢中の有勢なりと雖、内務省之事には大に精神相貫き候向に御座候。左府公〔島津久光〕は例之通不平なり。乍然当時参朝有之、岩公は当春来病気引籠、于今出仕無之、乍去歩行御暇は勝手と相見申候○朝鮮一条当時専ら紛議最中に御座候由、廟堂は静也○当時木も病気、板は間々見へ、且病気引也。其外は連動と見へたり。一同元気相衰へ候姿にて見苦敷、長大息、何れの日歟晴天に至るへき歟、兎角何事も極れは又生々の気発するものゆへ、此る世の中と夢の業に御座候○大蔵省は無事、細事は書記に相托置候間、筆略仕候○矢野〔二郎〕帰着御叱り之御伝言拝承恐懼に不堪、此節悪多罪之実功を書中に顕し申度相含罷在候処、昨日よりとふ〔ママ〕眼病相発し、苦痛最中に御坐候間、先つ此節は御免可被下候。此後は屹と魂を入れ可申候間、前罪は御免可被下候○ウリヤムス不日欧洲え向け帰国之積也、同人帰り之上は細事御聞取可被下候。近

頃余程親しく附合今般帰りは残念、今一両年滞在に相成候はゝ、小生輩之多幸と頻に惜しく存ます。右大略御断旁取束乍失敬申上候。素より乱筆は御免蒙り度候。拝具

十月九日夜　　正義

清成盟台下

21　明治8年10月25日

二白　固陋家大不平、土佐も然り。浮説流言無止、一昨年十月之形勢と不異勢也。然し御安心可被下候。

左大臣〔島津久光〕弁板垣〔退助〕両名異議相生し辞職願一昨日差出為相成趣御座候。右は此内より粗申上候通、当春来種々様々之変遷にて終に今日之勢に立至り、込入たる事也。併跡人数は依然確守維持之積、此段は御安心可被下候。例之早〔甲カ〕東丈是は得手也。御深察可被下候。乍去其上幾分歟混雑可相生、海陸及警視庁は少も動揺無之、充分御安慮可被下候。誠に杞憂之次第は如山海難尽筆紙、御深察可被下候○ウキヤムス帰朝形行《なりゆき》は卿名を以細々申置候通に御坐候。尤両名相添英国派遣相成、是は両卿大奮発御坐候間、飽て御賢慮を以御教示被遣度、尤ウリヤムス氏えも内外前後御懇戒被下度、若や此節失惜相成候ては、此後見当無之候間、必す此節成功之目途相立申度、為国希望少なからす候間、宜御汲量可被下候。上野〔景範〕え細大申遣様依頼を致す含御坐候得共、貴兄よりも御心添之形行を御申越被下度奉願候○朋友中大に元気、皆同無異也、御安心可被成候。此節は要用迄申上候。過日よりウリムヤス出立に付彼是大混雑、漸く今日出立之都合に間にあはせ為申候位、南等より事情御聞取被遣度、大隈〔重信〕卿は又病気引入、乍去御疑念は被成間敷候。木戸〔孝允〕は安神、其外皆然り。前後書散し御免可被下候。頓首

十月廿五日　　正義

吉田大兄

時下折角御愛身専要奉祈上候。

妻君えも宜様奉願候。

22 明治(8)年11月9日

拝啓　爾後益御清適被為渉候御事と奉敬賀候。陳、過頃より粗申上置候通、廟堂紛紜之情実不一方候処、終に左大臣〔島津久光〕并板垣〔退助〕辞表、願通御免相成、其原因は参議と各省卿と兼務を分離、参議は別段三四名にて、太政大臣を輔翼之議論、第一板垣主張論之処、左大臣殿も同意、右に就ては分離論は表面にて、第一黜陟之奥意不一二趣に相聞へ、夫故歟断然分離論不可然と御親断にて、其席においては一言も皆同無之容子之処、翌日板垣より必分離を主張し、建白差出、左大臣殿も同断建白被差出、其第一之主意、太政大臣三条〔実美〕殿を御黜不被成候ては不相済見当之由、余り甚敷有勢実に気之毒に不堪、御諒量可被下候。然るに両名建白断然御採用は素より、親く御沙汰も為被為在由候得共、夫形にも不参、辞職と相成申候。右に付ては海江田〔信義〕・内田〔政風〕之尽力不一方、加之河野〔敏鎌〕議官島元〔島本仲道〕并津田出、豈計や陸奥〔宗光〕も同意にて種々奔走致し候由。陸奥は何を考候事歟、定て一身の利益を専務に心掛候には相違も有之間敷、方時は木戸〔孝允〕・伊藤〔博文〕両名抔にも不被容由、誠にをかしな商売に鳥渡打掛、へんぢきなものに御座候。板垣は是迄一士之武勇之人物と相見得居候処、是以豈計や、此節之有勢抔は奸暴甚しく、奇妙な人体に御坐候。右様之式〔カ〕にて第一大隈〔重信〕君或は不平家混合、四方奔走必顕官之人数一変之策八方暴策工面央と相聞へ申候。御汲察可被下候。併大久保〔利通〕・木戸・大隈・寺島〔宗則〕・伊藤・大木〔喬任〕・山県〔有朋〕は勿論、条公倉公〔岩倉具視〕、方今毎初一層雨降りて地かたまり申候心地、廟堂之体骨確乎相立候様相見へ、加之海陸軍及警視庁一点動揺無之、至極確然、いよ〳〵注意丹誠不一方候間、一昨年之動揺とは雲泥之違、乍去油断大敵は無申迄事也○友中皆同大元気、精勢御安心可被下候。随て小生過日大蔵大輔を拝命仕、甚恐縮千万、御案内通之不才浅識は固質、方今大蔵之事務困難之儀は御洞察通、右へ御請申上候も如何敷候得共、如此砌にも有之、乍赤面今日迄従事罷在候間、尚此末御教諭奉至願候○昨年来会計年度御改正御立論之末、是事追々被行哉、明治八年七月より九年六月迄各省等定額論一時は大混雑に御坐候得共、第一大隈卿不一方尽力、大体見込相立、歳入出表不遠内発表之積に御坐候。誠に当年之金繰には込入申事に御坐候。昨年来意外之歳出高、台湾経費凡一千万円に及へり、家禄奉還資金千万円、外に租金六百万円に至り、小野・島田閉店、官金繰替渡に六百万円に相成、加之当春来不益之改正に区々臨時費相重候。若心万々御諒察可被下候。併今形にて無事に候得は、兎角は見込も相立申候間、御安心可被下候。乍去、近代現貨外出は如山苦慮此事に御坐候。閣下御卓見之如くに税権復収之事不成は、全国経済之目的更に無之、寺島愈主張罷在事に御坐候。其御地えも不遠何と歟御申遣可相成模様に御坐候。其節は無申迄事なから、万事御尽力御依頼為国申上候。書記に托し細事は認差出候間、御覧可被下候。先つ要用迄、閣下迄奉得尊意候。宜御汲量御胸留被下度、此書状は投火願上申候。尚追々可奉申上。拝具

十一月九日夜記　正義拝

清成大兄閣下

追て、御妻君え宜御陳述可被下候。折角御両所様御自愛専要に奉祈上候。頓首

23　明治9年1月26日

追々之貴翰難有洗手拝誦、愈御両君御揃御壮健被為渉候由、奉万賀候。随て小生不相替消光罷在、乍憚御休神可被下候。然は南・富田〔鉄之助〕両名御差出之事に付御懸念之趣、懇々御示諭反覆研究仕候処、素々条約書面之主意は貿易上を拒之懸念より出候様に相見へ、今般之事は貿易盛大に至らんを希望する而已ならす、第一是迄人民上におひて輸出寡少なるか、或は未た全不開歟之物品を輸出する域に至らんを基本とし、輸出之目的に御坐候間、彼におひては公平上より見る時は交互幸然之事に候得共、御申越之通、我に理あるも必す弁解不出来事而已是迄度々有之有勢に御坐候間、尚亦腹力充分に相成候様、寺嶋〔宗則〕氏等え談示置候賦〔つもり〕に御坐候。併最初より寺嶋氏其議に預り候而已ならす、上野〔景範〕え申達方

等之義も同人より申出に相成たる事故、能々承知打合済之義故、此段は左様〔カ〕御承知被遣度、追々御承知相成候通、金貨輸出之甚歟には込入申候得共、其原由不二三、比際枝葉に汲々着手候とも、自然之流通上に利あれは害あり、得あれは失ありと申形勢ならんも難量、如来論税権回復之事業第一着と奉存候。右は此節政府にても御決議相成、貴兄方にも表向御達為相成筈、就ては、誠に乍御苦労、米政府之処は貴兄之御尽力偏に奉希望候。一国なりと談判相済候はゝ、外にも追々運ひも相成可申候間、此段は為国奉伏願候。此一策不相調候得は、渡海之目的は不相付と兼々貴兄より親く御説も窺ひ居、底心其通之事故、御発艦後に至りても益御主意を主張仕事に御坐候也○輸出税を断然免すへしと之御説御尤にも被存候へ共、税権回復之談合出来候節は、何そ何時なりと免し彼是可然と存申候。夫迄は今形に無之ては談判之交換之ホリシイも可有之歟と存中候間、尚仰御賢察候事也○朝鮮に黒田〔清隆〕一人参る筈之処、御案内通井上〔馨〕再度官途に就之時機無之故歟、木印〔木戸孝允〕・伊印〔伊藤博文〕抔頻に周旋に依り、副使と相成候哉に相運ひ候様伝承仕申候。秋田之鉱山云々一条も回留に相済、為井上より事〔ママ〕に御座候。同人も多少為国尽力之事業も有之人故、幸然と存申候。今日迄紅花港〔カ〕より之電報為何事も無之、定て充分之談判六ヶ敷愚考仕申候。併、破失に致らは却て速に結局には至り不申と愚存に候也。是も経費大に至らんと苦慮に不堪、御汲察可被下候○大久保〔利通〕・吉井〔友実〕・川村〔純義〕・大山〔巌〕・西郷〔従道〕・鮫嶋〔尚信〕皆々大元気精勤に御坐候間、御安心可被下候○廟堂当時至極不和、是は第一之根本にて、紛紜之事にては貴兄方隔絶之地より分て御心配と奉存候得共、当今は左府公〔島津久光〕・板垣退官後無事に御座候。木戸は例之病気にて旧冬より引籠、余程難症に有之候得共、もふは宜敷、駕籠になりと乗り参朝いたし度と被申候向に御坐候○例之暗殺企と歟申人物京都山本克、かこ島中山中左衛門同児玉等愛知県之丹野何某、外に両三名拘留に相成申候。是より不平屋少々恐怖之体に被聞申候。併、是等は十年位は迚も断絶は六ヶ敷、兎角大体不動、漸次進歩之道相立候は

〵、少々之紛紜は大変革之際当然と存申候。右中山・山本抔之人数は大久を目的とし、外に今二派有之、是は木印・伊印を目的ト歟申者に御坐候得共、決て御懸念被成間敷候○大隈〔重信〕氏も至極元気、御安心可被下候。小生は昨年十月比より大に胸腹を損し、書面を見る事、実に難儀、夫より馬車を止め馬に乗り、或は歩行をなし、只管療養仕候処、当分快方に相成、来月中もいたし候は〵、必す全快之心持に御坐候。夫故書状等差出方是亦相控仕申候間、御汲恕可被下候。未申上度義如山海御坐候得共、此節は要用且貴酬之分而已如此御坐候。尚後便より可申上候。折角御保養、為国是祈。頓首

明治九年一月廿六日　　正義拝

清成君

御妻君

二白　当地理財上甚六ヶ敷、貴兄方御在国時分より一層困却之色相顕れ候様に覚へ申候、外えは出、内は小野組閉店後より不融通、今般にては中〳〵進歩にては無之、退歩之憾に至らんも難計、併大隈卿大に目的有り、近日大蔵省中之頭名会合いたし、奮然四ヶ条之策を熟議せんと、該策条は追便可申上候。政府にて採る不採は未相分事也。併必す遂んと小生も至極同意にて随行仕候含に御坐候。御含置被遣度、此書面は前後書散新聞紙に無き咄を申上候心得迄に御坐候も、御推読之上御火中可被下候。頓首謹言

五代〔友厚〕当時大阪に御坐候。来月初には参ると申事に御坐候○大久保兄は永田町素之邸に西洋風之新築出来上り申候。余程立派にて自慢に御坐候。川村も大な建築出来ました。大山も裏霞ヶ関に新築にて転居相成申候。皆々盛な事に御座候也○鹿児嶋無事、其外同断、不平家は一種之者と度外に相見なし可被下候○以遠藤〔謹助〕・得能〔良介〕・吉原〔重俊〕・安藤〔就高〕余程盛に精勤申候。内務省も同断也。其外諸省勉励、東京府近日改革を初め能き方に相赴申候。御歓可被下候。

24　明治(9)年11月11日

御懇翰拝閲仕候。御清適之段奉大慶候。陳、税権云々一々拝見仕候。清盛〔井上馨〕一条も御示諭之通無相違、同人当地出立之節大隈卿と両人にて其実〔カ〕なるを察し、相話し為申事に御座候処、御書面を得ていよ〳〵確実〔カ〕なるを覚知仕候。三十日先生一条も御賢考通一点無相違、其形状相顕れ、是も後便を以事柄を可申上候。今夜出船と申事突然只今承り、不取敢要用耳御答奉申上候。当地熊本・山口之暴動既に鎮定せり。決て御懸念被成間敷、政府上当時一致御休神可被下候。大久老先生え御伝言之趣陳述仕申候。同人腫物にて出勤は当分無之候得共、愈精励なり。同人在政之内は天下之事も先つ進歩之運動に瓦解は有之間敷候。官中皆元気、種子田残念不尠、西郷〔従道〕君え御取会之節は宜様御返置可被下候。過頃得一翰返報は不致、且同人は最早帰途ならんと態と返書遣し不申、若や未たならは宜奉頼候。両者も無事なり。何もかも後便にて相違無く可申上候。此節は御免可被下候。拝復

十一月十一日　正義拝

吉田賢台下

御妻君え宜様奉願候。御両君御揃御自愛専要是禱候。

25　明治(10)年2月10日

御清穆被為渉、奉敬賀候。陳は、当地別段相変候儀は去月以来段々御改正被仰出候条にて、右は別冊を以細大申上候間、篤と御熟覧、事情御洞察可被下候。第一之着目は家禄処分相片付、既に已に封建之名実共御改革相成、此上は先つ五六ヶ年之間民産万殖之事に御注意相成、何も新法御施行、徐々に可然との政府趣意と被相伺申候。十年度歳出入予算も既に御確定相成、此之額を以六ヶ年間は各省共御据置之筈、いよ〳〵当分之目途通相運ひ候得は、会計には無差支、御安心可被下候。何は措て鹿児島県壮年輩過比より之引続にて益盛なる勢ひ之処、既に已に去月三十一日夜熾に有之

候。集成館及後廻之海陸火薬庫え竊盗をなし、夫故川〔純義〕村大輔・林〔友幸〕内務少輔糺問候。去る五日兵庫出帆、未帰り不申候処、昨日渋谷彦助、県令之命を奉し内務卿え御届には相成申候。兎角此上は乍遺憾無致方次第、今般は少しく動揺可致事と相察候得共、海陸之連中大に奮発一致之事故何も無疑、其段は御安心可被成候。乍去実に情実においては憂慮に不堪、御深察可被下候。川村、林之電報両日間には可有之候。其上は速なる方至極良策と相考申候。実に西郷〔隆盛〕先生も無致方有勢にて、情実被察申候。未申上度事も多々有之候得共、近日は殊之外取込故、右要用迄一筆可申上候。宜御安心可被下候。拝具

二月十日　　正義拝㊞

吉田盟兄

大久保〔利通〕抔官中大に元気、廟堂は一致無疑、皆々奮発なり。御安心可被下候。

〔注〕端裏に朱書で「要書　松方一書なり猥に他見を不許」との書込あり。

以下の新聞切抜が付箋としてあり。「○本紙にも登録したる如く鹿児島県士族の暴挙は全く確実にて既に十日ばかり以前より右の暴徒は西郷氏へ迫り是非とも同意致されよと切迫に激論したれども同氏は一向に同意せられず却て色〳〵と説諭されたれども暴徒の勢も亦止まるべからずと察せられしにや那処《どこ》へか跡を匿《かく》くされたりと。また島津久光公も今度の暴挙には曽て与せられず只同県の過激の徒が已れが不平に任せて斯る挙動に及びたるまでなりと昨日該県より出京の官吏何某〔「渋谷彦助也」朱書書込〕の確報を得たれば本日新聞の附録として速に看者に報道す。」

右の切抜の末尾に朱書で「此之報知は正なり。御安心可被成候」との書込あり。

26　明治10年8月10日

六月廿五日付之貴翰落手敬見、御申越之趣逐一承知いたし、則左に御答申進候。宜布御了承可被下候。

○高橋之義に付云々御申越之趣并御差越両通共落手、承知いたし候。右は御見の如く相運ひ候都合に取計可申候間、敢て御懸念被下間布候。

○日高次郎之儀に付御申越之趣、是又致承知候。是は既に御用掛りと申ものに相成居り、此節専ら執掌罷在

候義に御座候。

○条約改正一条に付、懇々御申越之旨趣、及右に付ての内密書類共熟閲委細承知いたし候。此儀は先般以来御立論も有之、生等も至極御同意にて、一時御差迫り鄙見上陳の儀も有之候得共、未た実施着手之運に不至、頗る関心の一に有之候。併し政府にも不一方多端なるより親炙いたし居候得は、不得止の事態も有之候得共、貴下より御考相承候得は、多少之御想像も有之、旁一入因循様の御容も可有之尤之御儀候。猶吉田二郎抔にも接し、篤と勘弁を加へ、其上にて御差越之密書件其要内務卿えは説成し、又別に鮫島〔尚信〕辺えも談試精々鼓舞可致候。其模様等は埒明き次第早速可申進候。宜布御承知可被下候。

○

春来一向御疎遠打過恐縮之至りに候。本年は一月改制以来引続き西南事件にて、不一方紛冗に光陰を費やし、花鳥も風月も皆な等閑に付し候仕合御察可被下候。依て幾回り書を寄せんとするも、之れを裁するに莅み、戦状今一報を得てよりなど逐次に遷延今日に至り候。しかし昨今之勢を以てすれば、賊勢は日々挫折、僅に旧延岡領域の一区に蹙退の事にて、最早此頃之処にては囲みを厳にさへいたし候得は自然潰滅に至り可申位て、今敢て急功を要し候ては却て我死傷多きを加へ候筋故、持久に佚を以労を俟ち、其来襲のものを攘徐々進兵の都合に候。近日平定に至り可申、一体此騒擾に付ては会計上非常の困難も有之、大蔵卿〔大隈重信〕初生輩一同不一方心配先つ今日まて取続き居り、敢て不都合も不致候得共、其経歴に於ては許多の難事枚挙に不遑、迚も筆紙の能く名状し得べきものに無之、既に卿及拙生尚両回に京坂致出張候位の儀其状態御推察可被下候。

○生も仏国博覧会副総裁心得被　仰付、来年は欧行も可相整、尤未た派遣の命は不得候得共、什に八九は多年の望みも達し可申娯み居候。弥派出候節は何れ米よりする筈に候間、久々にて接眉も可相叶存し屈指相待ち居候。

○御出生の写真御恵御悦申候。最早七ケ月を経過せられ候由早きものに御座候。大暑中一段御注意御養育可被成候。御令閨えも宜布御致声可被下候。弊家一同無異渾て御放慮可被下候。此御答親からすべくの処、此節の繁敷と非常の事にて近頃尤失敬代書を以略答旁得御意候。猶近便詳細可申進書外其節に相譲り候。早々頓首

明治十年八月十日　松方正義

吉田晩翠老勢梧右

27 明治(12)年3月14日

拝啓　不相替御壮健被為渉候段拝承奉敬賀候。随て迂生過日漸く帰朝仕、身は壮康に罷在、乍憚御休神可被下候。陳は過日は御投書被成下、殊に不相替御懇篤御諭示之趣縷々承知仕、分て奉深謝候。着涯より当地之形勢等段々承り候得共、先つ至て静謐之姿にて、是斗は実に多幸不過之、然れ共未極味〔カ〕之処は不相分、忙然罷在候。御深察可被下候。昨日は五代〔友厚〕も着東之由に候得共、未面謁不仕、兎角両日中には逢取〔カ〕可申と相楽罷在候。嗚呼帰国仕候ても大先生淡夢にては彼此と想像に不堪而已にて、実に胸裏之痛歎は御互に難尽筆紙、況や口頭にをや。唯々苦痛之外無他、御察可被下候。執れ近日中には御帰り可相成候得共、其内御礼答旁如此御坐候。拝具

三月十四日　正義

吉田兄

乍余筆御内室様え可然様御陳述奉願上候。拝首

28 明治(13)年1月9日

〔封筒表〕吉田清成様従熱海親展　松方正義

益御清穆被為渉候御事と奉敬賀候。然は貴兄御発艦も追々近寄候趣外務卿〔井上馨〕より承知、彼是御多忙之筈と奉察上候。小生も依然入湯に差越、今暫時滞在仕、必御面晤相尽度、いよ〳〵御日限御定相成候節は一寸御通知被成下候儀は相叶間敷や、任幸便此旨迄奉得尊意候。拝具

松方正義

一月九日　　正義拝

吉田賢台坐下

追て、初て熱海えは参り、入浴は勿論、山家之景誠に快然之消光、御察可被下候。拝具

〔注〕吉田筆で「明治十三年一月十二日回答済」とあり。

29　明治(18)年1月11日

〔封筒表〕吉田清成様　松方正義

花墨難有拝読仕候。陳は、朝鮮之一条も大快報相達、御互に為邦家御同慶此事に奉存候。如御示支那関係之ことも順々相運ひ可申候事と相信、実に井上〔馨〕大使之尽力不一方事と想像罷在候。小官担任上に御注意早々為御知被下、別て御深志難有奉謝候。黒田〔清隆〕氏にも任御高論相通可申候。定て同人大慶と相察申候。いつれ拝眉可〔カ〕奉承、不取敢御答耳。匆々頓首

一月十一日午後九時四十分　　正義拝

吉田賢台

追て、少々御不快御引入之由、折角御大事御保養専要是偏に奉存候也。

30　明治(18)年1月12日

朶雲難有拝読仕候。陳は細報を御知らせ被下大に多幸、且御深志為御知被下、是又万謝仕候。実に大使〔井上馨〕之尽力不一方好結果相成候事と御同慶此事に奉存候。如御高諭公平之処置にて敢て外に対し不面目之事も有之間敷、此上之残務は兎角大使帰朝之上、尚御評議も可有之事に有之候得共、到底凡見込も相立候心地仕候。実に今日之財政上におひては彼是不充分之際故、若やと申事に相成候ては何様之形勢に可立至も難量次第に候処、此節之好都合にて稍安心之気味御坐候。御深察可被下候。いつれ拝眉何も可奉窺候得共、其内御答旁如此御坐候。頓首

一月十二日　　正義

吉田賢台

31　明治(18)年3月23日

英公使病死之実否先と御報願上候。

拝啓　陳、独逸公使え吉原〔重俊〕出発之云々に付、尚又面晤相尽置候方更に可然との事候間、今日は公使館え参り、縷々相話候処、別て好都合に相見へ候間、御安慮可被下候。其折ハ〔パ〕アクス氏死去之段談話有之、是は確報之様相聞へ、いよ〳〵其通に御座候や尋問申上候。果て然らは実に衷歎之次第に候。右旁申上度、如此御座候。再行

三月廿三日　　正義

吉田賢台

32　明治(23)年5月18日

芳墨難有拝見、陳は、過日より御熱発之御容子、定て流行之御病気ならんと御案し申上候。先日は枢密院へ一書御送呈仕候処、御引入之由故、退出後直に御玄喚〔ママ〕迄御窺仕候得共、御発熱之折柄と申事にて態と曳取申候。右は過日来御内話申上候銀行云々之事にて、段々議論も有之候末にて漸く昨日発布相成候事迄に相運ひ候間、最御相談仕候事柄故、一応右形行申上度事に御坐候。此節は先つ右様之時機故、左様御承知可被下候。陳は其節御約束申上置候御書類は総て写取方申付置候間、近日中為持上候様可仕候。遅く相成候段は御海恕可被下候。将又御追書之義はいつれも貴台方は意外被思召候半、どうぞ幾久敷御縁に相成候は誠に御家之為結構之事と御同感に奉存候。是も当時之出来事と御歓ひ被下候半、細事筆頭に難尽、いつれ近日中、乍御病中余は何も御直話に相譲申度、宜御推察可被下候。先は拝答迄、匆々頓首

五月十八日　　正義拝

吉田賢台

二白　折角御加養専要に奉祈候也。

33　明治(　)年1月26日

〔巻封〕吉田様　松方拝復

拝読仕候。茶之儀はいと御易き御用にて御沙汰之通差上可仕候。御用立候はゝ多幸奉存候。何にても為持差上度候得共、定て品川之方御聞及には無之やと疑ひ候間、御下知被遣度、拝復

一月廿六日　　正義

清成賢台

34　明治(　)年2月1日

〔巻封〕吉田清成様御親展　松方正義

今日頃は殊之外快晴に相成、益御壮健被為渉候御事と奉敬賀候。陳、今朝より裏霞ヶ関辺其外ゑ出掛、余り早引取故唯今売茶亭ゑ足を止罷在候間、若や御閑静に被為居候はゝ只今より御遊歩かてらに御出被成間敷や、一人にて淋しく故、御誘行申上候。必す押ては不申上候間、不悪様御汲取可被下候。拝具

二月一日

再白　一昨日は甚以不埒仕候。昨朝は昇堂仕万謝奉申上度候得共、もし〳〵卒爾に謝意を発し、反て御出浜抔之御刻限をあべこべ申触候様に至り候ては、御計策上甚以暴害〔ママ〕を醸し候姿に相成候も難計と態と御玄喚〔ママ〕ゑ一箱迄呈上仕候次第に御座候。

尚拝顔何も御断申上候也。

35　明治(　)年2月18日

拝啓　御清栄奉敬賀候。陳、一昨日は昇堂長座仕御閑静を妨け申候。陳、又甚恐入候得共、今朝御出勤相成候はゝ、官舎ゑ御立寄被下候儀は相叶申間敷や。矢張一昨日之続御相談仕度奉存候間、此段乍失敬以乱筆御頼申上候。頓首

二月十八日　　正義

吉田賢台

36　明治(　)年3月1日

過刻は御妨申上候。陳、其折も御契約申上置候明日駒場行は、何卒御海恕少し御加へ被下度、途に相成とも必す罷出度山々奉存候得共、差向種々差支到来仕候

間、宜御聞取可被下候。頓首

三月二日　　正義

吉田賢台

37　明治(　)年4月16日

朶雲忝拝見、明日は卿出立に付出浜之事云々御懇宜被成下、別て幸然、必午前十一字之車より御供可仕、何も御同車に可申承候。貴酬まて、匆々拝具

四月十六日　　正義

清成賢台

38　明治(　)年5月3日

〔封筒表〕吉田全権公使殿親展　松方正義

過夜は好き御取会に御坐候。陳、其折御約束仕置候明日之儀は、無拠差支到来仕候間、願くは来る六日に御延引被成下候様奉願上候。尤午後第二時より御宅え罷出可申、左様御承諾可被下候。若や同日御差支も御坐候はゝ、七日にては如何、何分御報知奉願上候。拝具

五月三日　　正義拝

吉田君貴下

39　明治(　)年5月17日

両度之尊墨難有拝読、愈御清適被為渉奉敬賀候。陳は、岡田云々之義に付縷々御示諭之趣逐一拝承、右は種々議論有之候。小官にも不及なから再三注意相加へ候末之事故、当分之儀は今般精励之方可然、尤後日之事は同人精励次第にて如何様とも相運可申は必然と存申候。夫故当人えは深く相諭し置候間、御安慮可被下候。併万一も賢台えは罷出、不平之趣も申述候哉御座候はゝ、甚反覆不一方様相覚へ申、於其儀無致方、辞職相進め候外に有之間敷、小官方えも度々同人相見へ、等級之事も充分承知而已ならす、速に相促、其趣は書面を以繰返差返し陳述有之候。如何やと疑惑不一方次第、尚拝顔細情可申上候得共、再度之御書状に対し、一応申上置候。小官も両三日不快にて引入、不遠内には拝晤相尽度間、此旨迄、匆々拝具

松方正義

五月十七日　　　　　正義拝

吉田賢台玉案下

40　明治(　)年5月21日

朶雲拝見、過日は御光臨被成下候得共、例之田舎、何之御愛想も無之、殊に御帰路雨中、且は遠方御太〔ママ〕儀奉存候。併不図開化之諸先生来会を得、万々難有奉多謝候。何卒晴天之節近日中御枉駕是亦祈る所に御坐候。陳、別当之儀被仰聞、いと御易き御用、明日午前之方可然と存申候間、第九字比より差出候様可致、左様御承知被遣度、拝酬まて、早々拝具

五月廿一日　　　　　正義拝

清成賢台

御示端之御厚意則申聞候処、難有御礼申上候様申出候間、御聞置可被下候。将亦竹は御覧通沢山有之候、少も御遠慮には及ひ不申候間、何日何時なりと御人御遣被下度、兼て家内共え申付置候間、必す当時其気候を得候半、俗にて竹之縁日と歟申事も承り居候へ共、又其節は其時にして、先つ心速るかた可然は無之や。乍序奉申上候也。

41　明治(　)年6月22日

昨夕は好き御取会御坐候。其折御咄申上置候阿久根之武吉建言之一通差上申候間、御覧可被下候。素より管見は必然之事と存候得共、田舎者殊勝事候付、乍御面倒御遣之節差出可申候間、御直聞尚亦可被下候。此よしまて、匆々頓首

六月廿二日　　　　　松方生

吉田老台梧下

42　明治(　)年6月27日

〔封筒表〕吉田全権公使殿親展　松方正義

拝啓　陳、昨日は御丁寧、今日之御寵招御告示被成下、難有御受仕居候処、近日出旅之積に候得は、省務に付会合之義到来仕候間、甚失敬之至に御坐候得共、今日之義は御海恕御ゆるし可被下候。いつれ近日中昇堂御

節旁可奉申上候。どふぞ不悪様御汲尽奉願上候。拝具
六月廿七日　正義
吉田賢兄坐下

43　明治(　)年7月17日

承知せり過刻は御妨け仕申候、拝復迄。匆々也。
七月十七日　正義
清成盟兄
〔注〕断簡のみ。

44　明治(　)年8月3日

不勝之天気は如何と奉存候得共、若や、御閑静に被為存候はゝ今夕は御来庁〔カ〕被下間敷や、御寛話承知仕度、如此之気合故、押ては不奉願候得共、御互に乍御早退出、久々振閑に罷在候間御窺〔ママ〕奉申上候。敬白
八月三日　松方拝
吉田賢台

45　明治(　)年8月6日

御安康被為成御座奉敬賀候。就〔カ〕は今日は何時比御閑静に候や、一寸参上縷述仕度趣御座候間、何分御透之程奉窺候也。
八月六日　松方拝
吉田賢兄

46　明治(　)年8月17日

此〔カ〕軽品誠にをかしくも候へ共、御着之御祝義奉万悦候。寸志聊奉表度験迄進呈仕候。御笑留奉仰候。拝具
八月十七日　正義
清成盟兄

47　明治(　)年9月3日

〔巻封〕吉田清成賢台拝復　松方正義
玉章難有拝見、愈御壮健被為成御座、奉敬賀候。陳、過日は御蔭にて久々に快然之極を尽、万々難有奉謝候。

松方正義

今日は御催之御事有之、僕も御末席に被召加候御厚意之程難有、例之賢人会ならは何も不慮会同御座候間、抛万事是非御告刻より奔走万謝奉申上度、唯今岩手県之権令相見へ居候間、少し遅刻之儀も難計候得共、其段は御聞置被遣度奉存候。先は貴酬迄。匆々拝具

九月三日

48　明治(　)年10月5日

不勝之天気罷成候得共、愈以御壮健被成御坐奉恐賀候。扨今日は甚以不埒之至に候得共、先日より風邪気分、押て出省仕候処、とふか〔ママ〕塩梅あしく、日々精神相貫き不申残念に候間、両日篤と養生仕度奉存候間、どふぞ御助勢奉願上候。尤安藤等えは前段申遣置候間、左様御承知可被下候。敬白

十月五日　正義

清成老台梧下

再白　先日は馬代御取替申上置候処、金七十両正に落手仕候。其節請取書も不差上候間、左様御聞置可被下候。御約束申上候。尤煙草余り上品には無之候得共、国産丈之事にて呈上仕候。御笑味可被下候〇四竈より最初之七十両夫々御払書別紙之通相請取置候由に御座候て、是亦差上置申候也。

49　明治(　)年10月12日

〔巻封〕吉田様　松方生

俄然横浜港御奔走之事件起り候由、毎々御苦労千万奉存候。扨海関規則御調済相成、御廻被下、為心得篤と拝見仕度、兎角火急之御発程、不能拝願残心之至に御座候得共、御帰京之上細大奉得尊意度、如此御坐候。頓首

十月十二日

再白　跡之所は迂生全快仕旁体御懸念被下間敷奉存候。

50　明治(　)年10月20日

〔巻封〕吉田清成様　松方正義

昨夜は遅刻相成、夫故昇堂不仕、決て御待為被下候筈、失敬御免蒙り度候。今朝罷出可申候間、暫時御出仕御扣へ可被下候。昨日之何も緩りと相咄候都合にて幸然、細事は御面晤に譲る。拝具

十月廿日

清成様

松方正義

51　明治(　)年10月24日

〔巻封〕吉田清成様御直拆　松方正義

別紙之通報知有之候間、何そ今日に限り候事には有之間敷候間、明日も吉田罷出可申候間、右様御含可被給旨再度申遣候間、兎角明日御都合次第に御出被下候様奉希上候。不具

十月廿四日

52　明治(　)年11月12日

兼て御無心仕置候羅紗頂戴に大倉屋之縫工差上申候間、どふぞ御恵投願上候。頓首

十一月十二日　正義

吉田様

53　明治(　)年11月21日

〔封筒表〕吉田清成様　松方正義
〔封筒裏〕小山惣兵衛持参

此小山惣兵衛と申者素より薩摩人にて、近頃石油会社え加入いたし居候者に有之候由、海江田〔信義〕手引にて此内より色々申候が、貴台え同人罷出拝謁願度との事故、御逢ひ被下候様迂生より願上候。拝具

十一月廿一日　正義

清成賢台

54　明治(　)年11月27日

御清栄奉敬賀候。陳、今日御閑暇も候はゝ参上仕度、御咄承り度儀も有之候間、乍失敬以乱筆御伺申上候。頓首

十一月廿七日　正義拝

55　明治(　)年12月9日

〔巻封〕吉田清成様御親目　松方正義

五代〔友厚〕夫婦近日発足之由に候間、餞別之心持にて今日夕四字頃より尾張屋え僕が愚婦もつれていきますから、閣下之御妻君を必す御誘引被成下度愚婦よりも願上て呉と頻に承り候間、是非〳〵御誘引可被下候。会客は彼之夫婦両人外に早克御元斗也。御妻君えも宜様願上候。拝具

十二月九日

56　明治(　)年12月12日

〔封筒表〕吉田全権公使殿御答親展　松方大蔵大輔

去る九月廿三日付下官え之貴信中、貴下前官の節先年崙敦府〔ロンドン〕御滞在中（マルカム・ハドソン）社より物品買入之義御依頼被成候内、貴下之私用品に係る代価は現今よりすれば官金御借用之姿に相成云々之義に付、不本意と御思考等御申越之趣委細承知、尤之御儀に候。右は目今取調中にて、初顕所〔カ〕之向にも有之事故、追て一回精査相済候上、当然之順序を以御達し方取計可申候。此儀下官に於ゐても深く注意いたし、遷延不相成様処分為致候筈に付、決て御懸念無之様いたし度、此段得御意候。敬具

十二月十二日　松方大蔵大輔

吉田全権公使殿

57　明治(　)年12月25日

昨日は御細書御投与謹て拝読仕候。博覧会一条に付縷々御申含之儀は委細服膺仕候。いつれ廿八日尽閑隙縷々談合可仕候。其外にも縷々御申聞に預り痛入候。乍遅之御答迄。匆々頓首

十二月廿五日　正義拝

吉田賢台

58　明治(　)年12月26日

御懇書難有拝読仕候。陳は、今日も愚妻同行可罷出御

示諭之趣万々難有拋余事昇堂仕度山々奉存候得共、誠に折悪敷過日より外にも約諸仕置候都合にて、何分恐縮之至に御座候得共、今日は御断申上度、乍併可成遅方相成候ても暫時なりと昇堂仕度候得共、先つ右或〔カ〕故不悪様〔カ〕御汲取被成下度、愚妻には例之病体にてくす〳〵罷在、是以得罷出兼候間、何卒御内聞様え宜様御演説被成下度、いつれ拝顔可奉万謝候得共、貴酬耳早々拝具

十二月二十六日　　正義拝

吉田盟台坐下

59　明治（　）年12月31日

〔巻封〕吉田賢台貴下品相添　松方正義

両日は不能拝顔候得共、御清穆被為渉候御事と奉敬賀候。陳、此酒近日浪花より到来、善悪は不存候共進上仕候。御笑味被成下候得は多幸之至に御座候。拝具

十二月三十一日

四〇二　松方正義・吉原重俊

1　明治（　）年3月31日

裏書御免。謹て御請。拋万事昇堂仕度。どふぞ佳人は願上候。頓首

三月三十一日　　両生

吉田賢台

〔注〕三月三十一日付松方・吉原宛吉田清成書翰に裏書。

四〇三　松平忠礼

1　明治(11)年10月13日

十月十二日御認之御書今朝略手仕り、難有拝見仕候。先以益御安泰被為入候段、恐賀之到奉存候。然は、先頃御送り被成下候御書籍、幷に工藤〔精一郎〕氏え御遣し之御衣服共、無滞略〔ママ〕手仕り、其節早速御返事可申上之処、一昨日も申上候通り、工藤氏も Boston え罷越近日帰邑

仕り候仕合、夫故同人に御衣服を遣し候上御返事可申上と、終に御返事一昨日迄延引仕候事に御座候。乍悪御持取之程伏て奉希候。Du Mont 氏之義に付先頃早速罷越候処、Prayer meeting に罷越候趣にて御用向之辺弁し兼、其後罷越面会仕り御伝声之程申聞候処、尊公え宜敷可申上趣申聞候。談話之都合を以て御申含之処申聞候処、同人共申聞候には、畠山〔潮平〕氏〔上杉勝賢〕は無論尊公を初め御不義理之義更に無之趣申聞候。右之段御安心之為申上置候。此義も早速可申上と存居候処、私義科学繁多に任せ、一昨日申上候手紙之内え認候義失念仕候段、偏に御宥恕可被成下候。一昨日も一寸申上置候通り、若哉尊公新約克府〔ニューヨーク〕え一度御出掛其上御出立之義に候はゝ、何とそ一寸御告け知せ之程伏て奉希候。右之如くに候はゝ、早速同府え罷出御礼、先は何事も申上候。先は乍失敬御返事旁如此に御座候。匆々頓首

十月十三日　　松平忠礼拝

吉田清成公閣下

2　明治(11)年10月19日

花墨拝見仕候。先以益御安泰御出被為遊候段、恐賀之到奉存候。然は、貴君義御都合により十二月初迄当国御出立御帰国之義御見合被遊候趣、右に付ては、新約克府〔ニューヨーク〕え御出立以前に御出も可被遊と之義被　仰下難有、其節新府え罷出再ひ御教諭之程奉願度楽み罷在申候。私義其以前に御地え伺ひ申度と奉存候へ共、何分当時此之学校之科業を休み罷出候義出来兼申候。偏に其辺御推察之程伏て奉希候。扨、Miss Du Mont 氏之義に付申上置候処、御承知之趣被仰下難有、南部氏〔英麿〕え御伝言之趣申述候。同人義は来る十一月中之便船を以て帰国も致度趣申居候。乍末御尊室幷に日本生徒共え宜しく御序之節御伝声之程伏て奉希候。先は用事已御報旁此如に御座候。匆々頓首

十月十九日　　松平忠礼

吉田清成公閣下

3　明治(11)年10月25日

爾来益御安泰被為入候段恐悦之到奉存候。然は、此頃は兼て御約束申上置候書籍幷に工藤〔精一郎〕氏え御遣し之御衣服等御送り被成下、千万難有奉謝候。事更御書籍之義は、私義え御所持之御書籍御恵投被成下、別て難有奉存候。先頃御送り申上置候右書籍之代価御戻し被成下、実に御気之毒千万之義と奉存候へ共、折角之御思召故私義取置申候。早速御返事可申上之処、工藤氏も南部〔英麿〕氏と共に Boston 府え罷越、去る八日帰邑致候仕合、直様御衣服同人に遣し申候処、此之外貴君之御厚意を喜ひ、私より宜し〔く欠〕御礼可申上旨申聞候。今夕は又々兼て御恵投被成下候書籍之続き御送り被成下、千万難有真に御厚意之段奉万謝候。扨、尊公には来る十一月初之郵船を以て御帰国之趣被仰下難有、何とそ段々之御礼申上度義御地え罷出申度存居申候へ共、私義当時大学校初り候事故、事之外繁多にて土曜日か或は日曜日之外は他出致候事出来兼候。不悪右等之辺御察之程伏て奉希上候。若新府〔ニューヨーク〕え一度御出にて当府より御出立之御都合にも候はゝ、何とそ乍御世話一寸御報奉願候。右之如くに候はゝ、同府え罷出何事も御礼可申上候。先は御礼申上度如此に御座候。乍末御序之節御尊室幷に其他日本生徒之衆え宜しく御伝声之程、伏て奉希上候。匆々頓首

十月二十五日　松平忠礼拝

吉田清成公閣下

4　明治(11)年11月12日

以一紙申上候。追々寒気相催候処、被揃益御安泰御出被遊候段、恐悦至極奉存候。然は、先頃之御手紙を以て承知仕候へば、来る十二月初之便船を以て御帰国被遊候義と恐察仕候。其節之御手紙に、御出立以前新府〔ニューヨーク〕え御出掛も被遊候哉之趣被仰下候義に付、一寸奉伺候。いつ頃同府え御出掛、夫より故国え御出立被遊候事哉、乍御免面其〔ママ〕以前に一寸御報知之程伏て奉希候。小生義何とか御出立以前に今一度御面会申上、御教諭

之程奉願度希申候。乍末御尊室幷に其他之衆え宜敷御伝声之程伏て奉希候。小生義繁多に任せ御無音打過申候段、偏に御宥恕可被成下候。何事も拝顔之上縷々可申上候。匆々頓首

十一月十二日　　松平忠礼拝

吉田清成大君玉椅子下

5　明治(11)年11月15日

花墨拝見仕候。先以益御安泰御出被遊候段、恐賀之到奉存候。然は、貴君義弥来る十九日か廿日頃新府え御出掛、Jersey City 之車駅近隣なる Taylor's Hotel え御一宿も可被遊哉之趣、小生義十九日頃右場処え罷出、貴君之御着を御待申上候方宜敷御座候哉、或は実以乍御免当駅之処貴君より御申越被成下候哉、小生義是非共故国え御出立以前に今一度御免〔面〕会申上御談話申上度候間、御繁多之処奉恐入候へ共、何とそ一寸右両様之内御申越之程伏て希申候。扨、南部〔英麿〕氏義貴君え金子借用之義申上候趣、小生義更に同人より談話等無之候事故存し不申候。同人義金子入用之義緊要之義哉如何哉と之御尋に付、小生見聞之次第申上候、何とそ極内密に被遊度候。南部兄之方は此之月之中之便船を以て帰国之積り之処、此之月之初頃故国同人宅より便義有之、如何之事哉同人弟も一様に帰国可致と之事申越、夫故十二月初之便船迄同人之帰国を見合候趣也。同人義勉学等致し候事共小生常に見掛不申候。昼之間は少々「ノヲブル」等之書物を一覧致し、夕刻は Young ladies を相尋ぬるか、Billiard を遊ひ候か、或は当地之常に遊居候 Young men 之一両人と共に酒店え罷越候、一周間之内に度々有之候。貴君も御承知之通り、工藤〔精一郎〕氏義酒を好み候事故、常に南部氏と同様酒店え度々罷越申候。小生義可成丈は相さけ候様致居候事に候。小生は無論、工藤氏之為にも、南部氏義早く帰国致し候事大に宜しくと存居申候。工藤氏幷に南部氏之如き才智ある党には、必す其見る処ありて為事なれは、小生義如何と申義無之候へ共、考るに人生限り有るは又時刻も又限りあり、加之小生等に於て今

日迄安楽に此国に遊は何を以てせん、唯我皇帝より賜処之金を以て也。第二に開化国之人民如何にして安楽を得るや、年若時考慮せずんば、年を老るに到りて安楽を得事不能。第三に人間之 Reputation は実に大切なる者にて、一度少年之間に Immoral 之事為し〔ママ〕人々に知る〔ママ〕時は、更に是を改むるとも〔ママ〕人々之尊敬する事少し。実に小生之見る処右之如くに御座候へは、南部氏之所為更に好み不申候。乍去小生察るに此度同人之舎弟急に帰国之事に相成り候事故、右等にて同人義金子不足致候哉とも存し申候。何とそ宜しく御取捨之程奉願候。愈々其御地より故国え直様御出立之事に御座候へは、一寸処信御送り之程奉願候。直様罷出御談話等可申上候。何事も御面会之上縷々可申上候。乍末御尊室幷に御家族之衆え宜敷御序之節御鳳声之程奉願候。匆々頓首

十一月十五日認

松平忠礼拝

吉田清成大君玉椅子下

6 明治(12／17)年10月24日

爾来益御安寧可被成御起居、恐賀之至奉拝喜候。然は、一昨日は御来駕被成下候処、実以万事失敬已申上候段、御有恕可被成下候。其節御談話申〔ママ〕上候魚臘之義、早速漁夫に取合せ候処、網之義は何時にても格別汐時を論し不申と之事、其砌釣之巧者なる漁夫申聞候には、此節しび釣か好時節之趣、既に一昨日同人釣に客と共に罷出候処、大なるぼら十本大黒鯛壱枚程客之内にて釣り候者も有之候趣、同人申聞候には早朝より釣船網船とも両様雇い朝之内は釣に時間を費し、昼時分釣り之悪き時を見て網船に乗り網打之楽みを一覧し、其時之好きに従て返し候ては如何哉と之事、如何様小生に於ても両様之方可然かと存し申候間、一寸と貴君迄伺い申候。御差支無之候はゝ天気次第来る日曜日十月廿六日に早朝より小生御宅え罷出、夫より御同行相願度如何哉。若し日曜日雨天或は貴君御差支有之候はゝ、月曜日なり火曜日なりとも此之者えなりとも

一寸と一言右等之辺御申聞之程伏て奉希候。右之如くに候へは、早速今日之内に前以て漁夫方え申遣し候約束致し置候間、此段宜敷奉願候。先は用事已。匆々頓首

十月廿四日　　松平忠礼

吉田清成公閣下

猶々、乍末御内室御惣〔カ〕家え宜敷御伝声之程奉願候。然は、前文之釣船之辺如何致し候哉、一寸と奉伺候。不備

7　明治（　）年10月10日

〔封筒表〕吉田清成公閣下　松平忠礼拝

爾来高堂皆々様益御安泰可被為在、奉拝喜候。然は、小生義此頃より風邪気にて罷在、夫故外出も不致仕合終に御無音打過候段、御宥恕可被成下候。此之上田縞幷白七々子旧地より取寄申候間、御贈り申上度、若し御叱留も被成下候はゝ大慶不過之候。いつれ風邪全快之上近日罷出御教諭之程奉願度希望罷在候。先は一寸御用事已如此に御座候。匆々頓首

十月十日　　松平忠礼拝

吉田清成公閣下

猶々、乍末　御内室え宜敷御序之節御鳳声可被成下候。不備

四〇四　松村淳蔵

1　明治（2）年2月21日〔（'69）年4月2日〕

奈可為和洲〔永井和州治〕〔吉田清成〕雅兄

四月一日の尊翰今日舗後に相達し、忝く拝誦いたし候。洋紙百枚御遣し被下、難有御礼申上候。弟にもすでに財乏に相及ひ如何せんと配慮候折にて、実もつて大幸之至此事に御座候。

一貴命のことく、工藤〔精一郎〕にも次の便にて御帰華〔カ〕〔ワシントン〕之旨相達し候に付ては、一時三秋の如く相待居申候。

一兄にも無御替、弥御壮栄被成御座御勉学之筈と遠察致申候。一封呈し度と先度て〔ママ〕より存居候へ共、何分

寸暇無之、乍思延引致候。平に御仁恕可被下候。

一朝八つ時より夕六つ時半迄は全く勉学のみなり。その内十二時半より二時まで相休む事也。

一七日に両度夕四時より六ツ半迄運用術を相学ひ候儘にて、メインマスト、トプガロンヤルトに関係したる水夫之帆桂〔柱〕におし登る事に御坐候。

一先日は沼川〔横井太平〕君の書翰相達し候処、わか国も充分平和にて越前の三岡〔由利公正〕八郎再び御召しにて東京え出候由也。此度は両度家に帰らぬとおもひ切て出候由也。

一浦上村の百姓等ローマンカトリクに相成、政府より禁し候へ共嘗て用ひす、終にはその代官の命令にも服せぬ勢ひに相成候処より、終に此人数を諸方え御預けに相成候処置に相成候。然る処、英のパアリなるもの何卒諸方え差送りに相成る事は御差留に相成度と、浦上村の役人に談判に及候。彼云には、是政府の令也、よつて速に処置せんといふを、パアリ、然らは自分直に東京えいたり談せんといひて、江戸の様出立したりと云々。

一モンソンのよし田〔吉田彦麿〕兄弁〔種子島敬輔〕よしはら〔吉原重俊〕兄御面会の節は何卒御伝声被下度、偏に奉願候。

四月二日　まつむら

2 明治2年11月16日〔'69年12月18日〕

U. S. Naval Academy
Building 1, Room 1
Annapolis, M. D.
Dec. 18th 1869

拾六日の貴翰今日相達し、忝拝誦致し候。

○佐土原世子君〔島津忠亮〕にも既に新約克〔ニューヨーク〕に御安着、即今新ブランジーキ〔New Brunswick〕にて御滞学の哉〔ママ〕に被仰聞候。さて〱プリンスの世子として、如斯なか〱の遠国まで御航海被遊候事、実に古今未曹〔ママ〕有の事にて御同慶の至り御坐候。願くは、余のプリンスの世子達も如斯有之度事に御坐候。

○弟、当地え参候爾来多用に紛れ、存外音信を通する事を延引し、多罪〱平に御仁恕可被下候。

「爰許シユプレンテンダント《〔superintendent professor〕》。プロヘスソル、海軍生より別して深切に預り、誠に以大幸の至に御坐候。

○ラストウイーキ中は繁多に因て勉学せす。此モンテイより相始めたり。

科業は左之通

英文典　地理書、仏蘭西教授方、仏人也、絵書《ドローウイン》

海軍砲術、インフハントリー《〔infantry〕》調練、撃剣

右は七日に両度宛

右の外

一朝六時の砲声に直に床を離れ、衣服を着し、部屋を掃攘し、ニートリー《〔neatly〕》に保つ事也。

七時の大鼓に皆アカドミーの庭前に集る、左候て二行に列して立つ、時に第一等諸生一人、第二或は第三等の諸生両人、第四等海軍士の衣服ニートリーに着せし哉、或は履をキリーン《〔clean〕》せんかを改む、右終つて亦二行に列して食事部屋に入る、各のチエヤの後に立、其時第一等の書生より「テーキ《〔take〕》チエヤ《〔」欠〕》と号令すれば皆チエヤに坐す。

扨、食事終れば、亦以前の書生マーチヲウ《〔march out〕》と号令すればば各二行に列して亦食事部屋を立つ。食事例如斯。夕八時の大鼓に各勉学をはしむ。十時の大鼓に火を消す。十字後決して火を用ゆる事を免さす。

○海軍士凡四百人に及へし。内九十六人第四等の諸生則弟がカラスメート也右人数分て四隊となす。第一隊第二隊第三隊第四隊、右人数海上砲術の時は一隊を十二人つゝに分る。第一の大砲兵、第二の大砲兵と如斯分る。

僕は第四隊の水夫第十六番大砲兵士也。

海軍附のカピテイン《〔captain〕》、ルーテナン《〔lieutenant〕》の内に日本に居たる人多く有之、日本語を少し覚候人有之候。時として彼に逢候節は、「ヲハヨー」と日本語を用ゆ人に折々逢候。

○学校の規則極めて厳也。海軍生。酒を呑み煙草を用ゆる事を別て禁す。若、過て是を破るものは立処に学校を追出す。

フライデイの夕には、ダンシンマストル《〔dancing master〕》来りてダンシンを海軍士に教ゆ。

○海軍砲術調練極めて面白し。弟甚好む。

○日本字に僕か名を当て呉といふ人尤多し。毎日吾名を日本字と英字に書事、更に数知れす。書生は勿論、プロフェスソルさへも願たり。是日本字は彼等に甚めづら敷故也。おの〳〵書状に封してその両親に送るといふ。

一兄、もし小松《〔帯刀カ〕》君幷重野《〔安繹カ〕》氏よりの書状御持合候はゝ、何卒一覧被仰付度伏て奉願候。

故国よりの書状といへは殊更床敷御座候間、何ても外に新報ても御聞及候はゝ御報し被下度、伏して奉希候。河野君も倍御壮栄被成御坐、御勉学候。沼川《〔三郎〕》〔横井太平〕氏の書状先月の頃より相届候由承候也。病気も余程此頃は宜敷由也。伊勢《〔佐太郎〕》〔横井左平太〕君よりも、何卒宜敷様弟より告呉候様との事也。

よし田《〔彦麿〕》〔種子島敬輔〕君、大原《〔令之助〕》〔吉原重俊〕君えも何卒御伝声被下度奉願候。

右は大略ながら御報まて早々如斯候。頓首

十八日サチユルデイ　　　まつむら淳蔵

永井五百介様机下

一森《〔有礼〕》、中井《〔弘〕》は退役之由さて〳〵気の毒之至に御座候。森は薩摩に帰国しては、用らる事はちと六ヶ敷かるへし。

一わが学校の部屋はまことにナイスルーン《〔nice room〕》にて、一方の窓よりは花圃幷にシーフントム川を臨む。爰にてはモニトル軍艦その外三四艘常に居候。一方は調練場に向ふ。

急速の書記故、定めて落字誤字等多く有之へしと存候間、何卒御有免可被下候。

3　明治5年4月25日〔'72年5月31日〕

U. S. Naval Academy Annapolis Md May 31th 1872.

朝命写御達し被成、再ひ当国え御渡海に相成華盛頓《〔ワシントン〕》御来着之趣、高木《〔三郎〕》兄より伝聞せり。早速一翰を呈し可伺尊意之処、折ふし例年のヱキザミネーシヨン中にてとんと寸暇無之、乍思今日迄延引に及へり。願くは御仁恕可被下候。

松村淳蔵

一盟兄御帰朝、爾来一方ならぬ御尽忠之由にて、此節大久保〔利通〕大蔵卿より承聞せり。

一僕にも入校爾来無異消光弥々勉学罷在申候間、願くは左様御思召可被下候。今夏休業中四ヶ月之間は是非欧航を遂け、英仏ロシヤ和蘭佗海軍幷造船場大砲製等事を親敷探索致度含に御座候。既に Examination も今日まで之所相済、今土陽〔曜〕日に第一等の人数免許を受、退校に相成可申候に付、その同日僕も出校いたし度含に御座候間、何れ不遠内に鳳眉と久々振故国の事情承聞可仕と存し居申候。先は大略なから寸緒〔楮〕を以て可伺尊意候〔カ〕如此候。猶当校の次第は何れ御拝眉之時を期すへし。穴賢

大日本海軍生徒　松村淳蔵

吉田清成様机下

4　明治(7)年5月4日

乍毎御深志之書翰を被下、何共謝するの言葉を知らす候。実以野生義近頃誰にも音信を失し多罪々々、何卒御仁恕可被下候。降て野生義は無拠御用にて明日長崎え出船之筈に御座候。急成事にて別して多用にて、事に因ては参楼致しがたく共計らひがたく候得共、可成速に用を弁し暫時なり共参り度致し候含に御座候。此旨乍略義御返答申上候。頓首

五月〔カ〕四日　松村淳

吉田少輔君の閣下に呈候。

5　明治(19カ)年(3カ)月11日

〔巻封〕吉田清成君御返報　松淳

御深切之至、別して難有奉存候。併、今日は彼高橋新吉なるもの合衆国より帰り、久振弊宅に参候に付、誠に恐入候得共、今日之処凡て御免被下度、伏して奉願上候。頓首

十一日

6　明治21年5月30日

謹承　陳は、本月卅一日小集会御催に因り参館可仕様

御按内之処、私儀病気に付此段御断申上候。敬復

明治廿一年五月卅日　男爵松村淳蔵

子爵吉田清成殿

7　明治(　)年3月9日

拝呈　陳は、明拾日於延遼館相撲御催に就ては、肖生にも参度候間、甚以恐入候得共、陪観証壱枚頂戴被仰付度義は相叶間敷哉、此旨乍自由寸紙を以奉願上候。頓首

三月九日　松村淳蔵

吉田清成殿閣下

四〇五　松元武雄

1　明治(7)年4月24日

〔巻封〕鹿児島県吉田清成様玉几下　松元中属

御清爽御奉務可被成御座奉拝賀候。陳は、兼て奉懇願候三井より御下金云々願書差出相成候哉、一寸御告知被下様奉希候。猶又、万端可然御心添被成候様旁可然奉願候。将又過宵は参堂以て御懇情承知仕難有奉謝候。いつれ不日昇堂縷々可奉得鳳意候。敬白

四月廿四日

四〇六　松元武雄・横山貞邦

1　明治(7)年4月19日

玉翰難有拝誦仕候。陳は、明夕刻第五字比より参堂之趣態々被仰聞趣承知仕候。何も差支之儀無御坐候。此旨奉復迄、草々頓首

四月十九日　横山中属

松元中属

吉田清成様玉案下

四〇七　松山棟庵

1　明治(　)年10月6日

拝啓　陳は、本日は玉川漁猟に御出掛被遊候趣にて、尚魚二籃御投与被成下、小生到極〔ママ〕之好物実に難有御厚礼申上候。本日之大雨中此大漁あるは甚珍事と奉存候。不取敢拝謝申上度、草々拝具

小春初六　　松山棟庵

吉田清成様侍史

四〇八　馬渡俊邁

1　明治（4）年12月16日

〔巻封〕吉田少輔殿急　馬渡俊邁

拝啓　神戸精銅所之義に付、岡田平蔵見込書壱通過日御手許へ差出置候処、右写早々東京え差廻し度候間、御覧済候半は、此者え御返却被下度奉存候。今夕明朝間参堂色々可相伺と奉存候。此段可〔得欠カ〕貴意匆々頓首謹言

臘月十六日

2　明治（4）年12月17日

〔巻封〕吉田少輔殿奉復　馬渡俊邁

位階昇進之　宣旨四通拝落、夫々可相達候。小生義何等之寸功も無之処、一級昇進被仰付、誠以難有奉存候。此旨御受申上度候。頓首謹言

臘月十七日　　馬渡俊邁

3　明治（6／7）年8月25日

華翰忝拝閲仕候。御下命之件々委曲拝承、尚大隈〔重信〕え相談之上夫々至急形付候様可仕候。右御受まて、早々頓首謹言

八月廿五日

吉田少輔殿奉酬　馬渡出納頭

4　明治（　）年8月24日

〔巻封〕吉田台下御親展　馬渡

拝啓　昨霄〔宵〕は参堂寛々御馳走頂戴不堪万悦、御厚礼難尽〔カ〕存上候。扨、昨夜差上置候横浜東洋銀行え可差出返

書案、御一覧相済候半は早々差遣度奉存候間、御異見も無之候半は、可成速に御戻被下度奉願候。御旨可得貴意早々頓首　敬白

八月廿四日

尚々、乍末筆奥様へ昨夜之御礼乍序申上候。よろしく御伝可被下候。

5　明治（　）年12月13日

〔巻封〕吉田少輔殿別封添　馬渡俊邁

連日厳〔カ〕寒御坐候へ共益御清穆之御義奉賀候。然は、井上より之壱封幷新聞紙五〆郵便にて只今到来に付為持上候。御落手可被下候也。

十二月十三日

四〇九　三島通庸

1　明治（18）年10月2日

御栄転後いまだ御祝義にも参上不仕、甚不埒之至御海恕可被下候。然るに、八木彦八再三参り農商省え御召使被下候様、大兄え御依頼申上呉度むね、頻りに懇願申出候。何卒御くり合せ以御採用被下候得は、別て難有奉存候。いつれ当人参殿可仕候間、御多用中甚恐入候得共、拝謁被仰付候て篤と情実御聞合可被下候。草々拝白

十月二日　三島拝

吉田公侍史

2　明治（21）年5月29日

謹誦　陳は、本月卅一日御邸内に於て小角力御催に付参上候様御紙面之趣、委曲謹承。然るに、過日来不快に付、当時神奈川県下大磯駅へ入浴中にて、乍遺憾参上致兼候条不悪御了知被下度、御答旁及御断候。艸々謹言

第五月廿九日　三島通庸

子爵吉田清成殿

3　明治（　）年7月24日

芳翰拝誦　彼之云々一件に付ては、百方御配慮被下難有御礼申上候。今朝は出勤之折〔カ〕一寸参上候得共、御留守故空敷引取申候。猶後刻御省《セウ》え参謁可仕候。御待居可被下候。午後一時には無間違罷出可申候。先は貴答迄不取敢、草々頓首

七月廿四日　　三島

吉田大人貴下

4　明治（　）年9月24日

貴翰拝誦　陳は、蒸気船云々之儀被伝聞拝承、猶此上なから可然様御依頼申上候。委細は明日参館可申述候。其折〔カ〕貴答迄。不取敢、匆々如此御座候。拝白

九月廿四日　　三島

吉田公貴下

四一〇　水野誠一

1　明治（12）年5月26日

別紙之通電報有之候間、則写差進申候。尤伊達殿〔宗城〕幷宮〔小一〕本建野〔郷三〕両書記官とも承知済に付、いつれ明日御協議可申上儀と存候。右申上候也。

五月廿六日　　外務五等属

水野誠一㊞

吉田全権公使殿

2　明治（12）年7月1日

御上陸之際御随行車の周旋にても可致候処、金剛艦長来船中、本日〔カ〕餐食等の談示に心奪われ居、無其儀不都合と存候。

サンパンの事建野〔郷三〕書記官頗心配、迚も静岡にても弁すましき見込、阿久沢〔育〕を遣し過刻のもようを聞によこし候間、同人通弁にてリッチモントの主計に引合途中、粗忽にて打毀候間、横浜にて償の約束にて一タース借用致候。尤是は両公等は御存知なき分既に主計へも知

れては我等の失挙叱られ候間、無言に頼む旨に云なし置申候。

七月一日　水野誠一

吉田公使殿

3　明治(12)年7月15日

〔巻封〕吉田公使殿　水野誠一

昨日尊覧を乞候大将グランド氏長崎着港已来横浜入港迄の記事壱括、右は明十六日出帆之便にて在米公使館へ差立度旨公信局より申越有之候間、右書面御一覧済、尚伊達〔宗城〕殿へも御覧相願候に付本日御参館之節御持参相願候也。

七月十五日　水野誠一

吉田公使殿

4　明治(12)年8月15日

昨夜深更別紙之通り宮ノ下より電報有之、御名面宛には候得共、万一暗号にては不都合に付、乍専断寧ろ事の捷径に若かすと開拆候処、果して暗号に付、則訳文致、入貴覧候。且昨日御下命に因り御出張之件、通信之発信写も為念相添置申候。写は両通共御取置にてよろしく、来信原文丈御返却被成下度候。疾く御承知と存候へ共、為念申上候。外務卿〔寺島宗則〕には去る十三日宮ノ下へ向け出発、即日着相成候由に有之候。

右申進候。敬白

八月十五日　延遼館水野誠一

吉田公使殿

再申　昨日伊藤〔博文〕参議殿へ之御書面返答承入候処、既に貴邸へ御差出済之由に有之候。炎威如燔時下御旅行折角御自重専一に奉存候也。

5　明治(12)年8月21日

予て御談御座候品々、宮内省より只今凡半数程到来之処、中々巨大なる御品々にて椅子等は頗嵩張り御指示之室内へは迚も持込難相成、且明日御披露等にも勿論場所狭にて御差支と思考候間、石橋〔政方〕書記官へも相談之上、先つ明朝迄元事務所なりし応接所内へ運ひ入蓋せし儘にて取締向注意致置候積り。宮内省にても例之新聞に泄れ候件にて、てごり〔カ〕有之、今般は精々注意、運搬さへ余程念を入荷拵、漏泄無之様に取計候事に御坐候。別封は則御送致申上候。御査収有之度候也。

八月廿一日　水野誠一

吉田公使殿

6　明治(12)年9月3日

御蔵書貴客へ御用立置候分、則返璧仕候。御査収是祈候也。

九月三日　延遼館　水野誠一

吉田公使殿

7　明治(12)年9月29日

御紙面拝承。静岡県物品之儀夫々所分可致候。グラント氏へ御贈物代価云々拝承。主任者へ申通、如貴諭可取計候。且本月分月俸御受取方は公信局へ申入候処、毎月末日之成規に付、明日ならては渡方相運兼候よしに付、左様御承知有之度、且明日受取人御差出にも候はゝ、御印形相据候受取証書御為持有之度旨、同局依頼に因り申上置候。右申上度如此候也。

九月廿九日　水野誠一

吉田全権公使殿閣下

8　明治(12)年9月30日

拝誦　御依托之月俸公信局より受取予て申上置候。金額差引残額貴介〔ママ〕へ附与致置候間、御落握奉願候。尤金額金弐百八拾五円の内七拾弐円四拾三銭八厘引金弐百拾弐円五拾六銭弐厘公信局より受取、則証書も同様弐百拾弐円五拾六銭弐厘の明文にて、金額に不拘差入置候間七十余円の落手書は別に公信局より請求不致候。井上卿〔馨〕へ御伝言申上、且御書面正に御届申上候。右貴答如此候也。

九月卅日　水野誠一

吉田全権公使殿

烟艸代大井へ申聞候処、金受取人より申出無之御預り金より戴き落相成居、全く重複等には無之旨に御座候。

一御出起之後は別段なる当地の新聞も聞及不申候故、更に不申上候。

右は早々御頼旁早々如此に御座候。頓首

八月十六日　南生拝

吉田公閣下

四一一　南　保

1　明治（6）年8月16日

〔前欠〕実に小生において面目なき次第に御座候。不悪御思召被下、帰国迄之間何とか老父母遂生罷在候様御恵助奉祈候。

一横尾生も壮剛勉強に御座候所、今般帰国之命に付ては同人も甚遺憾に存し居所、過日今一左右有之迄は滞留可致旨公使館より申来り、暫時安心致候儀に御座候所、然し永き事には有之間敷可相成は大蔵省生徒に被成下、同人の目途相達候様被成下候は、独り同人の大慶のみならす小生の大幸に御座候。尤も同人来港之後は通交罷在候処、実に慥なる人物と見受申候。

2　明治（6）年12月13日

御帰国後更に音信無之候所、如何御消息に御坐候哉。最早当年も切迫に相至り、且つ近来は当所も寒気甚敷、昨今大凡四十度に家中にては有之候。当方風聞に先生には何にか当時御出勤無之哉の事に御座候所、如何之御都合なる哉、一寸御もらし被下度心痛罷在候。小生事も昨冬と反し当冬は大に壮健勉強罷在候。運上所事務も最初の一見と違ひ実地を熟知致候には中々不容易、就中ゲージングやトセネーチの如き尤も然り。乍然最早その大体より実地の扱ひに至る迄、大方通知疎通致し候間、両三月の後は〔カ〕一の小港へ転し、是迄覚来り候者を自《みつ》から実地へほとこし今一層比較研究し、次に倫敦《ロンドン》にてカストムの大本の扱ひを覚ひ候手順に御座候。且つ又商法の関係する律令内国税中の数箇を取調ひ候ねは種々不便の儀有之候に付、其後は右等へ暫時費し候含に御座候。何れにしろ是迄吾国人の当所へ来り只々外面のみ一見し帰国せし候様の事は決して不致候間、右様思召可被下候。将又横尾儀も無余儀近々出起之趣に御座候。同人は未に英咄に六ヶ敷自由ならす、カストム事務研究も少し不十分なれども及丈は小生助勢し、遣し候ても少し遺憾御座候。

一御帰国之節御申置きに従ひ早速小生の学資遣ひ払ひより、その後の見込み之分共大蔵卿〔大隈重信〕輔殿へ当て願ひ出て置き、先生へも同時並にその後両度御周旋之義相願置候所、于今何れよりも一向音信無之。然るにその願書中へ調ひ候通不足も不少、右は勿論御出起之節則ち六月といへとも已に十ポンドも不足故拝借候義なれは、中々幾多節倹候とも相足り様無之、然るに其節自分安心し御別れ申候は只に先生の帰国之上、且つ小生の計算書差出し候節、速に御決定並に小生身分上に付辞令書共御遣し被下候御約束故の儀に御坐候所、豈計らんや時日今日に至らんとは。御出起後已に六ヶ月を経候故、種々の策略絶滅の後両三日前より倫敦へ出張し公使館へ頼み来月より学資借用せんとせしに、小生身分上に付ては一の公知同所に無之故、一も貸し候儀不相成趣に有之、当惑千万不過之候。依て彼是戦争致居候へとも、もし六ヶ敷候はゝマルカルムへにても諸事借用致候より外無之候。然し可成丈は同人へは頼度無之候へとも、不得已時は左様御思召可被下候。尊兄へは小生身体上の根元より御厚意に預り、重々御苦労も憚之至に御坐候へとも、実体切迫之儀且つ方今大蔵省にも知己も無之如何共進退行き迫り候間、何卒御厚情を以て小生歎願之儀相叶ひ候様御取計被下、至々急御申遣し被下候様伏て奉願上候。察する此〔に欠〕の書状大凡来月末には相違し候半。左様候へは三月中頃迄には御報落手致し候半と存候へは、夫迄の所如何様に歟前条の策により取続き居候間、可成丈け至急両様共御遣し被下度奉祈候。

一小生カストムの事務並にその律書研究之間は先つ普通学致し居候所、自信するに御出起之節に比すれは英咄を始め算術等迄余程進歩に趣き候。右算学《アリスメ》等は既に反覆研究之後近来は点算を相始め、右の読書もマコーレー氏の英史通学次にミル氏の経済書同断、当時は米人グレーリー氏の同質の書読み居候所、英国並英人とは大に万事情態反し余程益を得る少なからす楽み居候。此に一の奇なる儀は小生は元来宗旨等嫌〔カ〕ひに有之候所、吾師匠と同居候処以の外宗旨家にて、ソンデーは不申及その間にてもバイブルの講演等聞き、近来はよ程右書物と知己に相成候。

一当所新聞も別段面白敷事も無之候へとも日本人は一般無事勉強のよし。文部省生徒は無運遂に帰国故近来一般余り勉強には無之由、小生の説ては元来その省の上策とは不思候へとも是も無余儀也。

一近来日本人中にて馬場〔辰猪〕某等の説にてロンドンにてソサイチーを組立、時々会集し尤も相互ひの利益とやらにて談し居候趣、僕には居所も遠し且つ余り好まほしく無之事故、一向出会不致候。

一近来当方流行の新聞は仏のマルシャルバゼーンの吟味に候所、当十日遂に死刑に申渡れ候。然し大統領マクマホンの哀憐により、陸軍の官位を奪ひ且つ此より二十年間閉居と相成申候。且つ右大統領は此末七年間の期間延びと決定致し候、依て立君は破滅に期し候。

一テチボーンの吟味は最早百四十一度目と今日相成候へとも未た決定不致、両方共大凡同し位に有之候。

一日本にて外国交易は如何の形態に有之候哉。少し進歩も相見え候哉否、是已祈居候。依ては農産物の輸出を「ふりー」には被成儀六ケ敷哉。愚説にては日本にて当分製造物よりは農産物を以て交易の第一とぞんじ候。勿論御弁ひ之通然る時は一般農民のコンヂシヨン必す進歩し土地の開拓するは必せりとぞんじ候。且つ近頃金納の御改革に相成候よし、左すれは猶更也。

一自立にても「ヂョイントストック」にても当所へ茶或は煙草等の類にて出店の人気有之間敷哉。実以て進め度もの也。その益は当人に取り全国にせよ大なる論を不待候也。

扨々、右はなまいきなる愚説共御海量奉祈候。

一小生辞令書並に学資之儀は幾重にも至急御遣し被下候様御周旋奉祈候。

追々、寒気にも候へとも折角御厭ひ被成候様是祈也。頓首

十二月十三日　　南保拝

吉田尊大兄机下

四一二　箕浦勝人

1　明治(　)年3月27日

〔封筒表〕吉田清成様貴酬　箕浦勝人

来諭拝承仕候。陳は、預て拝借仕候書類早速御返戻可申上之処、其儘打過却て御使を煩し、恐縮之至不堪候。実は持参之上御返戻可申上なれとも、来諭之趣に遵ひ乍略答御使へ托差上候条、御海涵可被下候。右貴報迄、匆々不宜

三月廿七日　　箕浦勝

吉田様侍史

四一三　箕浦勝人・栗本鋤雲・小西義家

1　明治(　)年2月22日

益御多祥奉賀上候。陳は、暫不奉得拝晤候に付、来廿五日午後四時より山谷八百善楼へ御光臨被成下度、此段奉願候也。

二月廿二日　　小西義家
栗本鋤雲
箕浦勝人

吉田様

四一四　簑田市二

1　明治24年4月2日

謹啓　時下清和之砌に御坐候処閣下御始め御一同様御

揃無御障益々御清康に被為渉候段不斜奉賀寿候。陳は、毎々御起居可奉伺筈に御坐候処、御繁用之折柄御耳目為煩上候は却て恐懼仕候旁、遂に不行届之已仕候段何卒不悪御海許被成下度奉願上候。降て私爾来身上之義は疾に井上氏等より御聞取り被成下候御事と奉存候。最も負債一件に付ては総金額たるや在京中始め之程は夫是之都合より融通致たる処、如何にせん高利之金筋にして遂に多額に相嵩み申候不仕合のものにて、決して遊蕩等之為め如此不都合相生じ申候次第には無御坐候条其辺何卒御推了被成下度、就ては井上氏よりも配慮を蒙り追々返弁之道行も相立申居り候処、同氏を始め元同僚之如きは高野山林木払下不都合之事件有之、客冬以来押留と相成り、私之如きは幸にも無関係にして折節大阪大林区署新設相成り、元和歌山部内を合併以来勤続罷在候処、客年九月に至り元在勤小林区署は事業之都合を以て被発〔廃〕申候と同時に人操等之都合ある趣にて内諭に依り辞表を呈し、去る十二月廿四日付にて解職せられ申候次第にて不慮貴憾〔ママ〕に堪ざる義に御坐候得共、之は是亦高野山不都合事件に相関し如此処置を蒙りし訳にも無御坐候故、右に御洞察被成下度、然して森林事業は素より之希望にして復職之事神願致候得共、尚大坂大林区本署員之如きは署長を始め其他不縁之人にして該便術も無御坐方向方心配罷在候折、悪も去十二月下旬より流行之感冒に相罹り一応全快仕候も又々再発一時苦痛仕候処、当今に至り全快漸々外出致居る様之不仕合を相重不申候に付ては、折柄負債返弁之最中にて貯金とて無御坐薬価は勿論宿料等甚だ以て困難相生じ申候より郷里寓兄方へ成行申遣し申候処、実家に於ても困迫之折柄、壱金送与も難出来旨申越候次第に御坐候得は、実以て困苦仕居る義に御坐候。就ては直願仕候は甚だ以て奉恐入義に御坐候得共、金子拾六円丈御貸与被成下候義は相叶申間敷哉。左様被成下候得は薬価幷に宿料等之義務も相果し申候仕合にして、是等之義務を相果し不申候に付ては身退〔ママ〕如何とも致兼申候義に御坐候間、何卒御救助之程奉願上候。猶返納之義は方向相付申候次第可奉恩謝候

条、事精〔情〕御憐察被成下御貸与之程、伏て奉合手候。右御耳目為煩上候は奉恐入義に御坐候得共、前陳之場合身体危迫罷在候より、不省恐縮奉願上候事精〔ママ〕に御坐候条、事実不悪御憐察之上、何卒御救助之程偏に奉歓願候。恐々頓首百拝

明治廿四年四月二日　　簑田市二拝㊞

吉田清成様御恩主閣下

四一五　簑田新平

1　明治（6）年9月11日

過日は押掛参楼長座仕、段々御丁寧高談拝聴難有奉深謝候。明朝郷方え差越含に御座候間、此末尚宜奉願上候。扨、奉願置候県許凡積不足金御下渡奉願置候。書面早御許可御指令相下候様御口添被成下間布や。伏て奉願上候。此段乍不沙太〔ママ〕以書中奉得御意候。頓首百拝

九月十一日　　簑田新平

吉田大蔵少輔様

2　明治（6）年10月2日

頻りに冷気相催候処益御機嫌能、可被成御出勤奉拝賀候。扨、此回御沙汰被成下候家禄賞典米御渡之伝標今日戸籍より担当え相廻候段承申候間、此末之処猶急持いたし候様に夫々え御沙汰被成下候得は、取斗よろ敷や偏に奉希上候。要略此段以書面如斯御座候。頓首百拝

十月二日　　簑田新平

吉田様

四一六　簑田新平・石原直左衛門

1　明治（6）年10月7日

毎度御書面奉恐入候得共、御下金未た相運不申、此二日に伝標可相廻候由、如何之都合に御坐候哉。御多忙中御邪魔候得共何卒向々之御下声被成下度、其節申上候。此段奉伺御意候。頓首

十月七日

石原直左衛門
簑田新平

吉田少輔様

四一七　簑田長禧・松元武雄

1　明治(7)年4月10日

貴墨薫誦仕候。過刻は昇堂難有奉謝候。石原其外居所
之儀被仰聞左之通御坐候。

石町一丁目　木村屋　　石原近昌
蛎売町一丁目一番地　　簑田長禧
小佃町一丁目　三河屋忠兵衛所　　松元武雄

奉復如是御坐候。敬白

四月十日

簑田長禧
松元武雄

吉田少輔様玉案下

四一八　三野村利助

1　明治(4／7)年7月22日

略御寛恕可被成下候。陳は、昨夜態々尊書被下置右云
云利左衛門〔三野村〕へも申聞候処、急場之御儀と奉存候に付、
速に御用弁可仕様申居候。就ては如命百円札にて三千
円也為持差上候。御改御落手可被成下候。不苦候得は、
御証書并地券状暫持〔ママ〕御預り奉申上候度、使へ御渡被遊
可被下候様奉願上候也。

七月念二

三野村利助

吉田様御左右

四一九　壬生基修・上野景範・東久世通禧・楠本正隆・三浦

1　明治(　)年9月18日

過刻は御使者幷尊手〔カ〕被下候由留守中欠敬致候。扨、願
罷出候様御懇命奉謝候。今夕は帰京之手筈を致置候得
共折角之尊命一泊致事に相定、後刻相伺可申上候。此
段過刻御返事迄申上候。頓首

九月十八日

三浦
楠本〔正隆〕
東久世〔通禧〕
上野〔景範〕
壬生〔基修〕

吉田様

四二〇　宮内盛高・図師崎助幹

1　明治(　)年1月29日

拝啓　閣下□□〔欠〕之筈奉慶賀候。然る処陳は、来る
三十一日土曜日には枕橋脇八百松楼に於て麁飯差上度
候間、遠路乍御足労是非御用御操合せの上同日午後第
四時比より御来臨相仰度、偏に奉希望候。先は右奉得
貴意度如斯に御座候。

早々敬具

一月二十九日　図師崎助幹　宮内盛高

吉田清成殿閣下

追て、招待人は川上操六君、坂元張照君、高平〔小五郎〕外
務総務局次長、松沢青森県書記官、管井宮城県警
部長、師岡三重県警部長等にて有之候間返す〱
も御来臨之程奉仰候也。

四二一　宮嶋信吉

1　明治(20)年2月22日

謹啓　只今御参堂御妨仕候。柳谷〔謙太郎〕秘書官幷会計局長〔杉山栄蔵〕も
既に退出後に付不能面晤、甚た恐入候得共、料理向手
配之儀は柳谷へ直ちに御命令被下度、卓配置方等伺之
為会計局員安田安平素取扱居候者に付同人差出候間、
御指揮被下度。草々拝具

二月廿二日
吉田閣下侍曹
信吉拝

2　明治(21)年5月29日

来る三十一日御小集御催に付罷出候様貴命之趣謹承仕候。何れ当日参上万謝可申上候。先は御請迄如此御座候。拝具
五月廿九日
宮島信吉
子爵吉田清成殿侍者

四二三　宮島誠一郎

1　明治(20)年10月2日

拝啓　昨日は拝趨、復々長座蒙高酬不堪鳴謝候。陳は、七日御枉駕奉願上候。友人御公使と一会之先約有之失念致及拝約候。仍て八日は土曜日也。下午二三時より御来光被下度奉願上候。若し御差支有之候はゝ否貴酬奉仰候。御都合宜敷候はゝ不及御回答候。此段及郵報候也。不宣
十月二日
誠一郎
晩翠大人

2　明治(　)年1月9日

新年未得拝芝不相替御万祥御起居之事奉賀候。為御祝詞鷹一羽麁酒三瓶掛御目候。御笑留被下候得は大慶不過之候。其内一両日中参候。其節彼機密書類御取纏め置被下度奉希望候也。不宣
一月九日
誠一郎
晩翠大兄坐下

3　明治(　)年8月21日

拝呈　残炎猶盛、益清適御奉職奉賀候。先夕は不料於上野拝顔、此節貴官御接待嘸御配慮奉察候。其節薄々相願候続昨今両日延遼館え推参御尋申上候処、毎々行違不得拝晤。扨、明日十二時省より罷越度、若し御都合宜敷候はゝ暫時対話御媒介被成下度、偏に奉希望

候。右御願迄、態と奉呈寸楮候也。謹言

八月二十一日　　宮島誠一郎

吉田清成様

四二三　宮嶋信夫

1　明治（　）年4月19日

華翰飛来雪手奉薫誦候。倍御清適之状奉敬賀候。然は、昨夕参叩仕候所、折節御他出不得拝芝、遺憾不少奉存候。就ては今夕罷出候様御申聞被下奉承知候。必御退食〔カ〕之刻迄には拝趨可仕候間、此段御承引之程奉祈候。書外拝芝之節御申報候。恐々拝復

四月十九日　　信夫

吉田老先生帋皮前

四二四　宮本小一

1　明治（8）年1月8日

寸簡拝啓新禧之嘉儀愛度申納候。爾後遠路無滞御安着之義と遙祝此事に候。生義も旧冬除日より兵庫港へ出張中にて別に無異状、乍憚御安意可被成下候。御出立之趣も空御疎濶に打過候段御海容被成下候。

一近聞珍事も無之平安に御座候。此節大坂には大久保〔利通〕黒田〔清隆〕幷木戸〔孝允〕板垣〔退助〕氏等之英雄来集之様子、大久保氏之有馬湯治も名而已にして、其実此集議事務なるべし。何等之事を論成する哉、金銀銅銭混和之大砲鋳成之上は又々刮目之新手段も可有之、政府一体之草臥を鞭撻する之基ならんと想像仕候。柳原〔前光〕氏も旧臘帰着。是は頗る省議も有之、不呼還方と致候処、内秘之御都合も有之、更に呼還に相成候由、同氏之令妹内侍に被出候。御方近頃夢態〔熊カ〕之吉兆有之、大人も年老、外に看護之人無之、依て右等内周旋之為被呼還候事をいふ、何卒御安産有之候様祈望此事に御座候。

一朝鮮も弥頑鎖之口を開き、存外唯々諾々たる様子也。乍去我新政を認るに過さる事と存候。近日森山〔茂〕

少丞更に出張之筈、大きく申さは一の米公使ハルリス氏之任也。しかし今日本より是をなぶりかゝり候とて差当之利益は有之間敷歟。先に外務卿之書契を尋越其復翰を得候位にて止る方、後来国論之期定する迄は良策と存候。

一兵庫大坂とも御承知之通別条無之候。新暦を履行する事横浜兵庫とも伯仲之間なるべく、東京是につき大坂は更に下る。大坂之市中六七分は松かさり等も見へす、只開化之水を呑む計とするもの而已新禧を祝する様に覚ゆ。京坂之間鉄道は追々運歩之様子、本年中には落成可致か。此節坂兵之間之鉄道一ヶ月入費弐万円にして得る所三万円也。故に一万円之利益也。既に利足を償ふ位而已。先は年甫之嘉儀申上度、早々以上

一月八日　　於兵庫

宮本小一

吉田公使君閣下

尚以、書記官吉田君〔二郎〕へも乍憚御致声可願申候。此地相応之御用も候はゝ可被仰下候。ビンハム公使無事也。兎角別派に相成パークスに被圧候御気の毒と存候。

2　明治(12)年4月6日

御清研奉抃喜候。扨、グラント氏一行新聞紙に拠れは、都合六名にて、同氏之妻君幷大佐グラント氏も同行之由也。此外セルベント等も可有之、右等に付旅宿賄向各所遊覧之手続等各地方打合之為、小生長崎迄出張、近々東へ向相談いたし来候積に御座候。然るに、旅宿之布設等頗不容易、且妻君同行にては別て接対方に注意せさるへからすと存候。何卒御気付之廉別て婦人を取扱候振合を彼之掛へ能御示教被下候様仕度候。且当地へ参候はゝ定て令閨君にも御尋問且御接遇相成候事被存候。右等之事に付猶三華族等より申上候事も可有之候。小生乍違〔ママ〕拝顔不仕候に付、一書に認残置候。尤不日帰東候積に付、猶拝晤に可尽候。右迄、早々頓首

四月六日　宮本小一

吉田清成君侍史

3　明治(12)年4月9日

一昨日申上候迎接一事猶勘考候処、閣下自然御出に相成候はゝ更に妙也。乍去華族之向各相競ふ之気味有之、平生無事徒食之名を免る為随分何れも気配り被居候様子に相見候。就ては実際は不用なるも、グラント氏に対する時は主人之多きは道すから之話も自然に多き訳にて、事実に取候ては都合宜敷事にて、不都合なる事は更に無之候。只路費を給する之一条に致〔ママ〕、一人と二人にては大に異なる処も有之、此路費も定額無之候間、今度新規に取極め候事故、是又格別之高を不与れは政府之痛に可相成義被存候。固より彼之身柄にては少分之路費を受候とて、夫れで足るとの訳は無之、自ら補足するは当然之事被存候。

右等は伊達老公〔宗城〕へ小生よりも云々申立置候事有之、一両日中同公出省之上意見も可有之候間、御打合之上御取計被下度候。頓首

四月九日　宮本小一

清成公閣下

4　明治(12カ)年7月15日

御拝礼申上度儀有之候間、御帰掛延遼館へ御立寄有之度候。為念申上置候也。

七月十五日　宮本外務大書記官

吉田全権公使殿

5　明治(12)年8月2日

拝啓　宮ノ下温泉行之義昨日仁羅山帰来、猶昨夜宮ノ下山口屋之主人出京、拙方へ来り云々申聞候事有之、依て今日午前十一時延遼館へ当人出頭候様申聞置候。就ては当人を永く為待置候も此節柄気の毒に付、今日直様取極遣し度と存候。御差支無之候はゝ午前十一時頃館へ御出頭被下度奉存候。右まて、匆々頓首

八月二日　宮本小一

吉田公使殿

6 明治(13)年3月2日

春寒料峭之節御清研抃喜之至候。扨、追々御発帆も近寄り別て御多忙に奉存候。海路は一ヶ月遅く相成候丈け、温暖に益々相成、御家族様方之為には御都合更に可宜被〔ママ〕奉存候。小生当地之日向段々相増し存外之日数を費候。最早一両日中にはセノワ侯にも当地出帆之様子に付、右相済候はゝ直に出立可仕積に候。就ては於東京更に拝顔可致積には候得共、或は其期に不及も難計、乍遺憾以書中此儀申上置候。草木苗木安着候はゝ其景況御序に御報知相願度、且彼地之種物何也とも余り当地へ見へさる品御序に御送致相願度、是は彼伊東生助事小石川官園に蒔試候為、且は当人極々好み候事故切に希望候事に御座候。依て乍御手数此段相願候。先は右迄、乍末御令閨様へも宜敷御致声相願度、御令児時下折角御愛護専一に奉存候也。匆々頓首

三月二日　於神戸

宮本小一

吉田清成君閣下

宮本小一

江口君初御一行へも乍憚宜敷相願候。橋口氏之大人に此地にて度々面会依て強壮之体、是亦序に令郎御話及を煩候。

7 明治(15カ)年9月2日

九月二日午後三時三十分発

外務省　馬関

吉田大輔　宮本

高千穂丸差支なれは致し方無し。併しなから玄武丸は拙者も承知の船なるが、船客を乗せる船にて長さ八間もある、はり三間も有る柱の類を積入る場所は如何。多分差支るべし。石は長さ壱丈厚さ壱尺位の大きさなり。之を引揚る器械、玄武丸には取付け有まじ。仮令右の品を少し計り乗せる場所ある共、玄武丸にて二度三度に運ひては捗取らず、此地に居る職人追々長引く為め種々の不都合も出来るなり。高千穂は八月十六日

宮本小一

以来宜敷碇泊す。陸軍にて何の差支有るかは知らね共、斯る時節には相互に都合を計り呉れねはならぬ事なり。今一度御掛合を乞ふ。

8　明治(15)年9月6日

寸楮拝啓　残暑凌兼候処文台益御多祥抃喜之至候。此頃は臨時事件中寺島〔宗則〕上野〔景範〕榎本〔武揚〕之三公使派遣前にて別て御多忙に可有之、派出公使之都度混雑候は本省之慣例に有之、加之大事之臨時に湧出る御勉力にて御担当之段遙察仕候。右之内より御垂念にて華墨御投寄拝誦仕候。当地之事情は日々電信にて御承知之事なから、中山〔寛六郎〕帰来之一報を得て出張員は勿論土地之人民に至る迄自然に安堵、所謂気か休み候体に有之、其已前は瑣細之事迄何となく物騒敷甚心配仕候事に御坐候。此上彼地之談判深く風波を不起速に曲折を尽候得者大幸之至と存候。花房〔義質〕も内外之人に被責立実に一時は困難せし事なるべしと遙察仕候。無法之事いたす国丈け存外挫折も速にて、支那に比較候得は所謂おとけなき事にも被存候。大院君不在となりては頭之なき蛇之如く、跡之政府定て纏まり申間敷、しかし遂日守旧党之勢は減削に可至、此地之朝鮮人抔実に大悦喜仕居候。

仁川建築材木之義実以厄介品にて困却仕候丈けに、豊前門司之浦之方に預け置候故（此方には土地狭く預る処なし）鳥渡一日往復いたし候にも潮時を見計ひ候故時間を費し、品は存外に太き品に有之取扱に人夫を費し、之れを調上け候節は多分之雑費相掛り高き領事館に相成候事と存候。是等も償金部分ものに御坐候。何卒悉皆彼地へ輸送小生輩に委托之廉丈けは完結仕度と存居候。先は一応之御報迄如此候。時下時下〔ママ〕御保護専一に奉存候。匆々頓首

九月六日　　宮本小一

吉田太輔〔ママ〕台下侍史

9　明治(15)年9月8日

今朝協同商社長高須謙三来云、同社員梶山新介京城に在り、通弁浅山顕三より内談にて朝鮮政府より金融之

依頼有之由也。高須之拙生に内問に云、円とあるは正金之事か。僕云因より然り。五十万之内十万初度に払は当年より可払事か来年より五ヶ年に起算する事か。我云其明文あるを聞かす。然れとも本年も猶四五ヶ月あり。旧暦にて論すれは七月之内也。故に今年中初度之払を為さゝるを得さるへし。高須云五万円は一度に払ふ事か。僕云其筈也。高須云然れは十五万円程は彼政府需用するなるへし。我云果然否未可知云々。而して謙三は一両日内出発之住江丸にて京城へ出向候積之由也。

一卓挺植之説に、同人を初めとし金玉均等惣て有志之徒は支那政府か大院君を処置する、属国之取扱に当り甚不平之事也と称す。然とも彼等大院君を圧伏する気力なくして支那之処分に不伏〔ママ〕なるは自儘之見識と云べし。且卓等か取急き此地に再度〔ママ〕せしは何等之事故なる哉不可測。追々韓人も油断之ならぬ事承及候。魚允仲も支那より帰来、未た京城に不入支那艦に在り、頻と金玉均等と往来して謀る様子也といふ。且金玉均は無程日本に再渡する積也といふ。

一王妃〔閔妃〕之死は虚説也と卓は明言する由。一説に死せしに相違なしといふ。世子之妃は不死、他に潜居すといふ。前の仁川府使は花房〔義質〕一行逃来候節は実に深切に取扱一体は不行届なれとも其赤心は可感。忽乱軍に被襲其赤心不貫徹は可惜事也。其後頓死せしと云。然れとも其実は乱兵に被迫不得止薬を飲て死せし也と曰ふ。此府使丈けは我政府より何とか御挨拶有之可然義とも相考候。何れ花房より追々は可申立事とも存候得共、承及候まゝ筆次申上置候。

一済物浦南陽〔カ〕にて人民支那軍艦へは野菜物類潤沢に売込、我軍艦之方へは更に不来、可以観人心之向背。

一大院君京城に在る内は、人々乱民之巨魁と指目されたる者多分京城に居りしなれども、院〔ママ〕君支那へ被誘行と聞より何れへ遁逃せしや、更に行衛を失ひたりと云卓之説也。

右等昨今少々手透に相成に付、承及候分汚高聴候。匆々頓首

宮本小一

九月八日

馬関
宮本小一

吉田太輔〔ママ〕台下

尚以、当地栗野初め一同実に勉強、松平〔定教〕も今少し早く候はゝ大に栗野〔慎一郎〕之助と可相成之処、昨今之模様にては最早格別之急件も有之間敷と松平も残念に思ふ事と存候。

一三菱之船何れも追々ずるき風にて製〔ママ〕御に困却、陸軍にても殆差支候由。過日千歳丸一件長き電信にて申上候も、此後又々遅滞され候ては真に差支を生候故申上候。本社へ対し如何之御沙汰有之候哉承知不致候得共、何とか御達相成候事と信用いたし候。過日和歌浦とかの船長外国人也、陸軍出張員より仁川出船之事、此地に於て相達候処、彼云日本地方廻漕之約也にて雇われたる也。外国へ廻漕ならば給金を増さねは船を出さずと云出し、此地之支店長之を如何ともする能はず。又一艘之船長は近頃横浜にて妻を娵とり未幾出立す、此地に空しく碇泊之事ならば鳥渡横浜に帰り妻之顔を見たしと云立、是も余程面倒をかけし由。端船往復其外とも三菱にかゝれは他より二三割つゝ賃銭高し。別に廻運会社を立、三菱独占之権を削るは頗良策と存候、以上

10　明治(15／16)年(　)月9日

鳥渡御中返之由松田より伝承、過日之私書これは行違候事と存候にも申上候於朝鮮戦死之者へ贈与金之義に付御賢考相伺度、仕立飛脚を明日頃は可差出と存居候央に付不取敢参上候。今日は右調未た充分に不至候まま書類持帰り猶明日午前参上可仕と存候。就ては折角御中返之義に付今一日御逗留被下候様相願度候。明日に至候はゝ大凡調も全く相成筈と存候。依て右之日は退散仕候。若明日御出立に相成候事に候はゝ、松田迄御一報相願度候。左候得は猶篤と取調所より御旅宿先へ可申上候。

右迄、草々不宣

九日　　宮本小一

大輔殿

11　明治(16)年1月18日

新年之慶賀愛度申納候。客臘御発程前は鳥渡相伺候積にて、判任昇級論一定之上持参賢考をも相伺候上可相達積にて終に廿八日に至、失其期失敬仕候。扨、御近況如何。凌〔カ〕山跋渉田猟を楽は健康摂養之為至極之妙法に奉存候。折角御心敬〔ママ〕御保養被成候様存候。東京は元日之夜微雨交雪暁来収晴其後連晴無風大に春色を催申候。小生も三十日より木更津に渡航、上総鹿野山へ登る。此上不甚高丘陵の小高なるもの也。乍去遠眺甚佳。近来横浜之外人屢来避暑、昨夏はコレラ之為東京よりも紳士来寓するもの多く、山名も随て著る。夫より東金と申処に出、芝山仁王寺成田之不動或は農学校之畜牧場等一覧、佐倉より船橋に出三日夜帰来候。途中農家大抵新暦を用、且処々之間道車馬之不便と歳除新元之祝等にて多くは相談不届、日々五六里位は歩行汗出気直す。甚健康を養候様に覚候。上総も頗暖気、柑橙類追々繁茂、富農多人家風致可愛、或は洲漠たる広原北海道那須開拓より第一先に着手いたし度場所甚多く相見候。

一春来異聞も無之、カンベッタ負傷後不愈、終に物故候由。欧州之形勢に付ては一面目を改候事と存候。先は一応新年御歓申上度如此候。謹言

一月十八日　　宮本小一

吉田清成様

尚以、花房〔義質〕氏其地に御同寓に候や、猶宜敷相願度、且本日於韓地戦死候者遺族へ償金分配方之事立田〔革〕より相談を受候処、是は頗六ヶ敷件に有之、能取調の上仕立飛脚にて貴寓へ向御意見可相伺、其節同氏にも貴地に被停候様御通知相願候。多分十日比に可差出と存候。

12　明治(　)年9月27日

寸楮拝啓　秋冷之砌御清栄被成御起居抃喜之至候。扨、爾来久濶不得高教、依て来月二日火曜午後三字より

上野公園内八百膳にて粗酒一盞拝呈緩々拝晤仕度、御操〔ママ〕合御光来被下候はゝ本懐之至候。右迄、草々頓首

九月廿七日　宮本出

吉田清成閣下

尚以、乍憚おさし支有無当日中、御一報被下候はゝ幸至候也。

四二五　三好忠太

1　明治19年6月14日

爾来御疎濶に打過ぎ等閑之挙動、寛典之御許可あらむことを伏て乞ふ。時下燕子漸肥梅子熟するの候に御座候処、閣下益御壮健御精勤之由奉恐賀候。然は、前に当地へ御枉駕之節、僥倖にして接待長の責を辱ふし、予て御高名を慕ひ居候折柄御邂后之故を以て無智短才を顧みず玉座を穢し承復〔服カ〕仕失敬千万之処、非常之御保護を蒙り御赦罪被成下候段奉多謝候。且其上特別之御愛顧を以て御染筆御投与被下、唯小生一人之幸栄のみならす随て一家の幸栄何そ之に過ぎん。依て直に表具師に命し項上に懸け朝暮欽仰して以鴻思深く感佩仕居候間、自今枉て御愛顧之義伏て奉懇願候。先は御奉謝迄、如斯に御座候。

恐惶頓首

明治十九年六月十四日　三好忠太再拝

呈吉田次官閣下

四二六　陸奥宗光

1　明治(6)年8月26日

過日は御招待に預り種々御馳走罷成難有奉謝候。染々御暇をも不申上恐縮之至に御坐候。扨、小生義も今度京坂出張被命本日出立仕候。出張中は諸事宜敷相願申候。就ては御暇乞として参殿可仕筈之処、出立前彼是取込、乍不本意御無音に打過候段、御宥恕可被下候。

右は過日之御礼旁如此御坐候。以上

八月廿六日

再伸　此品甚以非薄之至に御坐候得共、態と拝呈
御一咲可被下候。頓首
陸奥宗光
吉田大蔵少輔様

2　明治(6)年10月5日

御回答被下逐一敬承。明後日は御帰府相成、来る八日より御出省相成候に付、同日小生にも出省可致旨承知。然は、夫迄之処は縦令大蔵省へ出頭いたし候へ共地券一件不申出老兄之御帰府を可相待候間、是非無御間違同日には於同省御面会いたし度候間、左様御操〔繰〕合被成下度奉願候。以上

十月初五　光拝

吉田盟兄侍史

3　明治(　)年10月10日

今日参堂可仕筈御約束仕置候処、過日病中推て出省帰途より劇発、昨今殊に難渋加之今日は雨天にて兼て医師より他出を被禁候に付、旁以今日は失敬仕度候。別冊書類は過日申上候大略に御座候。御一閲被成下度。尤も書外数件御相談申度品も有之、明日晴天に候へは必ず参上可仕、併御指支之有無一寸御一報被下度、先は御断旁如此御座候。謹言

十月十日　陸奥

吉田盟兄

二陳　野菜一籠生国より指越候間備御一笑候。御叱〔カ〕留被成下候へは望外之到に御座候。

四二七　村上要信

1　明治21年5月29日

謹啓　陳は、本月三十一日角力御催之趣を以優渥之蒙御招待難有奉拝謝候。受日御示諭之時刻必す拝趨可仕候。右不取敢御請申上候。草々拝復

廿一年五月廿九日　村上要信㊞

子爵吉田清成殿閣下

四二八　村田経芳

1　明治（21）年5月30日

拝啓仕候。陳は、明三十一日午後第一時御招待被成下候に付、難有参趨可仕存居候処、同日午後より今般来航之撒遜《ザクセン》皇族殿下砲兵工廠御来観相成候に付、甚た乍残念拝趨難仕候。右御礼答旁申上度。草々拝復

五月三十日　　村田経芳

吉田清成殿閣下

四二九　室田義文

1　明治（15）年10月19日

奉拝啓候。時下益御清康被為在御起居奉万賀候。二に公使〔榎本武揚〕等一行去る十四日夕当地へ安着仕候。幸に御降神奉仰候。陳は、敷物之義早速御報道可申上心組之処、公使滞在等之ため日々取込居候。尤一二店に就き粗承り合置候得共、未た十分之御報申仕難く、然るに、公使にも明日は出立之筈に付一両日之後には必す果を得可申候間、当地之店に聞合候上公使には何分之義可申上覚悟御坐候。右様御承知被成下度、一応之御断まで如此候。拝具

十月十九日夜　　天津にて　　〔室田〕義文拝

大輔公閣下

四三〇　最上五郎

1　明治（20）年2月7日

先刻御命示之件別紙に取調、草稿差上申候に付御一覧被下度。尤も昨年十月頃の横浜生糸相場と目今の相場とには凡三四十円の違も有之候得共、現時之相場器械普通上七百二三十弗、之を一昨十八年の相場に比すれは尚五六十円の高価を占め居候故、未た価格低落せしとは申されざる場合に可有之と相考候。因て相場比較は掲け置不申候。尚御覧之上不足之処は御垂示被下度

候。
右奉伺度如此御座候。謹言
　　二月七日　　　　　　　　　最上拝
　次官殿閣下

2　明治（23）年10月10日

黒田〔清隆〕顧問への通信原稿別紙御覧置き被下度候。勅令省令等の如きは官報より切抜くよりも寧ろ法令全書を差送り候様仕ては如何可有御坐候か。該書は一冊拾銭にて博文社にて売捌候趣に付、何時にても購入可仕候。余は拝顔に陳述可仕候。謹言
　　十月十日　　　　　　　　　最上拝
　吉田殿閣下

四三一　元田永孚・吉井友実・東久世通禧・伊達宗城・三条実美

1　明治23年10月23日

益御清穆之旨慶賀致候。陳は、兼て御了知之通昨年来月に発兌致来候国光之義は、敢て時風世好を追はす専ら国体を掲る倫理綱常を明らかにし邦基を千歳に鞏め国威を四方に輝かしむるを主意と致候に付、広く頒行致度候へとも、何分社業未た整頓に至らす所期猶悠遠に候間、今回同感之士相謀り一層其力を伸へしむる為め之れか規模拡張之目的を立て広く賛成者相募候事に致候。則別冊趣意書御回し申候に付、御一覧之上御協賛相仰度邦家之為め只管希望之至りに候。且又協賛者之姓名は永く本社之名簿に留め為置度候に付、別紙に記名御捺印之上至急送付被成下度、是亦併せて御倚頼致候。

　明治廿三年
　十月廿三日
　　　　　元田　永孚
　　　　　吉井　友美
　　　　　東久世通禧
　　　　　伊達　宗城
　　　　　三条　実美
吉田子爵殿

四三二　本野盛亨

1　明治(4)年9月5日

唯今港長参庁いたし候間、御都合よろしく御坐候はゝ御来駕奉待候。尤御差問被為在候はゝ、后刻運上所に於て御面会被成候旨相断可申、此段御左右相伺度如此御座候。草々頓首

九月五日　　本野盛亨

尚々、今朝は御妨いたし多謝。

佐野屋にて

吉田権頭殿　閣下御親展

2　明治(4カ)年9月6日

過刻得御意候通何之風情も有之間敷奉存候得共、乍御苦労御寵臨是祈。敬白

九月初六

尚々、既に刻限に相成候間早々御枉駕奉待上。

佐野屋にて

上野様
吉田様親展

本野

四三三　森　有礼

1　明治(4)年9月10日〔'71年10月23日〕

〔封筒表〕吉田大蔵少丞殿　森少弁務使

数度之御投書一々差違無申訳、奉酬を怠り恐縮之至、伏て寛恕を祈候。 御国内上下 静謐、貴下 益御勤精之条、追々外□〔キズ〕も伝承欣賀々々。政府官員精選、藩制廃止、朝憲確立真政之実漸顕、是我邦一箇之幸事に止らす、東洋諸国西欧に至る迄其余沢を得る不少、是より永遠隆盛之基業興起する、豈寸疑を容れんや。恭惟に其礎となるものは、教学之良制に如くなきは不弁して明了なり。之を得も始日一二之有力家に特命全任を授け、米欧諸国へ年を期して渡らしめ、其最良を採撰し、我実地之景況に合し、広く全国之知識気力を富養するにあり。福諭、西周等之諸家其任如何。単に御賢

慮御尽力を祈るなり。一度此制確立すれは永隆之業期して待つへし。□《〔宗カ〕》旨一条□《〔米カ〕》地形勢等心□《〔付カ〕》候条外務卿迄書達するあり。御評御賢詳を懇願するなり。鮫島《〔尚信〕》近時壮絶の報あり。杉浦《〔弘蔵〕》来廿八日開帆、欧を経帰朝に決す。松淳《〔松村淳蔵〕》依旧勉強、其他可記なし等、近時暴習之稍脱するを覚ふ。ブロクトン仲間異事なし。ヲリハント仏都滞留、ロンドンタイムスの用達となる。モルモン都即今襄圧人気紛々、余は后信にあり。

西十月廿三日　米国ワシントン発　森有礼

吉田大蔵少丞閣下

2　明治(12)年3月7日

御湯効如何、此地連日霧にて難渋之至御座候。欧洲電報到来、竜洞《〔ロンドン〕》会議稍中止之姿、即今之模様にては終に東京に帰すへき歟。乍去何処にしても彼等本府之政略を改正せしむること専務たるへき事なれは、我方より譲与之低点を彼に知らしむるにしかすと見込、昨日別紙之通電線を以て訓令相成候。尤松方《〔正義〕》帰国之上実地之景況能く相分り申候に付、訓令発方之都合便を得申候。右は御約束にまかせ及報告候也。

三月七日　有礼

吉田公使殿

〔注〕他筆で「十二年」とあり。

〔別紙〕

To Wooyeno《〔上野景範〕》

Press emphatically upon the notice of British Govt. our guarantees《〔ママ〕》 not to lay higher duty on imports them is levied by some of the Treaty Powers, and that no changes of Tariff rates hereafter established shall be made until a notice of such time as may be argreed upon, has first been given them to maintain commercial stability, and that it is the present policy of Japan to adopt Tariff not for protection but revenue only. Therefore no necessity for commercial Treaty with import Tariff annexed. Finally our desire is to open negociation for Revision in Tokio. Show this to the Foreign Minister and intimate to him also that American and Russian Tariffs are exempt from our consideration. Communicate to Sameshima〔鮫島尚信〕 and Aoki〔青木周蔵〕 so that they may act immediately upon this as my instruction to them also.

T〔寺島宗則カ〕

3　明治(12)年4月5日

い多利との条約会議四五日中相始度候に付、可成速に御帰京奉祈候。余は拝眉之時に譲候也。

四月五日　　　　　　　　　　　有礼

吉田公使殿

〔注〕青筆で「十二年」とあり。

4　明治(12)年4月30日

改正一条に付、内務卿御見込書出たり。同件に付明後朝内閣会へ先生榎本〔武揚〕公使小生出頭、存慮を発述候方可然と外務卿申談、条公〔三条実美〕へ其旨を申遣置候間、御出会冀望仕候。尤明日は御出省万御打合仕度奉存候。匆々頓首

四月三十日　　　　　　　　　　有礼

吉田公使殿

〔注〕青筆で「十二年」とあり。

5　明治(12)年9月24日

改正一条に付ては、従前之方向を変ては廟議不定と為す之模様に相見へ候へ共、実地着手之順序於〔ママ〕ては更に趣向有之哉に被察候。就ては御話も承度義有之候間、明日御出省被下度奉冀望候。将又別紙写書は先日内閣於〔ママ〕て陳述之意を尚補て両大臣へ差出置候分に付、為念入御内覧候。余は明日に申残候也。

九月二十四日　　　　　　　　　有礼

清成様

6　明治12年10月23日

拝呈　陳は、来る廿八日午後七時於拙宅晩餐差進度存候間、平服にて御来臨被下度致希望候。頓首

十二年十月廿三日　森有礼

吉田清成殿

7　明治12年10月24日

〔封筒表〕吉田清成殿　森有礼

拝呈　昨日附を以、来る廿八日於拙宅晩餐へ御光臨相願置候処、同日は無拠差支出来候に付、甚自由ヶ間敷義には候得とも、何卒其翌廿九日午後七時御来臨被下度、此段更に奉願候。頓首

十二年十月廿四日　森有礼

吉田清成殿

8　明治(　)年6月26日

明後廿八日愈湯地へ御出発相成候哉、彼条約飜訳明日出来之筈に付、午後御出省刪正相整候上、御発呈之都合相成候へは多幸存候。此段榎本〔武揚〕公使申談、奉得貴意候也。

六月廿六日　有礼

吉田公大使殿

9　明治(　)年10月15日

貴翰難有披見、御光来被下候段誠に仕合、折角奉謝上候。上野〔景範〕佳君もどふぞ御同道奉願候。御令契様御快方御勉強御下被下と之儀雀躍千万なり。右匆々拝報

十月十五日　有礼

清成兄

四三四　森　有礼・森　寛子

1　明治(21)年6月25日

〔封筒表〕芝区白金志田町十五番地　子爵吉田清成殿　同令夫人

〔封筒裏〕森有礼　同寛子

来る七月五日平服にて午後七時比より御来遊被下度希
望仕候。敬具

六月二十五日　森有礼
同寛子

子爵吉田清成殿
同　令　夫人

四三五　森山　茂

1　明治(　)年8月13日

御清適拝賀之至、扨て、別緘籠手田〔安定〕氏より御届可申上
様依頼越候に付不取敢拝逓仕候。御落収可被下候。草
々頓首

八月十三日　森山茂

吉田君閣下

四三六　八木信行

1　明治(　)年4月3日

拝啓　愈御壮健之段奉恐賀候。然は、今般之事に付被
懸御心頭種々御配慮被成下候趣、過日図師崎〔助幹〕より承り
居候処、昨二日則ち別紙写之通り拝命仕候。右は全く
御蔭にて、若し右場合に不到候節は、残念のみなら
す、旁困難と相考居候処、以御深志以上之次第にて何
共謝するに道なし。いつれ懸御目御礼可申上候得共、
不取敢右御礼迄、早々頓首敬白

四月三日　八木信行拝

吉田清成様玉机下

追啓　警視部内に明治十九年中より奉職致したる
は、飽迄御承知之通最初彼是御心配被成下候末警
視に奉職致したる訳に候。若し今般勤続に不相成
候節は、尊殿に対し甚面目無之のみならす、又国
家に対し甚残念と一向に相考居候処、如此勤続に
付猶其御高恩を忘却せす、益々勉励可仕候間、猶
此上共宜敷奉願上候也。

四三七　矢島作郎　他六名

1　明治16年3月23日

恭呈寸楮候。春寒之候益御清祥御起居万順奉謹賀候。陳は、来る二十七日蜂須賀茂韶君之赴任を祝し、併て送別之微意を表し候為め、深川平清に於て開宴仕候に付、御懇招申上候間、同日午後三時御光臨可被成下候。此段御案内申上候。謹言

明治十六年三月廿三日

矢島作郎
原六郎
大倉喜八郎
安田善次郎
三野村利助
益田孝
渋沢栄一

吉田外務大輔閣下

四三八　安田定則

1　明治(　)年2月13日

昨夜は失礼御免可被下候。扨は、其節御約束仕置候今夕之会は、一両日中此方より御案内可仕候付、今日は御順延被下度、実は荊妻親族之者病死いたし候に付、無拠御断申上度如此御座候也。

二月十三日　安田定則

吉田清成公閣下

二白　中井〔弘〕も今日は遠方え罷越候様子にて、同人えも委細申遣置候。何れ一両日中好晴を卜し御案内可仕、宜敷御寛恕可被下候。

〔注〕裏に「二月十三日　安田」と朱書。

2　明治(　)年10月10日

拝啓　陳は、本日御来車可被下歟に付、三時後迄御待受致候得共、御差支之義も御坐候歟御来車不相成、付ては明日午前十時迄に尊館へ相伺可申候間、御承知置可被下候。右申述度要旨耳。頓首

十月十日　安田定則

吉田清成閣下

四三九　安場保和

1　明治（4）年10月16日

〔巻封〕奉呈　大蔵卿閣下　安場保和

河野より之壱封太輔〔ママ〕より御差越別紙之通申来候間差上申候。頃日之分は過日申上候通夫々政府へ申立置候間左様被為成御含度奉願候。

一廻議物一条昨日御指図之通相心得差急き、難決一両件は太輔〔ママ〕へ差廻申候。然処、太輔〔ママ〕不参連日に相成日々差障候事件、地方に取候ては誠に一日之後れ大分困窮に立至り可申と存候積に、新議に無之分は夫々寮司へ御不参之趣を以差廻候処云々之事情も有之、第一章程にも相触候間、旁別紙之通御達にても相成度昨日太輔〔ママ〕之方差出候処、別紙之通に申来候間宜敷御指揮被成下度奉懇願候。何も右迄申上候也。

十月十六日

2　明治（4カ）年10月17日

今朝参堂仕候筈之処差支候間、いつれ省中に而拝眉万事可相伺と奉存候。此段御断迄、匆々不悉

十月十七日　安場保和

呈吉田先生玉机下

四四〇　矢田部良吉・神田乃武

1　明治20年3月17日

拝啓仕候。益御清適被成御座奉恭賀候。陳は、来る十九日午後二時より、工科大学中堂に於て羅馬字会第二回総会相開き候間、御臨場奉願度、此段御案内申上候。敬具

明治二十年三月十七日

羅馬字会幹事

神田乃武

矢田部良吉

吉田清成様
同令夫人

　演説者姓名

　　榎本武揚君
　米国公使
　　ハッバード君
　　渡邊洪基君
　　チャンブレン君

四四一　柳谷謙太郎

1　明治(19／20)年5月11日

本日は御出勤無之旨、敬承仕候。大蔵大臣〔松方正義〕へ、生糸本部拝借金之義、本日照会相成候様、農務局長へ相談仕置候。尚星野云々も承知相成候。白米相場会社之義、今朝已に難聞届之指令相済候義品川〔忠道カ〕より申出候。高橋〔新吉〕よりは未回電無御坐候。

右拝陳迄、匆々得貴意候。拝具

五月十一日　謙太郎拝

吉田次官閣下

最上〔五郎〕其他は両国行之義申入置候。小生は無拠別方へ相廻り候間、他日拝陪可仕候。

2　明治(19)年12月20日

本日は鹿児島県知事〔柴山博〕来省、内務〔山県有朋〕大蔵〔松方正義〕両大臣大蔵省にて面議可相成に付、閣下にも御出省相成候様秘書官より申越候へ共、御出省有之次第其旨可申上旨回答仕上候処、唯今鹿児島県知事来省如何之模様に有之候哉、相尋候へ共、本日前述之会議に御出席には間合兼候由に付、明日にも内閣へ閣下御出院相成候様、秘書官より通知可有之旨、同知事之話に御座候。

井上省三へ追与之件は既に大臣決印済、最早内閣へ提出仕上候。杉山〔栄蔵〕大蔵大臣へ面会之模様未た不相分候。唯今同人参り居候宮島〔信吉〕より御面謁を請度申居候。時宜に依ては書類持帰り可入貴覧奉存候。

種々外にも御決判を乞へきもの有之、御出省を相待居候へ共、御出省相成兼候はゝ不得止と奉存候。余は拝眉上申可仕候へ共、唯今岡田〔彦三郎〕へ御出向に付、一寸内々得貴意候。三時迄は滞在四時には官舎へ罷出候間、先は此段一寸申上候。匆々頓首

十二月廿日　謙太郎拝

吉田次官公膝下

3 明治(19／20)年(　)月26日

高雅実弟
海軍大尉門屋道四郎　妻

右、突然大病にて横須賀より来候所、門屋は巡回留守にて小生引受世話せさるを得す。右を入院せしむるやら何に彼れの為め本日罷出兼候間、不悪御聞置奉願候。駒場へ罷出兼候義に付、

右岡山県知事〔千阪高雅〕より申上呉との義に御坐候。今朝内閣へ参り、富田之分は案の如く功績理由を要する義に御坐候へ共、書記官定員云々義は確と問答不相整、只今再度罷越候て、尚報道可仕候。右一寸申上置候。拝具

廿六日　謙太郎拝

次官公閣下

4 明治(19／20)年(　)月28日

明日閣議之席には閣下に必らす御出頭被下候様、本日山県〔有朋〕大臣より可申上旨特に被命候間、御含被成下度奉希上候。尤も過日も御談合之由にて、山県大臣には閣下には必らす御出席被為在候事と御信用相成候様に奉伺候儘、添て此段申上置候。謹啓

廿八日　謙太郎拝

次官公閣下

5 明治(20)年3月12日

謹啓　唯今山県〔有朋〕大臣へ面謁申上候処、然らは非職之外致方有之間敷と被申聞候間、御回議書捧呈御決判申請候。然るに、後任局長之義は、閣下之御内談被為在候

義も御坐候趣、其誰某たる事は小生には御咄無御坐候。唯閣下と申合せ差支無之哉に御談合之様に承及候間此段申上候。就ては御命令之通末た決して上奏之事には取斗不申候得共、一応大臣と御面話被下候はゝ御双方之御満足之様に拝察仕候。前述之仕合は御含被下御出発前一寸御面話之程小生冀望不止義に御坐候。此旨不取敢申上度、匆々頓首

三月十二日　謙太郎拝

吉田次官公閣下

二伸　山県大臣には唯今御出省、未た内務省へ被為在候。午前十一時

6　明治(20)年4月1日

奉拝啓候。谷《干城》大臣之御手紙拝見候処、過般伊国羅馬府《ローマ》を発しフロランス《フローレンス》へ御着之処、昨年本邦御発足前に起りたる如く胃病相発し、加るに肺帯焮衝し、少しく快方には候へ共充分療養致居られ、全癒次第マルセールへ出で、模様に依ては米国を経由せす帰朝の途に付くも難計との事（二月十九日時）に御座候。依て別紙之通、外務省を経て御発電相成候ては如何に御坐候哉。谷奥方よりも宜く希上候段、被申伝候。

一奥《青輔》水産局長の病は最初熱病にてありしが、宿病続て起り甚心配すと谷大臣之手紙に相見居候。

一高橋《新吉》商務局長は定て今朝拝謁委細上申被致候義と奉存候。本日は永田町官舎集会日には無御坐候哉と被存候間、為念申上候。閣議書類は御下命に依り山県大臣に差上可申哉相伺候。

右迄匆々伝遣置候。

四月一日　謙太郎拝

次官公閣下

7　明治(20)年9月12日

過刻一書奉呈之後、道路又た言ふものあり。曰く、大隈《重信》伯外務大臣となると。又た土方《久元》大臣は宮内に転じ、伊藤《博文》総理は外務を兼る上、品川《弥二郎》には農商務になるとも云ふ。勿論信すへきものに無之御座候へ共、如是風聞

の儘一飛書奉呈、匆々謹言

九月十二日　　謙太郎拝

子爵吉田公閣下

8　明治(20)年9月14日

田口〔将之〕氏へ御托被下候御手書辱奉拝読候。益御壮健被為在候段、実に奉欣賀候。被仰越候意見書は次回差上候に付、既に御落手被下候義と奉拝察候。黒田〔清隆〕顧問之意見書は中々手に入不申、板垣〔退助〕の分は見るに足らすとの評に御坐候。本日之朝野及毎日両新聞御覧被為在候はゝ、稍幾分は相窺ふに足ると愚考仕候○昨日土方〔久元〕大臣へ民間之風聞内閣員の更迭申上候処、一笑されたる迄にて、内閣には更に風評之如き相談は無之旨、被話聞候。不取敢拝復迄申上度、余は不日遊〔園脱カ〕会拝謁之時に譲候。匆々謹言

九月十四日　　謙太郎拝

吉田公閣下

家族共御厄介に相成難有存候。尚宜御保頤之程奉希上候。

9　明治(20)年9月20日

昨日荊妻帰京閣下幷御一同御無異之義委細承知奉欣賀候。扨、大臣更迭後未た何等相変候義も無御坐候。本日新陳大臣出省各局長幷高等官一同面謁相済、黒田〔清隆〕大臣には内閣参集日に付、十一時頃退省相成、明日より御出勤可相成筈に御坐候。此回は一種の派の人々も定て失望するならん。漸く土方〔久元〕大臣に就て旗を上んと計画せしも未た意の如くならさりしに、黒田伯の本大臣となられしには驚入たる模様に承及候。馬鹿之〔ママ〕狼狽御一笑被下度候。世上には次官も代るならんと取り〳〵風評あり。或は云ふ、安田定則等は特任議官又た書記官等にも必す黒田伯の知遇ある者新来するならんと。秘書官には既に昨日小牧昌業氏新任せらる。定員二人なれは、小生か奥田〔義人〕か転任するか、或は非職になるやの中に御坐候。小牧氏の新任は全く大臣の英断に出て最も適当之義と奉存候。充分信任せらるへき人物を御

使用なさるへきは当然之事に御坐候。小生等之進退は明日には相定り可申奉存候○黒田大臣永く本省を経営せらる御思按〔ママ〕ならは、此際一種之党派は御除却相成候方上策ならんと愚考仕候○彼ブールス一条も土方大臣の政略中途にして止むや、或は黒田大臣継続せらるゝや、未た知るへからすと雖も、唯実施上の差支ありて桑名の如きも未た開始の場合に不至、遺憾之至に御坐候。其他本省之事何ともポリシーの未定らさる際なれは、次官も不在にて多少都合不宜事も可有之奉存候。目下閣下御在京ならは、親く大臣へ御勧告あらは、一大利益ならんと奉存候。是は或は衆人の切望する処ならんかと愚考仕候○十七日内閣更迭之後は未た世上に何等之事も評判無御坐候。唯跡之評のみに御坐候。試にメイル、ヘラルト両新聞紙切抜入尊覧候。朝野新聞は停止となれり。他の新聞は御取寄被遊候事故、差上不申候○各地方官には至急上京せよと内務大臣より命令せられたる趣は実説にて御坐候。各県の壮士上京は陸続絶す、内閣更迭丈にては未た静穏に帰したりとは言れさる景況に御坐候○本日或る新聞紙上には、閣下には近日御帰京あると記し居候趣に御坐候。万一信ならは前以御内示奉希候○終に小生一身上は常に閣下へ御依頼申上甚以申上兼候義に御坐候へ共、本省中の一局の長たる事能はされは、総領事にて紐育在勤之義は尚一層の幸福に御坐候処、閣下御助力を以志願相叶候義には参り兼候哉。御尊慮之程を奉仰願候。右様之義は余り筆紙口頭にても不相願と平生注意罷在候へ共、不得止時機到来仕度御坐候。宜御允〔カ〕准奉願候。先は此迄、前後錯雑一書拝呈仕度、余懐後便に譲、匆々謹具

九月二十日　　謙太郎拝

子爵吉田公閣下

10　明治(20)年9月26日

奉拝啓候。陳は、皆々御風気之由、如何被為在候哉。速に御全愈〔ママ〕之程祈望罷在候。扨、昨日子供等無恙帰宅仕候。老母へ御懇篤なる御伝言拝承、実に奉感謝候。全く閣下之御一助を以て、本日奥田〔義人〕は参事官に、北〔正

代〔臣〕、書記官に転任、小生は依然罷在候。御光蔭にて一先安心仕候。従前之通御任用被下候間は、過日も申上候通、閣下へ奉仕之時に不相変勤勉可仕候。閣下之高恩に相負かさらん事誓て忠勤可仕候。黒田〔清隆〕大臣には別して御勉務正九時には御出省、却て書記官各局長には遅刻仕候位に御坐候。本日迄にて農林学校御巡視相済候○ブールス〔bourse〕之事も青木貞三にはソー、ファ〔so far〕、好結果無之模様に御座候○明後日は土方〔久元〕大臣之ブールスに対する政略を本省にて引継相成候筈に承及、三省内閣大蔵委員の議せし取引所規約も完成之由にて、明日内閣に於て御談定可相成哉に承及、右は閣下にも幾許か之御心配被為在候半と奉存内申仕候○花房〔義質〕次官にも本省之都合も有之、島根県共進会相済直に帰京可相成筈にて、四五日内には帰京可相成奉存候○世上にては今一動あるへしと噂致居候。併、内閣にては何も相変候模様無御座候○本省大臣には富士見町官舎へ移住不相成筈にて、同所は海軍大臣〔西郷従道〕へ貸渡可相成御約束に有之候由、杉山〔栄蔵〕等も失望致候様子に御座候。此際アツコーン〔account〕ト、ブユロー〔bureau〕之一掃除相成候方上策かと愚考仕候。併是は黒田大臣へは勿論他人には決して言外不仕、閣下へ迄申上候。御承知之通の人物に付、弊あれはなり○右之外種々入御聴度奉存候義も御座候へ共、筆紙に難悉、先は昨日之御礼旁一書拝呈仕候。余は後便に譲り、匆々謹言

九月廿六日夜　謙太郎拝

吉田子爵閣下

尚々、此書御一覧後は火中に御投棄希上候。

11　明治(20)年9月28日

在鎌倉　子吉田公閣下

廿六日附両度之尊書辱奉拝読候。御懇示之件々銘肝之至奉存候。内閣之模様も窺ひ知るに由なく、枢密院とか参事院とかを置く事は信なりなど評する者も御坐候へ共、未た確とは不相分候。而して外務大臣の候補者の論もあれとも毎日新聞御覧被下度候迚も森〔有礼〕や榎本〔武揚〕にては六ケ敷かるへく奉存候。且亦山田〔顕義〕司法大臣、陸軍に転するなと噂する者もあれとも如何に哉。或は世論に叶かも難計、

兎に角政府を強くするの主義なるか如き模様に御坐候。付ては、大臣も入れ代るでなければ危殆と奉存候○地方之壮士金子堅太郎を擲打せし事は本日之新聞に在れは御承知と奉存候。是は深意あるに在らさる様被存候。国元より総代とか何にかにて上京せし申訳なる様被存候。警視の探偵に依れは、此者が断姦状〔ママ〕と短刀を所持せしとの事本日内々承及候へ共、全く前述之通功名を遂けんとせし迄にて、必竟利己に出たるものゝ如被存候。依て本日は内務大臣より官報にて壮士を所分するは請願条例に依れと令達せられたり。官報にて御承知被下度候○本省大臣〔黒田清隆〕には昨日にて西ヶ原巡視相済、従是三田農具製作所巡視可相成候。同所興廃之事に付ては、土方〔久元〕大臣如何なる考按にて有之候哉不相分候へ共、農務局にては何にやら廃するに思ひさるも、利益あるに非れは何様にてもと云ふか如き意あるか如し。然るに北代〔正臣〕大先生は故大久保〔利通〕公の計画と云ふより説出して、廃すへからすとの意見を呈出せられたまひたりと承及候。当大臣〔黒田〕如何に裁決相成候哉、定めて明按あらせらるへしと信用仕候。其他豺虎狼の如き、鉱山の如き、北代氏を大先生と称する外無御坐候。右等は拝謁に譲り候○ブールス之事も過日報道仕候とは少々相異り居候。今日土方大臣出省相成、詳細是迄の政略引継相成候。依て当大臣右様に継続せらるや否や今日迄は相分り兼候。尤、談取引所規約是は内閣にて取調たるものに及ひ、右にては稍厳なれとも、他日を竢て寛にする方ならんと土方大臣は言はれたれとも、当大臣には締る処は必す厳にするも、売買上困難あるか不便利なる処は宜く取捨すへしとて、商務局へ命せられたりと申す言に御坐候。是は閣下之政略と大同小異に御坐候と相覚へ候。右に付ても閣下御在京、親しく当大臣へ御勧告希はしく奉存候○昨日は例の青木〔周蔵〕が周旋せし一条を渋沢〔栄一〕が河野〔敏鎌〕等へ計り銀行集会所に於てたる処、河野は売買口銭之内より株式会社所へ何程出し呉れるやら、未たブールスの規約も定まらされは、確答し難しとて散会せし趣に御坐候。尤も土方大臣より、延期は総理大臣も不承知にて、倒〔ママ〕底行はれさるに付、青木の考按の如くせよと勧められたるやに承及候。右は小生参与して承知仕候義に無御坐候。信偽不分明と御承知被下度候。一昨日は地方官を召させられ謁見あり、且政府之政略に付訓示せらるゝ処ありと承候へ共、右訓示は本日迄未た本省へ相廻り不申、手に入次第可奉入御覧候○黒田大臣には一切酒量を減せられ、夜は早く就寝、朝は早く起きられ、恰も禁酒慎重せらるの好評に御坐候。同大臣の公私挙動閣下に彷彿するか如く奉存候。

一今週間御暇願之義は岡田〔彦三郎〕夫々取計済の由に付、別に不申上候。何卒一日も早く御帰京奉待候。家内一同より皆様へ宜く申上候様申出候。右匆々謹具

九月二十八日　　謙太郎拝

12　明治（20）年10月2日

御風気如何被為在候哉、最早御全愈奉拝察候。御一同様にも益御壮健被為在候半、当地も一両日朦朧之天気にて、寒冷烈敷相成、誰人にても多少之風気に煩はさる模様に御坐候。幸に小生等一同格別病人も無御坐候。乍憚御安意被成下度候○毎日新聞昨日之社説にて停止せられ候。内務省令に痛論したる故に御坐候。昨日之同新聞は御取寄相成居候に付送付不仕候。若し御所有無御坐候はゝ御申遣被下度候○花房〔義質〕次官にも今午後帰京之筈に御坐候へは、本省之事務上大臣〔黒田清隆〕にも御談合可相成、其上にて或は各局之方針も相定可申歟と奉存候○彼一種イントリグエ〔intrigue〕派之人にも不相変密会致候哉否は不相分候へ共、今後之方針如何と注意致居候ものゝ如く、折角土方〔久元〕大臣と花房次官に納れられ、大に為す事あらんとする場合に、大臣の更迭ありたれは、大に失望せしものゝ如し。前田〔正名〕・武井は勿論品川〔忠道カ〕子も残念之事と被存候○山田〔顕義〕大臣にも帰京を急がれたる由は、三浦〔梧楼〕中将か頻りに促したりと風評、又た同中将には本月各鎮台将官集会に際し、何やら計画する処あらんとするなと道路の評に御坐候。夫れて陸軍大臣之進退に係る風聞もある訳歟と奉存候○頃日は国事探偵盛なる由なれは、容易に政談も承入候義六ヶ敷、何やら未た密雲の天上に残りあるか如き世上之有様に御坐候

○黒田大臣には中々之御勉強にて、且農業水産等に付御談話は各局長も閉口罷在候位に御坐候。夫れに常に「ソーバー」〔sober〕なれは、是れ英雄に非れは禁酒する事能はすと評判最好に御坐候。為国家大幸に奉存候○小牧昌業氏も余程温厚之君子にて大臣の信認ある尤なる人格と見受候○伊藤弥二郎も鉱山処分之事に就ては、閣下御在省之時の計画に付、衆人之論評を受け困難之体に御坐候。幸に救助之策あらは尽力致度ものに御坐候。尤も鉱業に盛隆を計、公明正大を主とする事ならは、敢て憚る事なく、泰然として局長之主義を遂るこそ緊要なるへしと憤励いたし居候。

右迄申上度、余事希くは速に御帰京之上面陳仕度希望之至に御坐候。匆々謹言

十月二日　謙太郎拝

子吉田公閣下

令閨始皆様へ宜く申上度、荊妻等一同よりも申出候。

13　明治〔20〕年10月5日

此週日は兎角鬱天、殊に風雨勝にて何方も病人多少有之、不愈快之気候に御坐候。御全家如何被為在候哉。昨日は御帰京と喜望罷在候得共、雨天にて御延引之由、御多人之事故御尤之事と奉存候。ポリチカル〔political〕、アトムスフヒール〔atmosphere〕も何となく寒暖あるか如く、土州派之者も過激之振舞なけれは宜しとの風評に御坐候。同県〔田辺〕知事〔良顕〕も心配の体に承及候○一昨日後藤伯〔象二郎〕の宴会に同伯曰く、此時世大に腐敗し、悲歎すへしの主眼に御坐候○同席に列したる者は自由党員は勿論、朝野新聞社連幷柴四郎〔朗〕も出てたりと〔ママ〕との事に御坐候（柴は東京何方に在るや更に承知不仕候）○地方知事も追々帰県致候○花房次官〔義質〕にも予期の如く、去る日曜に帰京相成候。未た大臣と熟議も無之候へ共、一両日中には省務の方針も談合可相成歟と想像仕候。其以前閣下現大臣へ御勧告の廉もあらは、同大臣参考上大に稗益あるへしと信用仕候。

一外務大臣〔ママ〕には青木〔周蔵〕を推挙したるものあれとも、内閣にて拒絶せられたり。就ては逓信省に大臣となる者さへあれは、風評の如く榎本〔武揚〕外務大臣たるへしと道路の説に御坐候。随て青木は引込むならんなれとも、榎本にせよ森〔有礼〕にせよ外務大臣にては遠く海外の事情を察するに信用如何ならん。日本にては大臣にても宜しかるへしと雖も、外国政府の気込にては或は軽蔑せらるへしと愚考仕候。若し現今海外在勤の重なる公使（河瀬〔真孝〕）帰国せは、逓信大臣たるへしとも色々風評に御坐候。閣下にも一日も早く御帰京あり度小生は希望仕候。世間の或る部分には色気ある様に見受るも難斗候へ共、ポリチカル、パイには一小指を付るの位置と見識ありて、黙止するは方今之勢にては至極損かと奉存候。御一笑に奉供度候。

元老院には今一週間も転地療養願差出様今朝岡田〔彦三郎〕へ申聞置候。尤志村〔智常〕御老人と御相談済に御坐候。

荊妻共よりも御全家皆様へ宜く申上候様申出候。先は右迄申上度、余情不遠内拝眉に譲度希望罷在候。匆々

謹具

十月五日　謙太郎拝

吉田公閣下

14　明治(20)年10月21日

尊書奉拝読候。愈御壮快之由奉賀候。陳は、取引所条例発布に至る迄之記録兼て御下命に随ひ過般整頓〔ママ〕、先大臣〔土方久元〕も閲読相済候義に御坐候間、本日尊邸へ商務局長〔吉田二郎〕より差出候筈に御坐候。右大部之ものに御坐候付、只今御使に嘱し兼候義御承允被下度候。

桑名より差出候規約案幷内閣にて取調之分も御入用に御坐候趣承知仕候。本日は大臣殿〔黒田清隆〕には内閣出向相成候間、相伺出候様可仕候。尤内閣取調之分は未た本省之閲了に不至、時宜に依り次の月火曜日頃迄差出方延引可仕候哉と奉存候。

○東京弁大坂株式取引所営業延期之義は、兼て御承知被為在候通に御坐候処、本日大臣殿之御英断を以て明年より一ヶ年間営業延期之義を許可相成り候。此義は

頗る秘密に取計候義に御坐候て、他へ発言を厳禁せられ候間、閣下幸に小生を御憐憫被下、御含被下度希上候。尤も内閣之議決之上にて、本日は取引所幷米商会所共右達を受け候へは、公然と相成居候義に御坐候。余は拝謁に譲可呈上候。右不取敢奉復如此に御坐候。謹具

十月二十一日　謙太郎拝

吉田公閣下

二白　明晩は罷出候様承知仕候。今晩も時宜に依罷出候義不相叶と存候。小生頃日頭痛不快相極り困却罷在、唯養生中に御坐候故に御坐候。宜御承允被遊度希上候。

15　明治(20)年11月1日

過日は昇堂如旧御懇待を蒙り奉感謝候。陳は、別表府下六郡試作概況は、過日岡田〔彦三郎〕を以て御下命に付農務局へ申入、即ち出来候に付、差上候分に御坐候。尤詳細之表幷報告は別に浄書之上農務局長持参、閣下へ親しく拝謁之上差上候筈に御坐候由候。先づ差急き別表丈差上候旨被申出候間、御落手被成下度奉希上候。

一メイル新聞社説にて井上伯〔馨〕之政策弁護充分に候哉。為御参考と存候間、奉供御一読候。尤も右反訳之上黒田〔清隆〕大臣へも差上候に付、閣下へ差上候義延引仕候。右正奉仰貴意度、匆々謹具

十一月一日　謙太郎拝

子吉田公閣下

16　明治(21)年2月1日

〔巻封〕Confidential

奉拝啓候。陳は、一昨日は昇堂御礼に罷出候へ共、生憎鎌倉へ御出向之後にて遺憾之至に奉存候。実は小児も全快に赴、御礼申上度存慮に御坐候。尤も幸に奥様へは上申仕置候。閣下態と御来訪被成下候趣拝、承恐縮之至に御坐候。以御蔭当時一同無恙消光罷在候に付、御降意希上申候〇大隈伯〔重信〕も遂に外務之ポルトフヲリヲー〔portfolio〕」を請けられ候由に御坐候。次官には大隈にても承

諸せられたるとか、伊藤〔博文〕、井上〔馨〕之外なれは退くとか之噂も御坐候へ共、確とは相分り兼候。一説には閣下に外務之次官ならんと輿論なるか如く申居候共、如何に候哉。定て閣下御自身に御承知為在候事と奉存候○大山〔綱昌〕も（工務）帰京致候○三田製作所もいよ〳〵昨日より民業に帰し候義御坐候○本省も大臣〔黒田清隆〕に不相変（総理或は外務大臣ならんとの噂ありたる故）品川〔忠道〕之チャンスもなく、隠謀党先生には失望と奉存候○先は右迄得貴意度、余情拝謁之上に相整申上度、匆々謹言

二月一日　謙太郎拝

子吉田公閣下

17　明治(23)年7月7日

奉啓　本日は毎々御煩しく恐入候へ共、小生一身上之義、爾後寺島〔宗則〕氏は勅任に栄進相成候へ共、横浜之方は不相変兼務にて、松方〔正義〕大臣にも小生は御信認無之哉。農商務省之方も過日申上候通にて御座候得は、閣下より尚松方大臣へ御催促御試被下候義相叶間敷哉、一寸右願之為め罷出仕候。御不在も被為在屢参上も面倒と奉存候へ共、不得止以書中奉願候間、幸に御憐察被成下午是上御宥顧之程奉願上度、匆々謹具

七月七日　謙太郎拝

吉田子爵閣下

18　明治(23カ)年7月18日

奉啓　此炎天邦家之為めとは乍申、未た御休憩も無御座候由に拝承、恐縮之至に奉存候。併不相変御壮剛被為在、欣賀之至に奉存候。随て小生義過日来鎌倉へ罷在、今日は無拠要事にて一寸帰京仕候て、明後朝再出発之積に御座候。御別荘も無別条、日々御来遊あらん歟と、番人は〔カ〕所望罷在候模様に御座候。

小生一身上に付ては不容易御厚配を相蒙り、只今相始まり候義には無御座候。平生御厚恩之程感佩罷在候義に御座候。過日伊東巳代治へ面会仕候処、農商務省にては、今年末にも至りたらは小生復職之場所も有之哉、陸奥〔宗光〕大臣よりも心配候に付ては、目下奏任二。等中。

給に降り候はゝ、集議院〔ママ〕とか何院とかに空位置有之候趣、如何との事に有之候間、税関幷農商務省も前陳の如くならは、諸公の折角御親切徒に空ふするには非れとも、必竟小生之学も無く識も無く、数年官途に尽力し、漸くにして奏任一等に陞り、今降等するは内外知人もあり、何分肯諾するに忍びす。寧ろ誉名なり共存保致置度と相答置候義に御座候。且農商務省には可然様相断呉置候事依頼仕候はゝ、此段閣下へ一寸御聴に入度奉存候。不悪御承了被遊度奉願上候。

頃日は家内悉くインフリユエンザ症に罹り、或は気管支加太児《カタル》に変じ、室内到る処枕を並て平臥致居、小児一両名漸くにして逃れ、或は快復仕候に付携帯、鎌倉へ相避け候仕合大混雑仕候に付、参堂仕候義差扣候間、宜く御承允被遊度、何れ鎌倉へ御出遊之砌、緩々御高諭に拝接し度奉存候。乍失礼以郵書匆々謹具

謙太郎拝

七月十八日

吉田子爵閣下

19　明治(23カ)年8月6日

本日英公使出発延引之義は、今朝外務省より為御知申上置候。当時天気未定にて明日も如何に哉、確と相分り兼候趣に御坐候。

小生一身上之義に付ては御序も御坐候節、花房〔義質〕氏へ御伝置被下候様希上候。右は明日にも小生罷出尚詳く可相願心底に御坐候。

別紙二葉御一閲被遊度差上候。右迄、匆々得貴意謹具

謙太郎拝

八月六日

吉田公閣下

佐野氏より之一封差上候。

20　明治(24)年3月20日

奉謹啓候。陳は、小生義以御蔭本日は農商務書記官に転じ(奏任一等)、依然勤務仕候様に相成候段、平常之御光蔭に依る事深く奉感謝候。他に非職之人も数多有

之候処、前述之次第に御坐候間、一寸取急得貴意置候。略儀之段御寛恕被遊度奉願上候。匆々再拝

三月廿日　　謙太郎拝

子爵吉田殿閣下

21　明治(24)年5月11日

謹啓　只今拝別後一寸鹿鳴館へ立寄候処、為国家最大之憂事聞及び実に驚入申候。魯国皇太子《ニコライ》を日本刀にて傷け候者有之候由、今日午後京都とか大津に於之出来事に御坐候哉。嗚呼如何なる犯漢なるや、我国を害するものありとは大歎息之至に御坐候。定て御聞込相成候事も御坐候へ共、為念一寸御報知申上候。右は或る外国人が青木《周蔵》邸にて承り候由に承知仕候。匆々頓首

五月十一日　　謙太郎拝

吉田子閣下

22　明治(24)年5月27日

謹啓　先日は罷出候処、不相変御厚遇奉感謝候。扨、過般御下命之ボルト昨日横浜へ到着の由申来、実は未た有島《武》氏へ通知不仕置候に付、不取敢閣下より御指令にて、横浜税関長宛にて、米国より送付いたし、且松方《正義》伯之御自由にも可相成候趣に付、可然頼入と有島氏へは申遣置候義に御坐候。就ては甚恐入候へ共、閣下より同氏へ一書御投示被下度奉願候。尤、ボルト四樽輸送致来、其内一つは小生、今一つは桑港《サンフランシスコ》より試に輸送致来候分に御坐候へは、右配付方は小生担当可仕候に付、唯閣下より通関之義可然有島へ一書御投与之程奉願上候。唯今可伺候処、最早御全快御出勤被為遊候由、欣賀之至奉存候。御不在に付乍失礼一書差上置候。不日得拝眉可奉申上候。匆々頓首

五月廿七日　　謙太郎拝

吉田子爵閣下

23　明治(　)年1月16日

奉拝啓候。唯今は小児病気御見舞として御品頂戴被仰付、御厚情之程奉感謝候。末女両三日前より熱度四十

一度八分位に昇、其何症なる事判然不仕候処、昨日に至り橋本先生来診、いよ〳〵肺炎の徴候に診判せられ、夫々処分相成候義に御坐候。尤も今午前難波《(カ)》氏之来診にては、此分にて経過致候はゝ、好都合と被申居候由に御坐候。未た四十度以下の降点には相違せすと雖も、四十一度以上に昇る事も無御坐候。唯今之処にて分離宜しきを得候へは、先つ一命は相助かり可申哉と些と望を属する方に御坐候。右は御尋之儘前後錯雑申上候。

先は此迄御礼且成行奉申上度、何れ近日昇堂に相罄し可申、匆々謹具

一月十六日　謙太郎拝

吉田公閣下

追て、農商務省へは本日も出勤仕候。別に異変も無御坐候。来年度定額金には前年度より凡壱割の減少あるへしとの噂を一寸承及候義に御坐候。併右にても左程難渋には無之哉と奉存候。以上

24　明治(　)年11月5日

奉覆、昨日御命示之別紙騰写出来仕候に付差上候間御落手被下度、尤も秘密ものに付関場へ頼み秘書官室に於写取り候故、校合も不致候へ共、別に誤は無之歟と被存候。余情不日拝眉に譲、匆々謹具

十一月五日　謙太郎拝

子吉田公閣下

25　明治(　)年11月9日

奉拝啓候。陳は、過日御命示之一書他人より借用仕候へ共、急に騰写仕兼候間、不取敢奉入尊覧度、尤も騰写方御急きに無御座候はゝ、極秘密を要し候に付、小生自から写取可申に付、御一読之後直に御下附被下度希上候。右要件のみ奉申上度候。匆々頓首

十一月九日　謙太郎拝具

子吉田公閣下

〔注〕裏に「秘密書入」と墨書。吉田書入か。

26　明治(　)年(　)月15日

奉読愈御清祥被為在候由欣賀之至奉存候。二に弊屋一同幸に無事罷在候。扨、鎌倉之小屋御使用被遊度に付、御懇篤之御書面恐入候義に御坐候。何より之容易なる御所望、何時なりとも何頃までも御随意に御使用被降候はゝ却て辱知之至奉存候。尤も小屋にて御坐候へは、別に勝手向之道具も備付無御坐候。夜具其外少々は粗末なるものも有之候由、無御遠慮御使被下度申上置候。右不取敢拝復迄、如此御坐候。匆々謹具

十五日　謙太郎拝

吉田子閣下

尚々、小屋入口之鍵は御別邸番人或は魚屋吉なる者承知之由に御坐候。頃日退省時遅く相成御無音罷在候。〔後欠カ〕

27　明治(　)年(　)月(　)日

Consulate of Japan, 703 Market Street. Sao Francisco

188-P. O. Box 2310〔以上印刷〕

一米金五百七十九弗六十一銭

右差上候也。

柳谷拝

吉田公閣下

〔注〕裏に「Wandersfurde」とあり。

四四二　梁田周吉

1　明治(11)年11月26日

昨夜大将《グラント》之善機を謀り、始〔ママ〕尾好御申越之次第柄通願述候処、敢て憤激之色も無之、且つ申聞候には、余今汝の志願に付思ふには、汝尚少年にして、今其奮発力を持るゝは、余に於ても今一層満足し、且つ喜悦するの至なり。尤も離別するは憂悲する処なれ共、豈に之を如何共する事なし。依て旅費も渡与し、且又余が保薦書をも、貴国内閣の中にて汝か指望する確員〔閣カ〕迄可差送と申聞候。扨、夫れは吉田公使当にて宜きと申置候

也。右様御承知可被下候。何れ此地出立之義は来月五日と相定候。余り過急も大将に対して恐縮之至と存し申候。右様思召可被下候。御館へ参り候後は、直様御出発用意に相懸可申候。此身多用未たバスケット探索之為外出も不仕、之れも近々ジン店に参り、大小共比較し其適用物を見込置、尚拝顔之上紙葉之便にて可為差送様可仕懸置候事、其他何成共御用の物品有之候へは、御申越之様仕度、先は早々御答、此元万事無異議相済候迄如此申上候。匆々頓首

十一月二十六日　　梁田周吉拝

吉田公使殿閣下

2　明治(12)年3月20日

前略御免可被下候。然は、大将〔グラント〕一行は来る二十三日之朝当府を発足可致候。途中 Chicago Cal Fered 方にて一宿、夫より St. Louis 之以前大将之住居されし所に一宿之後は、直様 Galveston, Texas へ参り、来月二日出港之気〔汽〕船に乗込の積り、船中部屋等も買整ひ相済候。一昨日承知仕候には、已に日本よりの郵便船桑港〔サンフランシスコ〕へ着し、即昨日府下新聞紙上に相見へ候琉球一事、未た不充備之次第に奉存候。支那之 Yamen 氏は一方ならさる賤悪人と存候。

夫れに付今度之日本便には何とか右之事件之由、大将に御相談之御趣意も可有之と奉存候。併し大将発途日限は便の来館に相成る前に有之候へ共、来月二日まては日数も候事故、途中滞宿之場所は慥に其節御報告可申上候。只ヶ条に依り大将へ御発書之場合も候歟と奉存上候。恐々頓首

三月二十日　　梁田周吉拝

吉田清成殿閣下

3　明治12年9月23日

〔封筒表〕日本東京芝区白金志田町拾五番地吉田清成殿行、His Excellenct Yoshida Kiyonari No. 15 Shidama-chi Shiro kane Shiba Tokio Japan SANFRANCISCO〔消印〕24 3AM」東京二四〔重消印〕　一〇　一二〔カ〕

梁田周吉

謹呈　寸緘前後は一向御様子不存、殊に秋冷相募候得共、益御機嫌能被成御起居珍重に奉存候。陳は、クラント氏初其他、無異事遠き洋路首尾好九月二十日午後六時当港安着、此日数万之人民夥多之船に乗し Golden Gate 迄出向ひ、同氏を待招之事大変之景況、数艦幷に四方の山側よりドン／＼祝砲時《〔ママ〕》の声を生し、頂上には数万之人民群集、恰樹草を以て掩ったる有様、傍ら数船黒煙を発する為め、暫時中海上暗天を見る。殆んと海上戦中に居る心地仕候。同氏も余程 Excite 之体に相見候。然して何国之貴客此港に入る哉、決してケ様なる待招は無御座との風説に奉存候。Palace Hotel は日々数百人之「コール」にて、同氏休息之間も無御座候。中には Silver Envelop《〔ママ〕》を以て Gold invitation を御持参之輩も有之候。実に盛大なる事言語尽し申上難く候。十月上旬には同氏 Oregon の方へ来る様子に御座候。拙子義繁務にて甚た困難候へ共、充分尽力仕度存念に御座候。昨日も City Hall に Reception が有之。幸コーチに乗り拝見に来り候処、数十人のショ《〔シェ》クハンズ《イクハンズ〕》にて同氏も退屈致し、午後二三時間も休息致候体裁に御座候也。多忙中充分に申上難く候間、いつれ新聞同氏着昨今二日分御送り申上候。扨、拙子事御地《〔カ〕》に奉勤中は何か諸事に不行届候へ共、偏に御厚情を蒙り、且積《〔ママ〕》て御尽力被成下辱奉万謝候。尚此上にも行々御心根を被添候様奉懇願候。就ては拙子今会より四五年之満期まて、乍及ず同氏之意に抵抗不致、成丈響応仕り、不都合無之様仕《〔ママ〕》遂度奉存候。然る上同氏より若し幸に適良之機会を得は、何か一課に精魂を尽し、我か生道に在附く事之本意と奉存候。先日用奉職を専一として此地に滞留可仕候。到底来春は閣下御来都相成候はゝ、拝顔之上何か御相談之次第も万端企望罷在候。繁忙に被追書中本意を不得如此に御座候。匆々頓首

明治十二年九月二十三日

於桑港《〔サンフランシスコ〕》ハレスホテル　梁田周吉拝

吉田清成殿閣下

二白　日を追て冷気を相増候間、各様時下御自愛

御専一に奉存候。敬白

4　明治(14)年3月19日

一寸御報答申上候。然は、こじまの御貴書昨日落手仕り、彼《〔披〕》閲之上篤と御厚情之趣を知り難有、先は安堵之心地に居候。御思召之云々は皆当理に御座候。就は生事今廻《〔ママ〕》も全く随行に有之候所以は、彼地滞留中之場合に於ては、雑事少々土語之要用なれは、是非同伴の決定に御座候。

扨、仰には不絶御旧客又は日々之来客、傍らに御公務ある事ゆへ、御休息之間々も無之、定て御困難と奉存居候。生事彼地へ着後は大に余時も候へは、又何に成共、同地之産物等御望みに依り御取次申上候。彼地は別に珍奇品も無之、併し元来銀出多量之地に候へは、土人は克く銀細工に熟錬せり。其上作料之下廉なるゆへ歟、其品純粋にして美なる物も、払ふべき我銀貨之量目に殆と等敷御座候。扨、御存之通即今は彼の地も最大なる幸福を得て、早速米国之資金にて此地西南部分より彼地之都会まて、鉄道線之開端手順も相完備致し候事故、行々両国間之貿易之盛大、其外模《〔莫〕》大なる荒原は繁華之人居と可相成候。夫に附き墨斯古《〔メキシコ〕》政府は、以来無数之支那人を彼地へ招集し、低価の日雇料にて山谷を開拓せしめ、多年ならすして意外之進歩を今より遠見との事に御座候。先は御知告旁暫月之間御遠別。申残候。匆々頓首再拝

三月十九日朝　梁田周吉拝

吉田清成殿閣下

二白　乍恐御内室まて宜敷御一声奉願上候。

5　明治(14)年6月5日

拝啓　時下弥温気に向き、御一統様御壮健奉大賀候。扨、二ケ月間之他在中も屢々可相窺筈之処、思之外繁雑を極め其義に不至、宜く御弁分可被成下候。然、大《〔グ》将《ラント〕》初皆々今朝ニユオリアーンス」に到着、已に去三日前ミシ、ピー河口に乍在、我等一行ウエラクルス港之黄熱病流行地方を軽過《〔ママ〕》したる縁を以て、米国へ入港之

日は此地病院出張之者検査を要し、其上悪病除防法を施し候為、三日間を河口に滞留仕り、乗客輩は夫れか為大困難に会へり。扨墨斯古《〔メキシコ〕》出立之同日、彼地新聞紙上に「セントペータスベルク」より之電報に曰ふ処を聞けは、我国清国と戦端を相開く日限も最早該週と之由、是れ甚た驚倒之至申上候。又右之電報虚実哉否、尊大に相尋候へは、若し実開之時は至急御館へ自国より電報も可有之と存候まゝ御問合申上候。若し戦端を開く之際に於ては、我国千尽万戦之後大勝を得て、其名誉を万国に轟すへき吉凶を相望居候。若し万謀之上其力彼れに不及る時は、宜く他邦之助力を求め、願は其終端を全ふ仕度、昼夜天神に祈る事に御座候。彼天道に逆ふて勝難得、人道に不順して事不治豚《〔カ〕》尾髪の人種決して永続すへからす。若し我兵支那地に進入候節は、地電《〔雷〕》火と毒水の念を常々不忘、確固の陣備を以て内国に進撃《〔ママ〕》すれは、屹度支那之一部を取領するにありと我心を頑固に持居候。若し尊導大帰朝之事もあらは余も随行して我一家の防禦を持つへき一念に御座候。大将は之より瓦礼《〔カ〕》余に参り一、二週間も該地に滞留、続てロンクブランチ」へ可被趣候。就ては日本より新聞紙或書簡も御館当にて到来あり候へは、乍恐右地所まて御届之程被遊度奉懇願候。墨斯古南方鉄道建築之一条は、御地新聞にて御承知と奉存候。余り少しなれ共、十二箇の「シガレッツ」墨斯古より持参仕候まゝ軽寸ながら呈上仕候。右はアダム運送筯より相達し可申候。乍末筆御内室様へ宜く御伝声奉願上候。匆々敬白

六月五日　周吉拝

吉田清成殿閣下

6　明治(　)年11月19日

昨今御声を不聞御健体如何候哉。然は、迂生連夜夢中に吉凶之結成を得ん者と一試一会を只極睡に奉存候。尚数回来朝来翰を待候へ共、空敷今夕にして其願恵を不得共、必定閣下御繁忙之次第とは奉存候へ共、若し先発之一書御手入に相成候哉は傍ら懸念之至斯く可申

述候。此元何時にても御報達次第御地へ発途候様、順柔整取可致候也。

十一月十九日　梁田周吉拝

吉田公使殿閣下

四四三　梁田正雄

1　明治13年12月26日

芳翰拝読仕候処、別後は御風邪之御身と承り、嘸々御難〔渋〕重御推量申上候。御良医も御手元おれ共、クワイネン粉末之三グレーンス」を御内服被成候はゝ、奇妙に其功能も有之、常々大将之悪邪に満足する所に御座候。依て申上候也。御幼児等毎日厚衣外行一日も不止、益御健固一身と奉存候。然は此地大将初より生まて無事申上候。扨、懐国之書簡被入御念御曽送之義は喜悦不斜候。国本〔許〕我家一統無事、伯父よりも公へ積る御礼相記有之候まゝ可申述候。大将之墨斯加〔メキシコ〕再行は未た判然不仕、若し出立之機あらは、十日前には岐〔屹〕度御沙汰可申述候。夫までは多分此旅舎に滞留之事に相定居候。其外来る夏季は「ロンクブラチ海辺にある元大将別荘となせし家に参り、親類共に合楽会とし、珍説に御座候」然は、拝領品御送之義は、如仰御取込も推察不仕、頂戴之義申上度候。

猶々、寒邪御折角御避除被遊候様呉々是祈。余は次便之節と申残候。匆々頓首

明治十三　十二月二十六日夜　梁田正雄

吉田清成殿膝下へ

四四四　矢野次郎

1　明治4年11月22日

記

一横文　壱封

一中島作太郎より　壱封

一高木外壱人より之　壱封

右三封差出候。御帰館相成候はゝ御達可被下候也。

辛未十一月廿二日　少録矢野

吉田少輔殿執事御中

2　明治20年3月29日

謹啓仕候。時下益御清穆奉賀候。陳は、当商業学校之模様等曽て御覧を願度と存居候処、来る三十一日府下重立候商人等を招き、生徒授業之模様等令一覧、終て聊か粗餐を供し度、幸の折柄に付、自然御来観之思召も被為在候はゝ、同日午後三時迄に本校へ御賁臨被成下度、此段得御意候。匆々頓首

二十年三月廿九日　東京商業学校長　矢野次郎

吉田清成殿

追て、余り切迫之儀にて恐入候得共、御賁臨の有無予め御一報被成下候はゝ、幸の至りに奉存候。

3　明治24年4月1日

拝啓　来る三日（雨天なれは翌四日）隅田川上流に於て本会端艇競漕会相催候に付、当日正午より御家族御同伴、向島大学艇庫本会々場へ御来観被成下度、此段御案内申上候也。

但し当日は午前九時より開会致候に付、午餐の用意等は無之候得とも、御都合次第何時より御光来相成候も御随意に御坐候間、為念此段添可申上候。

廿四年四月一日　高等商業学校運動会々長矢野次郎

子爵吉田清成殿

四四五　山尾庸三

1　慶応（2／3）年4月（16／27）日〔（'66／'67）年5月30日〕

口演

御紙面難有奉拝読候。益御壮健御精学之由奉拝賀候。扨、長沢〔鼎〕君にも永く当地に罷在候故 Glaver え一紙遣候。彼の答に曰 Nagasawa is quite well I have asked him to write to his friends in London, He get on very well now like a English boy and in his studies he stands very high at school at the periodical examination he always take a pirot sank, 如斯返答に付長沢氏之義御安心可被下候。一僕転宅仕候間御承知迄に新宅名左に申上候。

177 West Regent Street Glasgow

先は貴答迄申出候。頓首

May 30th 呈 山尾庸造九拝

永井君几下

二白 時気御護養専一に奉存候。

2 明治(21)年(5)月( )日

拝啓 陳は、本月三十一日尊邸に於て小集御催に付、同日午後一時可罷出様御案内之光栄を蒙り奉鳴謝候。必拝趨可仕、右御請迄如斯に御座候。敬具

山尾庸三

子爵吉田清成殿

四四六 山県有朋

1 明治16年3月26日

拝啓 陳は、来る四月三日正午十二時拙邸於て午餐差上度候間、同日御来臨被下度致希望候。敬具

十六年三月廿六日 山県有朋

外務大輔吉田清成殿

追て諸否之御回答を乞ふ。

〔注〕朱筆で「受済」とあり。

2 明治( )年1月17日

〔封筒表〕よし田様 山かた拝答急

昨日は結構なる油絵御贈被下、御配慮之段実不堪万謝候。孰拝眉期重謝候得共、賞心之余不取敢右御礼申演候。不一

一月十七日 山県拝

吉田君貴下

〔注〕裏に朱筆で「一月十七日　山県」とあり。

3　明治（　）年4月2日

拝見仕候。今日は些と過度之致運動、甚疲労を覚無拠参堂不得仕候。孰明日は勝敗を一戦之下に相決可申と奉存候。先は御断迄拝答。草々頓首

四月二日　有朋

吉田老兄清浄机下

4　明治（　）年8月13日

過日御約束致置候朝鮮国京官及ひ外官職員表差出候間、御落手被成度此段申進候　敬具

八月十三日　有朋

吉田君貴下

5　明治（　）年11月24日

〔封筒表〕吉田外務大輔殿　親展急啓

〔封筒裏〕山県有朋

貴翰敬読、今日は囲碁小集御催に付、御招きを蒙忝奉謝候。然処今夕は無拠差支有之、乍遺憾参上難仕、可然御海恕可被下候。孰他日緩々一戦相挑度楽居申候。草々拝復

十一月廿四日　有朋

吉田賢兄梧下

四四七　山口幸助

1　明治（　）年12月15日

〔巻封〕吉田大輔殿貴酬　山口幸助

華帖拝読。然は、土木寮官員堺県にて入用に付、格別人選之上可申上旨委曲承知仕候。孰れ明朝参堂可申上候。先は御受まて〔カ〕。匆々以上

臘月十五日

四四八　山口尚芳

1　明治(7)年5月9日

〔巻封〕吉田少輔殿　山口少輔
益〔カ〕御清穆御奉務奉欣喜候。昨日は御尊書に預り候処、折悪敷外出、夕刻帰宿拝誦、其れ故拝答も不申上失敬。本日午後第三字より三字半迄〔カ〕之中御省へ罷出候付、御差支へ無之候はゝ、何卒御滞省被下度奉希望候。自然御故障之節は明朝御出省之上任御寸暇〔カ〕可仕、此段拝晤〔カ〕旁。匆々頓首再拝
　　五月九日

2　明治(7)年6月29日

〔巻封〕吉田少輔殿　山口少輔
築地万年橋際、元御省御雇之外国人住居候家屋、御省御管有之趣に候処、方今誰も住居無之様見受、猶尚芳儀御案内通、欧洲回暦〔ママ〕中不意之火災に罹り、右屋敷跡は海軍省御用地に相成、最も其後替地は被差出置候得共、外勤等に奔走新造之間を不得、帰　朝後は小川町へ借家罷在候処、現今省務端多定〔ママ〕約改正前旁にて一層繁忙、殊に当省御勤務時限に不拘、不時に書翰往復其他不意之事件差起り、遠在にては儘〔ママ〕不都合有之候間、右新造家屋落成迄暫く之間前文官邸拝借相叶間敷哉。自然暫時にても被差繰置候道於有之ては、公私とも甚便宜を得候に付、可然被遂御審儀〔ママ〕度奉願候。勿論急御用も有之候節は、何時も返上可仕、此段宜敷御頼仕候也。
　　六月廿九日
猶々、自儘等敷頼に候得共、御案内通長官にも御遠在にて、夜中往復等彼是不便難勝有之候間、其辺御了察被下度、勿論公評も可有之儀に付、可然御含み可被下候也。

四四九　山口尚芳・上野景範

1　明治(7)年7月20日

〔封筒裏〕吉田少輔殿　上の少輔　山口少輔免状封〔カ〕
御紙面之趣拝承、近々大坂御出張御雇英人メーゾン御随行被命候由にて、旅行免状可差出様右御出張は緊要

之御用筋と奉察、右之訳にて免状差出候間、可然御承知相成度、此段及拝答候也。

七月廿日

四五〇　山口吉次郎

1　明治(　)年12月24日

謹啓　時下寒冷甚敷候得共、御尊家様被為御揃無御障御安恭被遊御座候半と奉敬賀候。陳は、私には過般出倉の際、御下命を蒙りし如く、帰県後直に大林区署へ就職の義五郎君へ相頼み、青柳氏へ紹介致し貰ひ候処、幸ひ好都合にて、判任十等森林監守給二級俸に御周旋被成下、実に足下御言葉の御蔭を以て、即ち就職の義相叶ひ、御高恩の程と難有奉拝謝候。就ては今回青柳署長も御用出京の賦に付、出京の上は自然足下へ訪問致さる筈に付、乍恐縮何卒青柳氏へ御面会の際御席〔マヽ〕でも御座候はゝ、営林主事補に可被成様御一言御伝へ置き被下度、伏て奉歎願候。先は此段の御厚礼旁々以難筆奉煩尊覧候。恐々頓首〳〵

第十二月廿四日　　山口吉次郎拝

吉田清成殿閣下

四五一　山沢静吾

1　明治6年6月2日

Franklin Mass, June 2th 1873

追日暑気甚敷罷成候得とも、無御病公事御奉従被為在候事奉存候。次に、僕にも一日つゝの学業も程々、日々の光陰を送り無異消光罷在候処〔カ〕、左様御安慮可被下候。陳は、一先々月末方は両通の愚札を呈送仕候間、必す御掌握被下候半遠察仕候。其後最早三拾余日も立〔マヽ〕過き候故、尊報今か〳〵と頻に御待申候得共、今日迄無其儀故、更に先一応呈進仕候。先にも申上候通一先月迄は、友朋の救助に依て師員の謝礼等漸々曲なりに済せ置候得とも、去月の処迚も如先の手筈も出来不申、実に不便で無暴、殊に時節移左〔カ〕の事なれは夫々着類〔マヽ〕等も違ひ、夫を知りつゝ重て相談も出来不申候故に一入窮迫也。無詮方不足力故、去月の謝礼は調度形損の情実申述、暫時延引の相談致置位にて、実に困窮万々不悪御遠察可被下候。何れとも御承知の廉可有之候得とも、是迄の学費丈はとふぞ早目に御差送被下候御手数は出来申間敷や、平に奉依頼候。左候上は如何御承知あろふとも、誓〔譬カ〕へ其省生憎〔カ〕御差免相成候とも更に不苦候。自僕愚存も不少候。手古き事候得とも、僕も遙に遠国迄志趣を建幷〔ママ〕し渡来之上は、何れ彼の長を取て胆〔ママ〕を補ひ、咫尺も　邦家の為用立様是非貫徴〔徹〕いたし度、粉骨砕身尽力以て其業を遂の含也。何分先きの不便は恥さへさらせは如何なりとも出来可申候得とも、あとの儀はさらすに道なし、よろしく奉願候。此の一書御落手相成候はゝ、否哉御報被下度奉合掌候。用事迄仰鳳意度如是候。頓首

山沢静吾拝

吉田清成様足下

僕の名当〔宛〕

Rev. L. Kerne Franklin Mass.

2　明治(7)年8月24日

第八月廿四日

一ケ月以前にも候半、一翰呈進仕置申候間、疾御掌握被下候半奉遙察候。其後弥無御隙御連勤被成候由、大慶不斜候。次に小夫にも至極之元気罷在申候間、乍余事御仁慮奉希候。偖其地情実乍陰粗風聞するに、柳原〔前光〕士も弥使節の命を被蒙、支那御出艦相成候よし、右に付ては大久保〔利通〕士も御随艦渡航相成しと云。右は段々悪き風説有之候得共、取に不足の一也。又川村〔純義〕与士も再勤のよしにて、余程御憤発と云、伊地知〔正治〕黒田〔清隆〕の両士も廟堂に居り、諸事件御取扱のよしと云、是実説ならん。先日伊集院直〔カ〕教士帰家に付、咄ありし人より先刻聞く、又支那より此節台湾征伐事件に付、段々と六ケ敷吐説致様の評判承事候間、大兄方詳細御得意ならん。其儀もあらは御得意丈は不残承上度物也。山国の麁庵え空〔ママ〕ら星而已始終詠め居、殊に惰夫なれは人え依頼し

山沢静吾

新説承る事も無之故に、一入情実に暗し、御笑流可被下候。先度も願上候通、珍敷新聞紙にても被為得候はゝ、とふぞ御遣被下度奉願候。

又爰に甚恐多奉存候得共、何方の History or Year-book ら敷洋書御下し被下度儀は相叶間敷や、分て奉願候。一度於芳庵拝見仕候「和破翁〔ママ〕〔ナポレオン〕」伝 但し是は赤表具して二冊 是も御用隙に候はゝ、とふぞ奉願候。決て麁抹〔ママ〕の取扱様は致し不申候間、幾重にも奉願候。此節の単〔カ〕書は東郷巳之助之弟弐人上京する依頼差進申候間、乍御手数彼の両人帰国の便え御頼御遣被下度奉願候。尤右両人暫時其地滞留のよし也と聞く返書候も、よろしく御聞済被下度、偏に奉願候。小夫には自ら何之目的も無之、只光陰臾〔カ〕々被送、悠然として渡世するより外に道なし。悲哉御一笑可被下候。其大隙を以て悠然の辛労を凌ん為め、前条願上候書籍覧見仕度御坐候間、よろしく御汲取可被下候。当地学校生徒之内にも段々洋学致す仁も不少候よし、間には其仁に取会色々と咄も承る事也。

先は、前条御願而已奉得鳳意度、且時分柄折角無御病候様御自愛有之度祈候処也。

山沢静吾拝

吉田清成様閣下

二伸　御内室様えよろしく御鶴声被下度奉願候。

安藤小猿も先頃帰県し、其涯塩梅も不宜候得共、おいおい快方にて先日中は小宅え入参相成誠に能塩梅にて御坐候。未寸功〔カ〕等如本には無之候得とも、稍本気ら敷相見得申候。別紙乍御面倒御差出被下度奉願候。

3　明治9年7月27日

爾来絶て御音信不承と雖、暑気御厭御安康ならん。大賀不斜奉寿候。次に、僕にも碌々消光罷在申候間、乍余事宜敷御仁愛あらん事を仰く。時に甚無申分〔ママ〕御無心赤面の程難筆頭、久々にして僕大に災害を憂ひ、夫れとは他の儀にあらす、爰に了明す。僕昨年渡航の節賄料として一ヶ年分一千五百円を頂戴し、則着仏仕候処、其時涯〔ママ〕諸務多端にし、随て入用も不少、惣して昨年八月迄の間、僕管轄の生徒一名当国在郷に在て、病気に被侵〔ママ〕、亦一つには両名弐ヶ年間在郷に滞校して既に出校の機に至り、故に適々僕来りて校長え一謝陣〔陳〕述せん事を請へり。如是事実の折から、乍両度到越せり。調度着仏涯なれは、言語に不自由し、無詮方通弁に便らさるを得す。左ある時は、自ら旅費等の諸雑費は已れ引受るは〔カ〕素然〔ママ〕たれは、一名の旅行に素より差異し、入用も両倍せり。右等の事実故数度の拚償私金にては迚も往々の計算難相立処より、右形行陸軍省へ伺出候処、先達て中是迄公務に関し、費用却て御立換相成云々申来れりと雖、昨年八月迄の諸雑費は少くも書留置不申候故に、右様の幸報得つゝも外に致方も無之、実に我が不留〔ママ〕を恨より他なし。是第一の失策なり。其二つには、昨八年一月より年季迄のを云。前条賄料千五百円 賄料と相心得罷在、本年の賄料今年三月下旬迄相待居候得共、其節に至て未御送致無之、左ある内僕管轄の生徒一名急病の報、「イスパニヤー」国境温泉場より申来し処、早其時分昨年の御宛構は殆んと充り。抹〔ママ〕々の悪には当府より彼の温泉場余程路法も在れは、聊仕舞ら敷儀も之有、如是折から、本年一月より六月迄の賄料として拝借し、諸事を弁して急速彼地え赴けり。然る処去月下旬更に病死の電信を得、亦急々出足せり。両度の旅行には私金も大に費し、実に混脚〔ママ〕罷在る央、調度此の間中陸軍省より公報送達拝読するに、僕賄料の儀は着仏後より一ヶ年一千五百円被成下云々あり。考渉するに実に御尤の事なり。然共前条に如陣〔陳〕述愚算大に誤り、失策到る処なし。如是両失策を醸候処、此の以前立置し当年中の目算も全く消〔ママ〕行し、遂に二ヶ月半余の不足を生せり。旅先きの事なれは外に計策施すべきの術固より無之、殊に来る十月上旬にも到レ立時は頓と手足を働するの道尽れり。古人の語に苦は工の種基なるを聴くと雖、今に於て自ら其別あり。愚識の如きは何れに渉るの高量を不知、是れ全く山人の習なるものならん歟。時に尊兄に只管請救〔ママ〕して如今の好世を渉らん事を頻に仰望する也。嗚呼仰天膝を屈し再拝合掌して三百円の御救助給授あらん事を伏て祈願す。兄も此の節は御一身にあらす。随て御入用過分とは奉遠察候得共、亦僕前に陣〔陳〕述する憐情の儀、篤と御了察被下、幾重にも今御請〔ママ〕救の一筋平に奉希願候。「実々」御救助不蒙節は、悲哉当地の艸葉に遁るより他策なし。万端宜数〔敷〕御仁慮あらん事を請ふ。右情実の云々兄ならでは決て他人に陣〔陳〕述仕兼候。

先は大略不顧恐懼呈愚札候也。

九年七月廿七日　　山沢静吾拝

吉田清成様玉下

二白、其地留学生井上要之助え別紙御致送を請ふ。同人より愚像送致依頼に預り、致写像候に付一葉呈閣下

乍不成合西郷信士〔従道〕・田代士〔静之助〕へ宜数〔敷〕御鶴声を請ふ。

当地無事にして何を申呈可仕程の珍事なし。然共其地は博覧会の宜にして嘸珍説多かん〔マヽ〕。冀くは御閑暇を以て御洩し給へ。惣して邦家の博覧物も甚高名に聴く。御互に可賀。

4　明治（9）年9月11日

去々七月末進呈仕置候愚書を疾く御落手被下候半。今日明日と御返翰相待居候得共、今朝迄其御報を不得折から今一応進呈仕候。調度曩きに陣〔陳〕述する如く来々より実に平常の活計に苦むは満更相見得申候□〔カ〕。何卒先達て中の情実篤と御了察被下御救助被成下度、平に奉希候。一ヶ月五百「フランク」とならては師員食事等の費不足仕候。とふそ三百円丈け御出借奉願候。兄も此節も御一人にあらす。聊御もの入の事もあらん。然共此節僕歎願の一条に付ては、只管〱御救助被仰付度奉合掌候。僕名当〔宛〕は巴里斯公使館え御宛被下度奉願候。重畳恐入る事候得共、別紙御届方奉希候。近頃伝聞するに、野津七二外に軍人両三名其地渡航の由、然とも其他博覧会見物迄にして、欧地廻国に等、些計六ヶ敷云々を聞ヶ候。左ある時は其地博覧会兵制等弥充分ならん歟如何ん。僕も最上五郎無拠用事ありて三日あと馬耳塞〔マルセイユ〕え出掛たり。然共先つ両日もして帰巴の含

なり。田代さんえ可然御伝を請ふ。先は大略不顧自由再度以紙上歎願迄仰鳳意候也。

九月十一日　山沢静吾拝

吉田清成様閣下

5　明治9年10月18日

此内より両度も愚翰追呈仕候得共、総て音信も頒承不仕、方今如何御安康候や。傍ら御病気を生し候半歟と驚愕す。他も亦博覧事件に暇を不被得の余り、御返翰の便も滞り候半歟と奉存候。時々此の内中実に誠心を打遂け、頭を地下に垂れ、御依頼仕候事也。既に当月より僕活計大に混却〔ママ〕罷在候間、何卒深く御憐情を以、此節迄は三百円の御救助被成下度、偏に奉希望候。兄も旁御入用多端とは遙に了承仕候得共、過刻僕混脚〔ママ〕の情実を了察被下、御憐愍〔カ〕を蒙り度奉願候。向後は決て右時機の形行訴出申間敷候はゝ、此節追々何卒〳〵宜敷奉願候。先達て中、僕混脚〔ママ〕の情実委さに記裁〔ママ〕し、僕類家重久佐平太方え申送置候に付、来る一月末二月初の掛り為何返事もあらん。其返事に応し兄へ御依頼の分は其節御返証可仕含罷在、何分能き御答芳を希望す。先は御依願迄如斯。敬白

九年十月十八日　山沢静吾拝

吉田清成様机下

6　明治(12)年5月31日

〔封筒表〕東京芝区白金志田町十五番地　吉田清成殿　煩親閲（消印「廿二年三月八日」）

〔封筒裏〕宮城県仙台区東一番町四十八番地　山沢静吾

本月十六日附の芳章新発田分営所等を経、今朝相達拝読すれは、爾後御安祥之由奉大賀候。陳は、愚弟病気に付出獄保養云々御深情被仰聞由、奉万謝候。迂生も去る本三日彼の方より帰営、則右云々其地類家の者共より投書有之、依て隊の都合を計り出京願出置候に付、涯々御指令相成候事と日々相待居候処、昨日は方今帰郷療養者傷治策而已相始め、右取扱方に付当営所副官千台〔仙〕へ要件に付、迂生出京暫時差扣可申候云々申

山沢静吾

来、是には実々当惑不一方候。愚弟も方今は類家の内へ引取有之、追々快方の由には候得共、新き類家なれは、旁気の毒なる儀も不尠、此辺は御推計奉願候。迂生の出京等如此都合に候故、明日は召仕の者類家方へ差遣し、愚弟容貌等為窺度含にて候。愚弟も御承知の通犯罪者にて候故、入病院願出候ても速に御許可相成へくものやらと此辺も拝顔上兄等へ御依頼申上度含之処、右或不都合相成、法策も粗相尽申候。然共類家或は小谷静治との等へ右取計御一封差遣置候間、万一も相運ぶものなら、至て多幸なり。大兄宜敷御指揮偏に奉願候。御甥雄蔵様只管御心配被成下候由、尤御書翰も相達、兄より宜敷御鳳声是祈る。先は不取敢厚謝旁如是。百拝

五月卅一日　　　　　山沢静吾拝

吉田清成賢台玉貴下

〔注〕消印の日付から考えて7の書翰の封筒と入れ違っている可能性が強い。

7　明治(22カ)年3月6日

〔封筒表〕至外務省　吉田全権公使殿　親展（消印「十二・六・一」）

〔封筒裏〕自上州高崎営所　陸軍中佐　山沢静吾

拝啓　時下余寒難去候処、御闔門滋御清勝に被為渉遙賀此事に御座候。降て小生事去月廿八日発京、同日無異帰仙罷下候間、乍余事御放念被下度願上候。滞京中は夫是御厚情に預り、不浅奉伏謝候。実は出発前御礼旁参館可相窺心賦之処、外来客之多忙に取紛れ、終々不果其意、遺憾之事共に存候。何卒悪からす御懐寛之程所念に御座候。右御咤旁早々奉芳意候。不罄

第三月六日　　　　静吾拝具

吉田賢台貴下

〔注〕消印の日付から考えて6の書翰の封筒と入れ違っている可能性が強い。

8　明治(　)年2月21日

尚々、御家内様えも何に付小子共に宜品物被下只

々万悦仕申候間、とふそ皆様厚御礼御申上被下度奉願上候。

先達ては罷出結講〔ママ〕なる之者被仰下、其上何歟御世話様に成上難有奉万禱候。然は、私も当廿八九日頃帰県之賦御座候付、御兄様御注〔カ〕文之御品物是非私持参仕度御座候間、御都合呈〔カ〕宜被遊御座候はゝ御預《アツカリ》申上度奉存上候間、若哉御送りに可成〔被欠カ〕下候はゝ、三日前御持為御遣被下度御伺申上候。私も是非其内御礼旁参拝仕度御座候得共、御存通静吾は郷里より急々なる用事御座候間、其儀も出来不申、何れ帰京之上緩々可罷出候。何分御注文御預り申上度如此御座候。

二月廿一日　山沢静吾拝

吉田清成様

9　明治(　)年7月10日

拝呈　時下薄暑之候、滋御清鋭奉遙賀候。其後絶て御動静も不相窺、自然御無沙汰いたし不本意之事共に存罷在候。然は、老母此頃出京之折柄は拝趨意外之御餐遇に預り、殊更結好〔ママ〕之御品物まて頂戴いたし候由、御厚情之段不浅奉大謝候。右御礼旁早々、奉得芳意候。頓首

第七月十日　静吾拝具

吉田賢台侍史

四五二　山下房親

1　明治(24)年1月10日

謹啓　益御清祥被遊御座奉慶賀候。陳は、来る十二日午後一時より芝山内弥生社に於弓術射初式相催し申候間、御操〔繰〕合御臨席奉願度候。尤田中〔光顕〕総監にも出席之筈に有之、宮内省侍従連中も両三名案内仕置申候間、閣下御繰合相叶候得は、一同難有仕合に御座候。弓術卒て酒肴進呈仕度、右に付本日は参上願度と奉存候処、彼是多忙にて欠敬仕候段、宜御洞察可被下候。此段奉得尊慮候也。敬具

一月十日　山下房親拝

吉田清成公閣下

四五三　山田顕義

1　明治（　）年2月1日

〔巻封〕吉田賢台　顕義拝

拝啓　一昨々夜御示被下候深川地所、昨日下人差遣、永代橋上下相川町相生町辺所々問合見候へ共更に見当不申、冬木町に貴省御所轄之地所壱ヶ所有之由、若右にては無之哉に存候間、為念御尋仕候。右地所は御貸渡相成候哉又は御払下相成候哉承知仕度、御面倒恐入候へ共、御示被下度御頼仕候。為右拝具

二月第一

2　明治（　）年2月10日

〔巻封〕吉田賢台　顕義

地所之義に付御懇示之趣拝承仕候。近々之内杉山氏へ下人差出万事相談可為致候。先は右陳謝迄如此御座候。頓首

二月十日

四五四　山田　慎

1　明治（7）年10月25日

〔巻封〕吉田全権公使公閣下　山田慎拝

御洋行前奉得拝顔度候に付、追て昇堂可仕候。恐々頓首

十月廿五日　　山田慎百拝

全権公使公閣下

四五五　山田秀典

1　明治（7カ）年（　）月（　）日

〔巻封〕吉田少輔殿奉復　山田秀典

〔横井左平太〕伊勢佐太郎近日帰国旅宿御知せ申上候様被仰下謹承、右帰国之儀未承り不申候得共、今日承合明日御出勤之

上可申上、右奉復。頓首

即刻

四五六　山中芳高

1　明治(　)年1月20日

謹て寸楮奉呈仕候。扨、承り候得は、令息御儀御逝去之由、高館憮御悲歎之儀と奉遙察候。何分隔地之処相弔之礼を欠き、謹んて愚翰を以て御悔み迄。艸々如斯に御座候。謹言

一月廿日　山中芳高

吉田様閣下

四五七　山内隄雲

1　明治(21)年5月30日

謹啓　陳は、本月三十一日貴邸に於て小角力御催之趣を以御招状を賜り、御厚意之段奉拝謝候。然る処、頃日来老母病臥看護之為め局務をも相欠き居候仕合〔カ〕にて拝趨仕兼候間、不悪御承知相仰候。早々拝復

五月三十日　山内隄雲

吉田清成殿閣下

四五八　山本五郎

1　明治(21)年5月30日

拝啓　陳は、明三十一日貴邸に於て小集御催に付、御案内を蒙り難有奉存候。就ては参陪可仕之処、同日は上野公園内展覧会閉場式にて何分にも参上仕兼候間、乍残念御断申上候。宜敷御聞置之程奉希望候。右得貴意度草々不悉

五月三十日　山本五郎

吉田清成殿

四五九　山本復一

1　明治(　)年6月14日

過刻一つ書を以て岩公〔岩倉具視〕より口上覚差上候内、独逸公使云々の件御覧被遊度候はゝ、右書翰は外務省に在之候旨申上落候間、此段乍序言上候。不一

六月十四日　　山本復一

吉田様

四六〇　山本盛房

1　明治23年9月15日

拝呈　残暑甚敷御座候得共、御清適被遊候半奉大賀候。却説兼て御話仕置候彼の授産会社敷金に付、会議の義は明後十七日午後第四時より芝公園地第五十号郷友会事務所に於て開設の筈に御座候間、御繰合是非御出会被下度奉願候。尤も樺山会長よりも御通知有之たる事と存候得共、小生よりも重て御願申上候也。

廿三年九月十五日　　山本盛房

吉田清成殿

四六一　結城幸安

1　慶応（4）年閏4月12日〔('68)年6月2日〕

御離袖以来弥御壮固に可被成処、御研学奉大賀候。然は下拙義 last Friday に Brocton を発車し、已に Saturday afternoon に Monson に到着し、否や御同藩吉田氏〔種子島敬輔〕之御旅宿を訪ね得て御面会を得、種々御談話申候処、貴兄も当時は New Brunswick に御滞在御研学之趣も諸兄より受玉り、否や御訪ね申候心得に御座候処、御存知之通何分金作之一〔ママ〕見に附き大に心労仕候間、休む事を得ず御面会を促し甚以御失敬之儀重々御断申上度奉存候。扨吉田氏之御旅宿に両夜伯〔ママ〕臥しモソンン諸兄に大に御免的〔ママ〕を掛、諸事御親切に預り候。もしも貴兄よりモンソンに御指筆御遺〔ママ〕之節、貴兄よりも宜しき様御伝語を願ふ○小子よりも今朝急速にモンソン諸兄え一筆を飛し申候得は、尚又御願申置候○モンデー之朝七時にモンソンを発車し已《スデ》に十二字に当地

に罷越て馬車に駕し「フレンチ」之宅を探ぐり候処、幸に花房・拓植之両氏を訪ね得て消〔稍カ〕々談話して夕陽七字頃フレンチに面会し右之相談仕候処、幸にフレンチ委細受け合くれ已《スデ》に来月九日 New York 出帆之飛脚船にてサンフランスシコ〔ママ〕〔を欠カ〕通り日本に帰る之約束仕候間、大に安心仕候。尤《モツト》も来月迄はフレンチ之返対〔ママ〕に花房・拓植之両氏と伴〔ママ〕に滞留せよと之事故、諸事万端聿〔都カ〕合能く引受候儀を一報〔ママ〕申上度奉存候。以上

六月二日　　　　結城幸より拝

永井兄〔吉田清成〕
杉浦兄〔畠山義成〕

French said that Oh! Certainly I help to you as you like Stay or go back to Japan, I wish to you come and see me very much and I knew Goto at Nagasaki very well and he is my great friend, therefore I must help to you any away.

花房・拓植之両氏も大に尽力到しくれ申候。乍憚、肥後藩士へ宜しき御伝語を願ふ。

2　慶応（4）年5月2日〔（'68）年6月21日〕

以来弥御安全に可被成御研学、奉大賀候。然は下拙義無異儀寝坐罷在居候間、乍憚左様被下御安心度奉頼候。扨作〔ママ〕日モンソン之吉田氏〔種子島敬輔〕より一封を受取申候処、書中に近頃 New York 辺之新声に、日本之形勢日に窮迫は外国之ミニンストル〔英・パークス〕上京之節、礼〔例カ〕之日本血気の幕〔暴カ〕人英之ミニンストルに切掛り、已に少々きずを附け、依ては大論議を発し、甚た危急損亡之秋哉気遣、日夜歎息仕候。

尤もボストン新文紙〔ママ〕には何事も題せず、故えに猶以心労仕候。必ず御当村の新文〔ママ〕は御聴き及びと奉案候間、何卒精しき新声を被下御聴せ度奉頼候。扨、吉田氏之書中に野田〔鮫島尚信〕・沢井〔森有礼〕二氏当月六日速かにブロクトン発車にて、日本之様御帰国之様子受玉り候得共、如何之神教にて哉詳かに聞知せず、定めて大なる神教と奉案候。何卒右之両状被下御聴せ度奉頼候。○小子も弥七月七日ボストン発車 New York に罷越す心得に御座

候間、土角〔兎カ〕来月七八日之内御面会を得て、御精談も聴
き度、又小子帰国に附ては諸事御相談度〔致欠カ〕奉頼候。先は
如此御座候。敬白

六月廿一日ソンデー認

結城幸吉郎拝《より》

My dear brothers Nagai and Sgi〔ママ〕

〔畠山義成〕杉浦兄
〔吉田清成〕永井兄

大暑御厭ひ之上へ、御研学専一に奉存候。

〔裏面〕
I pray for all you every day and I am sure the
〔swordカ〕sord make strong for all you and me and pray
pray you pray God for me.

〔以下は鉛筆書き〕

Johon
3ch.
Joh. 5. 39
Rom. XIII
Rom XI
to inquire with regard to
marriage.

四六一　湯地定監

1　明治(　)年10月17日

御離別之後不奉得御言信候得共、弥以御安康之由、且既に御発足之日限にも差迫り候て、必す御取込之筈奉存候。先度私此内御当館え滞留之折は、大に御厄介御叮嚀に預り、万々御礼申上候。〇私にも入校以来日夜勉強罷在候処、去る十四日夕刻より旧病再発いたし、右は決て毎日之調練等之過な〔カ〕ひより相起たるとも奉存候。右同日より吐血を初め、依て其翌朝直に医師え療治を受候処、本人より之命にて今日迄勉強も差止居申候事に御座候。将又吐血之今日に至る迄過日と同様、聊困窮罷在候。当病院においては充分に養生方出来歟又は不出来歟は今に分て不被申上候。依て大人迄御通申上候べし。なにか良策之道どもはあらぬ歟と奉存候間、右形行申上候。若し良策之道ども有之候得ば御下示被成下度ものに御座候。此段用事迄、早々頓首

十月十七日　　湯地定監

吉田清成

〔注〕文頭空白に吉田の書込で「Ans. 即日」とあり。

2　明治(　)年10月27日

当十八日付之御手紙同十九日相届き、難在奉拝見候処、御出立も御延引之由奉存候。乍然御取込之筈と奉存候。扨、先度申上置候私病気に〔ママ〕日増と快方に相向き候。併し未た吐血も不止、聊困居次第に御座候。尤未た勉強も不致、空然罷在申候次第に御座候。将又吐血いたす事も日増間遠く相成、昨日より今日に至りては、直更よき方に御座候。至て仕合に御座候。医師より申には、私病気はとても速かに全快不致候得共、退校する丈之事は先つ見合と申事に御座候。

此節之病気に付誠に困窮之次第、何となれは御存之通、当学校え入校後直に右之様なる持病再発し、故に最早二周間余学問等も取止め候に付、聊困窮次第に御座候。然し病気におひては何れも無致し方候事故、今日至て厚く養生を加へ、先を前〔全〕快之上彼是当校におひて器械実業少々なるとも勉学仕度と奉存候。

何とも恐多次第に御座候得共、大人之御妻君え宜敷様御通置被下度奉願上候。次に高橋君えも同断なり。先は用事迄一筆荒々如此御座候。頓首

十月廿七日　　湯地定監

吉田清成様

四六三　湯地定基

1　明治(　)年1月23日

〔巻封〕吉田太郎様　湯地治左衛門用向上置

過夜は参上仕、誠に難有奉存候。扨、承候に、貴下には桜田邸御申受相成候由、就ては余り兄には両能〔ママ〕くには御座候哉。何分後日拝顔の上御咄可承候。それ迄は先御引移り之儀御見合置可被下候。就て乍略、右早々申上置候也。

正月廿三日

〔注〕巻紙に鉛筆書入。

2　明治（　）年5月29日

謹啓仕候。爾来益御清適被為在、奉大賀候。陳は、本道開拓之前途に就ては、兼々御配意被為在候段拝承罷在候。本道も近時面目を一新致来り候より、本年御用閑御繰合之上御来遊を仰度、御都合如何に被為在候哉。今回幸ひ広田千秋出京仕候付、貴所へ為相伺候間、御面会被成下度、同人は本道事情に通暁せるものに有之候間、百事同人より御聞取被成下度奉願上候。右得貴意度、如此御坐候。頓首

五月廿九日　　　定基

吉田賢台侍史

3　〔（　）年7月7日〕

昨日は少々時刻とりをくれ、先に同船する事出来兼、無止事 New London 迄乗船、明朝七時半に帰宿仕申候。何分早目に其御元之御用事済次第、直様此方ぇ御光駕可被下候。此旨早々御申上候。以上

七月七日　　　工藤十郎

永井兄

〔注〕工藤十郎は湯地定基の変名。

4　明治（　）年10月9日

〔巻封〕吉田清成殿　湯地定基要用

夜前は御光来待上申候得は御出無之候処、御風邪之御事と存候。就ては先日御咄之通青山牧場〔開拓使官園〕之方ぇ至急御尋合御取計被下度、ふして奉祈上候。敬白

十月九日

二白　余り申上かね候得共、十五日寺侯〔徳大寺実則〕之処ぇ御評義《ママ》是又奉祈上候。

四六四　湯地

1　明治（　）年1月12日

前文御用捨被下度。扨、昨朝拝顔之節御取残し之物

品、直ちに品川停車場に於て請取、其より十時の汽車にて神奈川某家え持参候処、最早御出立後に付、右之品物兼て御申置の仁え相渡し、多分昨夜御落手と存候。其外玉薬御尊宅へ御問合せ申候処、是又今朝其表へ御送附の由承候。小子義も突然母同行にて、其御地え来る十五日頃出立仕度、右に付、何とも恐入候得とも両三日の止宿所御配慮奉願度候。尤外に五六名の友人も有之候処、兎角不案内勝故右止宿所の処可然御心配被在度奉願候。余は拝顔の上奉謝候。草々不一

一月十二日　　湯地拝

吉田大人玉机下え

再々　前文甚た失敬之段御用捨の上御配慮被下度、奥様えも可然御鳳声奉願候。已上

四六五　由良守応

1　明治（5）年4月14日

御各位様方愈以御清適御滞留被為在候旨奉賀候。小生等昨朝無事着、夫より中島〔信行カ〕え談し合、即明十五日ベルモンドへ出立致可申積り候間、此段御承知まて奉申上候。

一御依頼之儀は南〔保〕へ得と示談致置候間、定て今便は差立候事と存候。

一生徒之所置も夫々取極め候処へ居をしめ候由、安心致候。種々之御配慮厚謝申上候。尤生徒之内兵学校に鉄弾を提廻り、迷惑致すもの有之との事承り申候。是は何卒御勘考之上、宜輔御振替之程奉希上候。

右之段得貴慮度候条如斯御座候也。

四月十四日夜認め　　由良守応拝上

呈吉田少輔公

大鳥〔圭介〕公閣下

四六六　由利公正

1　明治（6）年11月（　）日

由利公正

記

一五百七拾七円七拾七銭八厘
右は賄代御手当共過渡相成候に付、返納可致之処ロンドン府出立之砌拝借証書差入候分
今般一時上納被仰付候事
一四拾ポンド
右はベニースバクン〔バンクカ〕帰府後返済
一二ポンド拾シルリング
右同断入費
一百九拾円
右はオーストリヤバンク前同断外務省渡し
右はボールスブロブル会社為替金滞に付、既に返弁致来候儀に付、右会社戻り金之内より御渡被下度願上候也。

十一月　由利公正

吉田少輔殿

2　明治(　)年2月25日

昨今漸春色、益御多祥御起居候条奉賀候。陳は、日外差出置候物茂卿巻、少々他に比較致度品有之候付、御手許に候はゝ此者へ御渡被下候様願上候。右願用迄、早々頓首

二月廿五日　公正

吉田清成様侍史

3　明治(　)年11月20日

〔封筒表〕芝白金志田町十五番　吉田清成殿　〔朱書〕物茂卿　巻物
添当用
〔封筒裏〕十一月二十日　由利公正

口上

先日御噂之義御堂御伺旁持参可仕存居候処、少々風邪にて延引候に付為持差出候間、御落手緩々御披見可被下候。余は譲拝顔候。頓首

十一月廿日　公正

吉田清成様侍史

4　明治（　）年12月21日

追日寒威相加候処、愈御清寧御奉務之条奉遙賀候。迂生外爾来些之御伺可申上候処、長々所労罷在、于今永々不仕、不本意失敬罷過、多罪御海涵可被下候。陳は、別紙金子之一儀、日外も一寸申上候通り、情実不得止之事義に付、無拠立替遣置候之処、元々預け置候金高中之義に付、可然御所置被成下候様願上度、最出神之上は是非拝顔委細可申上候得共、彼是遅引相成候に付、乍失礼以書中願上候。不悪御汲取可被降候。呉々軽易之段御容捨是仰候也。頓首拝

十二月廿一日　　由利公正

吉田賢台閣下

四六七　与倉東隆

1　明治20年8月4日

〔封筒表〕大日本東京府下農商務省　子爵吉田清成殿閣下煩

親展

His Excellency

Viscount K. Yoshida

Tokio Japan

〔封筒裏〕

〔消印〕YOKOHAMA JAPAN 25 SEP 1887

ETRANGER MARSEILLE AOUT 87

追日酷暑の候に罷成申候処、愈御清穆の筈大賀此事に御坐候。降て小生儀不相変無事勉学罷在申候に付、乍畏憚御放神被成下度候。陳は奥青輔殿儀、長々病気の処、去る七月卅一日午后四時三十五分百薬其効を奏せず遂に逝去せられ、御当人親族の愁傷は勿論、実に国家の為め可歎事に御坐候。就ては右病症経歴の詳細は、当地滞留川嶋、川上の両氏より孰〔カ〕れ御報知可被致候得共、小生見聞する所大略御報申上候。抑も御当人儀は去る十二月下旬頃少々間歇熱に罹られ、医師に就き加療被致居候処、本年一月七日頃に到り会圧〔陰〕部（紅門〔ママ〕と睾丸の間）において硬結性の腫物を発し、此れが欣衝漸次蔓莚〔ママ〕するの徴候有之、則ち一月十五日当地有名

なる病院に入院せられ、同日直に切開術を施せしに、抑も此の腫物は尿道に相交通し、尚ほ予て慢性淋疾の為めに尿道局部の狭窄を致せり。此開切《ママ》后は一時熱も下降せしに、第三四日を経て欣衝再ひ旧に復し、医師は其欣衝を防止せんと其蔓莚するに従ひ切開の術を施せし事数回に及び、為めに大に快癒の望ありしと雖とも、更に其膿瘡の病毒を血液中に吸収し、病勢全く相変し、膿毒症とはなれり（日本にて俗に破傷風と申す症）。此れより病毒全体を巡環し、皮膚面更に重に胸部腰部の辺に於て膿腫を発し、手術を施行せし事前后十回に及ひ、其施行せし処殆んと三十有余ヶ所に相及申候。此の時は頗る危篤なりしも、三月中旬頃に到ては病勢漸く相衰へ、四月中旬、則ち小生当地へ着したる時には大に快癒の方にて、医師なども大に望を属《嘱》し、毫も懸念は無之旨申居候処、血液の性質旧に復せず、謂所《ママ》慢《ママ》性の姿と相成、五月頃よりは屢々腸胃の加多児《カタル》に罹かられ、体熱の昇降頗る不規則を極め居候処、又々七月廿日頃に到り膝部膿化し、則ち之れか切断を施し、加療致候得共、如何せん、七ヶ月の長き病褥に就かれ居候事故、心気及体力も大に相衰弱、七月廿九日頃より面部及ひ手脚に水腫を醸し、卅一日午后二時に到ては昏睡に陥入り、三時二十分前頃より少々痙攣を発し、四時三十五分に到り、別に苦痛もなく逝去せられたり。床傍に在りし日本人は一層の感覚を引起し、悲痛蟠坐に相催し申候。抑も此の膿毒症は頗る危篤の病症に有之、然るに手術数十ヶ所に及び、尚今日まで七ヶ月の長き間存命せられしは、医師の精妙は申す迄も無之候最共、一は右膿腫を外部のみ発し内部に之れを発せざりしの故と愚考罷在申候。扨て跡取片付方等は万事川上、川嶋氏の一方ならざる周旋にて、昨三日午后五時埋葬も都合能く相済み、当地滞留の日本人を始めとし、当国軍人及ひ其他官員等も多く会葬致申候。右奥君病気の間、属官牧野健造《カ》常に看護七ヶ月の間尚一日の如く轍《ママ》頭轍尾能く万事に注意看護されしは実に通例親族も不及の働きにて、之れを見聞する者感服せざる者は無御坐候。

一先般御命令を相蒙り候農林学校山林学部教師相雇入の件、当地在留代理公使へ諸事打合の上、既に「グラスマン」と申す者雇入申候。当人儀は来月中に当地出発の筈に御坐候。且又「マイヤ」儀は多分十月頃当地出発、米国を経て渡航の筈付、十二月下旬頃迄御地へ着の筈に御坐候。右両名教師の件に就ては、先般より委細前田〔正名〕校長へ報告到置申候に付、御聞取被下度候。

一小生儀目下不相変獣医学校において病理学及実地治療に研究罷在候。実業の点に当ては、兎角も学理上細密の事に在ては大に進歩を致し、米国獣医学校等の遙に及ふ所に無御坐、従て毎日見聞する所新しき事不尠、折角楽みに研究罷在候。又余暇を以ては獣医的に関する法律規則等調査罷在候。学校の組織法と云ひ、獣医的の政治と云ひ、さすがは精妙を極めたる者に御坐候。是れより当地滞在中独乙国諸州名あるの獣医学校は夫々旅行、実地に目撃致度と存候得共、如何せん、兼て御支給の御手当にては到底実行難致、さりとて偶々当地に渡航し、啻に伯林の学校に在て、他の学校を見る能はさるは、偏に残懐の極と云はさるを得ず。然らば小生愚、又々其金策を求めん乎、是れ又昨今の状態にては到底難出来事に有之寄々心痛罷在、実は過便より校長へ宛て内願に及ひ候次第に御坐候。素より錦地出立の際、今般御支給の額を以て承知の上渡航致候に付、今更不足を申上る儀には無之候得共、若し御都合も相出来候へば、非常の御詮儀を以て相互の御増額被成下候様切に奉歎願候。願くは官等相当御手当の三分二丈にても御済了被成下候へば充分の節倹を致し、夫々枢要の地を巡廻、尚一層研究致度心算に御坐候。

一近頃甚た恐縮の至に御坐候得共、今般谷〔干城〕大臣へは別に書状呈し不申候付、御序の節何卒可然御伝声奉願上候。

右は要事の已如斯御坐候。草々謹言

明治廿年八月四日　在伯林与倉東隆拝

吉田清成様閣下

〔注〕「農商務省」用箋。

四六八　与倉守人

1　明治9年2月16日

拝啓仕候。益御清適御奉職大慶御儀奉存候。小子も無異相勤居候間、乍余事御休神可被下候。陳は、横浜にて御別袂已来御窺可申上候処、今日迄遷延之段申訳も無之、御仁免被下度候。偖、小子も一昨七年十二月大坂え出張、全く一ヶ年在勤にて、昨十二月帰京、勉強罷在候。在坂中等之成行左に報す。

一七年十二月十三日着坂、翌日ヨリ出勤す。其時大坂租税寮閉鎖之事起り、右引払之事務を命せられ、十五日より右之事に係り、即物品等を点検して不用之官員免せられたり辞令持参す。纔に両三名残り、同月廿五日迄に残務悉皆相仕置、同日閉鎖す。残り官員も追々帰京為致候。此年既に年末休暇之ときに至り候付、翌一月より出納之事務引継を受、同月中旬能勢〔辰五郎〕と交代す。其後当用準備金之事務を始、造幣寮引合之貨幣鋳造工業上之事も勉励して、漸く一二を覚へたり。追々土地にも適合し、今暫く在坂之心組罷在候処、至急帰京之儀命令あり。代りとして元記録寮五等出仕伊東武重出納に転任して下坂す。因て事務引継、直に帰京す。然処出納寮も追々事務伸張し、納金局を被置、銀行に於て受入候納金一切引請に相成、十二月より開局、引続き諸省用度金引受候筈にて、右え関係之命を受け、当時局長之場に勉励、日々相勤居候。御安堵願上候。出納も洋風新築之所に引移り、逐日繁劇に相成候。馬渡は死す。林権頭に任す。

一世上紛紜は不絶候得共、可驚事件は更に無之候。元老院・大審院も被設たり。左大臣公〔島津久光〕・板垣〔退助〕は辞職す。暫時世評囂々たり、不日にして止む。亦朝鮮之事件起り、終に弁理大臣黒田了介〔清隆〕・副大臣井上馨其他随従之官員数名、遣韓使之名を以渡航す。其后確実なる報知を聞す。随て陸軍卿始下之関え出張す。今にも兵端相開け候様の人気、海陸軍之兵士力味候。御遙察あるべし。此結局如何、到底戦の一字に決し可申と存候。

一御出発後小野組閉店、続て島田休業にて大木一本倒れ、小木千本之殤とやらにて、果して末葉身代限り等に及候ものも不少。其後追々身代限り流行となり、即今之風説にては身代限りも奸計の内にて、必す金を懐にして所分を願ふものありと。

一大坂辺も従前豪富と相唱候鴻池・辰巳屋等其他之数名、過半は閉店、或は転居にて、諸国物産も近年減少し、実に不景気之体に被察候。乍然貧富は世上の廻りものにて、彼貧すれは是富み、世の変遷に随てある習ひにて、可歎息事には無之候得共、日に月に開明、人智もむかしと変し、且夫々御世話も有之事に付、数年ならす物産繁殖し、一大富強と可被成と信し罷在候。

一東京府下も貴君御出発已来巡査官増加、当時六千人之由、夫にても盗賊は止み不申、この頃火災は稀少、実に人民之幸と存候。地震は折々有之候。是は人力の不及所無是非候。地獄の門締は日に月に厳密、既に売淫罰則を警視庁にて設け、取締有之由に候○芳〔吉〕原は焼け、深川に仮宅出す。

一新橋辺この頃寂寥たり。乍然御愛妓小鶴不相替全盛、桃太郎同断、麟子は既に芸妓の部に加入、丈も延ひ、頗る別品と相成候。最早新道開拓之期と被察候。兼て五代〔友厚〕見込も有之様子、当時は在阪不日出京之由、自然着手候はゝ再ひ報知可仕候。柳橋辺も余程閑に、名妓も少く、極不景気に相見得申候。

一旧藩鹿児島も極静謐之由、帰国之兵士も元厩組に私学校を造、一回入校、規則厳重にして能鎮静し、更に異議も無之候由、是西郷老台之力に倚る所ならんか。今般朝鮮一挙にも更に動揺之景況も無之候由、御安心被下度候。

旧知事公〔島津忠義〕は于今磯え御逗留、此頃御出京之御様子も相分り不申候。前左大臣公も当時浜町邸に御住居に候。海江田〔信義〕、内田仲之助〔政風〕なと一時は憤激候由、此頃穏に相成候由に承候。

与倉守人

右件々見聞する所也。御覧後投火を乞ふ。余は后鳴に譲り候。頓首謹言

九年二月十六日認　　与倉守人

吉田清成公玉机下

2　明治(17)年2月14日

益御機嫌克大慶奉存候。陳は、忰東隆事来る廿五六日頃出発之様に御座候。右に付過日奉願候通ゆる〳〵御一会仕度候付、来る十九日（土曜日）芝紅葉館に於て麁酒相献度、何卒午後五時迄に御光来被下候様奉願候。尤も御差支有無為御知被下度、夫か為東隆差出此段奉伺候。敬具

二月十四日　　与倉守人

吉田様御執次中

3　明治(　)年1月13日

毎度御懇書難有拝見。如命昨日差支有無問合に相成、只今御返事有之候趣〔カ〕相聞及申候間、此上はよろしく奉願候。知事殿より少々諸〔カ〕之次第も有之候へ共、程能示談相済申候。尚余は拝眉を辱候也。

一月十三日　　守人拝

清成公

4　明治(　)年10月14日

〔巻封〕吉田清成様差上置御親披　与倉守人

快晴罷成弥御機嫌克大慶奉存候。陳は、一昨日は参拝緩々御高話拝聴、殊に長坐御馳走頂戴難有奉謝上候。其折承候西尾家願意云々之事昨日取調候処、十二日之御指令に相成居、即知参事えも申伝候。今日内諭之様夫々呼出置候間、出庁之上は承知仕候。御趣意を以程能取計、追て成行可申上候。御出勤前罷出候ては御迷惑と奉察候間、御礼幷右迄如此御坐候也。

十月十四日

5　明治(　)年10月30日

〔巻封〕清成君　与倉拝上

御奉職奉大慶候。然は、兼て承知罷在候御屋舗囲込御願書御差出相成候て可宜旨、取扱之向より承候間、明日にも御持せ可被成候。此段早々に得御意候也。

十月卅日

6　明治(　)年11月25日

〔巻封〕吉田君閣下　与倉拝呈

昨日は御細書被下拝見仕候。新税一条は折角取調中にて、右しらべ専務庶務課取調扱に付兼て差立置、是非来る一月より収税相成様いたし度手続いたし候間、来月初には遅くとも伺出候様に尚催促可仕候。

一新橋ステーション近辺石橋に掛替一条、小生には全く吟味不承、営繕課にて取調候歟にて、右之趣噂に承り、少々不服に付参内、い細申上度存居候処に、御文通、御見込之程至極御同意に御座候。全体先度三万七千円余御取替相済候節、小生見込は先つ橋々は従前之通一と通は修繕を加へ、再修復之期に臨み模様替いたし候方可然と申談置候処、今般石橋之義は蓬来会社とか申候。此節右近辺に新道建築之由その辺より云々有之哉とも候間、夫等は尚御直々申上度、就ては既に伺を経候上之事に候間、府下中従前之仕様を以、都て修繕相済候上尚模様替之儀は着手可致旨を以御指令被下候ては如何、是は小子の見込に御座候。兼て御咄申上候通、甲の橋は立派に出来、乙之橋は従前通かた之修繕、丙の橋は馬車往来止之建札有之候ては、実に不体裁之訳にて、夫等を小生に於ては深く心配罷在候義に御座候間、此度は何卒前紙通断然石橋は御取止之方に御指令被下候義有之度御座候。

一御囲込之儀は大に延引に相成、地券掛課長は無異論調印も可致由之処、下之者共已前及両度此地所願合申候。又は司法省御用地と申事可有之、其節も不可成筋に相決し、場所に付少く異論も有之候由候へ共、右は昨年以来地券発行にも不相成内之由に付、此節に至候ては因循之論歟と過日大に論弁仕置候。不日に上申相成可申候儀御心得可被下候。

右之通呉々申上候。いつれ拝顔之上尚可申上候也。

与倉守人

十一月廿五日

守人拝

清成公閣下

四六九　横山賢二郎

1　明治20年7月24日

暑威劇烈、御高家御禎祥奉拝賀候。二に、小生にも無異経光、乍他事御鎮神被下度候。偖、此内より再度御歎願申上越候小生身上之義は、疾くに御了承被成下候半、然処本県新知事赴任已来度々相伺、種々談話之末、先生へ小生身上之義願上越候次第談話致し候処、知事之被申には、吉田先生より頼談有之候様に相覚候。然れとも確と相覚不申候間、近日入船便より上京可致筈に付、猶先生へ宛一筆可差出、左すれは其書翰は自分か持参致し、篤と吉田先生と協議に渉り御尽力可致旨被申呉候に付、恐縮も顧みす此一封知事へ及御依頼候間不悪御了承被下度、然して先度より種々情実を以て御願申上越候通り、此節は福原知事と親敷御談合被成下、志願通り成合候様に奉伏願候。若し本県に於て願意不相立候はゝ、断然本県は辞職して上京致し、先生に只管奉懇願度候間、何卒宣く御引立被下候様願上度、右は譴怒を懼れす忌諱を憚らす、鄙言を吐露し、啻立願文意のみ。文属前後顚倒は論を竢たす、真平御宥恕御推読可被下候。叩頭百拝

明治廿年七月廿四日

於沖縄県

横山賢二郎

吉田清成様殿玉台下

在東京

四七〇　吉井清秀

1　明治(　)年4月24日

乍恐書附を以奉歎願候。毎々恐縮之至に奉存候処、過日来願上置候事件奉伺上候間、何卒願達候様貴家之御恵恩を以一二日と奉願上候。余、伺ヶ間敷昇堂候ては誠に赤顔之至に不堪、差扣候得共、何分口糊難相立困

却如何共苦心仕候。実は御伺不申上候とも御都合被為在候儀に奉愚察候得共、偏に件之次第宜御賢慮奉願上候。尤数多歎願人而已且方今形勢不容易大事件被為在候儀、謹て奉恐察候。私愚昧之身にて歎願奉申上候ても真に不都合之至に御坐候処、御心情之一筋相叶候様御恵憐被下度奉合掌候。万一も御命令御坐候はゝ、九牛か一毛奉報度念願罷在候間、御見捨不被下候様乍失敬紙面を以奉申上候に付、御明察被成下度、微衷之訳意御採用奉仰候。不顧恐惶奉懇願候。匆々敬白頓首

第四月二十四日　吉井清秀拝

吉田様

四七一　吉井友実

1　明治(4)年7月23日

〔巻封〕吉田少丞殿　吉井宮内大丞

昨日は御出前御邪魔仕候。御頼申上候金子為揃差上申候間、宜く御頼申上候。外に書状壱通御頼申上候。賃銀は何程共不相引候間、追て差上候様可仕候間、宜御取計置被下度、是又御頼申上候。御多忙中甚御面働奉存候へ共可然奉頼候。以上

七月二十三日

追て、夜前は違約御免。

2　明治(4／6)年11月24日

今午後五字より精養軒にて川村・松村等会食之約束いたし置候。貴兄にも差支無之候はゝ御出掛被下候得は多幸也。

十一月廿四日　吉井宮内少輔

吉田大蔵少輔殿

3　明治(7)年1月29日

〔封筒表〕吉田大蔵大輔《マヽ》殿　松方租税頭殿　吉井友実

先達て御話申上置候広沢富次郎拝借金一条之書類差上申候間、御一読之上猶当人御呼出御尋被下度、此儀に付ては松方君最初より御取扱之事にて委曲御存之筈候

吉井友実

得共、被頼候に付別紙相添御頼談申上候也。

一月廿九日

4　明治(7)年3月8日

御書拝見、然は小生にも一昨日免職被仰付、直様明日より出発之筈に候。年来之素志相遂け、愉快千万御推察可被下候。御暇乞旁参上之積候得共、右様急速之事にて甚背本意候。扨、ユニオンバンクオアロンドン会社為替取組之儀御願申上候処、早速為御運被下、誠に安心仕候。深く御礼申上候。御風邪之由折角為国御保養可被成候。右御礼答如此候也。

三月八日夜　　友実

吉田清成殿

5　明治(　)年8月4日

拝見仕候。六百両之為替残り弐部弐米と銀三百弐拾四文幷第三番之為換札為御持、慥に落手仕候。一番二番は既に御遣被下候由、三番は御示諭通追便より鮫島へ向け差遣候様可仕候。御多忙中甚御面働儀申上、深く御礼申上候。此旨貴答迄、早々如此御坐候也。

八月四日　　吉井友実

吉田清成様

6　明治(　)年8月21日

明後廿三日午後第五字頃より参上候様、態と御使被下承知仕候。必参楼可仕候。右御請如此也。

八月廿一日　　吉井友実

吉田大蔵少輔様

7　明治(　)年10月7日

〔封筒表〕吉田清成殿　吉井友実　親展

拝啓　然は、押掛御相談申上候儀は余事に非す、加藤済所労頗大事と相見得候間、乍御面働吉田管師に一応拝見申度候間、御一封御遣被下度、小生には近比甚疎遠罷在候間、閣下より御一封被下候方彼方之受けも可宜相考候。此段及御頼談候也。

十月七日　友実

吉田清成殿

8　明治(　)年11月18日

拝誦　先達て御願申上候忰方へ差遣候金子、則御差送被下候由、御多忙中大に御面動成上多謝々々。いずれ以参御礼可申上候。右御報まで如此候也。

十一月十八日　吉井

吉田君

四七二　芳川顕正

1　明治(13)年7月9日

五月十三日附之尊書過頃相達拝読候所、先以老兄御一行海陸無恙御着華《ワシントン》、爾来益御安勝御奉務之由奉恭賀候。次に小弟為何故障もなく消光罷在候。御休意是祈候。陳は、貴館付之馬車及寝具調成〔ママ〕代価之儀に付ては、其分界を不立、互に流用□〔虫喰〕来候は、御出立前既に相定候に付、御承知と存候。右両様共に銀貨を以云々は、御出立後太政官に上請候所不被聞届、唯其不足分は本省定額中より支弁可致旨之指令有之候へ共、御承知之通、諸公館共に輓近純銀之差額よりして、追々其費目中不足を生し、決算之場合に至候時は如何可有之哉と、其掛にては唯今より掛念罷在候。乍然是非共不可不要之費用丈は、何様に候ても支弁之方法相立不申ては不叶次第故、来示之不足分丈はどうか工夫相運し、御迷惑に不相成様可致と、其掛之者と折角商議罷在候。右様御承諾可被下候。十三年度定額に付ては、太政官中へも色々議論有之、一時は本省抔も余程減額に可相成、随て新派出之公使一旦其出立を差止候位之事に有之候所、一旦派出之儀諸国政府に通達候末、俄然差止候ては体裁上頗る不都合は申迄も無之事故、遂に派出に定り、昨日を以長岡・鍋嶋共に東京起程に相成申候。右等之次第本省も格別之減額にも不相成候へ共、何分海外にて可仕払銀貨も矢張三割五部〔分〕増之紙幣にて被定候所、即今之相場は既に三割七八部位迄騰貴し、此上四十銭以上に相成候はヽ、如何仕払之方法相付可申哉、掛念不少事に御座候。

江木〔高遠〕書記官自殺之儀に関し候公信昨夕相達、始て其原因を詳知仕候。成程荷物云々も失策と申せば申すものヽ、為〔カ〕差過失にも無之、自殺不致候とも本人弁明之途は已に幾許も可有之に、さて々其狭中〔ママ〕小量は実に気之毒之至に存候。老兄にも折角御達越相成候早々右様之始末に相成、御苦心不少儀と奉存候。本朝にても右之凶報相達候節、電信而已故其原因不相分、色々想像相起し、同人は御承知之通有名之演説家故、何歟其持論之世に不被行を憤りて也、或は米州于今在留之友人に其官吏となりたるを被嘲笑候てならん抔と種々申罷居候次第に付、関税一件に付て之儀とは誰人も想像候者無之事に有之候。従来多年間東西奔走之苦心も水泡に属し、将父母之愁嘆如可計ならんと推察仕候。

先は乍延引右御願旁時下御見舞迄得貴意度、匆々拝復

七月九日　芳川顕正

吉田清成様侍史

2　明治14年5月26日

益御清安御勤務被成、慶悦至極に奉存候。本省中相替候義無之候へは、幸に御放念被下度候。

頴川〔君平〕領事之義に付内々相伺候は、兼て同人執務上に関し宜しからざる評判のみ承り居候が、近来に至りて漸く相募り、独り本省のみ之事に無之、大蔵省辺よりも右様之報道毎々有之事に候。就ては同人義別に是と申程之越度も有之間敷候へ共、在紐育本邦商人等之中には随分活潑なる人物もあり、随て議論も喧しき哉に承り居候。一は同人にては少し手ぬる過ぎ間に合ひ兼候義も有之候より、遂に今日之不評判に立至り候事歟とも被相考候。されは兎も角も果して不居合之義に候へは、何とか処分不致候ては不相成候に付、其辺御差含篤と御詮索之上、詳細御報知被成下度奉煩候。右外務卿之差図に依り内啓如此御坐候。早々頓首

外務省

十四年五月二十六日　芳川顕正

吉田老台侍史

尚々、御令室へもよろしく御致声被成下度、平日は意外之御無音実に申訳も無之事に候。畢竟公私多用、存ながら右様欠慶〔敬〕致候事と御宥恕被下度候。此度は御倹約被仰出、諸省一般痛く減額相成り、本省海外費なども前年度之凡三分一位にて可配給との御注文に有之、本省よりは不承知之旨を申述べ、当時尚議論中に候へ共、到底十分之金策は出来不申に付、兎に角倹約致候外工夫無之、御互に迷惑千万不都合之限に候へ共、不得止書記生等呼戻之義先便既に御達申上候次第御坐候。併し貴館之如き書記生之在勤のみにては到底不都合と相考候に付、書記官壱名は是非在勤不為致ては不相成と当時専ら尽力中に有之候間、其辺不悪御含置被下度候。以上

3　明治(　)年1月30日

芳川顕正

朶雲拝読仕候。明日は囲碁会御催に付寿美屋に参会候様御高招難有奉存候。御指示之時限より拝趨候様可仕候。過日は唯御機嫌取之ため打分けに致置候所、定黒抔とは以の外之事に御座候。どうで慥に二目位は御置不被成候ては本統之楽には不相成義と奉存候。何れ明日拝趨万縷可仕候。右御請迄得貴意度、匆々頓首

一月廿又十日　　顕正

吉田老盟兄侍史

4　明治(　)年3月9日

来る十一日、築地寿美楼於て小酌相催度存候間、同日午後三時、同処へ御来臨被下度致希望候也。

三月九日　　芳川顕正

吉田清成閣下

5　明治(　)年3月29日

御清佳奉恭賀候。愈々明日より御起程之由、定て御多忙奉存候。本日は三字頃より参館候様被仰越、承知仕候処、一昨日井上之話頭に、今夕は老兄を御招可申に

芳川顕正

付僕にも倍〔ママ〕坐候様と之儀に付承諾致置候処、来書に拠れば、老兄には御承知無之様相見、如何之間違哉と掛念仕候。勿論井上之方間違に候半ゝ来意に随て参堂御指南を受候様可仕候。右貴答得貴意、匆々頓首

三月廿九日　顕正

吉田清成様侍史

再啓　此品粗少に候へ共、御歓之印迄進上仕候間、御咲留被成下候半ゝ幸甚々々

6　明治（　）年9月25日

本日は御所労之趣如何御模様に被為在候哉。折角御保為〔養欠カ〕邦家奉祈候。陳は、明日に至り御少快にて、御少間も被為在候はゝ、午後三字頃より拙居え乍御苦労御光来被成下間敷哉。実は何事にも無之候得共、所謂拙婦之腹帯とし聊俗習に随い祝之真似事致度、付ても大隈・上〔野〕の其他之諸公にも来会之筈に付、何卒老閣下にも御臨席被成下候得は、満室至極仕合之至奉存上候。右迄得貴意度如此に御座候。匆々頓首

九月廿五日

尚々、拙居は両国矢ノ倉丁八番地所に候。

吉田清成様　芳川顕正

7　明治（　）年10月8日

〔巻封〕吉田老台　顕正拝

昨日之御話にて本日も大隈老兄及其他之諸兄御打寄之上種々御合議可相成に付、拙生にも出合可致様御申聞に付、是非々々出会可仕心得にて只今迄出頭御呼出之御沙汰相待居候所、生憎拙生両三日以来少し風邪に相困何分本日も気分悪布退参仕候間、左様御承知被下度、尤先日御沙汰之当寮事務章程写一本為持上候間、可然様御加除被成下度奉願上候。右得貴意度如此に御坐候也。

十月八日

尚々、昨日申上置候開拓使証券一件、何分大隈公と御打合之上、可然様御決議被成下度、此段乍序鳥渡申上置候也。

四七三　吉田稲・末・須磨

1　明治(20)年5月10日

猶々〔以下余白〕

一翰呈上仕候。先以追日頻に春暖淑気之時候に相移り候得は、弥増御揃御壮健被為渉御奉務候由、就中昨日は電報を以て華族に被任子爵に被為蒙御拝命候段、神速に御報知を蒙り、寔に以結構至極之御儀不斜奉恐悦候。就て亦前顕之御吉左右を此内より只管奉待上居候処、這回御懇報を得何より以雀躍仕、迅速に御両親公之御霊魂えも奉祝詞候。嘸々御家内中様御歓喜之筈奉遙察候。先以右之御祝儀申上度、態々捧麁毫如是に御座候。書余亦后便より委曲可申鑿上候。恐々拝首

五月十日

吉田稲
吉田末
吉田須磨

吉田清成様
於貞様　玉机下

四七四　吉田嘉兵衛

1　明治(20)年8月19日

一翰奉呈上候。時下酷暑之候御座候処、弥以御渾家御安全御起居御座可被成、恐悦奉存候。随て小子家内無異消光仕居候間、乍余事御休神可被下候。陳は、貴公様にも先達て華族え御昇進為被在御座候由、実以大慶至極奉恐賀候。偖、忰万輔儀甚願事件御周旋方御依頼申上候処、御庇護を以農商務省御傭拝命仕候段申越、誠に以難有仕合、右御礼深々奉厚謝候。猶又兄弟共万端可然様御心添被成下度、近頃恐縮之至奉存候得共、万々奉伏願候。先は右御礼迄御祝詞旁為可申上如斯御座候。恐惶謹言

八月十九日　吉田嘉兵衛

吉田清成様玉机下

再白　荆妻よりも万々難有御厚礼奉申上置呉候様
加筆申上候。

四七五　吉田健作

1　明治23年7月10日

一翰拝上仕候。陳は、時下大暑之候に御座候処、益御清栄に被為渉候御義と遼賀申上候。扨、嘗て御配慮を蒙り居り候当北海道製麻会社工場予期之通り整頓致し、本月一日より機械運転相始め居り候処、最良之結果にて御坐候。尤も本社附属工場麻及び亜麻製綿所（蒸気力に依り機械を以て麻類の皮を剝く工場）は昨年十二月より開業罷在候処、既に当今は職工も充分に相慣れ、此の工場は本社に向て最も必要に御座候て、最も利益を与ふる見込にて御坐候。且又右本社製品と原料なる亜麻の如きも、昨年は纔かに反別凡そ廿五町歩許、近傍屯田兵抔に試作為致候処、是又非常之良結果に御坐候て、其収穫後直に本社に買入れ候処、本年は農間自から進んで反別凡そ四百町歩許播種致し候。本年も亦充分之生育にて御坐候。此義は啻に本社之幸ひ而已にて無御坐、本道農者にも非常之便宜と愚考致し候。何れ製造上之景況は後日可申上候得共、従来之略況申上度如斯に御坐候。頓首

明治廿三年七月十日　　吉田健作

吉田子爵殿閣下

2　明治（　）年3月10日

小柬拝上仕候。然れば、近頃御伺ひも不申上候得共、閣下益御清壮に被為渡候御義奉拝賀候。次に小子事頃日痔疾に相罹り困却仕候間、御届けの上当院へ入療罷在候処、既に昨日手術治療相終り候間、不日退院之心得に御座候。此段乍憚御承知可被下候。

紙上を以て申上候義甚以恐入候得共、大津在留之横田万寿之助事、是非一度出京致し度き旨、其筋へ出願致し呉れ候様毎々懇請致し居り申候。然る処本人義は一昨年彼の地に出張仕、右迄業に従事致し候以来、爾今滞在之事に御座候間、此度出京之義其筋より出願仕候

節は何卒宜敷御聞届け被仰付候様御内願申上置候。勿論此義は兼て大山次長へ巨細御話し仕置申候。麻類紡織業益拡張之義は片時も忘却出来不申、将来之御愛顧深く奉懇願候。以上

三月十日　吉田健作

吉田次官閣下

3　明治(　)年8月11日

小輸拝上仕候。然は、時下焔暑過威之候に御座候処、益御清栄御起居被為遊候御義と奉拝賀候。次に当工場据付諸機械既に試運転相済み、本月二日より実業に着手致し候処、格別都合能く相運ひ居り候間、乍憚御承知可被下候。尤も前段は過日局長へ報告仕置き候。先つは以紙上申上度如斯に御座候。猶大暑中出格御保重可被為成候。以上

八月十一日　吉田健作

吉田明台尊下

四七六　吉田昇二郎

1　明治(　)年1月4日

新春恭賀申納候。御蔭に因て無異儀越年仕候間、乍憚御休神被成下度。扨、昨日其御地え御令室様始め皆様御発促〔足〕に相成候趣、誠に御変もなく御万悦之御事に存上候。就ては何日も御心情之厚く御念志に懸られ、態々御書面に備り候得共、亦休診中は平素之雑用残りやら新年之事柄に取混し御厚志に随事不能、御不沙太〔汰〕致上候間、奥様始め御嬢様にも宜敷御伝声被成下度、只管寒厳敷時に候間、御自愛を奉祈上候。先は御返事迄、書外は期時処候。謹言

一月四日前八時　吉田昇二郎拝

吉田清成殿閣下

2　明治(　)年1月8日

拝啓　爾来皆様御揃被遊と乍蔭奉恐察候。扨、御発促〔ママ〕

后最早七八日も相過候に付、近々御帰館に相成候やと祈上居候共、其実は、兼て御すきの大角力最早四日目にて、如最上之取組に付、定めし其地にても番附御一覧に相成候事と存上候間、一日御同伴申上度候。近々一応御帰館祈上候。御帰候上は是非一日御供致度候。是も咄候会集にあらされは面白からす、唯々御帰候〔ママ〕あらは何角と御語合申度、夫而已相たのしみ居候。爾来御伺旁其外后便と申候。謹言草々頓首敬白

初八日　　昇二郎

吉田様台下

3　明治(　)年3月21日

拝啓　昨日は罷出何とも失礼而已、御海容被成下度候。扨、差向けて御懇願仕候儀は、兼て御配慮に備り候家屋は去〔カ〕月廿日買取帳切仕候。然るに、廿五日普請に取掛り居候処、本日迄に他より五百円程の金子都合有之候処、今暁に致り延行申来り、鳥渡手違を生し困却仕候。付ては、兼て御配慮に備り候事も有之、却て申上候儀は思召にも相成候哉と存、御心安きにあまえ情願致上候。自然御左右に御差支も在間敷き事に候はゝ、金四百円丈け本月三十日迄御繰合被成下度、則買取之書類貴覧に入、御不安なれは御預け申上置候ても苦敷からす、亦御都合にて三百円にても宜敷、一時御繰替被成下候はゝ頂山之仕合に奉存候。我参館相願筈有之候処、御承知の通り回診に上り兼候間、則愚妻を差上候。調不調御都合に随ひ御聞済被成下候。愚妻へ御申聞け被下度奉願上候。草々敬白

三月廿一日　　昇二郎

吉田様閣下

4　明治(　)年5月15日

拝啓　昨夜出御書状唯今到来。実は今暁小生より鳥渡使を以御尋申上度と存居候際、其実は御念章之通体温之儀なり。昨日御使御口上には昨朝三十四度四分、唯今三十八度との口上、誠に不審なる事とは存候得共、何分小生も病中にて、其際直と考へも相附不申候。乍

去、何歟御使之間違にて無之ては、三十八度は絶て騰るへき温度には無之、然るに三十四度四分容易無之冷温にて、夜中種々考へ居、若女中先取次の間違にも無之やと存、切角昨夜詮議致申事に有之候処唯今御念章、然るに亦々不審を生し候は、

昨日三十四度　　三十四度と申上候
四分との口上　　三十九度四分の誤
三十八度との口上　三十九度四分と申上しは
　　　　　　　　三十九度九分の誤り

右に相違無之事なれは、御出に相成難き趣御申越御最もに存上候。殊更此中より松山も見上居候儀に候はゝ、如才なく相尽居候儀と存上候間、御外出無之方可然と奉存候。如斯体温中為治療候とは乍申、却て不宜と奉存候。小生も明日明後日は外出も可申と存居候間、外出相成候次第御見舞可申上候。

右は御見舞旁御妨迄、臥中乱筆御用捨被成度、書外は罷出申上候。敬白

五月十五日　　吉田昇二郎

吉田様閣下

5　明治(　)年7月12日

拝啓　過日申上置候大工伊三郎を差出度御含可被下候。然は、地業等の事を御示しに相成度、小生も当夜歟明日は罷出度之心組に有之、委細は拝芝に譲り候。敬白

七月十二日　　吉田昇二郎

吉田様閣下

6　明治(　)年10月12日

拝啓、昨日は御尊来被下、御構ひ不申治療中にて失礼を致上候。扨、本日は罷出可申旨御答仕置候処、御承知の通不快にて、本日も外診に不堪、途中より引返、夫故得参上不仕、誠に乍残念前件之始末に付、悪敷からす御引承被成下度、何れ両三日中には外診にも堪可得と存候間罷出上候。先は右之次第故御断旁々如此に御座候。敬白

吉田昇二郎

十月十二日前十一時　　吉田昇二郎拝

吉田清成様閣下

7　明治(　)年10月20日

拝啓　兼て御咄申上置建具屋、差出候間一応現場拝見致度、其上思召通り御差図被下候はゝ、同人よりも見込申上候様申聞置候間、左様御承知可被下候。右迄得貴意度、草々頓首

十月廿日　　吉田昇二郎拝

吉田様

8　明治(　)年11月6日

本日は御尊来治療中失礼致上候。扨、此中御遣しに相成候南画為持上候間御入手可被下候。就ては先般拝借致上候金円も本月返上致筈、兼て此中も申上候通り誠に道楽と申事か多分持合にも有なから見たと同しな先方買物致回は左張〔ママ〕無之、来月は返上致上に付、若御都合悪敷からすは最百円借用致度、亦外に先般の百四十円の屏風之四十円も御都合宜敷は合せて頂戴致度、都合百四十円御遣し被下はゝ〔ママ〕、有難き仕合、乍併是は手前の勝手而已申上候儀に付、御都合に随ひ強て御心配は被下間敷、唯々万事何事に寄らすも御遠慮不申上候心底は唯々御賢察被成下度、尤も是迄も再三御厚志に借り候儀に付、私にも少しは金持になりとを御坐るかなれとも、矢張乏貧性に無相違候。謹言

十一月六日　　吉田昇二郎

吉田様閣下

9　明治(　)年11月26日

益々御精適奉敬賀候。爾来は誠に御不沙汰致上候。亦此両三日不快にて相臥罷在候故鳥渡罷出御咄も致度と存候得共、何分寒気を凌兼遂に御不沙汰仕候。扨、過日御咄之品一昨日貴覧に備置候。定て御一覧被下候御事と奉存候。小生所有之品は延て致すも苦敷事に存候得共、先方より参候品有之候半暁否哉聞に参候に付使を以相伺候と御〔ママ〕不向なれは此ものへ御与上申候。亦自

然御入用留有之候はゝ御一報被下度、不取敢右迄得貴意度匆々敬白

十一月廿六日　　吉田昇二郎

吉田様高台下

10　明治（　）年（　）月（　）日

御念章拝誦、引続き御宜敷由奉賀候。然るに明日は可罷出旨御答申置〔候欠〕処、本日も外診を相休療〔養カ〕用に有之、多分は明日は被罷出候様被存候得共、自然明朝に至り気分悪敷は終に御不沙汰致すやも難計故、苦心罷在処へ御使に付此段御答申上置候。可相成は罷出へき心組に御座候。罷出るに私は多分刻限は十二時前後と思召可申候。一時迄に参上致兼候はゝ不快にて罷出兼候段、悪敷からす御引承可被下候。先は不取敢貴報に対し御答申上候。敬白

即刻　　吉田昇次〔ママ〕郎

吉田清成様閣下

吉田昇二郎

11　明治（　）年（　）月（　）日

拝啓　過刻御相談申上候一件は、帰りかけに御申聞には私しより抵当を差出へき儀御申聞に相成候処、右は御承知之通り石有之家屋と外に抵当に取居候家屋、是は先達て申上候通り千八百円に取居候分、此外に今般買入之家屋に有之候。然るに私しより抵当と申時は此家屋の内を差入可申候筈に有之候処、右は甚た手数にて、公証と登記等の手数を不致上は不相成候。然るに此順序を致し然る上にて閣下に御尽力を頂戴致す而已ならす亦貴き御印形を欲は而已ならす抵当品迄も借用致す儀に付、甚た御手数を煩すの外色々抵当品を借用致すは誠に心苦敷奉存候間、只今他に於て無抵当にて千五百円丈を信用借を致す手順仕度、夫なれは色々手数も相掛らす候故、今般の処は此方にて借入候間、誠に旦那様の御厚意は有難く御受申上度、今般の処は御手数無之様被成下度、委細は明後日罷出可申述候。不取敢御断迄申上置候。敬白

吉田昇二郎拝

吉田様閣下

四七七　吉田二郎

1　明治4年4月11日

〔巻封〕吉田太郎様　同二郎
別冊に陳

昨日御願有之候廉に加除の上写取差上候。御落手可被下候。少々遅刻相成候段、御海容奉願候。草々頓首

辛未四月十一日

2　明治(6)年10月22日

拝啓　今日田中〔光顕〕戸籍頭同行、横浜へ出張仕候。一昨日林〔友幸〕大丞帰府之儀、閣下へ可申上旨同人より伝言有之候に付、一昨日可申上筈之処、不図失念恐悚の至に御座候。乍延引申上置候。草々頓首

十月廿二日　二郎

吉田公閣下

3　明治(6)年12月8日

尊書拝誦、能勢〔辰五郎〕の見込書に付云々御示論之趣拝承仕候。午後大隈〔重信〕卿出省の上は、右見込書直に差出可申と奉存候。

今日は御所労に付御登省難被成趣承知仕候。折角御加養奉願候。右御請申上度、頓首再行

十二月八日　二郎

吉田少輔閣下

4　明治(7)年2月4日

今夕帰路直に大隈〔重信〕卿方へ立寄、御口達之云々具陳、且今日外務卿と示談之都合相伺候処、寺島卿にも固より同論之由にて、夫々リガルアクションに取掛可申積に候得共、軽卒に其端を開き候共、首尾貫徹不致候ては、到底其益無之而已ならす、却て我邦之クレヂットを損傷いたし候訳に付、先つヘラルドの編緝家の説の出所

等密に遂探索、大略其証跡を得候後、着手いたし候方完全之策に可有之云々協議相成候に付、速に探索之手続に取掛可申由に御坐候。尤昨夕卿公と閣下と御相談之通ヘラルドのエディトルへは兎角閣下より一応御投書相成候はゝ、先方に於て杜撰謬聞之罪を謝して公告するか、或は否からざるとによりて、後日リガルアクションを開き候手続に可相成候間、無御懸念御取計有之候方可然云々、大隈卿へ被申聞候。就て迂生明朝出浜之上親しく事情可申上筈に御坐候得共、寮務差支之儀有之候に付、不得已本多〔晋〕権大属へ申含差出候間、詳細同人より御聞取被下度奉願候。右取急き奉申上度、匆々頓首

二月四日夜　　吉田二郎

吉田少輔閣下

5　明治(7)年2月26日

昨夕御書面相伺置候、オリエンタルバンクへ為替云々、承合せ方如何仕乎、高諭可伺候。草々頓首

二月廿六日　　吉田二郎

吉田少輔公閣下

6　明治(7)年3月2日

別紙中井弘より閣下えの書状、去る廿七日出浜に臨み到手、匆卒之際誤て開封いたし候而已ならす、全く迂生えの書状と心得、其儘打過候得共、書中の旨趣難致了解候に付、昨夜再披いたし候処、豈図や全く少輔の字を誤認いたし候。右様疎忽に開封仕候段、深く恐入候次第、不悪御海容被成下度奉懇願候。猶委曲は後刻拝晤の上陳謝可仕候。恐々頓首

三月二日朝　　二郎拝

吉田公閣下

二白　コルレンシー積入方、無滞相済、ヒルオフレーディング其外之書状も持帰り申候間、此段御降心可被下候。

吉田二郎

7　明治(7)年4月11日

拝呈　別紙之通大隈〔重信〕卿より達し有之候に付、原訳共差上候間、御落手被下度候。尤訳文中誤訳有之候乎も難計候間、御垂閲〔ママ〕之上可然御削正奉願候。其上にて大隈卿へ御回し被下度奉願候。恐々謹言

四月十一日　　　吉田少丞

吉田少輔閣下

追啓　本文之儀に付ては明朝出省の上猶御伺可申上候。以上

8　明治(7)年4月24日

猶、右書簡は今日差急度奉存候間、御記名直に御返却奉願候。

今日は御登省難被成乎の由伝承仕候。就ては別紙オリエンタルバンクとの書簡へ御記名の上、御返却被下度奉願候。頓首

四月廿四日　　　吉田二郎

少輔公閣下

9　明治(7)年5月23日

洋銀買入之儀に付、別紙之通渋沢〔栄一〕より届出候。今月之分、都合二十二万五千五百弗に相成申候に付、十五万の外は御不用に候乎云々問合有之候。右は無論御買上之方とは奉存候得共、一応閣下へ伺之上明朝可申通旨答書差出置候間、可然御指揮被下度候也。

五月廿三日　　　吉田二郎

吉田少輔閣下

10　明治(7)年6月13日

一書拝呈両三日来御所労之趣、如何之御容体に被為在候乎相伺候。

下ノ関償金米国へ払戻之儀に付、外務省より別紙之通申越候に付ては、近々之内不相渡候ては不相成儀に付、此処にて今少々買入方渋沢〔栄一〕へ相達し可申乎と奉存候得共、右は兼て御聞及も被為在候乎、一応相伺候

間、可然御指揮被下度候。尤正院よりは未た御達し無之候。右御伺申上度候。

六月十三日　吉田二郎

吉田少輔閣下

11　明治(7)年7月2日

拝見　米国郵船会社との約定草案、御検閲の上御下付且御下命之趣、逐一拝承仕候。欧米勘定之儀は、先日までに本多《〔晋〕》と再応チェッキ済、清書に付し置候間、不日出来可申と奉存候。私儀、昨夜来発熱の気味にて、本日は出頭不仕候。尤明日は出省の積に御座候。右御答奉申上度、恐々拝具

七月二日　吉田二郎

吉田少輔閣下

12　明治(7)年8月15日

〔封筒表〕吉田少輔閣下侍史　吉田二郎

一書拝呈仕候。陳は、愚弟病院にて治療罷在候処、不図も今朝死去いたし候間、今日は出頭難仕候。右申上度、頓首再拝

八月十五日

13　明治11年12月26日

拝啓　然れは、久しく御尽力之我条約も既に本月十八日首尾能く上議院に於て協同候旨、去る二十日国務卿より報知に付、電一報相発候間、恰も横浜御着同時に右新聞御聞取御安心之事と奉存候。然るに之に反し甚た好ましからざる一事出来候。右は別事にあらず、国務省に於て条約の抜萃を諸新聞に載せ候一件なり。其事情閣下え御内報に及候。去る二十三日大統領批准之手続等為心得問合置度に付、国務省え罷越候処、卿幷にシワルド氏とも紐育《〔ニューヨーク〕》に到り不在に付、序を以てブロヲン氏に面会、話次我条約之儀は最早上院に於て批准済之事に候得は、其要旨を新聞紙に掲け候積之由申聞候に付、縦令要旨たりとも交換前之を公に致候は通規之事に候乎相尋候処、右は唯々其大要を米国人民に知

吉田二郎

らせ候迄に有之候旨申述候。就て考ふるに、右約調印済之儀は過日大統領演述書に依り、各国に於ても主聞知する所に候得は、単に大要のみの事なれは格別他に影響する程之事は有之間敷と存し候に付、右之取捨は国務卿の意見にあるべき旨相答置候。然るに一昨日之新聞紙に拠れは、新条約之旨趣十之七八を示し、驚愕之至に御坐候。今日に至り下官の甚た遺憾に存し候は、過日ブロヲン氏と私語之際同人申聞候大要の意味悉く相尋候得は、或は如此版行を拒み得候方便も有之候事と追憶致候儀に御坐候。右之事情は外務卿え報知致置候間、之か為め他各国との談判上の便否其他、御見込之処御伺申候。書外譲次便候。恐々拝具

十一年十二月二十六日　吉田二郎

吉田公使閣下

追白　御令閨幷に貴嬢とも御無恙宜しく御致声奉願候。

14　明治12年4月2日

〔欄外〕写

以書翰致啓上候。陳は、米公使ビンガム氏去月二十九日来館、目今英仏政府等との条約改正談判は如何之都合に候や尋向有之候。因て下官に於ては其後何等の公報をも領せさる旨申述候処、同氏より英政府は既に我発願を断然拒絶候由、又独政府に於ては互相貿易条約を我政府に発題せんと欲する趣申聞候。次て第十条挿入之儀は如何にも遺憾なる旨反復説明候。少しく東京タイムス之語気に似たり候。又十条等改正之儀に付、寺島卿〔宗則〕より指令ありし由尋問に付、兼て吉田公使と電信ありし旨返答候処、同氏事来る五月一日の便船にて帰任候に付、日本に於て是非とも閣下に御面晤致度故、其趣前以て御通知致呉候様依頼有之候。其後同月三十一日同氏の旅寓を訪候処、談猶前件に渉り候に付、下官に於ては閣下御帰任の月日の報知は領せす候得共、多分六月前には貴地御出発は有之間敷と相心得候。然し為念桑港〔サンフランシスコ〕まで電信相発候積相約し、即本月一日柳谷領事え托し発電候次第に御座候。右の写茲に封入差進

申候。右両国の談話中同氏の語気を推察するに、万一我政府に於て英独等より互相貿易条約の発題に或は応するも難測と掛念候様子も有之、且我政府に於ては断然税権等を要求し、決して撓まさる事最緊要なりとの旨意相見候。又欧州各政府の協同も急には難行届に付、当国との約書改正之事に尽力之意有之候様被察候。如何んとなれは、本年一月中面会之節、下官に談話せし時期に到り候旨をも相洩し候故に御座候（案するに右は一月中面晤之節下官より二条十条改正之儀に付、同氏の意見尋向候処、当時之処如何とも致方無之候得共、英政府其他に於て我発題に応否の決答相分り候上は、又何とか致方も可有之云々の事を指示候ものと被存候）。同氏帰任前には閣下貴地御出発被成間敷とは存候得共、若し御都合により其前御発程可相成やも難測との掛念より、前述之通桑港まて発電候次第に御座候間、孰れにも本邦に於て同氏御待合之上、篤と御面晤被成候儀最切要之事と被存候故申進候。拝具

十二年四月二日　　吉田書記官

吉田二郎

吉田全権公使殿

15　明治(12)年7月7日

拝啓　然日酷暑之候御挙家御壮健被為在、奉敬賀候。本月二日桑港〔サンフランシスコ〕着の新聞、同港よりプレスえの電報に拠れは、グラント氏東京着、謁見も相済み、我政府幷に人民歓待し、厚き我が暦〔ママ〕史上未曽有之事なりと、至極の好新聞に御座候。定て右に関しては閣下の御配慮も不一方儀と遠察仕候。当国南方に黄熱病再発、然し昨年の如き酷烈のものに無之様被察候。格別曼延の患はある間敷と被存候○条約重修の都合は如何に被存候や。新聞何度ものに候。書外譲次便候。匆々謹言

七月七日　　二郎拝

吉田清成閣下

16　明治12年8月12日

去月十六日付之御手書、一昨十日接手、忝く拝誦仕候。右以書中、貴諭の件に逐一拝承仕候。毎々申上候

通、ゼネラールグラント氏我政府幷に人民歓待の厚き事は、当国新聞にも頻に相見へ申候。別紙新聞切抜は本省え送致候得共、尚一通閣下之心得までに奉差候間、御閑暇の節御重読被下度候。右にても閣下御周旋の段は明に相顕はれ申候。貴論の如く、折を以て夫々え模様話し可申上候○小生は明朝よりホワイトモーンテン、ボストン府辺え避暑の為出掛候。尤都合に依りては加那太《〔カナダ〕》ケベック辺まで一寸参り度ものと心掛罷在候。何れ来月十日頃帰着の積に御座候。大河某、今に当府に来着無之、且着候日限は不相分に付、添書は在館のものえ托し置申候。何れ追々何地にてか面会可致心得に御座候。右は取急き拝答迄、匆々頓首再行

十二年八月十二日夜　二郎

吉田公使閣下

追て、此程 Electoral Commission の写真見当り候に付、一葉信袋に挿入呈上候。尤信袋之大小に依り、或は次便に相成候やも難斗候得共、小倉氏え托置候に付、茲に一寸申添候。二郎再白

17　明治12年9月5日

〔封筒表〕CONSULATE OF JAPAN 7 Warrens street P. O. Box 4621 NEW YORK P. M. Please return if not called in 5 days.〔以上印刷〕His Excellency Yoshida Kiyonari Foreign Office Tokio-Japan 外務省吉田全権公使殿〔消印〕NEW YORK SEP 6 P.M. 東京一二・一〇・三・後 SANFRANCISCO CAL RECD AUG 12 6 P.M. YOKOHAMA OCT 3 1879

去月二十四日、日光満願寺に於て御認之貴書本月一日落手拝誦仕候。日光山は当国白山に髣髴たりとの貴諭至極御同意に御座候。小生先月来カナダ「モントリール」《〔「欠〕》クベック」を経、白山に登り、往時今を距る事大凡十八九年前日光山に遊候事ども想起候次第に御座候。クランド《〔マヽ〕》氏待遇之景況は紐育《〔ニューヨーク〕》ヘラルド新聞に相見へ候。我政府幷に人民に於て同氏を待つ事の親切なる事を了解するもの、当国人民中不少と存し候。右等之新聞は公信に添付候間、御一覧可被成と存候。又同氏清国滞在中、恭

親王李鴻章より琉球島一件周旋之儀依頼に関する新聞、本省え送致置候。又日光山に於て閣下始め伊藤《博文》卿西郷《従道》君グラント氏と琉球一件に関し対話有之候趣を以て、紐育ヘラルト新聞殆んと Eight Columns 程細字にて致刊行候。右はヨング氏の寄する所ならんかと被察候。右切抜は今便寺島《宗則》卿え呈出置候間、御垂《ママ》覧可被下候。余は近々公使館え帰着之上可申上候。草々拝具

九月五日　紐育《ニューヨーク》に於て　二郎

吉田清成閣下

18　明治（15）年8月8日

別紙品川《忠道》より之電報二通今暁相達候に付、訳文不取敢差進申候也。右は井上《馨》卿へ御通知可相成件と存候。就ては The following telegram from Shinagawa received と首に書加へ呈出候方と奉存候得共、一応御調申候間可然御指揮可被下候。拝具

八月八日　吉田二郎

吉田大輔閣下

本文の訳相済候処井上卿より長大の暗号相達候。是亦訳出来次第貴覧に呈し可申候。二郎再白

19　明治（15カ）年（8カ）月13日

別紙電報二通、品川《忠道》より則達候に付、即解訳の上差進候。内一通軍艦をチーフ《芝罘》に派する云々は、今夕三条《実美》公若くは山県《有朋》参議、或は海軍卿へ御通知の方と被存候に付、別紙訳文三通相認差上候。若し右にて可然儀に候はゝ、閣下より直に何れへなり御廻し被下度奉存候。

草々不悉

十三日夜　二郎拝

吉田公閣下

本文電報中未定の語少し疑はしく御坐候間、右御含置可被下候。

20　明治（15カ）年（8カ）月15日

別紙品川《忠道》よりの電報二通英訳之分幷に寺見機一より電報之写、米公使ビンガム氏より電信之写の封入差進候

間、御落手可被下候。尤品川電報の訳は、出省之上上申等之手続可仕候。拝見之分は如何可仕や。御指揮を奉乞候。草々不成

十五日朝　　二郎拝

吉田清成閣下

21　明治(15)年9月25日

賎痾毎度御尋被下、拝謝之至に奉存候。昨今に至り漸く少々つゝ快方に趣き候間、御安意可被下候。此分にては今両三日も相立候はゝ、出勤出来可申と存候。外務〔井上馨〕卿旅行中百事御引受にて、別て御心労の事と深く奉推察候。今少々の処、可然御助勤被下候様相願度候。書外不日拝晤、縷々可申上候。草々頓首

九月廿五日　　二郎拝

吉田賢台

22　明治(16ヵ)年10月19日

一書拝呈仕候。爾後益御壮健被為在、奉恭賀候。次に小生無事本月十四日夜天津に着仕候間、乍他事御降心被成下度奉存候。太沽より白河を溯り、船上より岸上を望むに、百姓家の結構等至て矮小、所謂清国の富は何所に存するや疑はしき程に有之候。固より、僅に此間の景況を以て清国の内地の貧富を論じ能はさるは勿論の事に御座候。天津は随分繁昌の土地の様に相見へ、両三日前公使に陪し、支那の名物李を一見仕候。グラントの記〔ママ〕行中ヤングの評の如く、随分立派の人品に見受候。明朝当地出発、挽船にて通州迄白河を溯り候積に御座候。多分五日間は河上に居る事と被存候。何れ北京着の上は、縷々可申上候得共、余り御無沙汰に相成候に付、寸書拝呈仕候次第に御座候。草々不悉

十月十九日夜　　二郎拝具

吉田清成閣下

23　明治(17ヵ)年1月11日

新年恭賀仕候。閣下益御壮健、貴家皆様にも御同様被為在候事奉賀候。扨、此程荆妻より申越候には、小児

へ命名之義、中村を以て御願申上候処、早速御聞済被成下、清一と御名け被下候趣、右は永く清国在勤の記念と相成、加之文字平易にして呼易く、生の歓喜無此上厚く御礼申上候。清一少しく人事を弁するの年に至り候はゝ、嘸其ビウチフルネームに誇り可申と今より想像仕候。水を持来れ位の日用の語を覚候積にて、近頃時々習試候。何分四声六つヶ敷、生等の手に届く候ては舌自由に成不申、困却仕候。又北京の景況、本邦にて想像候とは少しく異り候処御座候。右は別議にあらず、平常交際の一事に御座候。御聞及の通、政府之官吏は上下を論せす私の往来は一切無之、交際と申せば各公使館付属員、関税局の雇官吏幷に同文館学校の教授等に限り候故に、何事に依らすインフォーメーションは外人に由らざれは得ること甚た難く、又私の清人の言は容易に信用難致と被存候。如何となれは、其言の信偽を試むるの道なき故に御座候。夫故漢語の不通よりは反て英語の拙なるを遺憾に存し候位に御座候。ポリチカールニウス等は公報に譲り贅言不仕候。先つ新年の御祝詞申上度、如此御座候。草々不尽

一月十一日　　二郎拝具

吉田閣下侍史

24　明治(20)年3月26日

拝啓　其後久しく御無沙汰仕候処、閣下益御清穆被為在奉恭賀候。然は、此程版行に相成候 History of New York Stock Exchange and Clearing House 一本、今便郵船にて寄贈仕候間、御落手被下候へは幸甚に奉存候。外に壱本高橋新吉氏へ郵送致置候得共、今便書状差出不申候間、乍憚此旨御序に御転致被成下度懇願仕候。生糸市況は、欧洲戦乱の風説も漸く消滅に帰せんとするの際なれは、再ひ旧に復し活潑に赴くべき筈の処、パッテルハンの絹糸染工の罷工、二月初旬已来打続き、今に其業に就き不申候。為に製絹家に於て格別の買入を為さざる様子に相見へ、何卒一日も早く市況恢復冀望之至に御座候。最早染工の罷工も永くは続き申間敷歟と被察候。黒田〔清隆〕伯一行も、去る二十三日当

府を発し、ナイヤグラを経て桑港《サンフランシスコ》に向はれ候。四月二日桑港発ペルギック号にて帰朝被致候都合に御座候。乍末御令閨え可然御伝声被成下度奉願候。先は右まで申上度、草々頓首再行

三月二十六日　二郎拝具

吉田従三位閣下侍史

25　明治(20)年5月7日

一書拝呈仕候。久々御無音に打過罷在候得共、閣下益御清快被為在奉恭賀候。扨、谷《干城》大臣一行には去月三十日リウハプール発の電報に接到候間、定て明日中には当港え着と被存候に付、御含の為申上置候。

当国々会閉会後は、政略上の新聞は格別珍敷もの無御座候。

日本産物の販路拡張に関しては精々勉強告知を求居候得共、従来の staple articles の外には急に販路の更張すべきもの容易に見当り不申候。乍去、既に御承知被為在候通り、ハンケルチーフは漸く一廉の売品と相成申候。絹物中何か之に次て起立し得るものなきやと折角着目罷在候。何れ猶追々申上候様可仕候。

本年は例の欧洲兵乱の説ありしとパッテルハン染工の罷工ありしが為、生糸の消費額昨年に比すれは幾分か減縮する処なきやと関心罷在候。乍末筆貴夫人え宜敷御伝声被成下度、憚多き次第に御座候得共、御願申上候。先は御無沙汰の御詫旁如此御座候。草々謹言

五月七日　吉田二郎拝具

従三位吉田閣下侍史

26　明治(　)年4年17日

一書拝呈、益御清適奉恭賀候。扨、此程御昇堂甚た御邪魔仕候。其節御咄申上置候退社一条、漸く除名の手続相済候趣、電報相達候間、何れ三四日中には書面を以て委細之儀申越候儀に被存候。此段閣下御含迄に一寸御報道申上置候。匆々不悉

四月十七日　二郎拝

吉田公閣下侍史

27　明治(　)年4月20日

拝啓仕候。其後御壮剛被為渉奉欣賀候。然は、小生儀、今日御用召に相成候。然し所労の故を以て未た拝命は不仕候得共、御含置に一寸御報知申上候。右参上可申上之処、却て御邪魔と存候に付、寸書を呈し候次第に御座候。草々拝具

四月二十日　　　　　　二郎拝具

吉田公閣下侍史

28　明治(　)年6月18日

拝啓　此程は荆妻罷出、種々御厄介千万奉謝候。今日は結構の品々御贈与被成下恐縮之至に奉存候。何れ近日昇堂御礼可申上候。昨今貴恙如何被為在候也、御案申上候。折角御加養専一に奉存候。草々不悉

六月十八日　　　　　　二郎拝具

吉田公閣下侍史

29　明治(　)年7月30日

領事え相伝へ申候。

内務卿カールショルツ氏幷に娘二人とヲセ〔カ〕ハ駅より同列車にてネワタ州迄参り、途中各ステーションにて屢々面会、又同氏スペシャールカールにも折々見舞申候。此節海軍卿トムソン氏も娘等と共に当州滞在なれとも、昨今メールアイランド之海軍場に留り居候故、未た一面会も不致候。

右之外申上度事沢山御座候得共、明朝早起不致候ては不相成候に付、余は帰朝之上縷々可申上候。匆々拝具

七月三十日夜　　　　　　二郎

吉田清成閣下

二白　御令閨え可然様御伝声被成下度奉願候。本文に記載候筑波艦今朝第十時出帆ハワイ島を通航相成候。

北京号も明三十一日第十二時出帆之筈に御座候。

貴地より御差立之公信も本日午後領事館え到着致候由

吉田二郎

に付為念申上候。

ランマン氏え御致声被下度奉願候。　二郎再白

〔注〕「Palace Hotel San Francisco, 18」と印刷の便箋。

30　明治（　）年9月24日

尊書拝見。如命明日朝八字までに相伺候様可仕候。右拝復、匆々頓首

九月廿四日　二郎

吉田公使閣下

31　明治（　）年10月12日

尊書拝見、貴諭の通大蔵省へ可属回答候。御宅へ相廻候由、昨日ブレント氏より承知仕候に付、今夕御宅へ罷出仕分け致候心得に候処、御差送相成候に付、夫々取調仕分け可仕候。右拝答申上度、早々頓首

十月十二日　二郎

吉田公閣下

32　明治（　）年10月22日

領事規則書御所持には無之乎、御尋申上呉候様、富田〔鉄之助〕・高木〔三郎〕両領事より申出候。若し御所持に候はゝ、此者え御附与被下度奉願候。頓首

十月廿二日　吉田二郎

吉田公使閣下

33　明治（　）年10月24日

閣下御発程前、各公使御招之云々、頃日大臣へ内々相談仕候処、是まで各国公使相招き候例は無之候間、御催無之方可然よし、尤御出立前一寸御訪〔ママ〕へ相成候方可然云々申聞候。

博覧会一条、卿へ伺候処、其後別に御達し無之よしに御坐候。

富田〔鉄之助〕・高木〔三郎〕両領事はウハンコーウルの次便にて渡航之趣に御坐候。右申上置度候。匆々拝具

十月廿四日　吉田二郎

34　明治(　)年11月7日

ブロックスは御同道の御見込に付、ドンへ代理相托候ては如何云々、敬承仕候。然るに高木〔三郎〕は最早退省後に付、宮本〔小一〕大丞へ承合候処、ドンは既に免役の後なれは致方有之間敷、尤高木は次の便にて任地に赴き候由に承及居申候。右は如何可仕乎、再応相伺候也。

十一月七日　吉田二郎

吉田公使殿閣下

35　明治(　)年12月29日

拝啓　益御清栄被為在奉恭賀候。小生儀、今朝出発郷里迄旅行、来月二三日頃帰京の積に御坐候に付、歳末の御祝儀に参上不仕候間、此段不悪御諒恕被成下度奉冀候。委細は帰京後早々参上、可申上候。拝具

十二月二十九日　吉田二郎

子爵吉田清成閣下侍史

36　明治(　)年(　)月(　)日

別啓

昨日ハドソンマルコム会社よりの伝言、左に申上候。御名前の荷物送状には八箇と認有之候得共、七箇丈け陸上相成候由、且倫敦〔ロンドン〕マルコムハドソン会社よりも七箇の趣申来候由。併、事実八箇に候はゝ、品物の値御申遣し相成候へば、ハドソンマルコム会社より蒸気船長へ掛合可申云々。

右伝言、乍序申上置候。且同会社の二通御返上申候。

草々　二郎

四七八　吉田次郎

1　明治(　)年10月5日

謹啓　一昨日御談示御座候テレグラフコード之儀、折角取調罷在候間、出来次第入御覧、御教示を蒙り可

申、又尺〔振八〕家塾之義は、明後日拝眉之節迄に聢と突留、
御返答可申上候。
今朝は本田へ御懇切に被仰下難有、猶此後御庇蔭之程
奉熟祈候。右迄不宣

十月五日　吉田次郎

公使閣下

四七九　吉田須磨

1　明治(22)年1月4日

猶々、彦二様え何篇〔ママ〕宜御教戒被成下度平に奉伏願
候。類中も至て無事に有之申候間、御安意可被降
候。

拝呈　時下頻に厳寒相催申候得共、倍御清適被為成御
奉務、恐悦至極之御儀、不斜奉大寿候。降て不佞始皆
共至て無事消光罷在申候間、乍恐縮御休意思召可被降
候。偖、先般娘共帰県之際滞京中は至て御丁嚀に被成
下、殊に金五円も頂戴被仰付、寔に以御懇志之程幾重
にも千万難有奉遙〔カ〕謝候。偖、先般草道於決思態々御来
臨被成、壱ヶ月に金六円宛御送附被成下候様遮て御歎
願申上置候旨、逐事に御噺を跡以承諾いたし候付、此儀
は決して六ヶ敷候半と答弁仕候得は、御贈金不被成下
候ては土を喰ひ水を呑む訳合にも至らす候間、若哉御
送金不被成下候際は、孰れ之筋養子違変〔朱点〕にても不致候
ては不相済候との御答弁も為有之事実〔朱点〕にして、大に恐
愕いたし、御情件実際厄害成人物にて、誠に配慮いた
したる情実にて御坐候。前顕通御送附金御歎願之儀
は、前以毛頭御噺も無之、突然御独断を以て至急御歎
願有之、跡更前記通り御歎願相成候事情粗御噺為有之
事情にして、跡以如何様いたし方も無之時機にて、前
以御示談にても有之候はゝ、頻に押留置賢慮も可有之
処、毛頭不致事情にして、跡更大に恐愕を生し候形情
にて、とふも無致方訳柄に御座候間、何卒其段は深く
御汲取可被降候。勿論当所へ清武氏名面之地所等も、
田畑余程有之候処、方今に至りては田地〔朱線〕弐ヶ所山林壱
ヶ所位にして、三ヶ所共至て悪敷場所柄にて御座候。

尤当所之清武氏之後見人は、松元太一郎氏にて御座候間、最早疾に数ヶ所之田畑は多分売却〔朱線〕に相成候半と想像致し居らる事情に御座候。其上松元氏家内六七人入換差代り来臨有之、食事も被致、終に於決思には喰ひ被潰候形勢にて、実に恐愕致居申候。夫は扨置此内は川内表迄親類平原某婦子へ縁与として三原氏〔朱線〕之娘を列越られ、凡一周間余りも滞在借家へ諸道具等は格護之儘、戸締り迄被致差越られ、亦候這般も松元氏娘を大根占地方へ縁与として、去月廿五日より前件同様之始抹〔ママ〕にて被差越居、方今迄も帰宅無之、大に配慮に施兼情件にして、実に困入致し居候次第にて御座候。然所這般帰宅之上は亦々孔〔ママ〕速に木脇氏之便嫁を佐、多木林区署迄列越られ、御契約を致し被居候形勢を了承致し、旁配慮相渉り、就中例之薩〔カ〕葉へは噺も追々相重み、何分実際恐愕致し居る情体にして、旁以配慮一方不成情儀に御座候間、何卒前顕通深く御承諾可被成下候。前陳之通り何事も御相談無之、始終御独断を以て御取捌之情件に御座候付、是以前記通り猶亦御深意御汲取可被降候。外にも段々御返報申上度事実も御座候得共、何分長文相成申候付、筆を留め、追て拝顔之上巨細に御弁解可申上候。先は右形斯御報知御厚礼且乍序寒中御安否御窺旁、取束申上度、態々捧麁毫如是に御座候。余事は后便より巨細に可申上候。恐々拝呈

一月四日　　吉田須磨

吉田清成様玉机下

〔注〕朱書、異筆で「二十二」の書込あり。また裏に「草道事件極要用」と朱書あり。

2　明治(22カ)年4月16日

猶々、這般勇蔵も昇級致し候段報知有之、雀躍之至に御座候。貴君も何卒御歓可被下候。

拝呈　時下春風淑気之候頻に相催申候得共、弥増御壮健御奉務可被為渉と奉恐察候。且御家内中様にも御同然之筈、寔に奉恐慶候。降て不佞始皆共別て無事送光罷在申候間、乍恐縮御休意可被降候。偖、這般於末を中村彦七之男子孝之丞氏妻に呉候様下決於賢慮を以て

遮て御示談有之候付、類中えも届致相談候得は、随分可宜との事御座候。然は何分貴君え御尋問之上、御報答次第速に御返答可致旨御賢慮えも御慈答致し置候間、孰れ之筋乍御手数何卒電報を以て御報答被成下度、平に奉遙願候。最早於末も年長相成候事実も有之申候間、其趣意も深く御汲取可被下候。追々無申訳能節には相成申候得共、猶一層無御厭様御自愛専要に可被為成候。先は前顕之事情御尋向、且乍序時候御安否御窺旁申上度、態々捧麁毫如是に御座候。余事は后便より具に可申上候。恐々頓首

四月十六日　　吉田須磨

吉田清成様玉机下

再伸　勇蔵にも這般巡回に付出張先不相分候付、前件於末之事件態と不申越候付、不遠内には宜候様可仕候間、其際事情何卒御演舌被成下度、是亦奉拝願候。

3　明治(　)年5月10日

去る三日郵送之御芳翰本日相届、忝薫誦仕候処、御揃御多祥被為渉御奉務之由寔に奉恐敬候。随て不佞始皆共到て依旧消光罷在候間、乍恐縮御休意を希望候。然るに中村氏より来書之処、厳儀洋行事件御承諾之由にて懇々御説論之次第は委曲奉感服候。実に如貴命今三四年修業之上ならては迚も不叶情態之由、就中其資金を以て其御地に於て凡四五年も修学いたし候はゝ却て宜候段、逐〔ママ〕事に御懇説之事件は大に感承仕候。然処、厳儀も一時は上京仕申候間到着之上は猶亦懇々御説明被成下度、勿論此事件は先日電報を以て御報意は素より厳え書面を為持呈遣仕置候付、御開読之上篤と御説論被成下度、尤此事件に付ては先般より歎願書度々到達いたし候に付、一先帰県致し候様申越、直接に説諭之含にて前件通帰県、這般篤と情実陳述之処良説明之程も深腹〔ママ〕いたし上京いたし申候間、何卒猶亦能く御意見之次第を御説論被成下度一向奉遙願候。何分厳彦二儀は説論無御腹蔵御指揮被成下度、分て奉伏願候。決して昨朝本日歟は能き御祝等も可被為在と噂共いたし

候。先は右形行御礼報且乍序時候御安否御尋向旁申上度、墨毫を以て如是に御座候。余事は跡便より具に可申上候。匆々頓首

五月十日　吉田須磨

吉田清成様閣下

再伸　御家内中様折角無御厭様に御自愛専要に奉祈候。

猶々草道於決思仕候宜様御執成奉念候。

四八〇　吉田須磨・当雄・康・末

1　明治22年1月1日

新歳之御吉慶千里同風目出度申収候。先以御全家様方被御揃御超歳被為在御座候筈、不斜奉慶賀候。爰許一同無恙馬齢相加候間、左様御思召被成下度奉願候。先つは此段新禧之御祝辞迄。謹言

明治廿弐年正月一日　スマ

当雄

康

末

吉田清成様

同御貞様

其外人々御中

四八一　吉田静吉

1　明治(6)年7月12日

〔巻封〕吉田太郎様　吉田静吉

御多務奉賀候。扨長沢鼎、杉浦弘蔵〔畠山義成〕、松村淳蔵已春、大原令之助〔吉原重俊〕、吉田伴七郎〔寅春〕、前田弘庵、海外留学として御国開帆之年月日、大凡之所にて宜敷候間、御存意御座候はゝ為御知被下度、此段御頼談申上候。以上

七月十二日

四八二　吉田清揚

1　明治24年1月20日

〔封筒表〕日本東京芝区白志田〔ママ〕町五番地　吉田清成様親展

新年之御慶、芽出度申納候。先以愈御清栄に被遊御超歳奉拜賀候。当清国も年々進歩致申候事に御坐候。何分にも清国の地たる、洪大にして人口は多し、国は富み、加之商售は繁昌にし、欧州文明国の商人と雖とも清人の商法に機敏なる事に於ては感服致申候。啻に憾〔ママ〕服致候のみならす、一歩を譲る様な有様に御坐候。西人の或詩人の言へる如く、現時の清国は寝たる獅子の如し。一朝にして之れか起き上りし焼〔暁〕に至らは、宇内に雄飛するは疑ふべくもあらす。英国の或る将軍は早晩清国は一大強国と相成るべし、然らは、我れは彼れに対するの策を講し、吾れと彼れとは一段親睦せさるを得す云々と。近時又欧州各国に於て頻りに清国に着眼し、或は内地に游歴と出掛るものも不尠、殊に俄国〔ロシア〕の一隊に於ては、西蔵〔チベット〕地方内地を探る等実に勇壮なる旅行者有之候事なり。左れは清国は最も恐るゝ所は、俄国のみに注目致候者の如し。清国政治家も茲に長眠を覚醒せんと務むる者漸々出るを以て、早晩清国の政略上にも一変動可有之と存候。昨年は彭玉麟、曽紀沢、曽国荃及醇親王の諸名士を失ひ、実に清国の不幸は我五洲の不幸なるべし。

茲に閣下に御願ひ申度一条有之、私を外務省の留学生に御周旋被成下度、外務省通商局長川上謹一氏に一言閣下より御申入被下候得は幸都合なるべし。尤も川上氏は私に於ても在東京は勿論上海にても面会致申候事有之、昨年八月渡米の日清貿易研究所生徒一名斎藤修一郎氏の知人とやらにて旧臘外務省留学生を拝命せし者有之候。私渡清以来外務省留学生を拝命せし者二三名有之、左れは私等の如き固より数年前の渡清者にて資力に窮せしものに於ては御憫察被下、特別とても生徒の一部分に御加入被成下候ても可宜と愚察罷在候。日清の関係も倍々多事に可相成候得は、一名や二名の生徒増加有之候ても決して不用には相成らさるべし。熱心耐忍とに於ては支那人に譲り不申、国の為め斃れて后已まんの精神にて奮励致し申候間、此義は可成的御尽力被成下度伏て奉願上候。恐懼再拝

明治二十四年一月念日

清国芝罘日本領事館
吉田清揚

吉田清成様

四八三　吉田　貞

1　明治(5)年(4)月(　)日

御文ならひに御写真御送りいたゝき、久々にて御目もし申上候こゝち有かたく拝見致し、限なふうれしさのあまりそゝろに涙にくれ候へく候。先々御機嫌よくはる〳〵の御渡海御滞なふ先月十一日亜米利加サンフランシスコとやひ〔ママ〕に御安着あそはされ候之由委しく仰戴御めてたく御悦申上候へく候。御用之御模様によりては英吉利へも御渡可被遊候得共、必す六月中には御帰朝被遊へくとの御事伺ひ、御嬉敷指おり日をかそへ、御帰のみ御まち申上候。何とそ此度之御用向万事思召之通済せられ、一日も早ふ御帰朝御座候へは仕合また身に取候ても幸ひ此上なき御事と明暮いのり上候候。御別れ申上候より慈しさはやるかたなく爰許へ御残し置の御写真をうち守り、只々御帰りの程待わひ候。御まえ様にも数ならぬ身を思しめし被下、御帰之仰いたゝき有かたくくりかへし拝見致候へく候。また御船中の御歌とて

浪の上にわ〔カ〕かみるの月を故さとの
ひともこよひはなかめやすらん

といふを返し

こと国に到りましますきみとわか
おもひかはして照るか月影

右御はつかしなから申上候へく候。御笑もし可被下候。私之写真は初の御便にさし上ゆへ最早御手に入候御事とそんし候へく候。慶蔵〔鮫島〕殿・田代〔静之助〕殿御すこやかに被為入候よし相伺ます〳〵御悦ひ申上候。何とそ早ふ御成業の程憚なから念し上候へく候。扨又御留守中之事仰戴ま事〳〵難有御礼申上候へく候。追々稽古事修行いたし居候得共、生得おろかに御座候ま〔カ〕ゝ思召の十

の一にも至り　　　　　　　　　　　　　吉田　貞

〔後欠〕

2　明治（5カ）年11月23日

十一日上野様之御母様ならひに奥様とも御出御坐候て当月中には御帰り被成候由上野様被仰候趣御咄しいたし間、伝信機之御便り日々相待申上候。近々御帰りの支度とゝのへかれ是に取紛れ、打過申候おそれも今一ヶ月中には御帰りに相成候御事と呉々たのみ御待申上候。一昨日大蔵省之御雇の西洋人参り二三日内御便り御座候間、書状さし出候よふ申呉候間、取急き御機嫌うかゝひ候。何も〱めて度かしく

日本　十一月廿三日　　　　　貞より

清成様無事

〔注〕「六年二月五日達す」との書込あり。

3　明治（5）年（　）月（　）日

返〱折から時かふ〔候〕御厭ひ遊はし候様呉々願ひ上候。お半事もよろしく申上候様申出候。其内御地のおもやう被仰下候様御願ひ申上候。

文して申上候。まつ〱当表御出立このかためてたくとまつ〱御機けんよく、千里の波濤御滞なふ被為渡最早かの国え御着あそはされ候御事と御めてたく数々御悦ひ申上候へく候。次に私事相替候儀無御座候まゝ、乍憚様御意やすふ思めし被下へく候。唯々御分袖の後は何とやらんこゝろ淋敷御上のみおもひあけ参らせ候。庭前の花に囀る鶯の声も空吹風の様御覚うか〱とした心なくさみ不申候処、此程横すかより祖母をはしめ皆々引移り俄に賑々しく、夫ゆへ取紛れ打過候得共、朝ゆふ神にちかひ御出の其日より御帰のほとを待わひ候へく候。おろかのこゝろ御推もし遊はし、御用の向とく〱御為済よろつ御首尾好一日も早ふ御帰朝被遊候様御ねかひ申上候。鹿児嶋御兄上様への進せられ物并寺嶋〔宗則〕様・井上〔馨〕様へ之被遣物とも夫々はからひ候。〔鮫島〕慶蔵様には初ての御航海如何被為入候哉。嘸かし御困り成され候御事と御察し申上候。扨、一昨日は両

親にすゝめられはしめて浅草観世音へ詣て九一方へ立寄冬とし載き候ふり袖にて写真をとり候まゝ御礼かたぐ御覧にいれ候。御一はらひあそはし下されへく候。あと〳〵次の御便りに申残し候。万々目出度かしく

貞より

旦那様人々無事申上

4　明治(6)年4月5日

其後はます〳〵御機嫌よく御勤あそはされ数々御めて度〔カ〕かしく御悦申上候へく候。次に祖母両親初私事も至て丈夫に御座候ゆへ乍憚御心安思しめし可被下候。此程は大久保〔利通〕様・伊藤〔博文〕様も御帰国被成候よし承り、御羨一しほ御帰り之程御待申上候。何卒御用向無滞済せられ、御帰国御座候やう日夜祈り候へく候。扨、寺嶋〔宗則〕様にも御類焼後、日比谷御門之内御引移御無沙汰申上候ゆへ此程私事参り候処、御在宿にて御目に懸り御悦被成候。先日臼井姉参り候に付、芝居見物として父同道相越存寄らす保養いたし候。此せつは所々手入又土蔵の修復とふにて父初彦三郎〔岡田〕とも彼是心配致候。右に付候ても少しも早ふ御帰り相成候やうあんし申上候。乍恐御願申上候。御帰国之せつ珊瑚珠玉御とゝのへいたゝきたく御ねかひ申上候へく候。一同よろしく御き嫌伺度申出候へく候。何も〳〵めて度かしく

四月五日

なを〳〵せつかく時かふ御いとゐあそはし候やう御念し申上候へく候。くれ〳〵も御めて度月日たつ之をたのみ居候へく候。山々申上度候得とも筆まりかね御はんし願申上候参〔カ〕へく候。何も〳〵めて度かしく

貞より

旦那様

5　明治(6)年5月8日

久々御便りもなき折から、三月十四日之御書五月八日相届〔カ〕拝見、まつ〳〵御機嫌よく御勤め被遊候よし数々おめて度御悦ひ申上候へく候。扨は今日御懇意之英人ギルヒー氏参られ、其表にて御頼みなされ候箱一包持参、私に逢度段申立候まゝ座敷へ相通し、箱直に請

取御左右も伺誠に〳〵御嬉敷存上候へく候。殊に御送り被下候御品々九つ正に御受取拝見まことりつぱにてもつたいなき御事に存上候へく候。御珍らしき御品のみゆへ再三拝見難有存上候へく候。また今日大蔵省ウエリヤムスより申越し呉候には、六月一日ロンドン御出立、七月廿四五日頃には御帰　朝可相成よし、且明日幸便御坐候まま今日中に書状さし越候様申越候間、御機けん伺旁鳥渡一筆申上候へく候。何も程なふ御帰
朝被遊候御事万々御嬉敷御待申上候へく候。

めて度かしく

五月八日

〔注〕草案か。

6　明治（6カ）年5月14日

三月廿六日御さし出之御文五月四日相届御うれしくま事に御なつかしくと拝見致候。まつ〳〵時かふ之御さはりもあらせられす、御機嫌よく入らせられ御めて度御悦申上候。此度結構成ゆびわ頭取の御かみさんより私方へよきはさみゆびぬき御送り之由にて御廻りを難有御ねたり申上候。ゆびわま事に御うれしくありかたく御礼申尽候。もはや〳〵御用相済せられ御帰之程まち申上候。何そよき御便に付あいさつ遣し度候得共何を上候てよろしく候哉、此品とゝのへ候間御廻し上候。よろしく御願申上候。さて今日仰越之しやしん大きなく相届ま事によくうつり御めも　申上候様にてうれしく慶蔵〔鮫島〕様・田代〔静之助〕様御機嫌よく御めて度所々へ一まへつゝさつそく御送り申上候。父事悦ま事に難有そんし上候。最早程なく御目出度御満期之程ゆひ折朝夕御念んし申上相待たのしみ居候。いそきあら〳〵申候。
めて度かしく

五月十四日

尚々、せつかく時かふ御いとゐ遊し候やう御ねんし申上候。両親初よろしく申上候やう申聞候。私事も相替候事御さなく丈ふに候まゝ、乍憚御心安思しめし可被下候。くれ〳〵も待申上候。めて度かしく

7　明治(6)年8月18日

六月三日龍動《ロンドン》より御さし立之御書当月　日大蔵省より相届、久々にて之御便りゆへ別て御嬉しく早速拝見申上候へく候。先以御機けんよふ御勤被遊候御事万々御めて度御祝ひ申上候へく候。次に私事不相変すこやかに御座候て日夜御帰りを祈り御待申居候義に御座候。何卒〳〵御用無御滞済させられ九月之半までには無相違御帰朝あらせられ候様いのり居り候。兼々相願候金之時計も御求めに相成候よし、其上御同行のウリアムスとのより高金之指輪送賜り候趣をも仰下され、誠に〳〵難有御うれ敷いよ〳〵御帰を急き御待申上候。此かたよりさし立候最初之書状並写真とも相届御一覧、漸く御安堵遊され候よし。それに付御細々被仰下候趣拝見いたし候。祖母幷両親へも委敷申聞候へく候処、一同大安心仕候。猶其後差立候書状も追々御入手被成候御事と御推もし申上候。

扨は此度仰により姿あらたに写真取御送り申上候へく候まま、御覧之上無事御推察被遊可被下候。寺島様にも此程は其表へ御着、久々にて御対面被為成候御事と存上候へく候。四五日前松田相見へ御同人様御留守宅皆々様御機嫌能被為入よし申候。日比谷御住居之儀も大隈様御骨折にて御居済に相成候哉之趣に御座候。此度は行ちかひに御帰国被遊候御事とは存上参らせ候へ共よき御便に付、万々一御滞留被遊候節のため一筆申上候御事に御座候。唯々御機嫌よく御帰之程を御待申上候のみに御座候。目出度かしく

八月十八日

〔注〕次の書翰の草案か。

8　明治(6)年8月18日

六月三日龍動《ロンドン》より御さし立之御書当月　日大蔵省より相届、久々にて御便りゆへ別て御嬉しく早速拝見申上候。先以御機嫌よく御勤被遊修御事万々御めて度御祝ひ申上候へく候。次に私事不相替すこやかに御座候て日夜御帰りを祈り御待申上居候義に御座候。何卒〳〵

吉田　貞

御用無御滞済せられ九月之半までに無相違御帰朝あらせられ候やういのり居候へく候。兼々相願候金之時《と》計《けい》も御求めに相成候よし、其上御同行のウリアムスうちより高金之指輪送賜り候様とも仰下され申事〳〵ありかたくうれしくいよ〳〵御帰を急き待申上候。此方よりさし立候最初之書状写真とも相届御一覧、漸く御安堵遊され候よしに付御細〳〵仰下され、拝見いたし祖母並両親へも委敷申聞候へく候所、一同安心仕候。猶其後差出候書状も追〳〵御入手被成候御事と御推もし〔カ〕申上候。扨、此度仰にまかせ写真取御送り申上候へく候。御覧《らん》之上無事御察被遊可被下候。此度は行ちかひに御帰国被遊候御事とは存上候へともよき御便に付一筆申上候へく候。唯々御帰之程を御待申上候へく候。

何も〳〵めて度かしく

八月十八日

なを〳〵御せつかく時かふ御いとゐ遊し御帰国をいのり御まち申上候。一同よろしく申上度申出候へく候。何も〳〵めて度かしく

9　明治(6)年9月18日

〔前欠〕くれ〳〵も御帰り之程たのしみ御まち申候。何も〳〵めて度かしく

九月十八日

追々、折から時候御いとひ被遊候やう念し申上候。慶蔵〔鮫島〕様田代〔静之助〕様へもくわしく御伝言願上候。此後御たよりをたのしみ候事のみ。何も〳〵あら〳〵めて度かしく

旦那様　　貞より

10　明治(12)年7月24日

日増しに御暑さつよく相成候へ共日増しに〔反復―ママ〕御暑さつよく相成候へ共、ます〳〵御機嫌よくいらせられ御めて度そんし上候。次に私初め子供皆々無事相暮しまた心安ふ思召可被下候。清風事も至て元きに御座候へ共通じの御あつさあしく候間、伊東さんに相願御業いたゝかせ昨今はおふきによろしく有之様に相成申候。電信

夜分相届き申候。何も〳〵めて度かしく

七月廿四日

追々、せつかく時かふ御いとゐ遊し候やう御ねかひ上候。其御地はさそ〳〵御すゝ敷候御事と御うわさ申居候。

清成様　　貞より

11　明治(　)年1月2日

〔封筒表〕清成様　人々無事　貞より

初春の御寿千勢の御歓ひ申上候へく候。十二月廿九日付之御書状同三十一日相届候。同三十日付之御書状当月二日相届まづ〳〵御まえ様にも御気ふんよろしく候御事ま事に〳〵何寄御歓ひ申上候。当地にても子供皆々丈ふに相暮し申候へはおあんじ被下間敷候。当年は其御地もよ程御寒つよく候御事と御申越候。しかし御湯はよろしき御事とそんし上候。黒田様〔清隆〕奥様にも其御地へ御出遊し候御事其御地は皆々様御出にて御こんさつのよし、御まえ様には相模屋の二室をおかり遊し嘸々おこまりの御事とそんし上候。新聞之御事は御出立之日関根へ申付候鳥狩に伊豆山へ御出かけの御事よき御運動に相成候御事とそんし候。

花房様〔義質〕にも御面会の御事とそんし上候。当地にても皆々も無事に相暮し子供はいたつてげんき、昨日今日天気よろしく候ゆへ、たこあげ又はねつきなといたし相遊ひ申候。草道様御婦夫〔ママ〕まい夜おとまりに御出被下候。何事も草道様へ御そうたんの上いたし候。昨日は大鳥様〔圭介〕之御子様三人御出の御事今日十一時頃井上様〔馨〕御出私事おめもしいたし候。志村〔智常〕にても皆々無事に御座候。何も〳〵筆まわりかね御半〔判〕じ御よみ被下度御ねかい上候へく候。あら〳〵めて度かしく

一月二日

追々、せつかく御寒御いとい御保養大一〔第〕に遊し候やうおねかい上候へく候。めて度かしく

清成様　　貞

12　明治(　)年1月5日

一月一日付之御書状は三日相届候。同二日付之御文は過日相届、万〳〵清兵衛様にも御心よくいらせられ候御事ま事に御歓ひ申上候へく候。扨、当地にても子供初め皆々丈ふに相暮し候へは御あんじ被下間敷候。清兵衛様にも一日の朝四時頃に御目さめにて日の出を御らん遊し候御事、嘸々けしきもよろしく候御事とみまほしくそんじ候。浅田様今た相みへ申す候。一昨日志村子供参り内子供大歓ひにて遊ひ候。とびくま吉其外二十人程参り庭にてはしごのりいたし祝義〔ママ〕として一円御酒一樽《四つはり》差たし申候。湯地様津田様其外様へもみはからい差上申候。昨朝草道〔吉田〕様勇蔵様其の地へ御出、只今頃はおはなし遊し候御事とそんし候。子供へのたへ物の御事はしよふちいたし候。其地よりの御贈り物は今日相届候御事とそんし候。昨日は松田様志村へ文ほふ相運出可申候。今日は井上様初其外様へ参り度とそんし候。志村御ばゝ様にもよ程〔カ〕よろしく相〔カ〕みへ申候。何も〳〵子供丈ふゆへ御あんし被下間敷候。何も〳〵目出度かしく

一月五日

かへす〳〵せつかく時かふおいとい、御身を御たい節に御保養遊し候やう御ねかひ申上候。めてたくかしく

貞より

清成様

13　明治（　）年1月7日

〔内封筒表〕清成様　貞より

〔外封筒表〕豆　熱海温泉相模屋にて　吉田清成様

白金志田町十五番　静より

〔外封筒裏〕第一月七日　四時投函　吉田清風

一筆文して申上候へく候。とかく御寒つよく御座候らへともまづ〳〵御まえ様にも御機嫌よくいらせられ候御事御めでたくそんし上候へく候。当地にても子供初め皆々相替りなく日々暮し候らへは御あんし被下間敷候。御まえ様には好く鳥狩に御出御運動遊し候御事ま事に御うれしくそんし上候へく候。御湯は日々御〔カ〕つかい遊し候御事と御噂申明〔カ〕候。当年はよ程よき御天気相

つゝきしかし寒暖は四十六七度に候。昨日は私事寺嶋〔宗則〕様上野〔景範〕様伊東様外三四ヶ所へ参り伊東様の御奥様は昨十月頃より御病気にて此節は少しくよろしく御かをはれよ程御なんきのよし。しかし御めもしいたし当末には其御地へ御出かけの御事と御はなし御座候。草道様にも今日は御帰りの御事と御待申居候。御まえ様にはいつ頃御帰り相成候御事と子供私日々御待申上候へく候。今日は中村御奥様三宮御夫婦にて御出御座候。あら〳〵無事のみ申上候へく候。あら〳〵めてたくかしく

一月七日

追々、せつかく時かふ御いとい遊し候やう御ねかい上候。志村にても皆々丈ふにて相暮し候一同よろしく申上候へく候。あら〳〵めて度かしく

吉田　貞

14　明治（　）年6月4日

讃州琴平郡より御差立之御書到達即拝見之処、愈御安全御巡回被成候条一同悦喜奉賀上候。扨、御巡行之御順路等之事共委細被仰遣、本月十日頃には御帰京可被成段了承、何れも屈指御待申上候。藤沢文子始め一同元気不相替日々勉学運動之事共怠り不申候。必す御安神被遊可被下候。別紙一封は去月三十日英公使持参御帰館之上差上候様と之事に御座候付預り置候へ共、追々御延日相成候に付、猶当今之御左右窺旁差上申候。早々愛度可祝。

六月四日　　貞より

清成様　無事申上

猶以時下折角御保護被遊候様祈候。

15　明治（　）年7月18日

〔封筒表〕清成様　貞より　人々無事

御文いたゝきありかたく拝見いたし置候。清兵衛様御初子供皆々様御機嫌よく其御地へ御着遊候御歓ひ申上候。差越候には前橋より渋川辺迄は雨つよくふり嘸々御こまり遊し候事とおさつし申上候。其後御病気いかゝにいらせ候や、それのみ御あんじ申上候。

昨夜十時半頃馬場帰国いたし、色々その地之催委しく

相は〔わ〕かり、清兵衛様には事〔殊〕の外御労しも御座なく候御事、ま事に〳〵御願ひ可申上候。御出之後ま事に御淋敷、文子清風只今頃は何をいたし折候御事と申暮し候。早く其御地へ参り度、いつれ清兵衛様廿三四日頃には御帰り遊し候事と御待申上候。当分子供皆々げんきにて千代子腫物日々よろしく相成御あんじ被下間敷候。今日よき御天気ゆへ、子供皆つれ上野まで参り申し候。御留守何も御替り御座なく候。何も〳〵めでたくかしく

七月十八日

追々、せつかく時かふおいとひ遊し候やうおねかひ申上候。其御地は時かふよろしく候事、当地は昨日は八十五度に御座候。何も〳〵いつもの儀にて申上候。あら〳〵かしく

清成様　人々無事　　　貞より

16　明治(　)年7月26日

廿三日御差立之御手紙今廿六日相届き早速拝見申上候処、ます〳〵御機嫌能御暑さ之御障りもなふ御勤被遊候御事、誠に御目出度御悦ひ申上候。随て子供四人共至て元気好清風事も両三日前より通じも如常に相成、此程は能笑ひ或は語り余程面白相成候間、一日も早ふ御帰り御座候様御待申上候。唯便之色青きは今に全く直り不申候まゝ、伊東さんへ相願日々御薬相用ひ居申候。伊東さんも時々御見廻被下候間、必ず〳〵御心配被遊間敷候。私食事之儀も度々被下候通り毎日洋食又朝夕ミルク玉子なと滋養に相成候品は怠りなく清坊之為と存従ひ居申候。

一御遅も三十一日頃には御帰京被遊へくよし被仰下一同大悦ひにて御待申上候。

一電信申上候節無心得共被迎遣趣は委細父へも申伝へ候。

右は御返事音此節之御左右御伺ひ申上度何も〳〵愛度可祝。

七月廿六日　　貞より

清成様

猶々、折から時候御厭ひ被遊候様万々御願ひ申上候。御留守宅皆々無事に御坐候間是亦御心安思召可被下候。

一当地流行病下タ町辺には少々有之候哉に御坐候へ共、近辺に無御坐候。且先日来雨降り不申暑気随分烈敷困り居候段御察被下候。以上

17　明治(　)年8月9日

八月三日御差出し之御書状難有拝見申上候。いまた御あひさつなく御座候へ共、ます〱御機嫌よく御勤被仰上、御めて度よろしく御歓申上候。左様に御座候へは、御着後御風邪御気分にいらせられ候所最早御全快被遊候由、ま事に御めて度相感し、さて又慶蔵〔鮫島〕殿より之御文通之御事委しくはい見申上候。稽古場へ御帰其後両度も御出御とまり被成候得共、何も相替り候事御座なく候へ共、私事行届不申候事と存候。廿日頃御出立にも入らせ候よし御うれしくたのしみ御待申上候。何も〱御返事迄、めて度かしく

八月九日

なお〱御暑御いとゐ被遊候やう御念し申上候。私事も御留守宅相替り候御事こさなく候。此程は丈ふに御座候まゝ御心易思しめし哉候。いつから知かね候まゝ前田様御ねかひ申上候処、未服中わかり不申候由御申相成候。恐なから皆々よろしく申上度よく申出候へく候。

何も〱めて度かしく

〆

清成様　人々無事　　てい

〔注〕次の書簡とほぼ同じ。

18　明治(　)年(　)月(　)日

八月三日御差出之御書状難有拝見申上候。いまた御あひさつなく御座候へ共ます〱御機嫌よく御勤被仰上御めて度被下候。御歓申上候。左様に御座候へは御着後御風邪御気分にいらせられ候所最早御全快被遊候由、ま事に御めて度御座候。さて又慶蔵〔鮫島〕殿より之御文

通之御事委しくはい見申上候。稽古場へ御帰其後両度も御出御とまり被成候得共、何も相替り候御事御座なく候へ共、私事行届不申候御事と存候。廿日頃御出立にも入らせられ候よし〔後欠〕

19　明治（　）年（　）月（　）日

七月廿六日御差出に相成候御書裁難有よろしく拝見申上候へく候。ます〳〵御機嫌よく御勤被遊候御事御めて度御悦申上候へく候。左様に御座候へは此度は風はけしく是迄になく御なんき被遊候よし委しく御様子仰裁恐入候御事、当地にては何よりつよき風にも御座なく候まゝ只々御あんし申上居候へ共、御書いたゝき委しく伺手前御供致し候はゝ猶さら御心配をかけ候御事、しかしなからいつから存不申もつたひなき御事とそんし申候。御出立まへ御すくれあそはされす候間、それのみ御あんし申上心配いたし居候所、最早御快いらせられ有候よし御めて度かしくそんし上申候へく候。私事も丈婦に暮し居候間かならす御心やすく思しめし可被下候。御留守宅何も相替候御事御さなく候。夜に入御庭之月よろしく詠〔ママ〕めにてもま事にさひしく御なつかしき御事とそんし候へく候。何も〳〵皆々よろしく申上度申出候へく候。めて度か〔後欠〕

20　明治（　）年（　）月（　）日

かへす〳〵せつかく時かふおいとゐ御つとめあそばし候やら御念し申あけ候へく候。当地何れもよろしく申上度申付候へく候。めて度かしく。

一筆申あけ候へく候。日増御寒強相成候得ともます〳〵御機嫌よく御勤め被遊候御事数々御めて度御悦申上候へく候。次に私事相替らす候義に御座候まま御心安ふ思しめし被遊下候。当月〔後欠〕

四八四　吉田勇蔵

1　明治17年2月19日

拝啓　陳は、私共一行横浜十六日午前十時出帆、海上

兎に角之順風にて本日午前十一時漸く当所着致し申候間、乍憚御休意可被下候。扨て、滞京中は種々御配慮に預り候段、鳴謝之至りに奉存候。実母義も最早出発之事と遙察仕候。兼て御内論有之候、母より彼の件に付承諾書取り置き可申筈之処、御承知通り草道氏へ出掛け候儘故、其辺之義も相叶不申、乍併彼之通り取極め申置候事故、別段意存〔ママ〕之廉も無之哉に奉存候。其後大脇家母殿には被願申候哉、結果いかゝと志案之至り、御閑静を以一左右御為知之程奉伏願上候。滞京中御依頼仕置候、書物之義は、五郎帰県便より御遣し被下度、実は当所着仕候所、言ひ訳けに込り候位、御酌取り可被下候。重々恐入り候次第柄〔カ〕に奉存候得共、滞京中略々御開申仕置候屯田兵に転任の義は、可成早目御心配被成下候様奉願上度、実は和田より之書状当所迄参り居り、其書意に由れば彼之一条は樺山〔資紀〕海軍大輔より申込之方、可然哉に被存候と之趣に相見へ候得共、尊叔より同大輔殿迄御申込み被下候時は、無論好都合に参り可申事と奉察候条、御配心之程偏に奉合掌候。尤も屯田兵之方は他よりも申込有之候由に相見候。私之官位は和田より之書意にては、御用掛月俸三拾五円と取極め貰ひ候様申参り居り候間、御承知迄申上置候。書外申上度義も御座候得共、何れ細事は根室着之上可申述候条、先つは当地着之一左右御願用旁々如此御座候。頓首拝白

十七年二月十九日　　吉田勇蔵

吉田清成様

尚々、恐縮之至りに奉存候得共、叔母君へ御手許より可然御鳳声奉願上候。尤も重よりも皆々様方へも可然様申上被呉候様申出候間、御聞置可被下候。

2　明治17年2月20日

尚々

湯地〔定基〕県令へ御依托之尊書本月五日正に拝受難有拝誦仕候所、弥以御家内中様被為揃、御機嫌能被為渡御座候由之大慶之至りに奉存候。随て私共にも不相替無事消

光罷過申候間、乍余事御休神可被下候。扨て、当地に於ても本年之涼況寒威は例年に比すれば頗る寛にして、且つ積雪も漸く弐尺余之者に有之申候。乍併大寒中令〔ママ〕度迄相下り候日も両三度程有之、左すれば北海丈けありて御地等へ比する時は格別之差に有之申候。市民は昨年末より未曽有之必迫〔ママ〕にて、県下より三十里内外相へだて候釧路国同郡昆布森と云辺は、平常海産を以生活之途相立て居るヶ所に有之候所、当時産物等下落より非常之困難相極め候状勢ありて、私義も右救助方之為一月中旬頃より同地出張罷在候所、今般県令帰県之途汽船寄航、幸ひに船中に於て面会致し、御地之涼況等承り申候。将た御書面之趣に由れば御地近来相撲或は剣術等大流行之由、自然、清仏之葛藤等より戦とか其辺之腕力流行に波及せしならんと想像せられ、何れも大賛成之念を起申候。当地も漸く先頃より剣術流行致し、是も俗に一犬吠ふれば万犬鳴く之譬へにて、世之中之流行物と云は面白う可笑物と被存申候。梅関は例年之通り大元気之由し、是は無習〔ママ〕之者とは申迄も無

之候得共、西之海か関分け〔ママ〕とは驚入申候。何れ此之奴は大関には相違御座ある間敷候。たゞ遠地より思ひ出あれは浦山敷物は相撲のみなり。御遠察可被下候。時に過般来御帰県之事情仰せ越し之ヶ条逐一拝承致し申候。成程仰せ通り、私之所業上多々申分有之義とは飽まで承知之事には候得共、事之是非は大本にありて私之今日を遺感〔ママ〕とする所之義は在京之節も略々御上申致し置候通り、御亡父公逝去之際に及ひ母鳴言甚た聞くに不忍語有之は勿論、家譲之例物とも可申鼻紙入是は大節なる書類等相納め有之候分亡父枕辺に有之を◯ひそかに何所へか格護〔カ〕被致、其後に至りても決て私之手に渡し被呉不申候。右等之義は私之年輩未た意とするに不足時分之事なれば別段差支之義も無之候得共、最早三十年近き年頃にも相成り、家計之道も略々懸念之事と致し被呉候外無之義と被存候。然るに右様之場合に立至るは万々不快極り無之存申候。尤も親子骨肉之間柄とは乍云、大事之場合に取りては何事も其順序あり。故に右等之義も能く其情を察し其権を委し被呉候

得は、自然物之順も立て、亦当然之義とも被存候得共、毎々諸弟妹等一たび誡責すれば邪魔にするとか〔是は重之来り候後ちなれば此言あり〕、直ちに母之気を毒ひ返言悪口必ず近所或は谷山魚売迄に及ぶ。其所言所為狂人之如く、故に心中措能はず右等之所より一時之怒に由り暴行之挙〔ママ〕働に及ひ、一増〔ママ〕母之気をも激するに至るは、実際之時機に臨み短気製〔ママ〕する不能、大節を忘れ候義は今更何共恐縮之至りに奉存候得共、幸ひに右事情御取計御寛恕之所奉合掌候。以上陳する所之説、母之非を挙け偏へに私之非を繕〔ママ〕るに似れとも、唯たありし事之実を陳するのみに御座候間、御聞置被下度候。右に付き重離別云々之義に付ては、種々御配慮を煩し何共面目なき次第に御座候得共、右之一条に付ては、仰せ起〔越カ〕し之通り決して面白き次第柄にも無之に付、素より万事不得止廉より右様之場合に立ち至り候はゞ致方無之事に候得共、事之起りは慶蔵等之多く策略に出て候義と飽まて被存申候に付、態と持ち耐ふる丈けと今日迄猶予致し候義に有之、且つ思ひ不寄次第に有之故、五郎〔ママ〕へも相談致し申候所、同人之説にては他家より如何なる人幾度貰ひ受けるとも、叔母君○母之事○平生之有形にては気に叶ふ人も有之間敷、亦は始終耐ふる人も有之間敷、何れに致し候とも今暫く其儘致し被置候方可然との説起り今日迄及候次第柄に付、右辺之所を情実不悪御承知之程奉願上候。大脇家より一左右云々御申越之義承知仕候。兄政彦よりは度々書面到来致候得共、国許よりは今に何たる義も無之申候。私義も彼是思案罷在候義も有之、本年中当務辞退之心組に有之候所、今般不計帰国旅費廃せられ候に付ては致方無之に付、明年迄勤続之心得に有之申候。乍併明年六七月迄にて満五ケ年之勤続と相成り候に付、然る上は旅費等も少しく可被給筈に付当職辞退可致哉とも存申候間、万一右様之場合に立至り候節は御配慮之程予て御願申上置候。尤も辞退之上は山形県へ出掛け候はゞ別段不都合之廉も無之事と予定致し申候。五郎女房之義は篤と為申聞候所、都合に由りては同人も御用出京の運ひに立至る哉も難計に付、然る上御直願可申との義に御座候間、其方可然哉に被存申候。尤も右出京之期は三四月頃迄に有之候趣に御座候。同人義も当時出張中に有之、近頃は大分勉強に有之申候間、御安神可被下候。乍末毫御叔母君へも可然御伝声之程願上候。書外申上度義も御座候得共、余は追々可申陳、先つは此段御返報旁々一左右迄如此御座候。頓首

十七年二月廿日　勇蔵百拝

尊叔公閣下

3　明治(17／18)年10月6日

秋冷之砌弥以御壮剛被為遊御座候半奉遙察候。次に私事も例病此程より漸く全快之心地に立至り毎勤罷在り候間、乍余事御放神可被下候。扨て慶蔵帰朝云々之義に付、先頃一書進呈仕置候処、早御入手被下候半。然るに本日貴島巌より山口吉次郎宛書面到来之趣によれは、同人義帰県候哉に相見へ実に驚愕之至りに御座候。尤も厳書面上の趣にては、何等之為め帰県之義も判然不仕、何れ尊叔御神算上之御計りに出候義とは奉存候得共、亦彼れ万一之気随に被任候様之場合有之候ては甚遺念且つ心配之一事に存候。県元一家中も不日上京之由、山口氏宛書面にて伝承仕候。自然細大之配慮に預り候外有之間敷義に奉存候。県元より先比引越方之一条は一寸通知有之候。此節は五郎方へ之書面往復随分頻繁之模様に相見へ候得共、紛乱一条之宿念は兎角相晴れ不申哉に被察、実に何程怒の気任せとは乍云、趣〔執〕念深きには驚入り候。矢張り右に付け爰元やすにも此頃聞く処之様子によれは甚不敬極まり、国元以来之内幕は無論、実母出京紛々事故打合之為め出京之始終、且つ私出京帰県旅費とし百円請求之事迄も他人へ吐ちらし、実に赤面の場合も不少、五郎よりも数度教戒為致候得共、随分毎度似合之風情にて、到庭〔ママ〕其詮無之彼是困苦罷在り、先頃是は既に大脇家離別、今一応下県正当一家中之処分も断然意に任せ可申哉に思立候得共、亦尊叔之御面皮は勿論病気中之事故、医師切に禁之故に一先思止り候。始終今日之有形にては苦情之断間無之奉存候間、亦御用出京之都合も多分可有之

様存候に付、本年末頃或は明年一月に掛け出向き、今一応昨夜之御断決御神算仰度処存に御座候。此度は万一旨趣貫徹不仕に於ては他へ策無之死して止之外無御座候。心緒乱て如麻候。尤も御用都合出京之運に至り兼候はゞ自費出京之心得、是も不得止義と御承引之程奉合手候。種々紛乱之情御愍察可被下候。其他厳之如きも此度鹿児島一家中引越云々書面之有形にては中村姉上へ之已通知頼む之外無之、彼も弱輩とは乍云、早其辺之心得は随分可有之義に被存候得共、是も矢張り実母之旨趣を遵奉候哉に被察候に付、無情之挙動別封御詰責仕置候。乍憚御序之節、御教戒之程奉合掌候。将又重々之義に奉存候得共、屯田兵も漸く政府爰に着眼増殖之模様、今度当地巡視岩村〔通俊〕司法大輔一行之向より伝承、付ては生てある限りは是非官途以立身之外無之奉存候間、猶永山少将へも一報御依頼越置被下度、自然私も士官へ採用之向に被察、和田氏之見込にては大隊長副官へ任用之事に永山少将へも相談致置候旨承知仕候。左候ときは実に名誉之一事に有之、副官は其位置大尉之下にあるとも〔雖欠〕権位遠く大尉之上に出て亦以来昇進上之履歴無此上極に御座候。尤も和田氏よりも永山少将へ御依頼書の件は同氏より示話有之候次第に有之候間、御配慮之程奉合掌候。御依頼置之趣旨は極簡単に御認め被下以来引立依頼する迄位にて宜敷奉存候。此辺迄申上候義は甚尊意に相叶申間敷奉存候得共、例之通り御繁忙中御認之御間隙無之哉之掛念有之候故之念に御座候間、不悪御承引被下度候。一向御病気以来之御模様承知不仕候得共、御好物酒類は御禁止之筈と奉存候。勇蔵義も一滴相用ひ不申、御尊体等は一〔ママ〕増国家子孫之為め御自愛専一に奉存候。先は用件御依頼旁々如此御座候。頓首敬白

十月六日　　　勇蔵百拝

清成公閣下

4　明治19年2月10日

文意錯雑御推読可被下候。

謹呈　稍々春和之砌弥以御壮健之由慶賀之至り奉存上

候。次に私義も無事消光罷過候条、御放念可被給候。扨て、先頃中御伺置候鹿府一家中着京進退之義に付ては、頗る心配罷在り候処、昨年中被伝聞候地所へ家屋建築之義御取極め被下候義に付ては実母満足之由、難有奉存候。右等の為めならん、先頃五郎〔中村〕迄帰県之義は思止り候間、前通知之次第は取消し被呉候旨申越し候哉に伝承仕候処、果して今般電報御通知之次第、安心仕候。乍併当時公用御多端中御案外之私事迄御配慮相掛け候義、恐縮無極深く奉謝候。猶以来可然様御指図被下度奉希上候。然るに、先回も御通知仕置候通り、鹿児島家産取纏め之一条に付ては、何様之処分致置候哉、少しも其辺通知無之、右等之義に付ては御承知通り兼て家産左右之権限委任仕置候次第には有之候得共、此度は公債購求之分も多少可有之、其他家屋抵当流之分は勿論、是迄住居せし所之家屋処分等之義は、是非共通知可有之義に存候得共、今に何等之義無之、尊叔も御承知被為在候通り、昨年在京中右等一切処置用に宛て、捺印白紙拾四五枚送付致置候次第も有之候得は、其儘難差置何程為大将とは乍云、斯迄不定理致被呉候ては、最早用捨勘弁可致にあらされは、先年中委任之件に一先つ取消し細〔カ〕大名面替へいたし然る後ち可托は委任し、しからさるは亦別に御相談可仕事と奉存候。乍併此一議に付ては、随分議論も可有之事に存候得共、畢竟家産左右委任之如きは、素より現金利倍方法運転之如き仕向御座候為め委托候義にして、最早公債購求所有之場合等に於ては決して実母一存以公然所有すへき義に有之間敷候。尤も御承知も被為在候通り先年家産取扱上之義に付、斯迄結約仕置候分担金すら吾儘にいたし無法も甚しき哉に存候。尤も当今之仕向よりまつ相推すとも〔ときカ〕は、私共夫婦離縁云々に事寄せ悶着相初め候得共、其精心たる、実に親の子を思ふにあらす。右等紛紜に名付け、唯た財資擅有之一念に過きす。故に此度断然前約取消し財産之高を悉皆調査し、右等自由の権限は〔ママ〕決して解約仕度、乍併右財産に係る利子等請取方は勿論消費等之一件に付ては、是迄通り致し置き、毫も自費せんとするの念、更に無之。

右要求之本意たる、所詮穏便以事難済は勿論、財産上之義に付ては正当所有可致筋に於て所有せされは、自然紛議易起り、尤も諸弟共も漸く生長せし事故、実母今通り之所存に候得は、又如何なる珍事到来候哉も難計、仰き願くは尊叔此際断然たる処置御賛成、向来紛議之予防被下置候様仕度候。既に実地に徴して見は、例之慶蔵〔鮫島〕へ財資配当するなと実に気儘勝手之致方、又此先き右等之気遣無之も難保、又人生無極義に存候得は、往先明日之事も難計、就中昨年来之病症持病同様之気合に有之、精神少敷労働必す再発の気合有之、彼是財産上等之義は、何れなり不都合無之様仕置度精心に御座候。実に今日之世の中は金銭上之義に付ては、骨肉親子之間柄を烈〔裂カ〕くも横領之気相止みかたく、実に慨歎之至り、況んや其他に於ては諸事御明鑑以御使用祈所に御座候。五郎も此度本省へ詰替之由、何等之都合より右様之趣義〔仕義〕に立至り候哉は少敷も承知不仕候得共、同人共の幸無此上義に奉存候。私にも近来は彼是気合面白からす、随分気違同様之挙動罷在候。猶当地之有形は五郎承知に付、諸事御聞取被下度、先は任幸便用件のみ。頓首敬白

十九年二月十日　勇蔵拝

尊叔殿下

追伸　前文云々之義に付、出京之義は可成本月より来月中旬頃迄之間に無之候ては御用都合も可有之義に付、至急何分御指図被下度奉願上候也。

〔注〕全文朱書。

5　明治19年2月13日

謹啓　陳は、未た御通知仕置不申候得共、重義昨年来より懐妊之処、一昨十一日正午十二時女子出生、然るに惜かな日数不満之事に有之候得共、何分躰弱到底生育無覚束存居り候処、同日午后十一時頃より不済之模様に付、種々手当仕候得共、其効無之同夜明方遂死去、愁歎罷在り候。御推計被下度、右不取敢御通知仕候也。

十九年二月十三日　勇蔵拝

尊叔公閣下

6　明治(19)年3月21日

日増暖和之砌に相成り候処、御一統様被為揃御機嫌能く被遊御坐候半、慶賀此事に奉存上候。次に私事も無事消光罷在り候条、御放念可被下候。陳は、しけ義も先般御通報仕置候通り、又難産仕り実に毎々之不首尾にて遺念に存候。御推計被下度候。余り事に存候故、一応療養方如何と存候処、医師説く所の如きも是非暫時分離養生相加へされは、向来懐妊候共所詮順産之義難保との診断に付、電報以尊意相伺候処、御同意被下仕合之至りに候。幸ひ此度当県庁非職連中多分の連御坐候故、同船差登候条諸事可然御指図被下候様奉歎願候。実母との面会は可成為致度奉存候得共、矢張り先年の如くならしめは却て他聞も有之候事と被存候に付、其辺よきに御処置被下度奉希上候。書外伺度義も御座候得共、余は後報に譲候。頓首不具

三月廿一日　勇蔵

尊叔殿下

7　明治19年8月30日

今般大山綱昌君当道巡回之処、同君は幼少之折、県元に於て少敷知合之事には御座候得共、御互年相経候事故、差控居候得共、何れより乎聞伝へ候事と被察、当地出帳〔ママ〕之前晩、料理店に於て出会の厚意に預り、親敷尊叔当時御強体の模様等承り仕合に御座候。尤も同君へ少々許り之直左右御依頼仕置候得は、自然御聞取被下度候。当地方両大臣巡回に付、随分支庁員等の繁雑不一方模様に被察候。此内より私所有の名馬有之、自然は御送呈可仕含に候処、此度井上〔馨〕大臣の目に留り所望に付、断念差上候。尤永山〔武四郎〕少将中裁に付事情不得止、御出掛之節は第一覧可被給、乍軽少当地産カヒノハシラ進上候条、御笑留被下度、先は右用事之已、謹白

十九年八月三十日　勇蔵百拝

尊叔殿

8　明治(21)年(5)月(　)日

別啓　已に発書致んとする際、官報到達披見候処、尊叔枢密顧問へ御栄転、実以慶賀に堪へ不申、向来今一陛之大臣え御昇進之程祈居候。
貴島も眼病且つ肺質諸病感染に付、保養の為め下県之由、万端御快服〔ママ〕之段奉拝謝。頓首

勇拝

叔公

9　明治(22)年3月5日

謹呈　日々暖気に相向候処、先以奉始御両公皆々御機嫌之由、志村〔智常〕翁より御報相得〔拝カ〕候。恐賀之至奉存候。次に勇蔵も無異消光罷過候間、乍憚御放念可被下置候。

陳は、去月十一日、憲法発布に付ては御典式誠に盛大に有之候模様、勇蔵共之如き田舎役員之不幸、此盛挙拝観せさるの遺念、御推察可被下候。

右に引替へ、森〔有礼〕大臣には意外の遭難、御気之毒に被察候。乍併御同君も早位大臣に昇進せられ候上之事なれば、何も御不足之事も有之間敷哉。尊叔殿抔も充分御注意被下候様念願仕候。

勇蔵も本年は早々出京之命可有之事と思之外、北海道之運動寛緩に打過き、今日迄延引罷成居候。乍併永〔武四郎〕山少将も不日帰庁之趣に付、最早此命御座候事と待居候。何分北海道の長官は余程六ケ敷所と被察、岩村〔通俊〕今の次官との間も不足に有之、漸く之事永山少将之任ありしに、亦意外之感想不少、鬼を追ひ狼を引入れたりしと云位之取沙汰あり、甚た遺念に御座候。乍去此評あるは当然之様被察候得は、万々不得止、亦后車を其途も迷ふなるべし。諸事御賢察可被下候。先は御機嫌向迄、如此御座候。謹白

三月五日　勇蔵惟白

尊叔公閣下

二白　先比中村五郎より書面之処、何か私用之為め出京云々と相見へ申候。同人も此比は昇進之数重候。已に奏任之株に入らんとするの模様に伝

聞、御同慶之至に御座候。

10　明治(　)年2月20日

拝呈　余寒未相除候得共、弥以御壮健之由、珍賀此事に奉存候。次に勇蔵事も無事消光罷過候条、乍憚御放念可被下候。

陳は、近頃勇蔵か身にとり、尊叔之御配慮相煩度事件到来、其は他事に無御座候。已に御承知も被為在候半、昨年中内外両大臣当道巡視以来、屯田兵事業上非常之願気相得候。亦別に千六百戸余も増殖可相成勢、実に屯田之名誉猶向来に望あれは、必死勉力之心得も御座候条、御含置被下度、然処右拡張之模様に付、屯田兵部長も亦一増之注意を加へ、将校中○兵器掛り陳〔練〕兵掛り授産兼販売掛之三担当を被設、則ち授産兼販売掛り之最大重任、勇蔵か身上へ落来り、此事業たる実に屯田兵方向上之緊要、亦関係之拡莫なる、全体に波及候得共、御承知通り之勇蔵砕身粉骨勉力候共、素より精神之及ふ所にあらされは、永久其職に堪へ可申歟は万々難保候得共、流石武人之事なれは素より難きに当り精神を練るは、職務柄は勿論素より勇蔵之素志なれは、飽迄尽力仕度決心に御座候条、御笑認置被下度。然処当地も可惜事には未た諸産之試殖未た著しからす、先つ向来に望あるへき確乎不抜之経験物は、昨年種殖之麻、先頃も益田教〔ママ〕氏へ品評之為め送附候処、野州産之極品に劣間敷模様、已に新誌に掲載候位之事に候得共、他未た充分之決〔ママ〕果相得べき塾〔ママ〕品無之、是非国産多量輸出之大目に注意、向来之事を思されは何分移住兵之往立も此先掛念不少候処、当地無比之適品五昇芋は薩摩之唐芋より一増適地之品にて、通常一反歩之畑より収穫候高十三貫目入にして五拾俵に下らす、亦此品より澱粉製造候ときは一俵に付十斤強之割合、是をして実際支那地方へ輸出の販路あらしめ、亦東京府下へ取引慥なる商人有之候得は、直段の高下は承知せされとも、向来屯田兵之方向上確乎たる一事業と愚察罷在候に付、御多忙之際下卑たる御手数相煩様被存候得共、其向の人へ御依頼取引人之氏名并に直段上之

巨細御取調御報被下候様、国家之為め又は勇蔵か為め御採用偏〔カ〕に奉合手候。先は此段御依頼之上如此御座候。頓首敬具

二月廿日　　勇蔵

尊叔殿下

追て、右至急誰にても御下命御報被下度、為念申添候。

11　明治（　）年4月2日

謹啓　勇蔵も昨一日任地出帆、本日着函、一寸札幌へ立越し、来十五日比に着京之筈に御座候間、乍憚御聞置可被下候。尤も先月廿九日大尉昇進仕合罷在候条、是亦御聞置候程奉願候。先は右用事迄、早々敬具

四月二日　　勇蔵拝

尊叔殿

12　明治（　）年5月14日

謹呈　爾来御意不相伺候得共、皆々様被為揃御機嫌候筈恐賀之至奉存候。次に勇蔵も三重滋賀東都〔京〕之三ヶ所検査相終候。昨拾三日当大阪着致候間、乍余事御放念可被下候。是より和歌山徳島鳥取之三県へ罷越之順序に御坐候間、今分之日割なれば多分六月中旬比迄なれば充分検査済之見込に御座候。錦地滞在中は万般御厚情辱し拝謝之至御礼申上候。

出発之日も吉田先生へ罷越し療治相受け謝礼之一件は、例之通り其儘に致置候間、御承知可被下置候。乍未伯母君へも可然御伝声之程奉願上候。先は御報旁々御礼申候。早々不尽

五月拾四日　　勇蔵拝

叔父公

13　明治（　）年5月19日

拝呈　薄暑之候に相成候処、弥以御一統御機嫌能被遊御座候半恐賀此事に奉存候。次に勇蔵も病后之日立神速早壮健に罷成候間、乍憚御聞置可被下候。

陳は、此度和田氏帰任之処、聞所によれば鹿児島より

末着京せし趣、定て尊叔之御取計に出候義と遙察罷在候。猶此末よき合手御求め被下様御依頼致候。該弟妹等他家へ養子亦は縁附等之件に付ては、是非承置度旨、国元母へも申送置候得共、其後は何之沙汰も無御座、彼是不本意之至りに御座候。

何程親之分とは乍云、斯く物事気儘に挙動候て宜敷ものに可有御座哉。御承知迄申上置候。亦昨年来和田君帰省之節、送物等致置候処物品火燼せし趣、其挙察するに早親子之縁なきか如し。果て右様之場合有之以上は、勇蔵も世間一般之振合承知罷在り候故、本年末頃迄是非帰省彼是思儘の処置仕度存念、且つ和田君の説によれば、私か彼の公債証書売却及消費の件に付非常の不服相鳴し候のみならす、早実子せざるの語ありし由、同君に対し候ても面目次第無御座、始〔ママ〕も他人之財産にても費レ消せし盗的の如く云は何事ぞや、自分は私の財産勝手に消費し、一たひ別れしより財産取扱の件に付、何たるの報なく、盗まれ、且つ消費己の気儘気随に掌動、彼是財産上之義に付ては、何れに其権限可有御座哉、其辺も少し可考事に存候。斯く申せば尊叔の御感情如何と被存候得共、今日迄何事も母の云儘財産等打任せ候義は、叔意の欲せられるは勿論、此点に付ての世評は可成免度所存に出候訳合、然るに如何之理由ありて斯迄私の面皮を汚すの甚き哉、誠に和田君等へ対し面目無御座候。亦私之資産を自費するは世間一致之通常何事も世に経る義有之間敷様被察候。唯た叔と御約定せし件に違背するは彼是事情有之候。其砌り例病に付医師之診断によれは、已に満性〔ママ〕せしとの趣、且つ自身察するに后来望なきの感あり、故に他人を害せさる限りは、保養旁遊参〔ママ〕せしに付、幾分の財産消費せしは格悟〔ママ〕之事、強て可包にあらす、故に昨年山口吉下県の砌りも、御尋あらば明白に可申上呉旨申含置候。且つ国元母へは取別け談告〔カ〕可致呉旨申聞置候義は、悪聞千里の例、針を棒に云ふは世の習に付、是を公けするに若しと思考せしに付、斯くの場合に至り候。何事も御面会を得申上度件数多く御座候得共、本年も其期を失し、遺念無極存候。一家紛紜之義に付ては何事も其処弁相付兼候条、前書の件々に付御意あらば何卒御理解御訓諭仰度候。

私も去九日今般新設之第二中隊長心得被仰付候。此職は大尉之本職に有之候得共、此度抜撰に掛り、其職を辱ふせり。思ふに本年末明年初迄は、本職に進給するの心組に御座候条、御聞置可被下、今迄の職務は小隊長と云位置に有之、大尉之総部に掛りしか、今日は私の下に中少尉四名兵卒二百廿名を総御する訳合に相成り、私の身分には随分重任に御座候。先は右用件迄如此御座候。頓首百拝

五月十九日　勇蔵拝

叔父殿閣下

14　明治(　)年6月1日

謹啓　陳は、滋賀県外一府弐県漸く御用済、是より鳥取へ向け旅行申し候処、昨日当地着致候条御承了可被下置候。然るに徳島より当地へ立越しの途、旧境県へ差掛り候処、丁度物産品評会開設中に有之一寸参し候処、春駒と申銘酒見受候に付、甚た軽少之至に候得共小一樽進上候条、御笑味被下候得は本懐之至に御座候。

勇蔵も御影以て病勢頓に減少、諸事便利相得難有存居候。乍憚御序以て吉田博士へも可然御伝へ可被下置候。都合により候得は、今一度出京治療致度存し候得共、何分奉公の身分、致方有之間敷御愍察可被下候。先は用件迄、如此御坐候。頓首

六月一日　勇蔵千拝

清成公閣下

追伸　乍末言伯母君其他へも可然様御伝声の程奉願候。

15　明治(　)年6月8日

〔前欠〕

浜より草道氏へ依嘱書差起置候間、猶要々之件に至り候ては御処置可然様御取計被下度候。公債証書は次便より差上可申候に付、右様御承了之程奉合掌候。先は

当恙之一左右迄不取敢如此御座候。早々不具

六月八日　勇蔵百拝

尊叔公閣下

16　明治(　)年6月11日

謹呈　爾来御容躰相伺不申候得共、弥以御快方に被為赴候半、日夜天地に祈居候次第に御座候。勇蔵も尊前酔退、直様品川より乗船随分之風波を凌き、八日正午過着神候処、亦紀州之国に用向到来、不取敢出発昨拾日着和候処、已に右用件も相済候に付明拾二日神戸へ引返し来拾四日鹿児嶋の様出発之事に決定仕候間、御聞届可被下候。

右に付御願仕置度は御暇乞之際飽迄裏情申述置候通り、医師禁止する所の諸品御使用方は勿論、御短気は御命脈之大敵と被存候に付、何卒々々御自省御鎮重〔ママ〕之程願望仕候条、御採納被下候得ば、唯り勇蔵之本望之已ならす諸家識叔之本願に候半。敢て此段具請仕候次第御情察可被下候。

何れ北地着之上は御細報可仕存候得共、不取敢御機嫌伺旁々如此御座候。早々頓首

六月十一日　勇蔵拝

正三位阿叔虎皮下

追伸　御病臥中憚之至奉存候得共、志邨翁并に叔母君其他皆々様へ可然御閑匿可被下置候。

尚々、此度尊叔御病気に付ては旁々憂慮罷在候義不少、内外之有形感慨之至り御座候間返す〳〵も急速御全快之程祈上候次第、何れ又要は再会に残置候。

17　明治(　)年6月24日

謹具　一別来益御快愉〔ママ〕に被為赴候半、奉南山候。次に勇蔵も途上無恙明廿三日着神致候条、乍憚御放念可被下置候。

帰北は多分来月初旬迄の予定、各地方より種々様々の用件申来居り、軍医も困却罷在り候際に有之、旁々都合に御坐候。

御地滞留間、乍例諸般の事御迷惑相掛け拝謝之至、乍憚叔母君へも可然御伝へ置可被下候。追日暑気酷烈之際、尊体御自重之程、為国家又は子孫の為め偏に奉願上候。
先は右伏報旁々御礼迄如斯御坐候。拝具
六月廿四日　勇蔵千拝
吉田正三位殿
追て、おしけよりも御一同へ可然様申上被呉候旨申出候条、乍憚御掛声之程奉願候。猶御序之節は志村〔智常〕老公へも可然御伝之程奉願候。

18　明治（　）年7月5日

拝呈　大暑難凌罷成候得共、御両叔公始め御一同御機嫌の由珍賀奉南山候。二に勇蔵義も一寸公務の為め和歌山県へ罷越居候処、一昨三日帰神、来八日当地出帆帰北の筈に御座候条、乍憚御聞置可被下置候。
陳は、今般岡田君以て御通報万端委細承り仕候。彼の事情は出発の際一寸弄談致候処、一般女子と小人とは難養の云ならん乎。又親子兄妹の情義の然らしむる訳合なる乎、薄々談合有之候様子に被察、買語頓に渡北の事に決せし旨、右出張留主申参り候。
右は少し閉口之至に候得共、又義理以て組織する所の間柄、決して彼是不背の面色等致間敷、又御互ひの事にも候得ば、勿論の事と断念候も至当の事乎も難計、先は能き程合にて御聞置の程奉願候。
右に付、一事掛念は鹿児島表大王の元なり、御賢慮申迄も無之候得共、至極不沙汰に被致置候様、偏に御依頼仕置候。
時下大暑之際に御尊体御自重の程、国家の為め又は子孫の為め奉祈上候。先は御報旁々如斯御座候。謹具
七月五日　勇蔵千拝
吉田正三位閣下
追伸　乍憚叔母殿其外志村〔智常〕翁公様へ可然御伝声の程、奉願候。

19　明治(　)年7月31日

拝啓　日々増暑気相募り候処、弥以御家内中様被為揃御機嫌克被為渉御座候半、大慶之至りに奉存候。次に私共義不相替無事消光罷在り申候間、御意安御思召可被下候。陳は、先便より可伺申と罷在り候事件失念仕り候義は、滞京中御取替相願置申候金円は、国元より送り越し申候外思案罷在候次第、何卒御為知被下度、且つ財産分担一条は其後如何なる都合相成り申候哉、是亦御報被下度奉願上候。五郎も今頃は出京中に有之申候半。山林掛りに於ても心〔カ〕外之事故差支之向き湯地殿より毎々承候次第に御座候間、可成早目帰県可致旨御下命有之候様仕度候。私義も本月上旬七等属へ昇等仕り候間御聞置被下度、右に付ては兼て御歎願仕置候転任上の都合にも幾分乎涼況を及し候義と被存候。然る処、事件最早御配慮被下候哉、日夜苦慮罷在り候次第に御座候条、御愍察可被下候。既に御配慮中にも有之候はゞ尊叔公より湯地殿へ転任云々頼入候。私之性質上より斯く可致と之段、淡泊に御通報被下度、左ならては却て余計なる感覚を与へ、往先宜しかる間敷被存申候。乍併右辺之処は尊意次第に御座候得共、愚意陳述迄に御座候間、可然御取計奉願上候。書外御通報仕度義も御座候得共、余は追々可申呈、先つは此段用件歎願迄、早々頓首拝白

七月尽日　勇蔵百拝

尊叔公閣下

尚々、御叔母君にも可然様御伝声之程奉願上候。重より同断申出候間、御洩し被下度奉願上候也。

20　明治(　)年8月29日

謹呈　残暑之砌り弥以御一統被為揃御機嫌之筈奉遥察候。二に私共無事消光罷過候条、乍憚御放念可被下。却説本年は御地も例年より暑気甚々しかりし様承り、御転任以来御繁忙之御模様なれば定て煩敷被為在候半。恐察此事に御座候。

本地も例年より暑気募り候様被存候得共、流石名所丈

ありて正午九拾度内外之日両三度程も御座候得共暫時之事にて、朝夕は六拾度内外迄下降せり。誠に其掛隔も甚しと云ふべし。当節は早綿入一枚に羽織掛の肌掛、又日ならすて白天を見るの幸に際せり。

奈良原も過般学校卒業候由、同人より之報に接し誠に喜極定て御満足に被思召候半、御同慶の至に御座候。厳も先比一書参り候以来帰京之事も返知無之、例病如何之模様御座候哉、掛念罷在候。御序もあらば一書差出候様御申附被下度。

此度屯田へ奉職罷在候古川と申人物、留学之為め出京に付、乍麁末当製造品割昆布少々差上候間、御笑留被下置度候。

乍末毫叔母君へも可然御伝へ置被下度、愚妻より同段申出候条、御聞置被置度、先は任幸便御伺迄、恐々敬白

八月廿九日　勇蔵拝

尊叔公閣下

四八五　芳野駒彦

1　明治(　)年5月11日

拝呈仕候。昨日御参上御妨仕り奉拝謝候。別紙原稿こしらへ申候間、御一閲直ちに御返付被下候様、奉願上候。

五月十一日　芳野駒彦

国民新聞社

四八六　吉原重俊

1　明治(元／2)年3月8／27日〔'68／'69年4月19日〕

〔欄外〕「ラテン」は如何、定て御進の筈奉賀候。尤又音楽之稽古は申迄もなく最早余程御進之筈、如何となれば師匠さまかよろしひから。

先達て御書状被下候得共未たに御返書さし上不申不埒之至御免被下度候。扨、「シスロー」の訳本は慥に相

届き、誠に色々と御面働罷成厚御礼申上候。其義も早速不申上候はゝ不相叶義も御坐あり候とは云と〔ママ〕、御存知通当分学校中にて随分要事多して今日や明日と暮し候中不思も長引甚た不本意之次第是又御断申上候。尤も其代価として此中に一円半丈封込差上申候間、御免被下候。且彼の方へ御払被下度奉希候。

一新約克〔ニューヨーク〕にて之次第先比細々被伝聞、誠に以て旁に御配慮之筈遠察仕候。然し乍ら貴兄方よりも未た手切に至る訳には無しと相見得候間、彼の云し通飛脚相付候は御知せ申上なるべし。其時は如何様とも御賢慮を以て再度御相談被成度存する事に御坐候。尤も私共方より如何様とも致したしとの御存寄も御坐候〔ママ〕ば御遠慮なく御知被下度候。何分次便の模様なるへし。何とか相分れかしと真に希罷在事に御坐候。一誠に飛脚は遅し。未た如何事も不承、いかさまに電遣どもにて舟より廻せしか。

一吉田〔彦麿〕〔種子島敬輔〕には飛脚之模様次第弥出立之含にて罷在候と相見ゆ。外に申上度事も御坐候得共余計に時かない分沢山には不申上候。敬白

四月十九日朝

大原〔令之助〕〔吉原重俊〕

永井兄

May we be delivered from all troubles and difficulties by the providential care of God, our Heavenly Father, and may also we trust in Him in all things at all times with a unshaking confidence, for God will never forshake〔forsake〕 or foreget〔ママ〕 those who trust in Him.

2　明治(4/6)年10月30日

〔巻封〕吉田大蔵少輔殿尊下　吉原重俊

先日以来御厚情深奉謝候。然ば、小生之壱条寺嶋〔宗則〕・い東〔伊藤博文〕なとにも異論有之、昨小禄挽留之方に内決致候由に御座候。扨、先日御願申上置候壱条田中君へ御咄し被下、早目相揮候様御取計被下度奉希候。敬白

十月卅日

3　明治(11)年6月6日

〔封筒表〕米国華聖頓府吉田全権公使殿　東京より吉原重俊
親披
〔封筒裏〕有嶋〔有島武〕氏え托

尚々、当分は先年洋行連中なとも処々散在候て随分淋しき事に候。

打絶御疎麗過候得共、愈御清栄御奉職之段珍重之至奉敬賀候。次に小生にも不相替碌々消光致居候間、左様御安意可被下候。最早電報にて御了承相成候半、過日は実に不慮之変事到来、一時は殆と茫然自失之有様に有之候得共、其後追々政府上にも夫々施設相成、西郷〔従道〕川村〔純義〕等も参議に被列、是迄之目度を変せす確然定立之模様に相見得候。後任は伊東〔伊藤博文〕氏と定り、是も日々頻に勉励相成居候。大蔵卿〔大隈重信〕にも近頃は健康も宜しく日々勉強被致、其他参議中も平に同心協力を旨とし各奮発の様子也。不幸中之幸は、貴兄御在国之時分に比すると頃日は粗政務の順序も相立、各省之権限等も確定之形況にて、省間紛論を起し候様の勢は大に減却致し、且定額等も此五六ヶ年は据置之賦、昨日比已に決定致居、今日に至り此等之事に紛擾を招く憂は先無之、是丈は実に多幸に被存候。又政府内部之有様は大略前条之通に候処、外部に対しては未た多少之困難を不免勢にて、今後土州辺の景況如何可相成哉と被案候。然し内部さへ一致一和の道相届候はゞ、外部之病症は治し易き方に可有之被存候。

大蔵省内之事に付ては差して為相替事も無之也。今般新之起業公債等之模様又決算報告之件等は別に卿殿より親書も可有之、又有嶌より直に御聞取被下候はゞ景況相分り可申候。

税則改定壱条に付ては是迄色々御尽力相成り、当方にても今度は充分之奮発にて是非成功を要し候内閣の定論に有之候。右等も有嶋より委細御聞取被下度候。

県下の方は昨年の騒乱後は先平静の方にて、今度の兇変にも為差影響も不生模様に候。又在京の県物も当分にては皆一致一和を主とし、各勉励相成居候。御安心

吉原重俊

被下度候。先は今度幸便に任せ、且今般の兇変後御案
し之程も推察致し、及永々疎情罷過候義御宥免相願度
旁、乍粗艸一筆如此候。拝具

六月六日　重俊

清成賢台机下

4　明治17年2月22日

拝啓　陳は、本月廿八日芝紅葉館に於て粗酒致呈上度
候間、同日午後第四時より同所へ御光臨被成下度致冀
望候。敬具

明治十七年二月廿二日

日本銀行総裁
吉原重俊

吉田清成殿侍史

追て、御諾否の貴答を乞ふ。

5　明治（　）年（　）月13日

〔巻封〕清成君尊下　吉原重俊

罷出候処御不在にて一筆申残置候。扨、貴君御長屋之
内明処有之候由承、今村何某と歟云々候海軍省え相勤
候人、万一右明長屋御借被下候義は相叶申間敷や之趣
にて相願れ候者有之、小生より貴兄え御伺申くれ候と
の事に御坐候。就て明長屋有之、又外に御差支無之候
はゞ、右願之趣御聞届被下候様有之度、小生よりも奉
願候。又此に横浜運上所造作に付、間〔カ〕と約章取結び候
内、梅田何某と云者有之候由、然に未た右之費金相下
り不申候由、何卒早目に相下り候様、御尽力被下度
候。先達て上野〔景範〕よりも御願申上候半、右人へ小生之金
小々預置候処、右相下らす候ては急に出来兼候由に御
坐候。何卒右等之処能御推量被下右様御取計被下度奉
願候。敬白

十三日

6　明治（　）年（　）月（19）日

〔巻封〕吉田少輔公御稟報　吉原重俊

好信謹て披誦せり。御信切之告諭精々相守候様可仕

候。決して Forsake するの意には無御坐候間、御安意可被下候。乍然人之情時として玩味を思の癖ありて、是も又不得止の勢歟。然し Small Banboo〔ママ〕なる花にもあらす、自ら色香なきものと替候義は山々なきと御知下されましと願ものは浮気らしくしてうはきならぬ居士也と云爾。

十九日

四八七　吉本則道

1　明治(24)年5月4日

今村和郎事、久々病気之処養生不相叶、本日終に死去致候に付、為御知仕候也。追て六日午後第一時出棺、音羽護国寺に埋葬仕候。

五月四日　　　親族　吉本則道

吉田清成殿

四八八　渡辺　清

1　明治(4／5)年(　)月(　)日

〔巻封〕吉田少輔殿　渡辺清

嘸早御労奉御察候。然は、退省於途中井上〔馨〕大輔へ出会候処、明十六日午後二字同人宅え御出被下度伝言に御坐候。小弟にも罷出申候約束仕置申候。外国人も罷出候筈、其趣意負債一件之趣に御坐候。右得貴意候。頓首

2　明治(20)年4月9日

〔封筒表〕吉田清成様親展
〔封筒裏〕渡辺清

拝復　先日奉願置候書類写御下渡被成下御手数之段奉恐入候。然るに該書には立錐上申之書にして、外に開坑計算見込書、及ひ御雇洋人ポッター氏之意見書〔カ〕、小林之意見書、且又元壙山局に於て調へたる開坑計算書等、御差支不被為在候はゝ拝見被差許度此段更に奉願候。尚参館奉願儀も可有之候間、御含奉願候。頓首

四月九日　　　清

吉田先生　侍史

〔注〕冒頭に吉田筆にて「本件は伊東〔伊藤弥次郎〕局長承知に付、可然御談示可被遣候。柳谷〔謙太郎〕様　成」と書込あり。

3　明治（　）年2月24日

爾来御不音罷過候処、倍御清穆奉万賀候。扨、忰環なる者御面謁相願度旨申出候、御面倒には可被為在候得共、御繰合暫時間にても御接話被成下候はゝ於小生は大慶奉存候。添書迄如是御座候。頓首

二月廿四日　清

吉田老台侍史

4　明治（　）年4月13日

尊書難有拝誦仕候。扨、先日奉願置候別紙御目録写之通為御持被成下、御手数之段深ク奉恐入候。猶拝顔御礼可申上候得共、御請迄一通如此御坐候。頓首

四月十三日　清

吉田先生侍史

尚々、御書類は凡そ一周間計拝借仕度候也。

四八九　渡辺洪基

1　明治(12)年2月11日

〔封筒表〕吉田農商務次官殿親展

〔封筒裏〕渡辺洪基

昨夜は辱御同席、愉快難有奉存候。其砌懐中物間違、閣下之分小生持帰、恐入奉存候。即為持差上候条、御取替此者に御渡被下度奉願候。御不沙汰御詫申上候。何れ其内拝芝可奉表敬意候也。

二月十一日　渡辺洪基拝具

吉田公使閣下

〔注〕青鉛筆で「十二年」、赤鉛筆で「二月十八日渡辺」との書込あり。

2　明治(15)年9月5日

朝鮮取調之件本日北沢・佐田〔素一郎〕両人へ相命申候。此段御

承知可被下候。

別紙大倉喜八郎見込書昨日差出申候間、御参考迄に差上申候。既に一段落も相付き候義に御坐候得共、彼償金収受之運之上に於て、或可採事とも存候義に御坐候。依て不取敢差出申候。尚其内拝光可申上候。匆々頓首

九月五日　　　　渡辺洪基

吉田外務大輔殿

3　明治(16)年9月16日

先刻は御出掛之際無心御妨申上多罪之至に御坐候。其節御話申上候寺島〔宗則〕公使より之手束為御一覧指上申候。同公使は経歴も多き真地歩之人に御坐候得は、如御垂示同地交際之都合も回復いたし候事と被存候。如是緊要之地に相当り候事嗚呼之義には可有之候得共、右之余光も可有之、可成は同公使之イントロジュクションを得候位に相運ひ候半は、殊更都合宜敷候半と奉存候。不肖には御坐候へ共、現今殊に米国交際之緊要なる義は承知仕居候得は、敢て鞠躬、本邦之指麾を奉し勉強可仕所存に御坐候間、何卒其運に御擬案被下候様奉懇願候。同公使之書束は閣下丈御一覧之上御返付被下候。立田妻赴米之事、御煩申、即御示教に伴ひ直に帰路同人へ申聞候。兎に角来春分娩後迄見合之方に忠告仕置候。来廿一日頃米国へ使有之由、其節迄に一定可仕図に御坐候。其便に立田へ委細文通可仕、尚御示諭を可仰奉存候。先は緊要件耳申上度、匆々拝具

九月十六日　　　　渡辺洪基

吉田外務大輔殿侍史

4　明治19年4月5日

益御安寧奉恭賀候。陳は、沖縄県に在勤罷在候田代安定より別封之書面到来、至極有益之考案と奉存候間、為御参考差出申候。尤御省へも差出候義にも相考候間、若重複相生候はゝ本省御廻付可被下候。拝具

十九年四月五日　　　　渡辺洪基

吉田農商務次官殿

5　明治20年2月8日

昨夜は失礼仕候。其節御話有之候博覧会若くは共進会に付、例規之義兼て高峰譲吉より聴聞致候事有之候を記憶いたし、博覧会歴史幷にレヴキウと申様なるパンフレット同人所持いたし居候趣、旁同人之調査御命相成候はゝ相分り可申と奉存候。尚当方に於ても相分り候義御坐候はゝ差出可申候得共、心付之儘申上候也。

廿年二月八日　渡辺洪基

吉田次官殿

6　明治20年2月9日

高峰〔譲吉〕答書之趣別紙之通に有御坐候。愚考には博覧会之適例と申者、我邦人之参会する博覧会は大抵万国博覧会之一般若は特種之者にして、ローカール之類例は難調査と奉存候。併し其時之便宜次第にて強て例に関はるにも及はすと奉存候。即輦轂之下、即日本の都府にある事業に付、諸般之会長位之処にて皇族御引受相成候共不都合有之間敷と奉存候。尤小生も昨日文部之内に於て取調候へ共、適例は見当り不申候。宣敷至急御賢考可被下候。生も近日出張之趣向に相成居候間、右之為多少変換等致候半ては不相成と奉存候間、兎に角至急に御言令可被下候。

廿年二月九日　洪基拝具

吉田次官殿

尚、委細高峰技師より御聞取可被下候。

7　明治20年2月27日

拝啓　陳は、東京共進会審査綱領別封之通起草仕候間供電覧候。尚審査官にも相談逐々。可相伺候也。

廿年二月廿七日　渡辺洪基

吉田次官殿

四九〇　渡辺　孝

1　明治(　)年5月30日

拝展　陳は、本月三十一日白金志田町貴邸に於て小集御催に付、御寵招を蒙り奉拝謝候。然る処同日府庁於て会議相開き、何分参趨難仕乍遺憾御断申上候。匆々拝具

五月三十日　　渡辺孝

吉田清成殿

四九一　渡辺千秋

1　明治20年1月30日

副啓

貴衙奉職本県出身の向へ夫々依頼仕置候得共、本文の微衷猶宜敷御賢配被成下度、此旨併て懇願仕候。敬具

明治二十年一月三十日　　渡辺鹿児島県知事

吉田農商務次官殿

2　明治(20)年2月14日

棣花之候、益　御安泰奉恭賀候。此間中より行違不得拝　青候所、曽て上申仕候砂糖売捌処に可相充大坂蔵地一条に付ては、非常之御眷顧を蒙難有奉存候。近日建野〔郷三〕よりも上申之都合に可相運、何卒御許允之程奉仰願候。今朝は右御頼且拝謝旁参上仕候処、御多用被為入候様拝察仕候間、先以此旨御一書奉申上候。書余拝青御厚礼可奉申上候也。敬具再拝

二月十四日　　御邸内にて　渡辺千秋

吉田次官閣下侍史

3　明治20年2月28日

謹啓　弥御清穆奉恭賀候。陳は、来る三月八日芝紅葉館に於て晩餐差上度候間、午後五時より御光臨被成下度希望仕候。敬具

明治二十年二月廿八日　　渡辺鹿児島県知事

吉田農商務次官殿

追て、本県道路開鑿実測図調整仕候に付、其際供電覧度候間、呉々御繰合御光臨被下度、併て相願候。再拝

4　明治(　)年2月14日

謹読　今朝は拝青仕候処、御多端之御中至懇々盛論を拝し奉感謝候。明夕売茶亭に御光臨被成下候儀奉願置、栄幸不啻御待受奉申上候。岡之儀は兼々練熟之声誉遙聞仕居、是より被臨会盟一望〔カ〕仕候処、懇々之御細書分て難有奉存候。速に其手段に取計仕候。染川之儀は頗遺憾之至に奉存候得共、或は故障之御尊条天降《アマクダリ》は無之哉と甚以疑憚仕候。いつれにしても其人を得る頗急務と奉存候間、此上之彼是御眷顧只管奉仰願候。不取敢拝謝旁如此御座候也。敬具再拝

二月十四日夜　　渡辺千秋

吉田公閣下

5　明治(　)年3月7日

謹啓　春寒益御清健被為渡奉敬賀候。其後は会議等相始日々彼是取込居、御伺にも不打出奉恐入候。曽て奉願候通明八日は五時より御繰合　御光臨候歟呉々以奉悃願候。本日は参館可奉願候積に奉存候処、道路一件是非今日中調査可仕注文其筋より申来、只今専取調中に御坐候間、暫くは参上仕兼候哉も難計、右は内務省より内閣請稟之都合等に願及候間、彼是報兼候事情宜御海宥奉仰候。却説昨日は華醸拝領致候段奉厚謝候。書余拝　青可奉万謝候。右御願如斯御座候也。敬具再拝

三月七日　　渡辺千秋

吉田公閣下

〔注〕端裏に「坂東直記」とあり。

6　明治(　)年9月19日

謹啓　秋冷相催候所、弥御清栄被成御座奉恭賀候。爾来甚以御無音仕居候。当地も異状無之、幸に御安慮可被成下候。然は事唐突に渉り甚以如何敷御座候得共、本県士族永江尊志なる者、公立鹿児島学校教員是迄従事仕居候処、何分僻地にては将来之目途も不相立、旁都下へ罷出応分之尽力仕度との事にて、親類谷元道之

氏に就き此度上京仕候。いさゐ谷元氏よりも可相願候得共、本人之志願外務に従事に心掛居候儀に付、一書差上くれ候様申出候。素より軽忽可行届筈無御座候得共壮年輩には到て着実之者に付、宜敷御賢慮被下度奉懇願候。先は右条〔ママ〕願迄如此御坐候也。早々頓首再拝

九月十九日　　渡辺千秋

吉田老台侍史

四九二　渡辺　昇

1　明治(8)年9月27日

拝上　時下弥御多福御奉職奉遙賀候。本州静謐随て小官瓦全御一笑可給候。扨、昨今大政府も兎角衆議合せさる勢にて、大臣連之辞表或は不快にて引込、更に不振景況御互に気之毒之至、元老院も未不調と之様子、大蔵も余程切迫之聞へあり、其上輸出入之差は一千万円に上り、此上如何可有之哉と職外之事なから杞憂に堪へす候。大坂は何も相変義も無之、商売之不気景〔ママ〕は困り入申候。東京神奈川何とも同様之由、稲作は近来稀なる豊年なり。扨、毎度御手数なから此一封深沢生え御達可給御依頼御見舞旁捧愚札候。草々頓首

九月廿七日　　昇

吉田義兄

尚々、時下御自重為国是祈候也。

2　明治12年6月17日

〔封筒表〕伊達従二位殿　吉田従四位殿閣下

〔封筒裏〕渡辺昇

拝啓　愈御清適御奉務奉敬賀候。前日御滞神之際は彼是多端にて出神拝晤を得す、遺憾且欠敬御海容可被下候。陳は貴客来遊に付ては深く御配慮之義と奉察候。該件に付ては過般宮本〔小一〕外務大書記官出張有之、万事打合候廉々同氏に於ても承諾之上帰京有之候間、当府に於ては同氏と打合せたる箇条に基き、夫々手当致居候処、其后出張之属官より当府之不都合を述へ当府属官之者へ督責有之、大阪府に於ては此節之義如何相心得

居候哉之旨詰問有之由、如何之次第と存候。抑大阪府より厚御示諭も有之、則其為出張之書記官へ打合候通、乍不行届夫〻着手中之処、属官等皆々出張、彼是差図多端に相渉り候様にては不宜に付、宮本書記官へ打合之通確守いたし候様、其筋掛之者へ申付居候事に御座候。尤不都合之義は多〻可有之候へ共、其辺は是非貴官方迄申出、其上之差図に無之ては不相成、然るに無其義、各員之見込を以勝手〻〻に申入候様にては事物齟齬、有限之官員を以所詮其求に応し難く、右等之弊風よりして大切之賓客より却て之に従事する小吏之為、大に配慮不致ては不相済様成行之事是迄多〻有之、地方官之大困窮なるは各地喋〻する処、実地之景況無包蔵御含迄に申出候間、可然御酌合夫〻御示諭被下度、此段御起居伺旁如此に御座候。余は拝顔之上候。草々頓首

十二年六月十七日　　渡辺昇

伊達
吉田　両公閣下

3　明治（　）年（　）月4日

〔巻封〕少輔吉田殿御袖展　昇

今夕参上可致申上置候処、無拠襲来有之難叶、無御支は明晩にいたし度委曲は拝鳳を期し候。頓首

第四日〔カ〕

4　明治（　）年（　）月14日

昨日之高章今朝拝誦、如貴諭今夕景より参館可致、此旨御報旁草々頓首

十四日　　昇

吉田盟台

四九三　渡辺義郎

1　明治（　）年（5）月（25）日

〔前切〕

何れも其御気品高尚なるに驚き賞賛口を極め候事に御

座候。誠に難有頂戴物に御座候。其内にぬめを御左右に送り置御気分宜敷折額面掛け幅共御揮毫相願度と存居候間、今より御含置被下度奉希上候。兎角書家輩之書は美麗は則美麗なれ共、気品と云可然之位無之、見るに耐へさるものに有之候間、劣生は是迄書家輩其他人物不高尚之者に揮毫を望み候事無之候。

在京中之作、御閑暇之節御叱正願度、左に一二記載仕候。

淡泊粗豪弄半生非才愧未答文明　一封所策能容否　待命五《三》旬留帝城　未定稿

○京城無処不春華　車馬縦横入彩霞　双枕橋辺千縷柳
三圃祠畔万朶花　楼頭歌湧龍山動　船底酒流墨水加
独上高台開酔眼　太平気象乾坤嘉　未定稿

詩歌等尤も不得手にて格調も存ぜす、ほんの出鱈目に候間、其思召にて御覧候様願上候。

五月廿五日　渡辺義郎

吉田公閣下

四九四　渡辺廉吉

1　明治(21)年5月30日

拝啓　明三十一日於貴邸御小集被相催候に付、参上可仕旨御懇招を蒙り光栄之至、然るに明日は司法省御用にて御徴召時刻までには参趨難相成、折角の御寵招甚た遺憾には御座候へ共、御断申上度不悪御承引被下度。此段御答旁申進候。敬具

五月三十日　渡辺廉吉

子爵吉田清成殿

追て、牧野伸顕へも御招状を蒙り候処、本人儀当時神戸表へ出張中に付、右御招状は本人帰京の上可相渡候へ共、前陳の次第に付是亦参上不仕候間、右様御承知被下度候也。

四九五　金　玉均

1　明治(15)年10月2日

〔封筒表〕吉田清成先生大人閣下台啓
　神戸客金玉均拝函　要阿須頓先生津転
　〔朱印〕十月六日接受

臨帰、在馬関、修函、想已台覧矣、敬頌雅夭、尊祺百福、時切懸係玉均、間来所経歴、殆一言難尽、而今又、航到神戸、西暦初十日、飛脚船便可投載、向横浜、拝握在迩不勝親欣而宿痾尚号方来住温泉屋耳、聞前田領事、在釜山未帰云、極切憫然、得無促、其帰来之方便否、千万緒蘊、自可面恙　草々不宣

十月二日　　　　　　　金玉均上

吉田大輔先生閣下大人

2　明治(16)年(1)月(　)日

〔封筒表〕吉田大輔殿
〔封筒裏〕山城旅拝掛

拝読、恵函、欣慰、無似、玉、為逢公使、往横浜、路違、未逢、今、始触風帰来大寒戦委倒、不省事苦向々明日、盛速般不如命、而以若症状、明早動作然所可論、極如悚向痾如小可日宿当進拝請誨矣　不宣

刻下　金玉均啓

吉田先生

3　明治(16)年(　)月(　)日

晩翠先生覧、得寒此厳、客子斗覚悄々即頌日、症如何為禱、玉之向日所懇事、未知発落如何、而玉、有私衷耿々不下者、擬即造談、頭眩忽作敵、此替達一函、勿罪、為希大抵此事、　先生之前後懇々、玉之深戒者、而事如首、且則有成反、不如無相関、望即善辞、分弁而罷了焉、玉、再昨見外務卿先生談次語到此事、井上〔馨〕公幾勿話中、玉之失望大矣、曽不意此公、外我懇我一至於此也、玉之自到東京、惟井上公及　先生、二人相許之以知已、其故、両公適掌外務玉以外国人来也、玉与両公投契、則自以為一家人、言無不及、情無不到、

玉、雖在殊郷、資足以自慰、因望両国交隣衛次有頭緒矣、向日、井上公、対我語中、有情誼、不通匆、又曰、我言不信用、此二句、真属玉之情外、又有自耿而不堪対人者、今公使改無委任状、即勢不可、不自此只周旋、得債之方円、眠同一人而帰国、得政府明文、然彼方可許之、此語、即玉之憾而未解者也、只曰、無委任、即不可云々、即固属真情也。今既語到於此、玉之前後呶々尽属謊妄得謊妄之目、而更思与人交隣、在尤妄中之妄矣、且今、　先生、独自労心、而事成在我公使、断不可取用乞　先生諒之、玉不知外国情況自以謂幾十万銭、可容易得之于日直承我政府命、時委任状一事、初不思及此責、不在于公使、不在于朝廷、惟玉一人当之而已。当今、天下之貨幣、拝関如是、其難玉所稔知之、而猶未料、日直之於朝鮮如是、其吟薄疎談也、又、井上公言、恤艱一事、何不議到于我、而以国延引、此語、更属彼趣、玉於前日、未発不一再語及、而井上公忘之也、可使不言、此固異於他矣、既承我政府得債了、当之命而便、自懇乞而延引時期、即然、公使之失職也耶、玉、帰寓館、数日、不出門、独自思想惟己之為当外、無策、井上公之前後、為朝鮮、苦心周旋、固出于玉之思想、未及処、玉亦、概奉楷而深戒者也、忽此瑣小事因玉而起互有抵梧不合者、此玉、不免誤国事之名、此一疑公須深諒、即地破休申乞之、此言、実然隠有所待、而外説方便者也、玉、則、誓無此面折回曲之肚者爾。公、其諒之、粛此不宜

刻下　金玉頓首啓

吉田大輔閣下

4　明治(16)年(　)月(　)日

〔封筒表〕外務省　大輔大人契啓

金玉均生、誤聴伝語、今来坐貴宅矣。先生返第之期、若晩則改日趨拝、而若不晩則謹当小俟

不尽

金玉均上

吉田大輔先生閣下

金　玉均

5　明治(16)年(　)月(　)日

金玉均弟、乗東京丸、今日到近、即、欲進拝而病臥未遂、明、再明日宿、如　先生有暇者、図造談　不宣

吉田大兄閣下

6　明治(17)年(　)月(　)日

啓者

有所面告事、屢請接談、聞公事、無暇不能得片隙、茲有書告、詳覧而指教之、向来蔚陵島捕遠匪類事、現有僕之職分内相関事、不可無布公知照、此書一函以呈、望閣下与伊藤公、商之、即賜此復焉、以為僕守職分帰報我政府之資　不尽

刻下金玉均頓首

吉田清成閣下

7　明治(19)年(6)月(　)日

小生間遭奇恠之事、即以実事、書告閣下矣、因値閣下、駕外不得拝尊答、其時悵欠之情、如何可言、毎日苦、俟閣下返駕兮幸従新聞知帰駕之報、喜従天降、不勝踴躍、茲、急上蕪函、而所謂小生所苦、奇恠之事、茲、録于左細覧焉

月前、自朝鮮、有池運永為名者、入東京、即小生、在本国時、親知者也。先以書於小生、其書意、欲一逢見、而、論宿云々、小生実疑其来也、然即以好言答之、因与本国人同志数三人会議、使三人、往見池運永時、此三人者、在本国相与親知者別示親密之意、朝夕互相往来、覗其動靖〔ママ〕、偵探其所為、前後一朔之間、有許多可笑之事可恠之事可疑之事、有不可尽記、而、畢竟、彼三人、故毀金玉均之事、於池氏欲背金玉均而、以図帰国之計於池氏其細事亦非。筆者可尽氏、初疑、終信乃、以実情告之、乃与三人者、同謀暗殺金玉均之意、結約、遂有池氏書証標、与之于三人、又、受於政府之委任状、及帯来之尺剣、并、他書類、尽落在小生手中、小生、始知其事実、因念、一身性命、迫在朝夕、而、小生、既在於日本法律之下、則以性命危急之事、不得不訴之于日本政府、即、以危急之勢、概

書事状、呈之于総理大臣伊藤伯〔博文〕外務大臣井上伯〔馨〕矣、皆無答、只有便、取状井上大臣、口伝言、以今此事、吾不可以面会、亦、不可以指導、然、吾知日本国有法律、金玉均亦想知之云々、小生念此使之、訴于法官也、乃又以実状書之於警視総監三島〔通庸〕氏矣、甚翌日却還拙書、因又、自警視庁、招小生所留家主人、金玉均輩、留宿決不可許、即日放逐之意命令之、因又、警視来、見小生、伝日本政府命令、因為日本政府政略上有関係、金玉均、不可留延于日本地云々、小生、勢甚迫急、無所容、措又、若捨池運永、則其危険、又不可測、即使同志三人、誘引池氏、出横浜、小生亦出二十番館留宿、思一身命脈、迫在呼吸、然、無処仰訴、只、自抑欝矣、又、於再昨日、自神奈川県、令送内務大臣命令書於小生、故幷、自池運永奪取証拠及他書類、録呈下覧焉、因念小生本欲游歴米利堅等国、而善無資本、欲行而不得、閣下亦洞燭者、而今、常性命危難之機、又、被貴政府如此迫逐之勢、不覚、置此身之処坐、閣下、憐憫如此遑迫之状、特念平日挙知之誼、図取以保存性命之策、指教千万々、倉皇同拱之状、実無以形告也、心悩　不宜

金玉均啓

吉田大人閣下

〔注〕この一部を読み下したものあり、以下に収む。

先月朝鮮より池運永と申もの東京に来り小生本国にて存知居り候もの、夫書面を以て小生に贈り候やうは、何卒一応面会して旧情を話せんとの主意に有之候。小生同人之来京を疑ひ候へともよろしきやう挨拶に及ひおき同志両三人と申合ひ池運永に面会せしめ候此三人は本国にての同志也。別に親密の意を示し朝夕互に相往来して其動静を観察し其所為を偵探せしむるに、甚笑ふへくあやしむへくうたかふへき事とも種々有之、一々筆記すへからす畢竟彼三人のものともことさらに金玉均の事を池氏へあしざまに申し、金玉均に背いて帰国の計を図り候処、池氏初はうたかひ終りは信し乃実情をもて告け申候。乃三人のものと金玉均を暗殺せんことを約し、遂に池氏より別紙証標を三人に与へ、又池氏は受けたる政府の委任状及

ひ懐剣等その他の書類尽く小生の手に入り申候。小生始めて其事実を知り因て念ふ、一身の性命迫在朝夕性命危急の事これを日本政府に訴へさるを得すと。即略事状を書してこれを総理大臣伊藤伯外務大臣井上伯に呈し候へともいづれも御取りあけ無之、但井上大臣は口頭にて今此事に付き面会不相成、また差図も難出来然れとも、吾日本には法律あり金玉均もまたこれを想ひ知らん云々。小生これを念ひ法官に訴へんとまた実情をもて三島警視総監に呈し候処其翌日返却せられ候。扨又警視庁より小生下宿の主人を招き小生留宿決して不相成即日放逐せよとの命令を伝へられ、又警視小生に面会して日本政府の命令を伝へ日本政府政略上関係あり金玉均日本に留むへからす云々、小生切迫如何ともせんすへなくもし。池運永を捨つる時は其危険また測るへからす、即同志之人をして池氏を誘引して横浜に出せしめ小生もまた二十番館に出てヽ留宿せり。一身の命脈迫る呼吸にあり。然れとも仰き訴ふる処なく只みつから抑鬱罷在候。又再昨日神奈川県令より内務大臣の命令書を小生に送り候故、池運永より奪ひとりたる証標及ひ他の書類を併せて入高覧候。因て思ふ小生本来利堅等の国に游歴いたし度候へとも資本なく行かんと欲して得す。閣下もまたよく御承知之次第今性命危難之機にあたり又　貴政府にかく迫逐せられ実に此身のおきところこれなく　閣下不憫と思し召し特に平日之御好みをもて性命を保存するの策を図られ度千万御指教奉願候。

金玉均啓

吉田大人閣下

8　明治(19)年(7)月18日

〔封筒表〕吉田晩翠先生閣下

昨日上緘即已　詳覧否、玉均之当窮途切迫之状、無処呼訴、不避煩屑、此又奉蕪翰、万乞　閣下指示方便、以救此急焉、若在　閣下或為有不便之端、又或　閣下亦棄我、則亦属勢、不得已也、即玉均命脈、難保之運也、更復何言、然、玉均特恃平日　尊義之重、至此仰

懇、乞即　賜答焉、若無　下答、則玉均自決、知　閣下棄我之意也耳立俟、回音不宣

十八日早　　　　金玉均頓上

吉田閣下

許多委細之事、有不可以筆翰書告者　閣下若欲聞之一拝面図、未知如何、閣下雖棄玉均、今玉均所経之事　為　閣下一聞之似好耳

9　明治(19)年9月6日

晩翠先生閣下

臨発如火迫勢、不得拝別、悄耿在胸、如有所失、伏惟、辰〔ママ〕下　起居清勝、公務不甚為悩否、為頌為慰、玉、乗船、凡二十三日、抵泊信地、其困楚之状、即非楮墨可供、惟、以性命之存、為幸、浮生一世、即一夢幻、憂喜悲歓、本不足記取、至於今日、玉均之所遭逢、又、一夢外之夢、如何是苦楚、如何是困厄、実不能自解、只、自念前業不精、此生受此果報、未審　晩翠以為如何、因記憶、曩曰、玉均、対晩翠〔吉田清成〕先生言世情日益枯澹、直欲入山修禅、今日玉均所到之地、正宜坐禅而為出世間法、然、自不知性命如何、究竟、恐亦幷所坐之物之帰空、良可一笑、聊挙禅語以供之　晩翠先生会麼、海天渺漠、似難、時々、憑信言、念平昔　友厚之義、茲、奉一書、遠寄、以謝、雅念　不宣

九月六日　　　　金玉均頓首啓

吉田清成閣下

閒歩海岸、得此奇石、為供、　清可玩償唯許米元章一見可也

〔注〕これを清書し、句読点を打ったものあり、以下に収む。

晩翠先生閣下

臨《テ》レ発《スルニ》　如二火《ノ》迫《ルカ》一勢《ヒ》不レ得二拝別《スルヲ》一　悄耿在《テ》レ胸《ニ》、如《シ》レ有《ルカ》レ所レ失《フ》、伏《シテ》惟《フ》辱下　起居清勝公務不《ヤ》二甚為一悩否《ヤ》、為頌為《シ》慰《ス》、玉乗船凡二十三日《ニシテ》　抵二泊信地一、其困楚之状《ハ》即非二楮墨《ノ》可《キニ》レ供《ス》惟以二性命之存一為《スルヲ》レ幸《ト》、浮生一世、即一夢一幻、憂喜悲歓、本不レ足二記取一、至二於今日一、玉均之所二遭逢《スル》一又一夢外之夢、如何是苦楚、如何是困厄、実不レ

金　玉均

能ニ自解《ラスルコ》一、只自念ニ前業不レ精、此世受ニ此果報一、未レ審、晩翠以為ニ如何一、因記憶曩《スニ》曰玉均対《シテ》ニ晩翠先生一言《フ》世情曰益枯沮、直欲《スト》ニ入レ山修レ禅、今日玉均所レ到之地、正宜坐禅而為ニ出世間法一、然自レ不ニ知性命如何一、究竟恐ニ亦幷所レ坐之物ニ之帰レ空、良可ニ一笑一、聊挙ニ禅語ニ以供レ之、晩翠先生会麼、海天渺漠似難、数々憑ニ信言一、念《ヒ》ニ平昔 友厚之義一 茲《コニシテ》奉ニ一書一、遠寄《クセス》以謝、雅念《セヨ》 不宣

九月六日　　金玉均頓首啓

吉田清成閣下

間ニ歩《シテ》 海岸《ヲ》一、得ニ此奇石《ヲ》一、為《メテス》 供 清可ニ玩償〔賞〕一唯許ニ米元章一見一可也、

10　明治(20)年11月12日

啓者、想北地風雪、幾多此時、　閣下、起居清康、為頌為慰、　聞　閣下、近稍、養間、深愜遠念於白金精舎、此時風物、正宣一時偃蹇、直煩奮飛握手、傾倒我衿懐而不可得也。玉、惟病、是苦余無足奉、聞遙、知閣下近稍異歩、公務煩処之時、為呈片帋、為報此身命脈苟存以期無摧而已、抽筆臨紙、不堪奮然、而暴白一場之心、然、屢回按下而自止已矣。唯、有一言告于閣下者禁之不可得、及此煩屑焉。玉之来此島、已経一星霜矣。　閣下、無一言、無一書、詢及此身、此実、玉之深有憾可閣下者也。　閣下、誠思之。　草々不宣

晩翠先生台亮

十一月十二日　　金玉均頓首

11　明治(　)年2月13日

拝啓　尓来益御清栄奉南山候。陳は、僕和船両三隻雇入本国地方之差立度候。僕之随員より兵庫県に御相談に及候間、同県を経て貴省え願出候節は御許可被成下度、此段御依頼申上候。僕近日帰国候筈、就ては拝顔出来不申候はゝ、此書面を以て御暇乞可申上候也。匆々不具

二月十三日　　金玉均

吉田外務大輔殿

12　明治（　）年8月12日

〔朱書〕八月十二日稿

敬《テ》覆《スル》者《ハ》、本日再《ヒ》准《ス》二 貴大臣函一《ヲ》、称三朝鮮《ハ》為《タルヿ》二 我属邦一、衆所二共暁一《ニル》、貴国立《テ》レ約《ヲ》、雖《モ》三許《スニ》以《テス》二自主一、而《カモ》中国《ハ》自《ニ》待《ツニ》以《テス》二属邦一《ヲ》、派《シテ》レ兵《ヲ》前往《スルハ》、為《ス》二其《ノ》正《サニ》乱一《ルヲ》、自《ラ》弁《スルニテ》二 已事《ヲ》、本無《シ》二葛藤一、貴使館、在正乱之中、譬《ヘ》以《テ》レ物寄《セ》二子弟家内一《ニ》、而《シテ》被《ラハ》二盗窃一《ヲ》、家長無《シ》下不《ルノ》二査問一《セ》之理上、貴外務卿、於《テ》レ此《ニ》以《セリ》乙属《スルニ》二 誤解《スルニ》一 等因《クヲ》甲

査《スルニ》 我《ガ》国《ハ》与二朝鮮一換約《ルヲ》、歴《ニ》有《リ》二年所、而《シテ》 貴国従来、未レ干二預其《ノ》間《ニ》一也、今貴大臣以《テ》二我使館一《ヲ》、為《シ》レ寄二居《スト》 貴国《ノ》、属邦《ニ》一、且《ツ》以《テ》二家長一《ヲ》自《ラ》居《リ》、欲《ス》三代査二問《セント》 此次暴挙一《ヲ》、有二是理一平、既《ニ》承《レバ》下 貴大臣《ガ》咋《フ》已《ニ》将《テ》二本省《ノ》文意一《ヲ》代中 達《スルヲ》 貴総署《ニ》上、則祇俟二其《ノ》回音一《ヲ》、再《ビ》作《サバ》二区処一《ヲ》可也。

四九六　金　玉均・徐　光範

1　明治15年6月26日

〔封筒表〕敬呈　吉田大輔大人先生台啓　金玉均　徐光範馬関拝函

吉田大輔大人台鑒

監別懇々、盛海如何、不忘区々私衷、自以謂、他日再航、到貴京、歓笑盃酒、決不在先生及秘西人契心而已、玉均、纔至馬関、見花房公使、良見反棹、始知敝京有大実故、其故正応　関聴而敝京所些有浮、於貴公使所経歴、痛哭之余、惶愧自切日者萩拝外務卿大人、握手傾談数刻、現前可引之事、稍々有頭緒方擬同花房公使、仍向仁津、然究竟之如何、不堪保告、又応有尊聴、而一言布陳、亦不堪闕撥、忙荒沏数行、只祈犀船

壬午六月廿六日

金玉均
徐光範拝啓

四九七　徐　相雨

1　明治18年1月29日

〔封筒表〕外務大輔吉田清成閣下　欽差大臣徐相雨

〔封筒裏〕三月十五日午前十一時三十分着

逕敬者本正副大臣擬於明日到　貴外務省有談弁之事先
行　貴大輔定期順頌　台安
乙酉正月二十九日　　徐相雨
外務省大輔吉田清成閣下

四九八　池　運永

1　明治(19)年4月29日

池運永手書此標旨之于同志三人者

大事証標
大朝鮮国
大君主　特命統理軍国事務衛門主事池運永以全権斬賊
大使委任状入
大日本国斬杠逃逆賊玉均之意售用此人以池運永親筆写
委任状成標出給而金伍千円成事後五日内出給為定矣如
有過期不給之端則以此証標送于朝鮮政府憑考談弁事
開国四百九十六年四月二十九日
池運永㊞
池印
運永

2　明治19年4月30日

池運永書所経大既等与之小生同志者使之信用
運永本以莽姿宿懐杞憂感邦国之多難忿凶逆之末除乃於
乙酉十一月初三夜密見閔参判丙奭告以奮臣節雪国恥之
実裏閔氏慨然応之明日入稟此事初五夜承命入侍奉詢有
奏略暴上中下三計上此要小臣手刃親着而全命帰国中計
要買得力士而行之下計若上中二計有難只要親刃殺賊而
不願小臣身命継陳外内二機関外一機関要与玉賊浸久親
密若忌新事存旧情使彼坦然無疑而徐々図之内一機関若
与玉賊過従頻則在彼地之本国人必有致疑於小官而以通
謀賊辺送書於本政府矣雖有此毀言之入聞也　聖上無疑
於小官然後小官可得以放心従事我　聖上諭以忠義許以
斎驢尋有電報之虚伝清国電報玉賊与日本之不平党合謀
作乱謀泄被執云々鼓動少弛巧値閔氏之遠行斡旋中断則
満腔火血既鬱且病矣然期有行志安可廃事乎於是招刀工

指重金錬得一尺七首出於魚腸督元之外而発明蔵刃之所使鬼神英知随手成電然後坐密室屛家人日習運用体勢者久矣一夜見閔氏語国事次発出此刀在手厲気大声論斬賊遅速之利害則閔氏始驚終感而尤用極力上奏以身保之故得以回天転日確然有定乃於正月初十夜承召八対密稟指処便宜而奉全権委任状諭旨日以前統理軍国事務衛門主事池運永為特賜委任全権斬賊大使者一入大臣本斬在兆

逆賊玉均事

一斬賊前後随機便宜事

一斬賊後賊余党勿問尽赦事

一斬賊後清于大日本政府俾有斗護及顧助事朝鮮国大君主押[御宝]及金伍万円劃給而出臨発為閔判書応植所招往見則閔氏謂見袁欽差世凱而後行則甚合事宜云故請得閔札請見袁氏々々大楽即通電于日本駐京公使徐承祖先報運永之将入事端遂別袁氏抵仁川港二十日乗美濃丸同国人乗船者有二名運永歴長崎抵神戸見張激奎聞其訴前後事実之抑鬱情由張氏累係実心竭忠要捕玉賊而時運不至秘謀中泄善隠悪彰悠悠益天誰亮此人運永亦以実事告之好言慰之則張氏感而流涕也居神戸月余始起程自大坂遊歴至奈良観大仏至西京留西京一週許自大津発程往伊勢山田謁天照皇大神宮神楽祈禱得上吉神籤自山田発歴尾張三河遠江駿河相模至湯本温泉入浴三月二十八日至東京神田旅舎即移伊勢勘聞玉賊住所於厥店娉子阿金翌朝写書一封致殷勤意使阿金袖而往焉則云出横浜不得伝之而帰後転因他便伝致而尋有回答矣見厥店繁極不便久留欲移処所而無一同国人之可以逢着者故因見写真師丸木利湯曽有一面之交攻也請指示閒静店舎可居処丸木托辞不肯運永再三緊請強而後許乃同往南佐久間町一丁二番之越前屋丸木謂渠之親族問于主婆聴其許可即日移居此店而遂与公等有此天地翻覆之縁而風雲会同之歓也過境些細曲折又何必筆書相示乎

持来金則分置於長崎神戸及大坂之心腹親知而亦分幾許置於張激奎処幾許置於清国公使館耳

丙戌四月晦日

池運永書

四九九　鄭　永昌

1　明治14年1月3日

恭賀
新禧

明治十四年一月三日　鄭永昌

吉田清成殿

2　明治(14)年9月1日

時下酷暑之際益御安寧被為在欣喜之至に奉存候。扨、先達て御下命之酒類は一昨日発之エキスプレスを以て貴地へ送遞之義申付置候に付、最早御接収之事と奉存候。右之代価は別紙受取書之通り拙者にて仕払置候。

一先達て御下命之開拓使女生徒一条及大統領〔Garfield〕卒去之節領事送葬之義も已に頴川〔君平〕へ委細及通達置候。今朝同氏より之書翰に拠れは来月八日迄には必ず帰紐〔ニューヨーク〕之旨申来候。右略章要用迄如斯に御座候。匆々不尽

九月一日　鄭永昌拝具

吉田公使閣下

五〇〇　デュ・ブスケ〔Du Bousquet, Marie〕

1　明治(15)年6月19日

デュブスケ儀兼て病臥罷在候処、愈養生不相叶、昨十八日午前致死去候間、此段御報道申上候。拝具

六月十九日　マリー、デュブスケ

吉田清成閣下

追て、明後廿一日午後三時出棺、青山墓地へ致埋葬候間、此段申添候也。

五〇一　グラント〔Grant, Ulysses Simpson〕

1　明治12年9月29日

於カリホルニヤ州桑港〔サンフランシスコ〕千八百七十九年九月二十九日

拙生儀今朝「ヨセミチー」へ発向の筈、就ては次の郵

便出発前帰府の程無覚束存候付、先不取敢呈寸楮候。扨、太平洋中風波静穏愉快の航海にて、一行恙なく当地へ致到着候。幸に御省念被降度候。我本国人民の拙生の為に設たる迎接の儀式並到着以後僕の頗る繁忙なりし景況等は、今便より逓送し来る新聞紙にて御承知被降度候。桑港人民等も拙生接待方に於て好意を尽せるは猶ほ東京人民に相異なる事無之候。僕遊歴の見聞就中日本国並に其国民の事に付ては、僕当地に於て逐一説話致置たるに依り、今後米国人並新聞紙等の日本の事を説くや、是迄より必す増多候はんと存候。僕曩に貴君等と相共に居たるの際、貴国及貴国人民並制度の事に付陳述に及ひたる事共は、実に深く僕の心中より出るものにして、今切に望らくは条約改正の談判首尾能く実効を奏せられん事を。且つ該件に付貴国にて発題要請せられたる所のものを得らるゝにあらざれば、御承允相成らざるやう冀望の至に不堪候。若今意の如く行われざるときは何事も姑く其儘に措置き、寧ろ後日の好機会を待つに如かざるへしと存候。

皇帝陛下幷皇后宮へ厚く被仰上被降度候。且つ内閣の諸君幷其夫人方其他僕滞在中辱知の東京府下各紳士各婦人方へも宜敷御致意被降度、右は荊妻愚息よりも御願申上候。別て令閨へも同様御伝致可被降候。僕貴国へ再遊の義は何分難期候得共、今回の快遊を永く心に記し相楽可申候。且又伊達侯其外宮内の諸紳士へも万事御配慮被降候段是又別て宜しく御通情願上候。

僕歳尾の祭期頃迄は「チガゴー〔Chicago〕」州より先き東へは多分到り兼可申と存候。罷越候上は貴君其他東京滞在中厚情に預りたる諸紳士へも呈書可致候向貴君よりも速に御通信被降様所祈候。右申進度草々不尽

千八百七十九年九月廿九日桑港発

ユ、エス、グラント

吉田君貴下

五〇二　ベール〔Vail?〕

1　明治(　)年11月17日

ベール

〔封筒表〕吉田様閣下　ベール

来る廿一日金曜を以晩餐呈度、格別御差支も無御座候はゞ該日午後七時より御常衣にて御来臨被成下度、右御案内申上度如此御坐候。敬白

十一月十七日　　　　　　　　　　　ベール拝

吉田様閣下

吉田清成書翰

一　青木周蔵

1　明治(　)年8月16日

〔封筒表〕裏霞七番地　青木次官殿　親披急
〔封筒裏〕吉田清成

沖縄へ支那の軍艦相見得候事をかれこれ新聞御座候故、多少関心の至に存候。昨今確なる報道も御座候得は、大意丈けなり一寸御洩被下度、一昨日迄の形況は承知の事に候。右まて匆々得貴意候也。

八月十六日　　清成

青木賢盟兄侍史

二　井上　馨

1　明治13年6月21日

於シカゴ府　十三年六月廿一日

本年四月廿九日発暗号電信、五月十二日発の機密別信（専ら琉島所分〔ママ〕上より起れる日清の葛藤に係る）を以御指示の趣を体し、本月十七日華府〔ワシントン〕を発し、十九日早天イリノイ州ガリナ府に到り、克蘭度〔グラント〕氏と面談の結果、左に略陳いたし候。

同氏日本出発以来、目今に到るの間、日清数回の往復の大意、在清我公使其他を以談判為致候結果の大略を述べ、在日本清公使何〔如璋〕氏より李〔鴻章〕氏への書面、閣下とビンガム氏間の往復書翰等を各一読いたし候他、日清両政府数回往復の内、或部分をも照読し畢て後、さて抑琉球の一件に付ては、同氏在日本の日、偶発論する所ありて、日本政府も承諾し、終に日清両国の為を計り、恭親王幷李鴻章等へ各一書を送り、両国和談の媒をなせり。然るに清政府においては独り無礼の書信を引取らざるのみならす、何氏の通信を基礎とし、琉島三分云々をも主張する迄に至れり。就ては克蘭度氏書翰中、互譲の主旨とサクリフキセス云々の言を真に誤解せるか、巧に誤解せるか、又は該件の修理を因循せんとの策に出るものか、兎に角互譲の主旨はグラント氏の一書に基き候こと故、往々談判の際此一点明白ならざれは、彼我の見込大に粗齬いたし、好結果を来すこと覚束なし。願くは再ひ一書を恭親王或は李鴻章へ致され、併せて拙子へも一書を以明解あらんことをと申述候処、同氏には公使ビンガム氏の書翰を一読、左もあるべし、ビンガム氏におひて該件に関し公然清国公使等と協議するの権なく、且つ我琉島三分云々の一案等、嘗て論ぜしことなし。又恭親王え送りし書状中にも、態と版図に関するの一点は不掲、唯清政府にて不敬の文を引取候へは、再ひ日本政府においても平穏の談判に相渉り、和親を保たん為め相当のサクリフヒセスをも為すべしと信する云々とのみ掲たり、照読あるべし。彼座て言、想ふに清政府は事の善悪を不問、此葛藤の結果を不欲なり。当時清政府の実景を洞察するに、一大事件あるに当っては、其所置の善悪に不拘、人民其結果を非難するの憂あるを以（是清国極めて難する所なり云々）、到底該件も強情なる、或は仲裁者あるにあらざれは、彼におひて修局の望あるましく、譬は一壮士あり一猪を押へ捕得ざる先に勢力を消費し、放たんと欲すれとも、害せられんことを怖れ、縛することも亦不能、誰某来りて急を援はんことを望み居るの勢なりと云て一笑を促せり。ミヤコ島・ヤエヤマの両島の義は、同氏在和の節発論せし如く、全く琉本島と同視せしことには無之、即別紙何号同氏一書の写を以、御詳悉可被成候。恭親王或は李氏へは目今通信の儀を嫌候口気に付強て不乞候得共、必今便より在天津米国総領事デニー氏へ委細可申遣との約束に有之候。近時デニー氏より一書到来の由にて、同氏の見込は琉球島の一件に付ては今後清政府より格別の煩労を醸生すの模様なく、該件は先つ不問に措の勢なり。併し日本政府におひて起せは、格別云々と有之旨談話有之候。草紙屋ハウス氏よりも一書あり、是れも大同小異の由に御座候。別紙、、、号は克蘭度氏覚に付、滞在候節落手のものにて、拙子一読いたし候後謄写候儀及相談候処、右書は秘密信と言ひ、殊に日本に対して失礼の文もあり旁憚る所あり、恭李両氏に対しても不信に当るなりと、頻に相拒候口気に候得共、極めて秘密に取扱、何様の儀あるも該書類は他見を許し且つは日清往復或は談判上に引用する等の儀はいたすまじき旨堅約いたし候処、然らは騰写候ても差支無之、返すく\も右書類は日本政府におひて引用せらるゝ等の儀は無之様、別て上陳被致度と迄依托有之候事故、右辺厚く御含み、猥りに他見は御免し無之候様いたし度奉存候。

定案の通、宮子島・八重山二島を譲し上は、清国におひては無論相当の報酬として日本政府の発願に協同せざるの道理なく候。尤二島を譲るの儀なくも日清は最第一の隣国なり、泰西各国に譲るものは悉く日本へも譲ること当然なりとまで確言せり。四月廿九日発貴電の趣も逐一了知被致、若し清政府より照会あらは、必す協同の儀を勧告すべしとの事に御座候。

花府帰着の上相認候ては今便に相後れんことを恐れ、今朝帰途当府にて匆卒相認候間、前後不同御推致可被下、尚追々可上進候。頓首

井上　馨

六月廿一日　吉田清成

井上外務卿殿

追啓　該件に付ては寸時も早く着手致度存居候処、下官華府着候時分はグラント氏旅行中に有之候。下官にも着館公私用多端一〔ママ〕周間の暇を不得、遺憾に存居候折柄、ヨンク氏相見得、不日グラント氏へ面唔之筈云々話有之候に付、同氏は該件に付ては最初より委細承知の事にも有之候。格別秘するに足らさる儀と存候付、逐一致依托置候次第之処、重ての貴電到来候付已に発足致度存居候。候補選挙の衆会を当府に開き（本日初より六七日頃迄にて終る）、引続江木〔高遠〕氏凶事起り、且つ家内共之病気等彼是不得已事遅延の儀故、不悪御汲量有之度候。

〔注〕在米国公使館用箋。草稿。

2　明治(14)年5月25日

十四日
機密第　号

今般在外費用節減に付、当館在勤書記生之内三名帰朝

被申付候。付ては辞令書四通相添云々御申越之趣致承知候。就ては当館月雇外人之義に付ては未た何等之御指令無之候得共、之も如斯専らに外費節減の御主意確立候以上は、或は不日解傭之御指令可有之哉は難測候得共、先つ仮りに従前の通被据置候ものと見倣し候共、当館へ公然附属（外人は公然の附属に無之）之者は唯書記生一名と相成、体裁上頗る其当を欠き従来他各国公使館の慣習に逆き候のみならす、目下当地交際官員人名記（為御見合求人いたし）に照しても余りに勇進怯退の跡を表し甚不穏当之事共に奉存候。故に十三年機密信第二十八号を以致稟申置候次第にも有之、且つ客歳十二月廿三日付極内展信を以細々申進置候次第も有之候処、于今何等之御答無之候付、多分稟請之精神は御採用被下候事と致信用居候処、今度の御指令を以前後推測いたし候に、万々事の止むを得さるに出て、一般に斯くは御発会相成候儀と奉存候。事既に然り。今更如何ともするを得す。然れ共亦節倹之主義を離れさる以上は、事務上の都合を考へ且つ外見の宜きをも顧み、彼是折衷其宜を上申不致候ては頗る本意に無之候付、左之三条申進候間、何れか御採用有之度冀望致候。

第一条

高平〔小五郎〕を三等書記官に昇級せられ（但節倹専ら之御時節故〔マヽ〕奉給の多少は御都合に任せ候得共、当方外見上書記官一名は被置度事に候）橋口〔直右衛門〕を従前通在米公使館付属書記生に被据置、ランマン氏は先前より極内展を以申進置候事情も有之候次第に付、少くも本年中は従前之通傭置候方可然と存候。

第二条

第一条難被行候得は、高平・橋口両人を先つ従前通書記生にて在米被差許、ランマン氏は一ヶ月百弗位之割にて雇入置隔日出頭為致度事。

第三条

万一右二ヶ条共孰れも御採用難相成候得は、書記官一名書記生一名被差置外人は解傭候方、当館の外見上と云ひ事務上と云ひ月傭外人と書記生一名に比すれは遙に相優り候間、外人の義に付ては此内より屢々申進候事情の有之候にも不拘、断然本条之通御所分有之度候。然る時は高平書記生を書記官に橋口を二等書記生昇級御取計有之候様致度く候。外両書記生は不遠帰朝為致候間、左様御了承有之度候。右得貴意候也。

五月廿五日　　全権公使吉田清成

外務卿井上馨殿

〔注〕草稿。

3　明治（　）年9月3日

電報を以仏公使え掛合出置たり。伊公使は異議なし。回答も到達せり。領事へも命を出せしと云ふ。澳公使も全く異存なしと云事を鮫島を以聞取たり。回答はあとより参る都合なり。

オーダシヨス艦には黄熱病者数名ありと云。然るに謁見を其のアドミラルえ御許し被成候て宜布候哉、甚た懸念仕候。御高案可被遣候。以上

九月三日夕　　清成

外務卿殿

本月一日長崎新患者百四十人余

同日高崎炭坑五十人余

〔注〕以下は前号文書の返（紙背）。

方に今御手配奉謝候。伊墺両公使も異無之由、安心仕候。英アドミラル謁見の件は御承知通り情実ある人物故、之を否むも如何敷候故、矢張仏公使謁見の同日に相成候は丶、日数も相立候事為差事は無之奉存候。拝復

馨

大輔殿

三　井上　馨・伊藤博文

1　明治（　）年8月30日

〔封筒表〕LEGATION OF JAPAN, WASHINGTON

〔以上印刷〕井上伊藤え之一書写入

写　於アスベリパーク旅寓（ロングブランチより英三里）

尚々、大統領にも昨今之処にては全快に可至と専ら評判有之候。

各位御揃、益御安泰被成御坐奉賀候。陳は、先日ロングブランチ之荘に克蘭度〔グラント〕氏を訪候節、談日清関係之義に渉り、其内稍々新事と見認め候件有之に付、不取敢左に御報道申上候。

此内別啓を以御含め之趣も有之候付、拙より談を起し琉案に関しては日清終に協議に至らさりし顛末を略陳し、一と通り彼れの尽力を陳謝し、且つ斯迄引続き談判之末好結果を得さりしは遺憾なる旨申述候処、該件に付ては再ひ清朝より開談して日本政府を煩候義は有之ましくと確信すとの事也。近時（三ケ月前の事と云）李鴻章より一書を投し、琉案に関して日清協同に至ざれとも、之亦不得止也。清朝に於ては彼之コンプロマイズの手段に及ばす、寧ろ此問題は其儘にして、全諸島（宮古久米共）をも日本之有と見做、該件を以再ひ日本廷を煩さゝるべしとの語相見得候由に候（機密信と被察候）。李氏の心衷は不知、克蘭度氏には断言して、"China will not trouble you again on this question, for I received a letter from Li hung-chang〔李鴻章〕, saying to this effect." "China" continued the genl. "would rather have no new arrangement, but let Japan have all she claims, including the two Ids. in question . . . etc."

外に雑談有之候得共、概大意如此御坐候○岩公〔岩倉具視〕より之御一書も相達、数月前米公使の手を経て回答差立候由に御坐候。草々頓首

八月廿日　　吉田清成

井上馨様

伊藤博文様乞内展

〔注〕第一枚目に見消で左の記述あり。

同日志田町え申遣候件左之通。

前田関係之義に付ては此方よりは一書不差出候間田中と御相談の上宜布御取計置可被下候。云々

已下略す。

四　岩倉具視

1　明治11年3月21日

客歳十一月日時無之発之貴翰致拝見候然《を以て当国留学》は、華族朽木綱鑑氏之品行并に後来成業之見込等候間〔ママ〕、視察之処可申進旨御来示に付、両三輩承合せ候処先月以来の《はしめ随分》勉学之聞も有之候処、近日学費欠乏之故歟ボストン市に於て商業に従事被致候。其品行に就ては可否之聞無之候。近時或新聞上に米国之婦人某に結婚之趣有之候得共、当館へは未た公然其届も無之に付、其実否は此に難申進候。然とも其品行勉学共、常人に超越之程之令聞は無之様に被存候。尚、見伺之次第も有之候得は追書可申進候得共、余り稽延に相成候間、不取敢右御答に及候也。

明治十一年三月廿一日

督部長岩倉具視殿

五　大久保利通

1　明治(5)年7月21日

三方湾港〔サンフランシスコ〕御着後御差出之電信は即日相達、最早今頃は和清屯府〔ワシントン〕御着にも相成候事歟、暫時之間に東西数度之御往来、嘸御退屈之義と奉恐察候。陳は、小生儀も老台方御立後公命を奉し、公債募方として欧米へ出張し、只今竜動府〔ロンドン〕滞在、本末之運等は別紙数通之公書にて御了解可被下と相略申候。一体之御趣意は疾に御了知相成候事と愚存仕候。定て御異論共は無之筈と乍憚安慮罷在候事に候。三日以前に始て井上〔馨〕よりの一書到来披見候処、米国にて事不成して英国へ出張、東洋銀行へ相談に及ひ候とも、充分に事運ひ候歟と大に御苦慮之姿に相見得候得共、是等は基より将来之不都合到来せさる為め、米国着後右様伝信を以報知いたし置、唯今に至り、別紙に申上候通之上都合にて、何も御苦慮不被下候様伏て希居候事に御坐候。老台方御着迄は公務を取止め候様電信にて中来居候得共、東西遠路懸隔之事故、一身之手足を動候と同様にはいたりかね候間、不得止時宜よりして別紙井上へ報知いたし候。主意通東洋銀行と取組いたし候次第に候間、左様御了承被下度奉存候。御存之通、以前に起したる公債の利足九朱にて、其上運上を質に措き有之候間、此節にいたり、単に政府之クレヂット《信義》を以、古債の四倍にあたれるものを七朱の利足にて成就いたし候儀は、ちと六ヶ敷被存候。自今日本政府之クレヂットと云もの即八朱半位に当り居候間、如何様勉強いたし候ても、諸人は日本の情態に疎く、且つ右様以前より之体裁も有之候事なれは、無念なから存分に事運兼候次第、篤と御推察被下度候。乍併、八朱までには是非とも成就いたし度存申候。当今は仏の公債発行と云事にて、市中之財悉く貯蓄之姿にて不融通千万、何れの筋、当十月に至らす候ては、公債発行いたし候ても充分之御利益有之候様にも不被察、先つ見合居候事なれ共、何れ東洋銀行え依頼し候方将来之勝算と存申候間、事務取計置申候。御委任状之内に不充分之ヶ条有之、既に本朝へも申遣置候間、当九月中旬迄には到着可致、丁度能き機会と存申候。

疾く御聞及にも候哉、和清屯着後岩公〔具視〕幷森〔有礼〕等之異論有之、稍配神いたし候。併、岩公には前後緩急之御了得も有之候事にて候得共、悪事千里を馳する之俗諺にて、速新報上にも岩公幷米国滞在日本ミニストル森氏等、公債云々には余程異論なりと云説相見得候。是のみならす、右様不体裁之新報共縷々出板相成候由とか、如何成処より発したる哉、更に難了解候。願くは日本役人之口より発したる事共には無之様にと万希千望此事に御坐候。

森之英文も出板〔カ〕せし、廟決之新債に付異議之書、先日翻訳為致置候間、篤と御覧被下度候。尤愚考には本文数多之誤解有之候様、翌日付説〔ママ〕解且つ防禦之論相認候得共、右様之事よりして却て大事を誤り候のみならす、且つ万一も同人出板致候様之事有之候ては、互に同政府之役員として政府之廟決に付種々無益之討論を起し、他人に誹謗せられ候のみならす、政府の恥辱を他に示すにも到らん歟と暫く措て論せす、併一通之返書丈は差遣置候間、為御含入貴覧置候。寺島〔宗則〕大輔にも英国滞留之公使拝命之由風聞有之候。弥其返之事に御坐候哉。次之便に為御知被下度候。老台方御発足は何処に可相成哉。是亦相分り次第鳥渡為御知被下候様奉願候。万緒申上度儀御坐候得共、余は後便と申残候。頓首々々

酉七月廿一日　清成

大蔵卿殿

〔注〕「JAPANESE SPECIAL COMMISION」と印刷の用紙。
欄外に「Copy of Translated」との書込あり。

2　明治6年10月12日

元当省七等出仕阿部潜儀、理事官随行欧州経歴中、英国バールスブラーデルスエンコえ托候為替金一件に付、別紙之通願出候。右は公務にて随行中バンク顛頽の災殃に遭候訳に候得は、事実無余儀次第に付、願之通聞届候て可然と存候得共、一応別紙相添御高慮相伺候条、至急何分の御指揮被下度存候也。

六年十月十二日　吉田大蔵少輔

大久保大蔵卿殿

六　大倉鶴彦

1　明治(　)年3月31日

甚た神外《ママ》の至、御相談いたし可承候得共、年内より彼是箇難《ママ》相重り候結果として、近時一家の会計非常の困難を来たし候哉にて、掛の者共より日々訴へ出候次第にて心苦敷候。就ては、何とも御無心千万に存候得共、暫時壱千円程御取替被下候義は相叶間敷や。実は如此御相談は成丈け不致つもり之処、以上の情実故必至と相迫、他に相談之為め馳廻り候余暇も無之候故、乍自由、以書面御依願申上候。何卒一両日中に御世話被遣度、余は譲面晤候。草々不一

三月卅一日　晩翠清成

大倉鶴彦様

七　大鳥圭介

1　明治（　）年2月26日

益御多祥奉賀候。少々風立候得共、格別の冷気とも不覚候間、外に御約束無御座候得は角力見物に十二字頃より御供仕度候。尤、御子供衆の内二三御召列被下候得は最幸なり。昨日も家内ども見に越し、拙も跡より差越、二三番見物仕候。関西関東之戦妙なり。桟敷は最上の所を取置候。否御一報被遣度候。草々拝具

二月廿六日　晩拝

圭介先生侍史

〔注〕文頭に「御誘引之趣敬諾　圭介」との書込あり。

八　岡内重俊・西　周

1　明治（20）年12月5日

煙草税則改正案調査委員会、本日を以開会の義御通知被下候処、下官儀昨今微恙にて出頭致兼候間、可然御助務被下度、右御依頼旁呈一紙候也。

十二月五日　吉田議官

岡内議官殿

西議官殿

2　明治（　）年12月5日

本日所労不参に付、一書奉呈仕候処、御返書にて縷々御示被下委曲了承、甚遺憾に存候得共、此両三日間は到底出頭相叶候為体に無御座候。代員確定義に付ては、制規に依り可然御取計被下度、偏に御依頼申上候。毎度御手数を奉煩候得共、不悪御汲取被下度奉願候。

草々不一

十二月五日　吉田清成

岡内議官様

西議官様

九　岡田彦三郎

1　明治（　）年（　）月（　）日

拙者の西洋うわ着《ぎ》持参すべし。彦三郎との

一〇　大給　恒

1　明治(18)年12月19日

拝誦　外務卿建議、外交官幷に外国人叙勲年限短縮の儀に付過日御面談に及候旨趣、総裁も御同意の趣を以て修正案御送付被遣、一閲候処、初叙のみにては実際差支之場合も有之候得共、過日御面議の節にも御話御坐候如く、奏任官にして外交の機務に参与する歟、又は特に外交上に付勲効〔ママ〕ある之場合に於ては特別之申立も相叶、又勅任官に至ては特旨を以て叙勲之儀被仰候との事、総裁にも御同見に候上は、姑く御修正案に同意可致候間、早々御評決相成候様致希望候。此以回答申進候也。

十二月十九日　　議定官吉田清成

大給副総裁殿

一一　川元

1　明治（　）年2月25日

〔巻封〕川元殿　清成

御退寮掛、暫時御立寄被下度、若し御差支も候得は拙生方より出掛参堂候ても可なり。御一報を仰くなり。
頓首

二月廿五日　　晩〔晩翠〕

〔注〕朱筆にて「清成様　川元」「書入御免可被仰下候。本文承知〔カ〕仕候。退庁より参上可申候。御請旁迄、早々敬白」との書込あり。

一二　草道

1　明治22年8月2日

〔巻封〕廿二年八月二日　草道への下案

一書中進候。時下御壮健候半欣賀候。然は、清武義近来始終身体弱く、将来に於て草道家を維持するは覚束なく被存、且つ貴方も御承知の通、最早清武を草道家に養子に差遣したる所以は、覚右衛門病気危篤との電報に接し、情に取り一時なりとも病状を快からしめんか為めに生、三男清武を養子に遣しても宜しと申遣したる次第、其事実は全く覚右衛門の意を引立んとの真情に基せし次第に有之候義は、最早御了知の通に有之、然るに今日に至り熟々考ふるに、清武も未た幼稚に付、貴方御同居御養育被下候方至当の事ならんに左も無之て、覚右衛門か遺言の趣意にも多少違背の廉有之候様相見得候。且遠隔の地に御住居被成候に付ては、御世話も届兼、旁配神の至りに不堪候。就ては双方共永遠の処、一層不都合を生する憂も不尠候に付、寧ろ年数の累まざる内に断然違変致候条可然御承允被下度、尤本件に関する書類等は中村五郎より御送致可及候間、本件速かに相運ひ候様御取計被下度、先つは要用のみ如此御座候。以上

　年　月　日　　御名

草道

一三　熊谷武五郎

1　明治20年4月30日

〔巻封〕廿年四月卅日午後認　写即刻出す電信も同断

一簡致呈上候。然は此内より数度御懇之御手書に接し、此方よりは一々御答も不仕多罪此事に候。益御多清御勉務之由拝賀候。却説、志村〔智風〕義に付ては不一方御心配に預候由、廿五日の御手状も了承候得共、小生方へ差向転任取計の義は不相叶候故、或県庁へ心配中に有之、不遠相運ひ可申とは存候得共、貴君の御都合も有之にて斯迄至急を被要候義なれば、御随意に御取計被下何も差支無之。尤志村老人〔智常〕方へも此程より数度之通信も有之候由にて、何にか局中の不都合を不問に惜きし所分などには不満足の口気も相見得候哉に被察

候。事柄は於拙者充分不相分候得共、或は右辺共より貴兄の御来意〔カ〕に逆ひ候事にも有之候半と想像の外無之候。会計局長には格別異儀無之候。弐に榎本氏よりも兼て承知候。何そ行違ひ共は無御座候哉。向来之処、甚懸念に存候。尤志村儀は拙者より御頼談の末御召列被下候義にも無之、最初貴君より老人へ御促し有之候に因由せし事故、今更小生へ志村智風の身分進退上御相談を要する義にも有之間敷、同人其器に非ざれば、御遠慮なく如何様共御取計有之可然事に存候。尤老人にも相談之末此一書差出候間、左様御答被遣度候。時下御自愛呉々も祈所に御座候。草々敬具

四月廿日　清成

熊谷武五郎様

一四　グラント接伴掛

1　明治12年8月14日

十二年八月十四日午前十一時五十分、東京中央局より発信

延遼館　吉田公使

箱根宮ノ下奈良屋方

接伴掛在中

明十五日出発夕刻には其地に着すべし。

一五　五代友厚

1　明治(　)年5月7日

〔封筒〕五代友厚殿御親閲拝復　吉田清成 松方正義

拝読仕候。今日は省中奏任官以上之凡そ参る筈に有之、別段面白事も強〔カ〕て無之、拙者共は能き時分に早引取候心持、必す後日寛々御遊観相成候方可然と奉存候付、無伏臓〔腹〕可被下候。尚拝顔細情可申上候得共早々大略拝復。

五月七日　正義

清成

松陰賢台

一六　税所新次郎・樺山賢二郎

1　明治(　)年3月12日

二月廿六日御懇書拝見仕候処、益御堅勝御起居被成候由奉恭賀候。然は、慶蔵〔鮫島〕儀に付ては意外の御苦労罷成候由、実に汗顔の至、拝謝する辞無御座候。姉方よりも夫々報道御座候間、彼是思慮の末、勇蔵を親病気之御届にて帰県願済〔カ〕差下申候間、尚下着の上は万事御指南被下候て、可成穏便に措置相付候様御心添被下度御依頼申候。拙生にも当分下県なとは到底不相叶次第御座候間、万御賢察被降候て、両君御申合せ不都合之上にも汚名を加へざる様致度候間、可然御助力被遣度、兼て御依頼申上置候。姉方へも夫々申遣置候間、是非御一読被下度候。却説、今一事件御願申上度儀は、勇蔵〔吉田〕妻女一件に御座候。御承知の通り紛紜も御座候得共、拙仲裁仕置候処、于今姉方にては異存相残り居候も難計候処、何卒貴君等御尽力にて姉の心も相解け、万事彼此の紛紜は打忘れ、親子睦敷相成候様偏に相祈居候次第故、御尽力被遣候へは実に望外の至と奉存候。些々たる小事件よりして一家の親睦を相破候事とは、実以不本懐之極に御座候間、右辺御含置、時々御忠告被成遣様御依頼申上候。種々御報道致度義も海山に御座候得共、今便には尽兼候間、当方之形況等は勇蔵より御聞取被下度奉願候。右御依頼迄早々得貴意候。頓首

三月十二日灯下　清成

税所新次郎様

横山賢二郎様

二白　御連名偏に御宥恕被遣度、近日多忙何も御便へ任せ不申、御遠察被遣度候。

一七　三十三国立銀行

1　明治(　)年9月2日

本日御渡之三百五十円は正に受取候也。御申越之趣了

知候。御安心可給候。後日又花隈を以て御頼申候義も候半と存候間、為其、別に御差越之小紙受置候。

九月二日朝　　吉田清成

三十三国立銀行御中

〔欄外〕小紙　吉田清成封

一八　志村智常

1　明治5年9月9日〔'72年10月11日〕

〔封筒表〕東京宕丁弐丁目　吉田大蔵少輔留主宅へ　志村左一郎殿平信　於崙敦〔ロンドン〕　清成より

西暦七二第十月十一日崙敦〔ロンドン〕発す。一筆致敬上候。秋令〔ママ〕之砌に候処、弥御多祥被為拶、御無事之事と奉大慶候。二に小生にも無異条、主務担当罷在候間、乍憚左様御放念被下度奉願候。留主中は多少御苦慮被成下且つ家事向殊更御尽力被成下候趣は、貞よりも縷々申遣候訳にて、嘸哉御配慮之程難謝筆頭候。何れ帰　朝之折拝眉可奉万謝と存候。家作幷屋輔地等兵部省より御用召と歟申事之由候得共、拙生帰　朝迄は如何様とも致し御扣へ置被下度。政府といへとも其の持主之意に応せされは掠奪之勢を示して御買入等相成候儀は有之間鋪儀に付、何様とも御尽力、拙者帰〔ママ〕　朝御見合被下度御願申上候。勿論格別適当之価を以御買入且つ外に適当之地所家作等有之、御賢慮に応し候得は可然御取計被下候ても異論無之候。併先つ可相成は帰　朝迄御見合之程御尽力御頼申上置候。拙生帰国之程もまたしかと決し不申候得共、いつれ当年一杯と見込居申候。一日も早目に帰朝致し度は候得共、万事心頭に不任苦慮罷在、多少御絶念被下度候。併し任せられ候ヶ条丈は是非とも成就いたし度、国家之会計も恐くは此度之公債に多分関係いたし候儀被存候。余は御推慮を希ふなり。

お貞女にもけふあすと待居候由に候得共、公務止事を不得情実は丁寧に御示し被下候様奉頼候。返す〱も今度の洋行にはなぜに召列ざりし哉と大ひに後悔仕居候。ヶ程月日を経候様之事と最初より存知居候得は、疾に同行之議に決したるべきに、今更詮方もなき次第に御坐候。兎角する内に光陰如矢、今より三ヶ月之中には必帰　朝之期到来可致と存申候間、左様御含、皆々え宜敷御□納奉願候。勿論時々渋沢〔栄一〕・上野〔景範〕等へ御聞覧被下候得は伝信機の便を以何頃帰　朝と云事可申遣候間、御油断なく御聞付被下候様奉願候。勿論帰府之折は横浜迄御迎候様御申付被下度奉願候。

種々差送度ものも有之候得共、帰朝之折と差扣へ置候。衣服等も態と相整置申候。女馬鞍は必す土産之積に存候。

明日より又候孛国〔プロシア〕へ趣き新楮幣注文、条約取結方担当之積、多忙余言を尽す能はす。余は後音と申残候。尤拙者帰朝之期キツカリと相知れ候迄は毎月書状御差立被下候様御願申上候。万々穴賢々々

第十月十一日　　晩翠拝啓

志村左一郎様

二伸　皆々様へ宜敷御伝声奉祈候。乍末筆皆様時候御厭之所千万奉仰候也。已上

〔別紙〕

現今迄相違候書状等荒増左之通

一三月十一日　智常より
一同　十日　ていより
一同　七日　智風
一四月五日　智常
一——　てい
一同　六日　彦三郎　同純添
一同　廿三日　智常
一同　廿六日　てい
一同　廿日〔ママ〕　智風
一五月十五日　智常
一同　——　てい
一六月八日　智常
一——　てい
一七月五日　智常
一——　てい
一——十八日　智常　平

一小谷へ岡田より箱添
一南へ七日本多へ七日、相達し候事

2　明治(　)年5月5日

戸障子
敷モノ
畳
ノレン類
額の類
（ヘツヽ〔カ〕イ類
（庖厨具々〔類〕
約定書四通を要す。
代理委任状を要すれば署印すべきに付、書付案右取調の事。玄関前の小松数本は御入用ならは御引取被成候ても少しも不苦候事。材木類も右同断の事。庭中之木。石。の数も目録中に入れ置方可然との外務省見込に有之候。シーボルト氏は中々面働ものに付、最初より能々御注意被下度候。狡猾の極点に御座候。薪になるやらなるものは下の屋敷へ御遣し被下候えは幾分か用立可申と存候。右類にて不用の分は皆下の屋敷へ為運候様致度候。

五月五日　　成

志むら様

其外万事宜布御頼申上候。御専断可被遣候。

一九　田辺輝実

1　明治(　)年2月16日

昨日の御手状正に拝収、御申聞の趣正に致了悉候。態々遠方迄御来趨可被下との事、十八日は何も差支無之候間御来臨被下度、尤出院の筈に付、四時前後には帰宅可致と存候。少し遅刻にも罷成候得は暫時御待居被遣度、右御断仕置候。唯今罷帰御状拝見、乍遅々及御答候。草々頓首

二月十六日　　清成

田辺輝実様

二〇　寺島宗則

1　明治（　）年6月27日

拝啓　然は、益御勇健連日御勉務の趣奉賀候。然るに、小生先日来悩居、意外の不埒仕候。明日迄は迚も参院致兼候間、左様了承被下度候。又参可相伺筈候得共、外出も出来兼候故一書差上候。最早どの辺迄御運相成候哉。此点御示被下度奉願候也。

六月廿七日　清成

寺島老台

二一　中村・下村

1　明治（16）年7月13日

〔朱書〕華帖え朱字を加ふ。欠敬は御海涵伏て千祈万禱。

〔朱書〕空気変遷の時、厚御加養御専務奉存候。

去る十日夕方より熱気差起り、終に風邪になり今日まても殆と床を離得す、就ては下村先生と粗御約束申上置候舟周の義も〔朱筆〕今日に限らす後日墨水周遊楽を可極々々也。調兼、遺憾の至奉存候。何れ十六日後の事に被成置被下度、此旨乍自由以書中得貴意候也。

未七月十三日　上位 吉田清成 先生

中村先生〔朱〕〔朱〕研北拝復

下村先生〔朱〕

御連名平に御容免。

〔注〕傍線部は別人による朱筆。

二二　野津長二

1　明治（　）年8月23日

久々振御緩話伺度候付、明後廿三日〔ママ〕夕刻五字頃より御寸暇ならは御高駕被成下度奉待候。余は拝眉可申上候。匆々頓首

八月廿三日　清成

野津長二様貴下

否御報知奉希候。

〔注〕朱筆にて「清成様　此意承知仕候。貴復迄　匆々不尽
即刻」との返書書込あり。

二三　花房義質・柘植善吾

1　明治(元)年7月1日〔('68)年8月18日〕

当月三日之尊札幷天野〔清三郎〕、河北〔義次郎〕両君より之封等先達て相達、直様御報可申上之所、旁取紛れ今日迄致延引候義、不埒千万何卒御海恕可被成下候。愚弟等も其後如何報告を不得、其上貨幣には大に窮し、進退何れにも決しかたく、区々消光罷在候次第、いつれどの筋に歟致決定候上は、御沙汰之通早々可申上趣候間、左様御納得可被下候。何れ不遠内賢兄等之御高話相承度御座候。中御門〔経隆〕十七才三条〔公恭〕十六才長之毛利平六殿随従之徒両三輩龍〔ロン〕動〔ドン〕へ為御遊学御渡海相成候段来簡有之、大幸敢て愚毫に尽しかたく、亦為勅使東久世中将〔通禧〕・長の井上聞太〔多〕・南貞助・弊藩之町田民部等御召連にて、欧州米利堅え不遠御開帆相成筈との趣、町田より之本朝四月廿一日付之一書到来、重畳大慶不斜奉存候。其後如何音信も不承、如何之模様成立候哉難計其報告を待つ実に如三秋。然処　本朝より之飛船昨日サンフランシスコえ到着、新報之趣にては愈騒擾増長し、万民吐炭〔ママ〕之苦、鏡にかけて見ることく、慨歎実に不少、あわれ願くは有徳之君子連奸策を野に退け、自己之利を忘れ、真に天下万民之為、公正之所論を以迅に親睦之道相立候様有之度所心願御座候。自醸して印度支那之故轍〔ママ〕を踏に至らむとするを誰れか歎悲せさらむ、嗚呼誰れか慨歎して力を不尽、実に危急之秋也、兄等にも卓越之御持論等被為在筈と奉察候間、不苦候はゝ御洩し被下度奉頼候。
自ら疾御覧も候半とは奉存候得共、手元に有之候まゝ新聞之一片を封込不取敢懸御目候間、御覧可被下候。先は用事迄如此御座候。急きに任せ乱筆乱文等をも顧みる事を得す、平に御宥赦御推読被下かしと所仰なり。

西暦八月十八日　杉うら弘蔵
松むら淳蔵

永井五百助

花房厖太郎様
拓植善吾様　貴下

二四　松方正義・吉原重俊

1　明治(　)年3月31日

御揃御奉職恭賀至極奉存候。さて本日は拙者一身の祝日に当り、祝杯を少々傾け度、自然御透も御坐候は丶御退省より御推参被下度奉待候。草々

三月卅一日　清成

松方老
吉原老

尚々、外に客も余多は無之候。時宜により上の〔上野景範〕・中井〔中井弘〕等も参り候事歟と存候。御含迄に申上候。至急乞御一報。

三月三十一日　両生

吉田賢台

〔注〕紙背に以下の書込あり。「裏書御免。謹て御請、抛万事昇堂仕度。どふぞ佳人は願上候。頓首」

二五　松田　栄

1　明治(4)年8月19日

〔巻封〕松田栄様　急用　吉田晩翠

先達てちらと承候本野居宅は、于今誰れも借入れす候や、西郷〔隆盛〕先生始得能〔良介〕・吉井〔友実〕等も当今探索之最中之間、乍御自由今日は本野方へ態々御趣、何と歟可然様御相談被成下、今晩まて小子方へ御答へ被下度御頼申入候。若し小子宅に在居不致候は丶、書中御残し置給度候也。

尚々、外にも売屋御探索被成下度、偏に御依頼申置候也。佐田の方は最早御払下け相成居候由にて、安藤より右之段は承候御相談被成下候哉、是又承度候也。

未八月十九日　晩翠

栄様

〔注〕行間に他筆で以下の書込あり。「本野氏去る十六日頃横浜へ被参候由、次之処如何相成居候哉承合可申上候。佐田方は奥様え申上置候間御聞取被下度奉願上候。」

二六　三野村利左衛門

1　明治(5)年2月13日

〔巻封〕壬申九月廿五日　元利皆済

記

証券弐千〔朱印あり〕円也
但月壱〔朱印あり〕分利付

右は入用之義有之借用いたし候。返済之義は金繰次第都度々々払込惣高返却いたし候様、勿論其内其方にて入用之訳も有之候は丶、御沙汰次第一緒になり共致返却候様可致候、伝て証文如件。

申
二月十三日　吉田太郎

三野村利左衛門殿

〔注〕裏に印とともに「表出金高之内金千両相渡申候也」とあり。

二七　湯地定基

1　明治2年9月19日〔'69年10月23日〕

一筆啓上仕候。皆々様被為揃弥御機嫌克被成御坐候乎、奉大慶候。随て私にも大元気にて折角勉学罷在候間、乍憚左様御放意被下候。近頃は一向御尊状も不相届如何之次第御坐候哉案煩罷申候。何分御都合之折は御左右承度御坐候。私にも久しく御左右不申上甚不敬之至に無申計〔訳カ〕次第偏に御宥赦可被下候。乍併学問も無隙して諸方への書返も毎々はとぢまり兼候次第御推察可被下候。近頃は御続金等時々不相届実に苦難も相迫り、もふは〔ママ〕帰国之外致方なしと思ひし事も数々有之候得共、どふかこふかとして滞学之義今日迄相調成程罷候次第、もふこの上はたとへ御続金不相達候とも如何様とか尽力致し、たとへ取履の身となるとも十分之成学さへ得る時は何の苦しき事かあらんと及ふとも冠もふらす是非十分成学迄は滞米せん事を希望罷在申候。若成業に致らすは再ひ帰国しても何の用かあらん。成程只今罷帰候ても少しは御用に相立かも難計候得共、ヶ様の大費をも不厭たま／＼外国へ遊学を命されし其大恩を十分に報得ると之義は未た無覚束存居申候も、同行之内にも先〈客之〉輩は各既に帰国当分大に御用立之由僕等におひて実に幸甚之至なり。乍併当分滞米下学之徒の愚存には各充分之成業致遂けす、半途にして帰国する時は真に憶測之恐ありと。故に今日寸陰を惜み下学罷在候。両三年之内は各成学に可至やと存居申候。当時本朝之形勢を聞きかつ故郷之事共思ふ時には一日も早く帰国致し何か尽力致度之切情海山のことく差起候得共、ヶ様之短慮打押べく下学罷在事御坐候。遅々間隙松むら〔淳蔵〕も含晩翠乍不及も比れわか輩の主とする所なり。大原〔令之助〕吉原〔重松〕の事と私とは政事学を志し相学居申候。大原には御存之通非常之多才にて不遠成学に至らんかと相楽み居申候。源八様の御状久し敷〔ママ〕拝見せす如何此頃は全く御壮健に被為成候哉と案煩居申候。一筆なり共御飛を被下かし。慶蔵〔鮫島〕其外之事共定て皆々元気之筈折々思遣し逢見度御坐候。幸便之節は何か差出候様可仕候。御待居可被下候。当分鹿児島には如何之風俗と変化し申候哉。御序之砌ちと／＼御漏被下度。昨今形勢は実に承度ものに御坐候。右はあら／＼無事も御一左右如何。恐々謹言

　千八六十九十月廿三日　　永井いをすけ

十郎様　　モンソン

其外様

二伸　御状御遣之節は野村宗七殿又は江夏蘇介殿え御願被成候へは早く相届可申かと存申候。杉浦〔弘蔵〕〔畠山義成〕兄の宿許状も一向不参候故御都合之折は御趣被成形行御申遣し被下候へは幸ひならん。

〔注〕湯地定基の変名は工藤十郎。

二八　吉田　玉

1　明治(4カ)年5月2日

〔巻封〕吉田氏へ届

尚々、拙者帰宅の時分は、最早琴の上手に成り可被居と存し楽居申候。御笑察可被下候。

一筆申致候。其後いよ〳〵無御障御暮し被成候半、珍重々々。さて昨日は不図横須賀之操、大隈〔重信〕様始め五六輩同船、肥田さまにも折がら横浜え来り居られ候に付、同船にて諸所見物致し、御親父様御方へ差越、昼飯共皆一緒に仕舞申候。御かゝさまえも拝面仕り、旁以幸之至に御坐候。左候て昨夕七字頃帰浜致し候。耕造は今朝差返し申候。拙者にも明後四日には帰京致し候様の都合に可相成と存居候。折角無御痛御保養被成度、おばゝさまえもよろしく御申置被下度、御願申度候。山々申越度事も候得共、急しきに任せ不能、折角帰京の時を御待居可被給候。先はあら〳〵目出度かしく。

五月二日　　太郎

玉との人々御中

吉田　玉

2　明治4年6月13日

〔巻封〕吉田氏お玉とのへ　急用　太郎より

一筆申こし候。こんにちは御とゝ様と逢《あひ》申候て、今晩《ばん》は御いて被下候やふ申上をき候。夫《それ》ゆへにわとり二羽《ふたは》ばかり取入《とりいれ》、さくばんのことく、たきをきなさるべく候。外にさしみもよきさひ共取入置可被成候。拙者《せつしゃ》には御用これあり、大隈《おゝくま》〔重信〕さまへさしこし候て、昼後三字《じ》か又は四じころに帰宅いたすべくと存候。安藤様と云人御出になりたらば、四じころには帰宅可有之と申をきなさるべく候。又西郷様も御いてに相なるかもしれす、是又同断《どうだん》申をきなさるべく候。あら〳〵用事までかしく。

辛未六月十三日　　清成

お玉とのへ

3　明治(4カ)年9月11日

尚々、菓物少々進呈いたし候間、宜く御取なし可被成候也。

吉田　玉

一筆申参候。当月八日昼時分、別袖の後無異横浜着、夫より二夜さのも滞在いたし、昨日昼後より蒸気車にてかわさきまて参り、それより人力車にて東京ちやく之時分は最早日もくれをり、内には男計りにて、さびしさ御察《さつ》し可被玉候。さて御頼之着《き》もの三つ、態々彦三郎〔岡田〕を以差遣候間、御請取可被成候。拙者は明日歟明後日ならではとても横浜行き出来かたく、しかしなるべく早くむかひに参り候様《やう》いたすべく候間、御待居可被玉候。十三日十四日には必す参候積《つもり》なれば折角御待居可被玉候。相わかれ候のちはしじふ〔始終〕そこもとの事共思ひやり、今頃は如何して居られ候哉と計り、御察《さつ》し可被給候。御親父様へ別紙差上得す、其方よりしか〳〵宜敷様御伝へ可被玉候。申参度義は山々あれ共筆頭につくしかたく、いつれ近日面会之上に申残候。先はあら〳〵用向まて、目出度かしく。

九月十一日夜　　清成より

お玉とのへ

4　明治（4カ）年9月13日

尚々、ミネさまへ宜敷く仰上可被成候。御親父様も内々御清在被為在候。今両三日は在京滞留之よし歟と被察候。

態々飛脚を差立、一筆申伺候。弥御元気にて被成御坐候よし珍重存居候。昨夕御親父様にも無恙御着にて、直様御出に相成、そこもとの噂共ちくいちに承り安慮いたし候次第なり。益吉へたくし御遣し之御状、取手もをそしとまきかゑしじくどく〔熟読〕いたし、実にうれしく安心致し候。然るに此度はすくさまむかひにさし越候つもりに候処、御用多くて其儀もかなわす、たゝいまやうやく当湊迄参りつき、又さのも滞在之次第に候。明日《十四日》は早天之船びんより早く横浜之やう御出かけ被成度候。とても横須賀まて拙者参り候義は相叶申間敷候間、是非お祖母さま明日頃には御出迎へ被成度候。左候て何分返事有之度、此旨いそきにまかせ用事のみかくのことく候也。余は明日面会之上と申越候。目出度かしく。

九月十三日夕七字　　清成より

お玉とのへ人々御中

追啓　其方の事のみや〻もすれは思はれて、一日三秋とは実に是をやいわんと存念し居候次第に候。万々御推察可被下候。かしく。

5　明治(4カ)年9月29日

一筆文して申伺候。相わかれ候のちはいよ〳〵相かわらす息才〔ママ〕にしておくらし被成候半、大慶この事に候。小子にも一昨日はじやうき〔蒸汽〕なき故馬車にて当湊まて昼後三字頃にちやくし、直さま上野〔景範〕士〔ママ〕とも面会いたし候。同人の妻君《さいくん》にも一昨日久方馬《ば》しやにて着に相なり候。至極元気にて候。御悦可被成候。今度は梅田半之助方へ滞在《たいざい》致し居候。上野は鈴村と云内へと〻まり被成候。昨日は横須賀之方へ手紙差出置候。御都合出来候は〻祖母様の事、東京之様《やう》御出被下候様たのみこし申候。夫故今明日中にはかならす御いで可相成と抔存候。拙者にもいま両三日も隙《ひま》どり可申歟と存申候。しかしなから東京之方に外の御用も多く有之候間、可相成は早目に帰京いたすつもりに候。折角御待居可被玉候也。あひみるときはさまでもなひが、こふわかれて見ると一日が恋《こひし》くて堪《たへ》られぬやうに相覚候。御推察可被玉候。就中《なかんづく》上野様奥様も参りてあれば、猶更其方の事共思ひいだし申候。しかし此節は御用も多く有之ゆへに、やうこそ其方を相副なかったと存居申候。琴の稽古は油断なく可被致候。本共怠《をこたら》す御読《よみ》可被成候。帰の時分はよきおみやけも持参之つもりに候。もし書状遣し被成候ならば

横浜

梅田半之介所まて吉田権頭執事

吉田租税権頭様

右之通相したゝめ被成候へは、直に相届き可申と存申候。返す〴〵も此の手紙相届次第、何分一筆たり共御

吉田　玉

遣し可被成候。右あら〳〵、余は後便の時と申残候。目出度かしく申届候。

九月廿九日　　晩翠より

お玉とのゝもとへ

6　明治(4カ)年10月4日

〔巻封〕吉田氏お玉との人々御中　清成より

尚々、かへす〳〵も文は御遣し被給度御願申遣候。

鳥渡ふみして申伺候。其後いよ〳〵御隙なくおくらし被成候半と大慶に存候。先日は順風もかろく十二字頃には横浜へ着湊いたし候。慶蔵〔吉田〕にも相かわる事無之、至極之無事罷在候間、左様御承知可被玉候。先日申越置候通、小子にも両三日中には必帰府可致候間、折角御待居給度候也。馬之儀はいかゝ相捌《さばけ》候哉、四十両以上なれば売払候様彦三郎〔岡田〕へ御申付可被玉候。田代さまには御遣被成候哉、若も御いでになりたらは、折角丁《てい》寧《ねい》に御取扱可被成候。公務《こうむ》多して却て煩《わつらわ》しく候間、今日慶蔵幷益吉も差返候間、左様御納得可被給候。乍末筆御祖母様御安梅《あんばい》はいかゝに候哉、折角御手あつく御保養《ほふやう》之所肝要に候。よろしく被仰上可被玉もの也。源二《げんじ》は未た宅に居候哉、人数も多く相成候間、早目に引取くれ候様有之度存候。

何分にも先日は鳥渡ばかりの面会にて何もつくし得す、残懐《ざんくわゐ》敷くと存候。今度は早く帰館之上万事可被承候。折角御待居可被玉候。

先はあら〳〵御左右までかくのごとく目出度かしく。

十月四日　　こがにて清成主より

恋しきお玉とのもとへ

7　明治(4カ)年11月10日

〔巻封〕玉とのへ　清成より

拙者の西洋《せひやう》うわ着《ぎ》を兼吉にても彦三郎〔岡田〕にても参るせつにもたせたまわるべし。自分には省より直に横浜へ差越べし。

此旨そふ〳〵かしく〔カ〕

十一月十日　　　清成より

お玉とのへ余人々御中

二九　吉田　貞

1　明治(5)年3月23日

一筆申参候。横浜にて別袖せし後、いよ〳〵無事相くらしゐられ候半、大慶此事にて、拙者にも二十五日之大平洋中無恙本月十一日サンフランシスコと云所え着港いたし、いまにもどふ所《処》たいざゐいたし候。御用おゝく候ゆへ、いま五六日之間は当所えたひざい之つもりに候。しぎ《〔事宜〕》によつては「いぎりす」之国え渡り候義も可有之歟と存し候へ共、四五ケ月之間には必帰ちよふいたすべく候間、折角〳〵御まち居可被成候。出立後は船中にも始終其方の事ども思ひやり、じつはしばしもわするゝこともできす、あゝ今ころは何をしてゐるならんとばかり思ひやりなとして日をくらし、今日まて相しのき候。始終内におるときは左程に恋しき事のみはなきものなれ共、こふはなれて見ると真《ほん》の情《じやう》が猶はげしくなりて、時《とき》としてたへかたき事も有之、一と刻も早く逢見ん事を思ふといへど、身は国に事《つか》へる身なれば、ケ様な姑息《こそく》の情《じやう》も忍《しの》ばねはならん世の中なれは、おまへもしんぼしてまち玉へ。帰国《きこく》之時分は今《ま》一重《ひとへ》も学問《まなび》を得《ゑ》て、なをおくにの為に御用たち候やう致し度存候。

亜米利加のひきやくをんしやちゆう《〔御社中〕》の頭取《とうとり》のおかみさんよりよき挟《はさみ》《〔鋏〕》なと其方へ送り候得とも、次之びんよりさしおくり可申候。大山君《〔カ〕》写真《しやしん》も次之飛脚せんからおくり可申と存候。御待為可被成候。てまへのしやしんは当地にてしやしんやにたのみ、大きくなせ申候。しかしいまた出来すによつて、後便より差遣し可申候。よきゆびがねなと買《かゐ》入れをきたれど、公使は余り多用なれば、次の便《びん》より差送り候やういたすべく候。返す〳〵も学問《がくもん》は勿論《もちろん》、琴の稽古《けゐこ》はおこたりなく御しゆきやう《〔修行〕》なさるべく候。拙しやきこくのしぶんは、面白く琴のしらべもでき候やうこゝろがけなされたく候。

もはやわたまし〔転居のこと〕はこれありたる筈《はず》とと〔ママ〕存候。おまへがたへいまでは一家の長なれば、何も油断なく気を付、家をまもりなさるべく候。御親父様御家内も御ひきうつりの筈、何も御相談申してなされがし。さて皆様へ折角御てゐねゐになされたく候。返す〳〵も一家の長は、一体《たゐ》之事に気を付、下々のものともふつゝかなる事とふらゐ〔到来〕せぬやうありたし。この義はしごくかんやう之事に候間、返す〳〵もこゝろを用ひすしてはかなわん事に候。少さゐ写真は此便より送り候に付、是まて拙者の壮《そふ》けんなることは御さつしなさるべく候。けゐぞう〔慶蔵〕こともしごくげんきに候間、御あんしん可被成候。田代さんにも同断なり。其外皆々ぶじに候。しかしひとりふたりはびやうきも起りたれとも、もはや相なおり候。

次之便よりよきしやしんをとりてつかわしなさるべく候。これはわけて申入置候。

太平海中にて月を見て故郷の事を思ひいだし、

浪《なみ》の上《へ》に吾《あが》か見るつきを故郷《ふるさと》の
人《おてい》もこよひはながめやす覧《らん》

なとゝ一句を詠して思ひを伸ぬ。御笑読なさるべし。飛きやくの度ことにはかならす手紙を送り可被成候。しごく長き手紙がよろしく候。まつたくひとりでしたゝめておんつかわしなされたく候。いろ〳〵申つかわしたき事もこれあり候へとも、御用多くしてかなわす、余《よ》は又之びんとかきのこし候。此旨あら〳〵目出度かしく申納候也。

申三月廿三日灯下第二字　清成

お貞との人々御中

追て、御母堂様其外おはんさまえもよろしく御申可被成候。外に手紙をつかわし候儀も出来かね候。慶蔵のしやしんも相送申候。かしく

2　明治5年3月26日

〔封筒表〕CONSULATE OF JAPAN, OFFICIAL BUSINESS SAN FRANCISCO, CAL., U. S. A.〔以上印刷〕

吉田大蔵少輔　同人より　宿許届　平信

〔朱筆〕弐度目　五月四日到来
此鋏幷指貫は、あめりか郵船社中頭取より其方へ遣し候様との事にて候間、御笑納可被成候。次之便より何そよきもの共御送り被成度候。
明日より新《にう》よふくの方へはつろく〔発轆〕之はつにて大ひにいそがしく、委細認むる事もできす、せつかく御自愛の事目出度　かしく
申三月廿六日　　晩翠より
おていとのへ人々御中
先日差送候写真其外手紙はおうけどり之はつと存候事
〔同封〕指手幷写真入は其方へ遣し候間、秘穢〔蔵カ〕にいたし置可被成候也
申三月廿六日　　清成
おていとのへ
〔注〕前半分と後半分は異筆。前者の裏に「壬申三月廿六日出　同五月四日到来」と書込あり。

3　明治5年4月17日

〔封筒表〕芝増上寺門前　吉田大蔵少輔宿許へ　同人より
平信
〔朱筆〕三度目　壬申四月十七日出　壬申五月廿二日到来
尚々、読めなひ所は父上様へ御尋可被成候。返す〳〵は火の用鎮と家内之取締と身の保養は第一と存候。
申四月十七日新約克〔ニューヨーク〕おひて
サンフランシスコより差出候両度之手紙は御請取被成たる事と存し候事。
のちニウヨークえいたり、ワシントンと申所へもゆき、〔具視〕岩倉大使始にも及面会候。皆々元気にて公務も御都合よろしく、仕合之至に存候。拙者も御用も未た充分相とない不申候へ共、近日中万端相わかり候つもりに候。さては東京には大出火到来いたし候由にて、多分政府之役所なと焼亡に及たる風聞有之候。実に遺憾之いたりに存候。乍併天災の事なれは詮方は無之事と存候。〔重信〕大隈殿新宅も焼亡之事歟と存申候。〔宗則〕寺嶋殿にも焼亡之由に承候。実に今頃は心配ならんと

案し煩ひ居候。宅は如何に候哉。最早築ぢ〔地〕より引移り居られ候哉。若引移にならざる内にも候得は、定てもとの所なれは丸やけの事歟と被存候。家財共焼失候までは詮方も無き事なれ共軽〔怪〕我共有之候てはつまらなひがとすこぶる不案心を抱き申候。何分細情次便より可申来と相待居候事に御坐候。三月中旬之便には必一封差出し被成たる事と存候。もふけふあすには相届き可申と相待居候事に候。芝之方之転宅相済《すみ》候後なれは、よろしきがと存候。折角火之用鎮肝要に存候。

拙者帰宅も最初見込之通、当七月迄には御用相片付帰〔カ〕ちやう相叶ひ可申と存候。御待居可被下候。先便岩倉殿子息帰朝之節、書状幷指がね共遣し候。御請取なされ候哉、承度候。此節は御用多くて外はだれにも手紙を遣し得す。御親父様其外方えも其方より可然御申通し被下度候。もふ一刻も早く帰朝いたし度候得共、世は思ふまゝならぬものなりと思ひあきらめ候外無之、その方にも拙者之帰朝は待遠き筈には候得共、世の中はしんぼふの強き人が一番万事を成就すると云事あり。必すわすれてはならぬ事そと存候。

寺嶋〔宗則〕・大隈・上野〔景範〕其外の人々え可然序之折、御伝声被成度候也。

外に万々申遣度儀は有之候得共、急敷により心頭に任せす、後便と申残候。

あら／＼目出度。かしく

申四月十七日　清成

お貞女え人々御中

4　明治5年5月2日

〔封筒表〕日本東京芝にて　吉田大蔵少輔宿許へ　平安　新
約克　同人より
〔朱筆〕四度目　壬申五月二日出　同六月八日到来

〔封筒裏〕
早目に相達候様御下知是祈　渋沢君へ　吉田より
June 6 th 1872 Gilsey House New York U. S. A.

しやしんは必送り可被下候也

「さんふらんしすこ」よりふたゝび「にふよふく」よりひとたび、合せて三度《ど》の手がみはとくに相達したる筈とぞんし候。其方にもいよ〳〵ぶ事相暮しおられ候半と存し欣喜《よろこび》このことに存候。然れとも拙者儀は日本を出立《いでゝ》候てより三ヶ月を経《ふ》れとも、御用状も得す、又其方の文も得《ゑ》す、なせなれはヶ様に不音信ならずとひと度はうらみ、又ひとたびは案煩《あんじ》を生し、心中御さつし可被成候。就中出火以後何のおとづれも承わらねば、なを更案外に存し候。必々便《びん》を又一筆なり共差出し候様願度候。無左候ては懸念も弥相増す事に候。御さつし可被成候。

先度ほゞ申遣候通、御用向に付明後日当地（日本五月三日也）（米国にふよふくを云）発そく〔足〕英国《いぎりす》のやとにいたり、又孛国《ドイツ》と云所へ行き、御用をとげねはならぬ事と相成たり。それゆへ一ヶ月位は最初の見込よりも帰国之期相後候歟も難計候得共、つまり当七八月迄には必御用を休息、帰朝之積に候間、左様御承知可被成候。御親父母さま方へ別に手紙を遣し度は候得共、一寸の暇も無之、やうやくながらひとふてのみ其方へ差遣候間、其方より皆様へよろしく御申伝可被成候。

サンフランシスコより差送候指輪《ゆびわ》弐つとはさみ三つは相届候哉。何分承度存候。出火之事共逐一に次之便より可被申越と相待居候。山々申こしたき事はあれとも、何も充分には不尽、後便と申残候。先はあらく目出度かしく。

日本五月二日出　灯下に認む

清成より

おていとのへ人々御中

〔注〕「Special Japanese Commission」と印刷の用紙。

5　明治5年6月5日

〔封筒表〕東京芝　英国　竜動より

吉田大蔵少輔宿許へ　平信　同人より

〔朱筆〕五度目　壬申六月五日出　同七月廿三日到来

〔封筒裏〕此一封早々相達候様御取計可被下候也。

井上君

渋沢君

清成

〔内封筒表〕お貞女之許へ　晩翠より

日本六月三日

壬申三月十日付之手紙一昨日相達、写真も無恙相達、取手も遅しと巻返し繰返して披見いたし、写真之様子にては極壮健と相見得、何も〳〵安心いたし候〇近来無双之大火も有之候様子なれ共、僥倖にして天災を免れ候段幾重にも大幸之至安心せしめ候。家財等之事は扨置、其方はしめ子共達之軽〔怪〕我共は無之候哉と不安千万之処、手紙相達放念いたし候。先度米国より申送候通、拙生にも英国へ再ひ渡航いたし、公務最中に候。未た充分之運にいたりかね、今弐三ヶ月は相掛り可申と存候。帰朝したひ心は山々あれとも、国に事へるものゝ進退は心之儘ならざるものとは格護〔覚悟〕之前にて、是等は其方にも相わすれす候様有之度存候。

御親父様並に左太郎様之御状にて委細之情実相わかり大に安心いたし申候。

左太郎様にも御引移相成候由、拙者におひても仕合之至に存候也。此程横須賀より皆様御引越之段、大ひに致安心候。御親父様御申越之手紙中に有之候一体之御所置共、一事として異存之儀は無之、何も満足いたし候段父上様へ御申可被成候。

高之儀は五代〔友厚〕へ被遣候、段夫にて宜しく候。勿論代料等は彼れに任せ置候方可然と存候也。拙者相需候節は八十両相払置候。為心得申遣置候。

五代之方へは折々人共遣し可被成候。拙者之安否を聞きたひ時は、大隈〔重信〕さん・井上〔馨〕さんか又は上野〔景範〕さん之方へ承り候得は相分り可申候。度々電信機にて音信を通し候間、安否と拙者之何地に滞留いたし居候段は相分り可申候。

何も拙者之儀に付ては安慮可被致候。

〇拙者帰国之時分は学問も進み、琴之稽古も可也に上達いたされ候半と今より御楽み居申候。

〇拙者出立前つきやくとまり居候様に存候。当分は如何に候哉。或は幸事にてありたる歟と半信半喜、後便にちらと御申越可被成候。右様之儀申越候儀は少もおかしき事には無之、極適当之事に候間、必す安否後便に可被申越候。

写真は毎便に新らしきのを遣候様頼存候。

金子に差支候得は、大隈・井上之間へ父上様より御頼被成候ても可なり。乍併拙者之官禄を二三ヶ月分一緒に載き候様いたし候ても宜しく、井上之方へ談し候得は相叶可申と存し候。為念申遣置候。

三の村〔利左衛門〕之方へも可相成は二百三百両つゝ返済被成候様いたし度存候。利足は一割之積に候間、是亦為念申遣置候。

同行之ウイリアムス氏より其方へとダイヤモントの指輪価百五十円位のものを請取置候得共、少しふと過き候付、直しに遣し置候。帰国之時分又は幸便之時には差遣可申候。○金之時計を壱つとくさりをひとつと上等之さし簪壱本求置候。是も同断、帰国之時迄御待居可被成候。海山申越度儀は有之候得は〔ママ〕、公務多端不能尽事、後便に申残候。其方之手紙も可相成は長きのを遣さるべく候。目出度かしく

申六月五日　晩翠より

お貞女のもとへ

二伸　父上様其外へ別段書状不遣、其方より可然御申上可被成候也。かしく

6　明治5年6月26日

大日本東京
芝愛宕之下にて　　英国ロンドンより

本朝四月五日之ふみ六月中旬竜動《ロンドンイギリスの都》え相達し、幷御親父様之御状其外彦三郎より差こし候手帖日誌、静二え之状四通慥に相届候。其後何も異条なく消光《くらし》被居候由にて珍重之至り。拙者におひて令悦《えつちやくせしめ》着候。大久保〔利通〕・伊藤〔博文〕殿なと帰朝之儀共、且つ寺島〔宗則〕さまへ見舞之事共被申越、さぞ〳〵万事思ひやり候。御はん〔判〕し可被致候。「さんごし〔三越カ〕」之注文、慥に承知いたし候。是等は帰国之折国土産可致と存居候。御待居可被致候。先達てサンフランシスコより差送候指輪《ゆびわ》其外相達候哉、承度存候。其外差遣候手紙は相違候哉。時々逐一御返答有之度候。只今は欧洲《やふろつぱ》之内独逸《ドイツ》と云所之フランクホルトもと独逸列国の衆議之地なりといへる所にありて楮幣《キンサツ》増注文之議を尽力いたし居候。三四日之内には仏《フランス》の都に帰り候積に候。乍併其方より被遣候手紙類は、左之通之宛《アテ》にて差遣被成候

やういたし度候。勿論右は左太郎様に御願被成候得は、立派《ちつぱ》にでき可申候。返す〳〵も毎便一筆たり共御送り玉り候様いたし度存候。もし一月之便にをくれ候得は此方よりも一月は不送候やう可致候間、左様御承知可被成候。拙者には遠隔之地に於ては一日も早く《御笑察〳〵》本朝之事情かつ家内之景況共承度あけくれ相待、然所に一封之手紙も不致到来候節は、実に〳〵不安心をいだくのみにて心配不少候間、此等は能々御承知可被致候。実をいへは一日も早く帰朝いたし度は候得共、世の中の事は思ふまゝならぬもの、其上公務《おつとめ》中におひておや。何も心に任せ得つ推察可被玉候也。しかし三四ヶ月之内には必す帰朝可致と存候。四月五日に認め之手紙は甚た短書にてこの以後は必す〳〵長きふみを被送候やういたし度候。

土蔵の普請共打立有之候由、何も御親父様之御所置、全満足候間、左様被仰上可被致候。彦三郎より家事之日記相送り、是を以一五一十《いちぶしじう》之家事向、猶充分に相分り満足之至り、彦三郎へも此段申入れ可被成候。猶此以後とも同断時々差送候様致度存候。今少し《まちつと》委しく《くわしく》相認候様申付可被成候也。芝居見物其外諸所見物等は勤て被致度存候。乍併、左様之節は御親父様或は左太郎様・姉上様或は御母堂様之御同道之外一切無用と存候。可相成は御親父様と御同道之方満足に存候と申も外ならす、御親父様にも時として少々御慰《なぐさみ》不被成候ては、始終御勉務《つとめ》のみにては不宜候間、左様御申可被成候。御親父様にも製鉄大属御転任之由、大幸之至奉存候。御祝義可被仰上候。中村宗見にはやはり掛り之筈と存候。

拙者帰朝まては可相成丈けんやくいたされ候やういたし度候。留主中に借銭いたし候様之事、到来候ても少し不体裁に存候。乍併不得止事有之候へは大隈〔重信〕・井上〔馨〕或は寺島之方へ差越候ても是又差支は無之候。老西郷〔隆盛〕様方へ差越候ても、何も差支は無之候。若も差くり出来候得は、三の村の方へ少々なり共返納いたし候様存候。勿論次之便には必す少々は差送候様可致候間、其中より彼方へ返済いたし候様いたし度存候。

住居後之方明地之分は可成丈け広く申請置候様いたし度存候。若し相調《でき》候得ば、北之方之角迄申請置度存候。御親父様へ御尽力之儀御依托《たのみ》申上らるべく候也。高之儀も御申越候趣は致承知候。七八拾両位なれは売払候ても宜しく、下直なれは先つ召置候様にと存候。是も父上様之御了見《りやうけん》次第と存候。庭之儀は返す〳〵も下僕等を用ひて能々掃除等いたさせ、其外池なと手入れ有之候様いたし度存候○出立之時分申残置候通、以前長局之前に有之候土地は、池になし候方可然と存候。是亦御親父様へ御相談可被成候。

うでは暇願出候由、如何之次第に候哉。彼は拙者之能く気に入りたるものに候処、如何様ふつゝかの事も候哉と存候。下女下僕等は必す不正不直之もの不召仕候様いたし度存候。いまゝで召仕候ものゝ内少々なり共不正之者も有之候得は、直様暇遣し候やういたし度、ごく肝要之事に候間、返す〳〵も御親父様と御相談有之度存候。少しは高料之もの相かゝへ候共不苦候間、正《しや》直廉潔《うぢきなほふらつでなひ》之もの召置候様可被致候○火の用鎮は肝要之事に存候。湯地之本は拙者持参に候。此段申入可被成候。〔景範〕上野方へも毎々見舞有之候様致度存候。併、拙者に似たるおてんばさまなれば、返す〳〵もほとよく交《まじわり》り候様致し度存候。妻君へもよろしく可被申述候○其方にも運動を不致候ては不叶事候間、精々相勤め一家之掃除且つ庭にいてゝ草共引き、又は神明前辺へ行き、又は台所之加勢をいたし、寸暇之折は必々運動《うんどう》可被致候。此儀は分て申遣候。琴之稽古は于今無懈怠修行被致事と存候。学問は猶更之事也。是のみ朝暮相祈居候。しやみの稽古も寸暇あれはいたされ候ても可なり。しかし何よりも琴の上手になられ候様いたし度、琴とうたとの上手になられ候得は芸におひては外に望みは無之候。必々相励《はげみ》み可被致候。世の中に芸ほと身のたすけと相成候ものは無之候。芸ほと人情を和らけ候者は無之候。若き間に励ますんば、年老ての後は何も心之まゝならんもの、能々御推慮可被成候。紀貫之が大和歌はたけきますら雄《つよきおとこの事》の心をも和《やわらぎ》らげ鬼神《おにがみ》をもあわれとおもわせるは歌なりといへるも実《げ》に理《ことわり》なり。況んや衆《みんな》にぬきんでたる芸におひておや。夫故必々琴之稽古は怠らす候やう可被致候也。

其後新き写真有之候得は可差送と存候得共、寸暇も無之、未た写真の事には不至、次之便には必す差送候様可致存候。其方之写真は時々可被差送候也。

別紙大鳥〔圭介〕氏へ之一書は近隣林正十郎同居に候間、留主宅へ早々相達候様可被取計候。尤、時として使共遣し候様致度存候。十一二を始として三四人の子供有之由に候間、呼に遣し馳走共に被致候。尤、同人之妻君も近日見舞候歟も難計候間、宜くもてなし可被成候。近隣の事に候間、其方にも見舞被致候ても宜しく存候。

大鳥氏には拙者と同行にて充分御用立人物に候間、仕合之至と存候。子供は時宜次第三四日も留置候ても可然と存候。

御親父様へは別段書状不差上候間、其方より逐一可被仰上候。余は万々申こし度候得は、後便と書残候。何も後日之一左右をと目出度かしく申納候也。

千八百七十二
西暦七月廿九日

本朝六月廿六日　　フランクホルト

晩翠より

お貞女のもとへ人々御中

〔欄外〕手紙其外被差遣候節は大蔵省御雇之 Williams《ウリアムス》 之方へ相頼候得は迅速相届可申候。返す〱も左太郎君御直々御頼被成候やう可被致候也。

〔欄外朱書〕壬申六月廿六日出
同　八月十九日到来
六度目

7　明治5年7月23日

西暦千八百七十二年第八月廿六日《七月廿三日》蒲敦《ロンドン》を発す。

一筆申遣候。本朝申五月十五日附之書翰、西暦第八月上旬相達、取手も遅しと巻返して熟読いたし候処、其方にも至極元気にて消光いたしおられ候由、拙生におひても大賀此事に存候。左一郎様にも一体家内之事共御尽力被下候段は逐一に被察、何も〱御苦労之至、其方よりよろしく被仰上度存候。先便には拙生最早帰路に趣き候頃と被覚、もふ書翰不差出候積との儀致承知候得共、拙者帰朝迄は時々便毎に出状被成下候様被仰上候。其方にも同断長ふみを万事被申遣度存候。注文之品は最早買需置候間、帰朝之時分持帰候様可致、御待居可被玉候。

此節之御用は格護之外長びき、当暮迄に無之候ては帰朝相叶申間鋪と実に残懐之至に候得共、公務之際詮方なき儀候間、其方にも気長くして御待居被玉度存候。武士の妻女たるものは、五年も拾年もおつとに逢ざる例共数多有之、即大鳥〔圭介〕氏之妻女なと思ふべし。全く三ヶ年之間同人入牢之後、僅に三十日をも不経、公務之事故、拙者と同行之時宜になり、勿論同人には四人の子の親としてかくのごときの次第、又随従之本多〔晋〕にも矢張同し事にて望みは果なきもの候間、万端工夫をいたし気長く御待居可被玉候。拙者にも一日も早く帰朝いたし度意は海山なれ共、止事を不得、此方の心情もよろしく御察し可被下候。可成丈は早目に帰朝之積に候。先便より被遣候返章は相違し大に気を延へ候。殊に章はおもしろく出来、珍妙之至に候。折角万端之稽古ごと怠らさる様呉々も祈存候。別て深意御汲取可被給候。英語も左太郎様より少々つゝなり共御学被成候様之都合に相成候得は、拙生において珍重之至に候。先達ては仏《フランス》弁孛《プロイス》之辺へ旅行いたし候。相楽み候得共、何も其方之事共ア、一緒につれて来たらはいかほとの楽みも増さんに如何せんと思ふ事共数々有之候。全権大使方も皆着に相成候。寺嶋〔宗則〕さんにも安着、元よりも壮健にて仕合之至に候。内之事共直々承り先つ安心いたし候。

十月中には帰朝出来可申と存候得共、当年中と存居候得は充分之事も電信を以時々報知有之候間、拙者帰朝以前には井上〔馨〕さんか上野〔景範〕さんの方へ相尋候得は直に相分り可申、其時分は必横浜迄出迎ひ広き坐舗共求置可被成候。

此の世の中は自由なもので最早大久保〔利通〕さん・伊藤〔博文〕さんにも再ひ渡海に相成、英国の都にて面会いたし候。是にて月日の早くたつのを思ふべし。成程時として一日も三秋の思ひをなすとはいへとも、気は長く持なくて

吉田　貞

ならぬものから其方にも其心得にて御待居可被成候也。

上野さん・大隈〔重信〕さん其外へも、都合之折は宜しく御伝へ可被成候也。上野氏にも出来たる由風聞有之、其節は其方にも祝に被行候哉に承り申候。大原さんと云ちいさゐ御方に逢れたる事と被察候。同人の咄に候。ちと此儀には羨しく存候。御笑察可被下候。併、是等は天にまかせなくては人力の及所には無之候。

五代〔友厚〕様方へも序之時分は一書を被遣候様有之度存候。よろしく御通し可被成候也。

其外万々申遣度候得共、昨日より十通余り之長き書翰共認方にて大に急〔忙〕しく心底に不任後音と書残し置度穴賢

　第八月廿六日に当る

　申七月廿三日　　晩翠より

お貞女之もとへ人々中

皆々様へ宜く被仰上被下度候。帰朝之時分は子共衆へも珍敷もの共持参之含に候。オルゴルは大きなるのを買入置候。運送之手続に致し置候事。

御母堂へ分て御伝被成度、留主中は万端御気付玉り候様呉々も念し居候段、御申可被玉候。折角御丁寧に事《つか》へられ候様分て申入置候。

8　明治5年8月18日

〔封筒表〕東京愛宕町二丁目　崙敦より　大蔵少輔吉田清成留主宅え　平信　急き　同人より

〔朱筆〕壬申十月十三日到来

〔封筒裏〕　申八月十八日発す　八度目

一筆申遣候。追々秋冷相催候処、いよ〳〵無事消光被致居候儀、大慶此事に候。扨、小生におひても弥無事折角と勉務いたし居候間、御放念可被玉候。先度より之書状中に七月中或は当十月迄には是非帰　朝之都合に可相成と申遣置候処、当方之都合不宜、不得止事当年中位は相掛り可申と被存候。就ては其方におひても待居られ候情をも相察し、其上拙生におひても、一日も早く帰　朝いたし度積は山々有之候得共、公務之際何とも致し方なき次第、只々十方〔途〕にくれて公務之義を

一日も早く成就いたし候期を相待居事外更に無他事候。其方にも久々之事故会見度情は山々有之事とは存しなから、公事と私事とは難交事故、夫等之事は万々御含、拙者此節之公務充分成就を遂、帰　朝之議をのみ御祈有之度存候。此節拙者之公務は国家之安否に拘る事故、返す〲も私情を以拙者之公務を妨候様之事無之候様御注意可被玉候。日本表之事情は御親父様より時々御申越有之候様御請求申遣候。種々品々と申遣度事は有之候得共、寸暇を不得又余り言葉多きは却て如何と思ひ申残候。深情御察可被玉候。帰　朝之時分は数多之土産共持参之積、折角御待居被成度候。来年正月迄には岐と帰　朝之義相叶可申と存候。

留主中は取締第一之事と存候。御親父様其外様へ之御奉公、御懈怠なき様にと呉々も祈居候。稽古事は先便にも度々に申遣候通、御勉強可被玉候。是のみ相たのしみ居申候。

余は後便と申残、万々穴賢

西洋第九月廿四日　　晩翠より

吉田　貞

本朝八月十八日歟

お貞とのもとへ人々御中

書添申遣候。このせつ大久保〔利通〕さま着之上うけ玉はり候得は、たれかわるものありていけなひ事などいたし候哉相聞へ候、おはんと云へる賎《いやし》き芸妓《げいしゃ》へゆび輪《わ》を与へ、其ゆひ輪に拙者之名をほり付け、しかのみならす其事を其方へ注進《ちゅうしん》いたし候もの有之、勿論右之げひしやは拙者之ごくなじみと云せつ、専ら有之候やに相聞へ、就て其方是盲《このもう》せつを信しくやしく思ひ、浅草へ日詣《にっさん》いたされ候や之風聞有之候だん、大久保さまより承り候。拙者におひては其方は右様なる事をかりにも信用いたさるべくとも思わす候得共、旅《たび》之空ら事なれは千に一つも右様なる事を信してあけくれ案《あん》しなられ候事も難計、御安心に存申候。たとへ右様なる事御聞取被成候とも、決て拙者を疑《うたが》ひ被成候やうの事は有之ましくと存候。もちろん右は全く或《あ》るわるものゝわるだくみにて、暮々御懸念には不及事と存

候。此段不取敢申遣置候。塩物だちや浅草参詣は御止め可被玉候。御笑察〳〵。かしく

清成より

お貞とのへ

この寸〔時カ〕の世中にたのしみあると云《い》ふものは、たゝそのほふが拙者を待ちて、いつまても信実にくらさふといふこゝろさしある事をしりてのみ。今日いやなしごとも気張りてつとめをり候。深情《しんじゃう》御さつし可被成候。外は相略申候。

〔注〕欄外に吉田筆で「火中〳〵火中」とあり。

9　明治5年9月9日〔'72年10月11日〕

西暦千八百七十二年第十月十一日龍動を発す

壬申七月五日之佳書三日以前に相達し、毎之通取手も遅しと巻返して披見致候処、其方弥無事、外に皆様御無異御消光之段、万々慶賀之至に存候。今頃は拙生之帰朝を憮々被待居候様子にて、その真情思〔ひカ〕りやり、生にも一日も早ふ御用向相済せ帰　国致度と存し候得共、御存之通、生の此節之主務は頗る重大之事件且つ金銀之用向なれは、念之上にも念を入れ、折角御国之御為相成候様相心掛担当致居候事なれは、万事急卒にとゝのひかたく苦慮之至り御憐察可被成候。一日も早く帰朝いたし度情は、其方が生を待居られ候よりは却て相勝り候次第なれ共、公務不得止事、余は略す。

未た先からは難申入候得共、今より二ヶ月或は三ヶ月之間には、事充分に相運ひ帰朝之途に趣き候様可相成と被存候。琴之稽古と文事は毎々通相心掛御修行の事と存候。帰国之頃は大分昇達も可有之と、今より大ひに相楽み居候次第に候。予が心情御察し可被玉候なり。逢見さるはつらけれ共、其つらさを長く忍べは、逢見る時は夫れ丈嬉しさも相勝り候義にて、梅も寒苦を経て清香を発するなれば猶人もかくのことく、苦は楽之基、楽は苦之基といへる銘諺もあり、御楽み寸時も相忘れ候ては不相成事に存候。返す〳〵も堪へて御待居可被玉候也。注文之馬鞍を必土産之含に候。勿論乗馬服も持参之含に候。其外金時計・くさり玉或は常衣服等も品々買入置候得共、帰朝も近寄り候まゝ其折

と御待可被成候。いよ〳〵何日頃に帰朝と云事大蔵省より承付候へは、其日限には必す横浜まて出迎被下候様頼存候。寺島〔宗則〕さんにも当時近所に滞在にて、毎度取会故郷之咄共にて日を送り候次第、当時先つ壮健にて仕合之至に存候。

先日写真出来候付差遣候。是れにて拙生之壮健なる事は御察可被下候。御親父様より其方之写真弐枚、又候御送り相成候。新しき写真出来候得は御贈り可被成候。小谷え之贈物は相違候得共、幸便無之候故未た彼方へは相達不申、右様なる注文品、以後有之候とも取次之儀は無用と存候。実に面働之至御坐候。諸生之分として右様なる贈もの等には及ひ不申事は拙生能く存知之事にて、学問さへ相励候得は贈物なといふことよりは却て宜しく候間、以後必右様之贈物なと御取次は御無用之事。彦三郎にも至極勉励致居候段、満足不少候。いつれ帰朝之上、賞美相与へ候様可致と存候。其外同断之事、学問相励候様父上様より御申聞被下候様御頼申入候。

先便に申遣候通、芸妓云々于今苦慮不少候。其方にも多少配慮之筈と案煩ひ申候。必右様なる奸策盲〔妄〕説に拘り不被成候様存候。帰朝之上相分り候事に御座候。其余万々申入度候得共、先つ好便之期と申残候。万々

穴〔カ〕賢々々

第十月十一日　　晩翠より

お貞女のもとへ人々御中

二伸　申遣候以後且那様を措て清成様と被認候方と存候。

10　明治5年10月9日〔'72年11月9日〕

〔封筒表〕崙敦より　同人より

東京吉田大蔵少輔留主宅え　平信　西洋第十一月九日発す

〔封筒裏〕壬申十二月朔日到来　十度目

先便に申遣候通、此節之旅行は格護之外長曳き、小生にも殊に苦心之至御察有之度。

陳は、拙者主務に付ては当分充分之所置も難出来、何れ当年一杯は相掛り可申と存候。就ては万事御国家之

御為、御不都〔合欠カ〕之事とは存ながら止事を得さる次第にて候。右に付ては種々申聞度ヶ条も有之候得共、乍憚其方へ委細申越候とても決て了解いたされ候様之事にも無之候へは相略申候。兎角帰朝之上、万事申尽度存候。此度之事務は格護之外に六ヶ敷事にて、今更に到り外言すべきにはあらねとも、実は殆と微力に及かたく存候。併しながら、充分短力之及丈は相尽し、成功を奏し候様致し度存候。御放念可被玉候。

一新楮幣増注文等にて、先日独逸フランクホルトえ鮫〔尚〕島〔信〕弁務使と同行、条約等取究め候次第に候。他には申入かたき次第に候得共、先度之御注文とは殊之外下直に条約相整ひ、拙生におひても幸甚之至に存候。

一頃日は一向手紙も不参、いかゝいたし暮し被居候哉と明暮思ひやり候。此方より何分之義申遣候迄は時々便毎に一ふでなり申遣され度頼存候、手便なくては旅之空はさびしきものに候。御察可被玉候。

一上野〔景範〕にも米国ミニストルの命を蒙り、今や出船候哉に風聞有之候。其身に取りては冥賀之事には候得共、御国家之御為に取ては余り幸甚之到とは難申存候。秘事に々々々。もとの森〔有礼〕弁務使之方が十倍の増歟と存し候。

一先度取敢へす申越候芸妓云々は、全く戯言之趣に跡以承り、余計之事を申遣したり。漸々悔たる意もなきにしもあらす。其方におひては全く不案之事故、少しは仰天《びつくり》致され候歟と案煩居候。必す御按し被成ましく候。

頃日コンチネント欧州原地之事云なりを旅行之折、実《げ》につれなさに狂歌を詠したり。

〽故郷に恋しきひとをおきてあれば
　かよふ旅路も夢かうつゝか

又先度之手紙中に申遣したる賤き芸妓之事共、或は其方にも按し居られ候哉、又は右様之事は呉々も其方においては信せらる筈もなひと、ひとつの狂歌をつらね侍りぬ。御笑読可被成候。

　よしといひあしといふとも難波瀉
　たてしみさをは君しらめやも

なとゝ狂歌共つくれて日を送り、故郷之事共朝な夕なに思ひやり居り候。御察可被玉候。
久しき病に読みし歌に

松虫にあらぬ我か身も音《ね》になきて
　つれなき君を侍たぬにもなし

と云ひし事もありたるが、ちよふど当時之我身にあたり居り、しば〳〵吟して気をなぐさめ、且つ気短くもなる事もあれとも、兎角公務之事なれは止事を得す欧洲へ滞留之次第に候。御憐察可被玉候。

一拙者帰朝は、いつれ初梅之頃にも相成可申と存候。

折角気長く御待居可被成候。

一屋舗之儀は兵部省より御買入可相成、就ては拙者留主中とても可成丈早く立退き候様との事、右に付ては先度も御親父様へ申送候通、先つ拙者帰朝まては是非維持之方と存候間、左様御親父様より御答へ置被下候様いたし度候。勿論諸人之自由物をたとへ政府といへとも是非とも御買上けと云事は夢々難相成事候間、此旨宜舗御心得居可被成候。

乍併、御親父様之思召にてどこぞに勝たる家屋舗等有之、当分之家屋敷を売払ひ候て右を買入候義便宜と之御見込も候得は可なり。

先度も申遣置候通、帰朝前には必大蔵省へ伝報相送り候積に候間、時々岡田〔彦三郎〕等を以御聞繕、報知相分り候得は其日限には必横浜迄御出迎可被玉候。勿論極広き坐敷共相招〔ママ〕へ御待居可被玉候也。

一帰朝之時分は平常之衣服共、土産之積にて最早数種買入置候。必期して御待ち可被成候也。

一同列之大鳥〔圭介〕・本田〔晋〕・吉田〔二郎〕・ウキアムス・南〔保〕等も皆元気にて、御互に仕合之至に存候。大久保〔利通〕・伊藤〔博文〕・寺島〔宗則〕其外使節之御一統皆々至極之壮剛、是亦御安心可被成候。使節は未た当国滞在に候得共、来月頃は仏国之様航海之筈に候。

此一行は来年一杯は相掛り可申と存候。拙者之旅行は右に比較すれは実に短く候、万事御察可被下候。

此節はいつれへも不申遣、且つ御親父様へも不申上候間、其方より皆様へ宜敷可被仰候。先便差送り候写真

五枚はいよ〳〵御覧被成候事歟と存候
右暮々申遣度余は後便と申残候。あら〳〵穴賢。
西暦十一月九日発す　晩翠より
お貞女之もとへ人々御中

11　明治5年10月26日

〔封筒表〕吉田大蔵少輔留主宅へ　同人方
Mrs K. Yoshida
Tokei, Japan
care of S. W. Williams
Finance Department Japan　〔異筆〕大蔵省行
〔封筒裏〕吉田少輔へ御届有之度候也　一月二十三日　横浜
職工寮

こたひは公書も認めす候得共、こん度の報道旁〔カ〕として書始め候。一体拙者主務之事とても半途にして次便迄は難申越義のみ有之、加之此節日本人惣体預金いたし置候会社《バンク》分散に及ひ、夫よりして拙者にも大小関係せさるを得さる時宜よりして、諸人之為万端尽力最中に候拙者には右之方ゑは少しも預金無之、尤官金と云ってても右之社中へは預置不申、御安慮可被成候事。其外書生学料等遅滞、且つ県費自費官費の差別あるものを委く取調へ、各へ夫々配当旁其外種々之雑事有之、余程当分は急敷候。右等之ヶ条に付半途の事のみ有之、此節は公書は不差遣候。

陳は、其方にも壮健にて暮し被居候段、申八月十八日同廿六日是はウリアムスより送候なり之報書にて実に安心致し候。種々被申越候趣は逐一承諒致し候。拙者にも一日も早く御用相片付、帰　朝之舎には候得共、万事心頭に不任、于今緩々然として滞欧御憐察可被給候。併、先度も申遣候通、今弐ヶ月も致し候得は必帰途之期到り候事歟と存し、切角気長く御待居可被給候。御親父様并愛兄より之　尊書各相達したり。〔岡田〕彦三郎日誌も相達し、是も同断巻返して披見、是は殊に一家之形情を見るやうにも有之面白く候。何も此度は尽し得す、次便十五日以後に可申遣候間、左様御納得可被成候。申遣度事は海山あれ共不尽、御親父様其外様へ可然御申伝可被下候。先つは一左右まて、あら〳〵穴賢々々

申十月廿六日　晩翠より
お貞女之もとへ人々御中

12　明治5年11月2日

〔欄外〕返すく\も大原参り候得は充分之馳走も可被致候。

西洋十二月二日即申十一月二日

此節大使随行之理事官其外共引取に付ては、先度大久保〔利通〕・伊藤〔博文〕なと同行一時帰朝相成候大原令之助〔吉原重俊〕と云拙者親睦之友人帰朝に付、何歟手印らしく持参致し呉度旨申入に付、幸先度買入置候サンゴシ手許に近く候まゝ唯々手印迄に差遣候間、御笑納可被玉候。外に時計衣類馬鞍等買入置候得共、是等は拙生帰朝之折と御待居可被玉候。拙者にも不遠内帰途に趣き候様に相成候間、左様御承知可被成候。其外万端大原より直左右御聞取可被成候。上野〔景範〕にも欧行と歟承居候処、其後何にも無沙汰、如何之都合に候哉、更に相分り不申候。梅之頃と思ひ居候処、桜之季に変し候歟と存し候。併、近日より充分之手都合相始め候積に候間、上都合に参り候得は格護之外早く相運可申歟と存候。何も後便と申残候。学問其余之稽古事は第一と祈存候。あらく\穴賢

晩翠

お貞との御中

13　明治5年11月5日

〔封筒表〕竜動に於て　東京愛宕丁弐丁目　同人より　吉田
清成宅へ　平信

〔封筒裏〕癸酉第一月廿八日到来

壬申十一月五日認　於崙倫〔ママ〕府英国

一筆申進候。家内中無異消光之段、且つ当八月廿六日差立之書状中万端詳細に被申越、大ひに安心致し候次第に候。二回以前一書差立置候付、ウヰアムス方より相達候筈と存候。

本邦におひても全般静謐、将亦開化日新之由は日記新〔誌カ〕報公書私書等にて領承致し候。拙夫等におひても幸甚無此上事に存候。

上野〔景範〕氏派出之儀吉報申遣候得共、于今公報中にも不相見得、加之頃日之風評にては後藤〔象二郎〕氏派出と極候なとゝの風説に候。何れ歟是ならん、上野之派出と云事はちと六ヶ敷と存居候。

吉田　貞

拙者主務も追々好機会に相向き、今より二ヶ月或は三ヶ月之間には必す帰朝之期に到り候様に相成と愚存罷在事に候。若、充分之成功を遂けす候ては、拙者之汚名は云も更なり、御国家之困難目前に候得は、是非とも今度之目的は成就いたし帰朝之含に候間、僅二三ヶ月之事に候得は国家政府之御為を深く被察、聊私情に陥られす候様御注意之程、万里をかけて願存候。

一当時は仏国にても再ひ物騒之模様相顕れ、始末如何に相成哉、諸人之見留めも難相立勢に候。共和政治之方法も殆と末に到り候様に相見得申候。

米国にては従前之大統領再ひ撰挙に当り、先つ無事之姿に候。此節新に大統領にならんとせしものは、其主意ならさる所より歟、或は其妻之死去よりして歟、俄発狂且つ老衰之病気を発し、一回以前死去之由に相聞へ候。実に可憐次第に候。大使一行も近日仏国へ被差立候積に候。当国之都合は大ひに宜しく幸之至に候。

女帝謁見は当月五日〔ママ〕即明後日に決し申候。

此節は条約之改定は無之筈に候。巨細之事情は面会之期にあらされば難尽思はれ申候。

先度も申越置候通、英語之稽古は余暇に愛兄より御学ひ有之候様致度存候。拙者帰　朝之時分、大ひに楽みに相成可申と存候。

一琴は帰朝之頃は銘人之ひとりになりおらるへしと、是は大ひに楽み居候。

一馬之儀は親上様よりも被仰越、都て飼置候方幸と存候。可相成は西洋風之足どりに乗らせ候様存候間、彦三郎〔岡田〕へ命し、野田方にて其心得を以仕込み候様可被致候。

一屋敷之事は先度も申越置候通、何れ御親父公思召に任せ候様宜敷御相談之上可被相計候也。可相成は火事之用鎮宜敷方へ転居いたし度ものに候。帰朝之上は、何れ西洋風之家屋相建候様相含居候。心得迄申入置候。

大鳥〔圭介〕氏之事共被申越、安心いたし候。其後彼方御家内よりも度々書状共参り、同人にも大ひに安心に候。昨日見舞致し、親しく被交候様可被致候。

当年中に理事官一統引取之義、大使より御申渡相成候に付ては、大原令之介〔吉原重俊〕是は米国諸生にも親交り候人なりにも拙者より先きに出立之筈に候間、同人え相托し注文之サンゴシ幷金之蝶を御差遣し候間、御笑納可被玉候。時計等は帰朝之折迄と差扣へ置候。

一屋敷地は、高輪辺之引上りたる地面を手に入れ候様有之候得は仕合に存候。併、若、其儀不調候得は上野辺にても可なり。何れにせよ屋敷之広大なる方を欲するなり。右親父公へ御相談可有之候也。

一我ら友人のウヰルソンと申人より送り候西洋茶器は落手相成候哉、承度候。

右は八月廿六日ウヰアムスより差立候書状中には相達候様相見得候。尤右贈物は拙者より少々送物いたし候返礼歟と存候。何も此末被遣候には及ひ不申候。

一黒本尊再開にて屋舗辺は殊に賑ひ居候段、夫故物見より之見物、殊之外面白く御暮候しも有之候段思ひやり候。

一彦三郎より之送り越候日記、殊之外愉快にて、現在家内に居て一五一十を見る様に有之候。御察可被下候。

一時宜により候へは、此節召置候欧童《ボイ》壱人列帰り候様可致と存候。余程才子にて、拙者出入之用に応し、極仕合に候。

一大鳥氏〔圭介〕は拙者よりは跡に帰朝之筈に候。含迄に申遣候。

一召列居候本多〔晋〕租税権中属儀は、大蔵省中に長屋へ住居羅在候間、是も時として使にも遣し候。近々帰国可有之歟とも申入置可被玉候。少き女子共有之候由に候間、呼て家内に暫し留られ候ても不都合は無之事歟と存候。何分時々見舞可被遣候。

一先便にも数々申越候通、若、召置候家来家僕其外共不充分に有之候得は、放畜〔遂カ〕いたし候共妨無之候間、左様可被心得候。

一袖下女之儀は委細に被申越、よふこそヶ様之所置被致候と存候。何れは一家は男女之別キッカリと相立居候はでは何も何隠〔ママ〕に不納、猶御注意有之候様致度候。此等は御親父公御諒知之事に候間、申越候に及はす事と存候得共、乍序申遣候。
余は後便と申残候。あら〳〵目出度申納候也。
晩翠
中十一月五日
お貞との人々御中

14　明治5年11月12日

〔封筒表〕東京芝愛宕丁二丁目　於竜動府　吉田貞との無異
平信　清成より
Mrs. T. K. Yoshida
Shiba Tokei
Care S. W. Williams, Esqr. Japan Finance Department
〔封筒裏〕酉第二月廿日到来　但ウリアムス持参
尚々、学問琴之稽古出精、亦英語も相始り候段、於拙者大慶存候。猶不怠〔カ〕出精有之候様祈存候。今度拙者之留主は修行事に取りては至極之美事と存候。歳月不待人と云諺もあり、十七八九廿迄にいたし候修行事に無之〔ママ〕何も其功相少く候間、精々寸陰を惜み勉強可有之候。勿論拙者帰朝にも相成候上は、隙も相減し可申は云も更なり、修行心も依て相撓み可申に付、帰朝迄之修行事と思ひ極め、極々勉強被致度存候。右は仮初之諫言にも無之、能く々々御汲受可被成候。世の日々に開化之域に至るを見ては、人々尚その心を用ひ、学問を得且つ余の慈にも相違し候様無之候ては、老ての後、心に悔《く》ひ、人に対して愧つとも兎角無益に帰し候間、呉々も拙者之忠言相忘れす、相勉被下やう幾重〳〵にも祈存候。不悪様汲取可被玉候也。目出度申候。
晩翠
貞とのへ

壬申九月十九日付之書状、御親父様より一封、彦三郎〔岡田〕日誌、南へ壱封、小谷え二封、正に落手いたし、先以無事消光被致居候段、拙生におひて至極安堵いたし候。当月六日に一書差出置候。付ては此壱封相達候時分、早相届居可申と存候。委細之事情は其内へ申遣置候間、万端御承知可被成候。拙者にも幸之事には、出立以来至極元気にて、一日とても引入り候程之事も無之、崙敦は気候不宜所故、冬に打向き候時は、以前には毎も少々不快を生し候処、今度之滞留には未た其催しも無之、当分当地は深かすみがちにて不順之時候のみに候処、是にも感し不申、極て壮健に罷在候間、些之御懸念被成ましく候。其方より被差送候品々、米郵船会社のカピテンヒルプスには当分夫婦列にて当地逗留、幸之折から右品々差賜候処、厚く礼共有之候。大鳥〔圭介〕氏家内之事共委細御申越、致領承候。鏡之儀共被申越、必土産可致と存候。御待居可被給候。上野〔景範〕にも近々出立之様子申越され、同人嘸多幸と思ひ候半と遠察いたし候。何れ妻君も同道可有之と存候。時々見舞可被成候。又彼にも男子目出度出生相成、重畳大慶存候。此節は跡越に可相成歟と存候。態と一書をも差出さす候。若、未出立不相成事共に候へは、宜く可被申伝候。今度之派出には必奥さん御同航有之候様御進め被申候様祈存候。長き旅之空に妻子召列れす程不自由なるものは無之、今度之旅中にすつかり発明いたし候。併後悔前にたゝすとの諺にて、後日之含に相成候。御推察可被玉候。もふ此後は、たとへ三十日之旅にても必同行之含に候間、左様御承知可被成候。

拙者重務も近日好都合に追々相趣き候付、先度も申遣候通、残梅之頃迄には帰朝可相成と存候。必す横浜迄迎に参られ候様いたし度候。御親父公より被仰越たる家屋敷之云々に付て、先度申遣置候には、何も同公御存慮に任せ度存居候段、疾く御承知之事と存候。何れ帰朝之時分迄はしつかり維持いたし候様いたし度候。たとへ政府之命といへとも、一端買入たる地所之事故、無理に御買上けなとゝ云事なれは、拙者におひては至極不同意に候間、中々払渡申間布格護に候間、可成丈は拙者帰朝相待候様有之度候。可相成は山手之方にて眺望之宜き且つ弁理之ある方にと存候。何分火事に遠かりたる地を欲するなり、或は上野辺にてもよろしく候。浜町之辺も少し火之患あらん歟、向嶋之方は少々不弁、深川は水難を不免、浅布〔ママ〕之方はちと田舎に過き、霞ケ関辺は兵隊陣屋に近過き、バッパ〔ママ〕の音声いやなればなり。麹町は余り賞翫せす、墎内は不欲、先つ芝近隣可なり。当分之地所は往々〔ゆくゆく〕東京之真中と可成之地にて、最好弁之場所なり。故に先つ居すわり之方を欲し候なり。乍併、官より御取入に相成りたるものにして、高輪辺にて広大之地所御引渡と歟申事に候得は、直段によつては交易しても可然と存候。早彼近隣寸地も相対売買は有之間敷と被存候。少々遠かれとも御殿山先き辺にて広き地面にて、眺望よき場所有之候へは借銭しても可なり。買入れ可被置候なり。

馬は西洋風之ダリ〔ママ〕足とて一風之乗様あり。

野田に命して其方へ注意いたし呉候様可被致候なり。

彦三郎之日誌は面白く候。今少々委しく有之候得は、猶面白みも十倍すべし○小谷其外へ之書状は米国生徒ならは彼国弁務使に出し、英生徒なれば英弁務館へ達し候様致し、生の面働且つ日限之後れ旁不益千万に候。品物は何も御贈り不被成候様存候。箱類は猶更之事なり。

直下に手紙を差出す折には左之通相認候へは可なり。

たとへ拙者帰朝後といへとも直に差返し可申候。

H. E. Shogoi, Yoshida Kiyonari 〔スタンプ〕
Care of the Oriental Bank Corporation
Threadneedle Street
(England)　London E. C.

ウリアムスえ托し候方一番丈夫に候。

時として同人方へも見舞共遣し候様存候。弟之ウリアムスには拙者へ随従、大に御用立、幸之事に候。

大使一統も当月六日出足、巴利斯〔パリ〕へ出張に相極候次第に候。惣体之引取は来年一杯と見込候て可然被存候。

拙者帰朝は時候も宜しく候間、印道海幷同地を経て帰国と粗相極め置候。

当分は大抵は毎日程用向に付、市中《city》龍動府の真中を云なり拙者居住のホテルより西里にして三里余あり迄出掛候次第に候○近来当地に有之候バンク破店いたし、勿論日本人は大抵大小之預金有之候処、右之通之事にて、一時大に皆共差支へ、止事を不得政府之金より七万円余貸渡相成候次第に候。日本人之損亡悉皆併せて拾弐万円程にも可相及と存候。岩公〔具視〕・大久保〔利通〕・木戸〔孝允〕・山口〔尚芳〕其外書記官共にも多分の損亡有之候。併し右は秘事にいたし候方可然と存候。其外諸生等悉く大小之損亡有之候。
右あら〳〵御報旁一左右まで。唯々取急き候折から前後不同之書法御推読可有之候。猶近日可申越候。かしく々々々。
申十一月十二日朝出す　晩翠　崙敦府
吉田貞とのへ
御親父様始皆様へ別段不差出候間、其方より可致〔ママ〕御申伝可被玉候也。折角時候皆様御厭有之候様祈存候。其方にも保養専一之事と存候。
〔注〕封筒表に「SPECIAL JAPANESE COMMISSION」と印刷あり。

15　明治5年11月17日

〔封筒表〕東京　芝愛宕町弐丁目　英竜動より　吉田清成宅へ平信　同人より　由利知事殿へ托す
〔封筒裏〕外に紙包弐つ相添　酉第二月一日到来　大日本東京芝愛宕町弐丁目　英府崙動より
〔朱筆〕故東京府知事由利公正殿、明朝当地出立帰朝之筈とて、今朝暇乞に来り被呉、何でも差遣度もの有之候得は持参可致との段親切被申聞候付、即同人え相託、外封弐つ壱ッ大中写真四十五入、外は小形写真六十三種入為気慰にもと不取敢差遣候間、御笑納可被玉候。外に差遣度ものも多々有之候得共、余り大に過き候付、帰朝之折と差扣候。当月十弐日にも差立候封書状、此書相達候頃は、疾く相達居可申と存、其後何も珍事無之候儘、此節は幸便に任せ唯々一左右迄に候。自ら由利殿にも直々参り呉られ候様可申入候間、同人より直左右共御聞取給り、御安心可被成候。御用向も日々都合能く相成、必来年二月中には帰国之都合可相成と存候。夫までは御待居可被玉候。御親父様御始、皆様へ宣敷御申伝可被玉候。特命全権大副使も昨朝仏国へ被差立候。当国滞在中之都合ハ至て宜布、御互に仕合之至に候。皆今度之長旅には心之にしき得られた事歟と存候。能土産に相成べくと今より喜ひ居候事に候。唯々急きにまかせ不尽候　穴賢
申十一月十七日夕　清成花押
吉田貞との人々御中

16　明治(6)年1月17日

〔欄外〕洋文にて公布いたし候文を封込候間、左太郎様へ可被遣候。

先度東京府御知事由利公正殿へ相頼。数多の写真等差送候。請取被成候哉。

第一月十七日出す　於崙敦《ロンドン》

客歳十月十五日廿二日之書状悉皆相達し披閲、何れも御異条なく被為在、其方にも丈夫之由大慶此上なく存候。陳は、拙者にも不相替壮健相勉居候間、御安心可被成候。拙者主務之公債も当十四日発行いたし、最早九百万封度《ポンド》凡五千万円程即ち日本一ケ年之歳入と斉し余り之高に至るまで願人有之候得共、其内凡一千万円程借入候積に候。最早百に付て二三円之打金にて取引有之、近来稀之大出来と申風聞に有之候。*利足は七朱なり。弐拾五ケ年にて年賦償却之方法なり。この大出来と云も何も拙者之功にあらす。御邦之名誉日々月々昇進するを以てなり。御国家之御為無此上事、御楽之珍幸之至に候。就ては不日万事首尾能相済可申候付、従今弐ケ月目には帰途に趣き候積に候間、第四月末五月始までには必帰国之心得に候。夫まて気長く御待居可被成候。功を奏し得すして帰るにあらす、充分成功之上帰る路なれは、たとへ一二ケ月後れ候ても何の悔ゆる事歟あらん。其方にも其心得にて折角修行事肝要と存候。拙者帰朝之上は、稽古事は十分之一も難出来候間、当五月迄に万事稽古事は終ると思ひつめ一層《ひときわ》勉強可有之候。書状被遣候度ことに少々宛稽古事進み、手も揚り居り、悦喜此事に候。芝居事とは月に一度歟両度位つゝは被参候ても可なり。慰事無之しては又稽古事も不進、且つ散歩等は極々肝要之事なり。父上様より御申越之内、御進退云々、且つ河村方へ一書認候様との事共、委詳致承知候得共、河村殿は派出之報あり、且つ懸て之事なれは、充分難レ尽、不及力候間、何れとも御自身之御尽力にあらざれは事なりかたしと存候。更に他人之事なれは如何様とも御尽力之道は有之候得共、かゝる続きに相成候上からは、進退等之事に余り関係いたし候はちと本意に悖り候間、此段幾重にも不悪御申上可被成候。心中には不快千万に候共不得止事、何れ御賢慮次第に被成候様いたし度奉存候。大隈〔重信〕殿か又は井上〔馨〕殿かえ御直に御相談被成候て、何も不都合は有之ましくと存候。拙者在朝なれは何も都合能く可相成候へ共、懸隔之地不及力、御察可被下候。屋敷等之儀は委細承知したりけれ共、先度も申越置候通、先つ同所へ居すわり候心組に候間、左様御承知可被成候。併下屋敷は御殿山之先之辺へ壱つ相需め置度候間、可相成は御探索被下候様御親父様へ御願申上候。

当月九日チズルハースト当府近邑なりにおひて三代奈波連翁《ナポレオン》仏の旧帝石痳之為に卒す、葬送は一昨十五日なり。拙者も彼地に到れり。数多之見物人はありたれ共、誠に微々たる形状なり。嗚呼、従是二年以前にも終せしたらは幾許か之名誉も倍せんに、天命難補人知の及ふ所にあらされは不得止、如何《いかん》せん、噫乎《あゝ》

〇当年は当国一般稀に暖にして、冬はしらすと云ても可なり。雪も霜も未た見へす、御国は今頃は余程寒き筈と存候。丁度思ひ出し候。昨冬は難波におひて夫々余程寒き目に逢たるに、今年は又引かへて寒気には逢はねとも、夫丈嘻しき事もなし。なんぶさむくてもあつくても、一緒《しよ》に喰《たべ》ひ一緒に飲み《すゝり》生活《せゐかつ》をともにする程楽しきものはなしと思ひきわめ候。御笑察可被成候。拙者帰朝之日限は、電信を以、前かと可申遣候間、井上殿か又は渋沢〔栄一〕殿へ御尋被成候得は、直に相分り可申候。其節は横浜迄返す〳〵も御出迎可被成候。色々申遣度義は海山あれ共、先は今度は是にて筆をとゝめ侍りぬ。穴賢々々

第正月十七日午後　　晩翠

吉田お貞との人々御中

皆様へ宣く御申可被成候。折角時候相厭ひ可被申候也。

〔注〕＊欄外に「是等之事は其方には解しがたけれは、御親父様之助けを乞ふて読み玉ふべし」とあり。

17　明治6年2月8日

〔封筒表〕大島少丞宅状は封入る　東京芝大蔵少輔吉田清成
宅へ平信　於竜動　同人より
Mrs. K. Yoshida
Care H. E. K. Enoye

任幸便一筆申進候。厳寒之砌に候処、父上様御始其方にも無異消光之段、客歳十一月五日、同廿三日附之書翰にて詳悉いたし、安心此事に候。拙者にも至極無異相務居、幸御放慮可被下候。公務之事件も過半は相片付候得共、未た何頃出般〔ママ〕と云事は難申遣、気長く御待居可被下候。

寺島〔宗則〕氏にも毎度取会、去る六日は議事院之開業にて同道罷越候。当廿七日には女帝謁見之積に候○家之儀は先度より暫々〔ママ〕申越置候通、帰朝迄は見合之積に候。井〔馨〕上大輔にも見舞之由、此方より見舞被成候て可然と存候。

大隈〔重信〕・山尾〔庸造〕之両士、西国辺へ廻国之由に相見得候。妻君へも宜く可被申入候。

昨今少々雪も見得候得共、さまての寒気も催さす仕合之至に候。

当時は大に事務多忙にて心労不少候。拙者之主務は全体一人にて責任を有し候義なれは、殊に念を入されはならぬ事にて、日限も夫故相増し候情実なきにしもあらす、御憐察可被下候。帰朝之期限取極候上は、電信を可差遣候間、直に大蔵省え可被申越呉と存候。

先月十七日に大原〔令之助〕〔吉原重俊〕士出般〔ママ〕相成候付、最早此一簡相達候頃は直左右共聞取居らるべしと存候。其便サンゴシ差送置候間、賞翫被致候哉否承度候。今一度は手紙被差出候節写真可被遣候。出立は四月末五月始と可相成と是のみ苦心に候。夫迄は気長く待居らるべく候。

同列中皆壮健に候。

寺島さんにも英着以来至極壮健になられ、横浜辺之新聞に見へしは全く虚説に候。

先は一左右迄かくのことく候也。穴賢々々

西二月八日灯下　晩翠

お貞との人々御中

皆様へよろしく可被申上候。

18　明治6年2月21日

〔封筒表〕日本東京
吉田大蔵少輔留主宅え　平信　同人より　Mrs. K. 竜動〔欠〕
Yoshida Tokei
〔封筒裏〕大島少丞宅状在中　第二月廿一日発す　四月十三日到来

任幸便一筆申進候。追々春暖之砌と相成候処、其方にも無異消光之筈大賀々々。然は拙者帰　朝之期も凡相極り当五月中旬迄には当地発足之儀出来可申と存候。左候へは米地を経て帰路大凡六拾日と見込候得は、七月中旬迄には帰　朝可致候間、御安心可被玉候。此度之旅は格護之外長引き、千苦万辛難尽筆頭御察可被玉候。もふ是よりは延引致すましく候間安心々々々々。帰朝候得は其方も寸暇なくなるべけれは、先度も厚く申越置候通、万稽古事は其折迄と憤発して勉強有之候様呉々も祈居候。帰朝之上、其方之服も西洋風に変候積にて、右服類より百種之器物且つ玉類其外品々買需方最中に候。喜んて御待居可被成候也。大抵当七月廿二三日には横浜着船之含に候。
寺島〔宗則〕さんも極壮健也。是も大抵同時頃帰朝之都合と可相成存候。本野〔盛亨〕も着に相成り、其方之直左右共承り致安心候。大使節は当分ベルギーにあり近く荷蘭佗〔オランダ〕に趣かれ候筈なり。此一列も当冬之帰朝なるべし。岩公〔具視〕・大久保〔利通〕さん・木戸〔孝允〕さんなとの難儀は拙者に比すれは遥に勝れり。是等之事共思ひ出し時々憤発し、不仁之仁情を退散して往昔《ムカシノ》烈《ぎりな》女貞《よき》女之例共思ひ出して鬱《うつ》気共散し候様いたしたく候。当欧におひて別事なけれ共、先日イスパニヤ之王是は一昨年イタリヤより養子に参りたる人辞職して跡は再ひ共和政治之国と変したり。欧諸州之変動は誠に目を驚すに足れり。
無事之一左右迄あら〳〵申進候也。已上
酉第二月廿一日　晩翠
吉田お貞との人々御中
二伸　父上様御始皆様へ宜敷御申上可被成候也。
〔欄外〕Alexandra Hotel

London I. W. Feb 21 1873

19　明治6年3月7日

〔封筒表〕東京　吉田大蔵少輔宅ぇ　平信　英国滞在　同人
より　For Mrs K. Yoshida care K. Enouye Esq.
〔封筒裏〕〔朱筆〕酉四月廿七日午時大蔵省より到来

其後は何も新報は無之候へ共、幸便故一筆申進候。拙者発足はいよ〳〵当六月始と可相成、然れは当年七月中旬迄には必帰朝之事と存候。夫迄気ながく御待居可被成候。

何も新説申遣すほとのかと〔廉〕無之候。昨今深雪眺望いかにも故郷の景に斉しく、猶も思ひをまさしむる之心地して、寄雪羈旅恋と云題にて狂歌をつらね候事、笑吟あらは幸甚ならん。

〽おやみなくあらわれてけさふる雪の
　つもるにまさる恋もするかな

又夢にもかなと思ふて

〽うは玉の夜半の夢さへたのみかな
　わか恋《こ》ふ人に逢やすらめと

なと〻狂歌共つらねて思ひをのへる事も御笑察被成かし。

古今集之歌に少く赤懐をのへたるあり。吟し玉ふべし。

　思ひいて〻恋しき時は初雁の
　　なきてわたると人はしらすや

又

　冬くれは雲の撫手《むたて》に物そ思ふ
　　天《あま》川空なり人を恋《と》ふとて

天川空なるとは遠き模様をいふたものぞ。雲のむたてとは数多きをのへたり

何も無事穴賢々々

三月七日出す　　晩翠

お貞との人々御中

20　明治(6)年3月14日

尚々、〔吉田〕慶蔵も無異学業昇進之由、御安心可被下候。

別紙壱通は邸前毛利従五位方へ早々相届候様可被
取計候也。

明十五日吾か親しく交るもの丶英商〔カ〕、横浜にて七十三番にて栄〔ママ〕業致居候ホッドソン。〔ママ〕マルコム社中之番頭なるギルビー氏出立之趣注進ありて、幸便と思ひ一筆申進候。爾後いよ〳〵無事消光被致居候半と、大幸之事に候。先日井上〔馨〕・渋沢〔栄一〕よりも書状到来其方等も至極無事之由を報し安堵いたし候。十月廿二日後は音信無之候付、ちと不安を抱き居候処、右之報知有之候故先つ安心はいたし候得共、何故其後は一左右も無之候哉と多少配慮せさるを得す。先度より婁〔屢カ〕々書状差出し置候付、夫々着手候半と存候。拙者は至極之無事従事いたし居、当七月迄には帰着之都合に可至と存候間、左様御安心可被成候。

此内より承置候品々、此幸便に托し差進候間、帰朝迄之間は是等にて御□〔虫損〕可被給候。

即左に

第一番より拾番迄

三番は写真を入れんとせしにガラスを割り候
付、後便に可差遣と差扣へ候。

右は夫々羽書いたし置候間、右にて明瞭に相分り候半と存候。ウキ〔ママ〕アムスより送り候指輪は殊更大切被致候様存候。余程上品之ものに候。あまり他にさわがしく言ひ伝ふるにたらすと存候〇疑ふらくはホッドソン氏よりも何歟其方へ贈物有之候哉に難計と存候。若も左様に候は丶、拙者帰朝までは預り置べくとの段を申入れ置かるべく候。猥に請取さる方を良とす。是等は其方慮見も可有之事なれ共為念申進置候也。

時計は今便可差進と存居候処、昨今少しくくるひ、直しに遣し置候。是は鑑等と一緒に拙者帰朝之折にいたすべく候。尤、服等も同断持参いたすべく相含居候。

爾後さまて相かわり候儀もなかれど、近日英政府之役人物替り之積にて女帝も同意いたし、他之人々役につき候つもりに候。是等は帰朝之上篤と弁解せねば其方等は相分申間布と態と相略候。稽古事は返す〳〵も勉励有之候様呉々も祈存候。先は無事之一左右かつ品々

吉田　貞

差遣度、及染筆候也。謹言

三月十四日灯下

晩翠より

お貞との人々中

二伸　皆々様へ宜く御伝声可被下候。

21　明治(6)年4月4日

〔封筒表〕東京芝愛宕丁二丁目　吉田大蔵少輔留主宅へ平信

崙敦　同人より

〔封筒裏〕五月廿二日

頃日は一書も不参候故、家内中皆無事に候哉否も難分甚た懸念致居候処、井上〔馨〕・渋沢〔栄一〕より一月廿二日付之書状参り無異之由、其後尚弥無異消光之筈と存候。拙生は大に無事にて相励居候。御安堵相成候。此節大久保〔利通〕さんにも帰朝之命ありて当十三日出船之筈、其折にも亦何に歟差遣し候様致度存候。先便差遣候諸飾類は相達候哉。横浜七十三番マルコム社中へ聞合可被申候。寺島〔宗則〕さんも至極無事、左様御伝へ可被成候。当夏中には帰途に趣き候積に相見得候。拙者弥七月一日之船にて同月廿三四日迄には必横浜着之都合と可相成候間、左様御承知可被成候。

先は無事の吉左右迄あら〳〵如此候也。已上

四月四日　清成

お貞との人々御中

追啓　皆様へ可然御伝へ可被玉候也。

22　明治(6)年4月11日

〔封筒表〕東京　吉田貞との　平信　大久保殿へ托す

仏リヨンより　清成

〔封筒裏〕第四月十一日　〔他筆〕五月廿九日

〔印刷〕Gd HOTEL DE L'EUROPE LYON

任幸便、一筆申参せ候。爾後弥無事被相営候半と珍重此事に存候。拙者例之通無異安心にて此節大久保さん御立に付、仏のリオン迄見送致し、幸便故西洋風の衣服を拵へん為、極上等之絹弐疋と黒天西洋風羽織用並先度之便相後れ候襖〔カ〕之錦は、御写真入差送候間、御請取可被成候。右服は大久保〔利通〕さん自ら御世話にて御調へ被下との事也。極上等之西洋服相拵へ、拙者帰着之時

分、横浜迄其服にて出迎へ有之候かしと相祈候。外急きに任せ不尽、一左右迄如此候也。かしく

晩翠

お貞との人々御中

〔注〕「Gd HOTEL DE L'EUROPE CREPAUX AINÈ LYON」と印刷の用箋。

23　明治(6)年4月11日

〔封筒表〕Via Marseilles For Mrs Yoshida Kiyonari S. N. Williams Finance Department of Japan Tokei. Japan.

〔封筒裏〕〔異筆〕大蔵省ウイルリアム

今朝取急き一書差遣置候。大久保〔利通〕大蔵卿殿より夫々相達し可被下と存候間、左様御承知可被成候。今便同人え頼み絹弐疋黒色壱疋茶色壱疋、黒天壱丈六尺程、幷首之飾壱つ、写真弐つ入差進候間、夫々笑納可有之と存候。衣服之儀は今朝之一書中、大久保さん御世話にて拵候方可有之ものゝ様申越置候へ共、追て拙者より女着物之雛型差遣候迄は相見合せ、必次便には無相違差遣候様可致候。右之絹は極て上等之品にて、殊に当地は世界第一之絹の銘所故、幸買入候次第に候。就ては再ひ右様之上品を日本或は英国などにて買入候儀は自由に難調候間、可相成は見苦敷着物を拵へ候〔は欠カ〕す、適当之物となし置度ものに候。含迄に申遣置候。

当許何も珍事無之、拙者主務も追々相片付、先便申越置候通、必当七月廿日頃迄には帰着可致候間、左様御承知可被成候。此内より縷々申進候通、稽古事は其節迄と思込、必無懈怠勤励可有之、拙者帰朝之上は何も事急敷相成べく、稽古事も六ヶ敷相成候儀は勿論之事と存候間、此段再ひ申入置候。御親父様其他不残、可然御伝声可被成候。始終多忙難投、何も不任心頭、書状相認候儀も緩々不相叶、何れ近々帰朝之上に可申承と絶て一書も不差出次第に候間、左様御申可被成候。先はあら〳〵如此候也。不具

四月十一日灯下に認　晩翠

吉田お貞との無事平信

吉田　貞

24　明治(6)年4月25日

〔封筒表〕東京芝　吉田大蔵少輔留主宅へ平信　嵜敦より
清成より　Mrs K. Yoshida Tokei Japan
〔封筒裏〕六月十四日

態々令啓上候。爾後絶て一左右を不得候得共いよ〱無事に相暮被居候半と大幸に存候。拙者至極無事従事いたし居、懸念に不及候。此内はちと風邪に被犯候得共、直に全快いたし候まゝ安堵可有之候。拙者出立は六月初旬迄と相含居候間、御待居可被玉候。少々見込之訳有之候付、拙者月給は不相請取、帰朝迄之間相待居可被申候。乍併、最早既に相請取候分は夫形にて差支無之候得共、跡之分は申請方無之方と存候。帰朝の時分は種々之買物共有之候付、旁見込も相付居候次第に候。

先日当月十三日大久保〔利通〕卿殿当欧発足之節、其方着物用として絹二疋と天黒少々差送置候、夫々落手相成候筈と存候。余は後便に申残候。

急きに任せ荒々不備

第四月廿五日　　清成

お貞との御中

皆様へ宜く被仰上可被玉候也。

25　明治(7)年8月3日

〔封筒表〕東京芝愛宕町二丁目六番地　吉田大蔵少輔宅え
平安　阪地にて　吉田清成より
〔封筒裏〕七月廿六日発す

尚々、時候がらに候へは折角保養可被致候。

去月廿七日之一書相達、致披見候処、愈御障なくくらし居られ候由、大慶之事に存候。拙者着後両三日は風邪気分にて引入居候処、最早全快いたし何も御懸念被成ましく候。

扨、唯今慶蔵〔鮫島〕より一書来り披見いたし候処、左之文言あり。

御家内とあまりめんどふな事のみ多く有之、東京に滞在いたし度無之候間、急々帰県いたし度、就ては何分御一左右奉待と云々

英文にて申来候。

何様之六ヶ敷事到来候歟不存候へ共、定て例のじやけんなるべしと存申候。瑣々たる事よりして帰県するやうの事有之候ては甚心外に存候まゝ、留主中之処は可相成丁寧にもてなし、余り曲尺《カネ》をあてずにして被置度候。廿日頃には必す爰元出立、帰東京之心組に御座候間、夫迄之処家中無事平穏に消光相成候様頼存候。あまり粗暴を極め手に余り候様之事も候へは、得能〔良介〕・上〔景範〕のなとへ頼み、何も穏かに相成候様精々可被尽力候。

右まて急き匆々申入候也。穴賢

八月三日　　清成

お貞との人々御中

二白　別紙慶蔵え相届候様可被取計候。此書中委しく諭示《サトシ》遣候間、拙者帰京まては兎に角に相待候様可有之と存候。

26　明治7年8月14日

〔封筒表〕東京芝愛宕丁二丁目六番地　吉田大蔵少輔宅え

平信　在阪同人より

〔封筒裏〕八月十四日発す造幣寮より
〔朱書〕別配達

八月三日付を以細々被申越候趣、逸々致承知、其後無異消光之段多幸に存候。小生至極壮健、此度之御用向は海外行之折之事務とは雲泥之差にて最早万端調整致し、石丸〔安世〕権頭之着を待、事務為引継候上にて、迅速陸路赴帰途候心組に御坐候。尤、同人義は昨十三日郵便船出立之由電報も参候故、明日中には着阪可有之と存候。左候て明晩は例年之通式にて、貨幣試験首尾能相済是は当日取行候事候税〔積カ〕にて夕飯を御雇洋人達へ進め候積なれば、石丸も着し、当日旁都合もよろしく万事速かに相運ひ可申存候へは、当十七日まて当地出立、京へ一泊、夫より大急にて人力車を通し、五日目位には容易く帰京之見込に候。尤静岡辺より一電信を通し、何字東京着之事まても申入候心組に候間、左様御待居可被給候。

此般大久保〔利通〕殿にも支那行、度々難場之役、苦労之事とは存候得共、外にひとなき故にや、不得止事仕合に候。尤、神戸迄出迎へ、一日取会其地之近状共逸々承り候。拙者年来之本懐なる米国行も、稍々被行之機会に相成候様被考候。大久保氏とも充分談し置候。此節はどふにか被行さふに想像いたし居候。左も候へは、当九月中には派出之事にいたし度企望候。他は面晤にあらされは難尽、帰京を待ち玉ふべく候。

五代〔友厚〕とも度々取会候。家内中も無異也、御放意可被成候。馬之義は岩崎氏へ被遣候由、是亦詳了いたし候。

帰着之時分は庭も稍々整頓し、畠之野菜類も生長せんと楽み居候。

他何も可申遣用向も無之、帰館之上と申残候。

匆々不尽

八月十四日　清成

お貞との人々

再伸　皆々様へ可然御致声頼存候。左太郎様は混て御滞留被下候事と存候。御苦労之至に存候間、是亦別て御礼可被申述候也。

27　明治(9)年4月24日

〔封筒表〕Imperial Japanese Commission 1876—Philadelphia〔以上印刷〕
Madam Yoshida
Japanese Legation Washington D. C.

鳥渡申入候。明朝までには帰府可致つもりに候処、彼是之用向も有之たま〳〵参り候事故、明日までは滞在致べく候間、左様御承知可被成候。帰り之時分は能きみやけ共持帰り可申、御待入被下度候。何分にも無事御くらし被成候やう祈居候○西郷〔隆盛〕さんにも元気、日々同宿ゆへゆかひの噺のみにて面白き事共御坐候。御察被下度候。定めし日本より今頃は手状参り候事と存候。無事を祈る事也○ミスサリーえも宜く御申入有之度候。

市来さんへも同断、折角御修業被成候様相望候○こゝに参り候後不思寄知己多人数参り居、日々面談等多く、こまり申候○会場之用意は出来かね可申、しかし日本之分は九分通り相整居候故、多幸之事に候。

毎日日本料理にて大に気に参り候。御察可被下候。何
も帰府之上委細は可申入と書残候。頓首
四月廿四日　晩翠
お貞との人々御中
お半さまへ宜しく

28　明治(16カ)年1月2日

今日も終日運動いたし、食事も益相すゝみ仕合に存
候。
昨日の手紙は客来後（十一時過）相認候間よめ候哉、覚
束なく存候。
毎日一筆たり共よろしくさし出すべく候。今日も手紙
と新聞紙参り候事と存居候処、さなく候ゆへ、おもし
ろからす存候。執事等へ云ひ付、是非新聞紙は不〔ママ〕急様
可被差送候。
黒田氏より貰《モライ》候完の足と熱海細工の遊ひ道具、子共〔ママ〕へ
少々、盆《ボン》其外一二、草道お沢へと差遣候。五日には相
達可申候間、夫々配分可被致候。宍《シヽ》は草道と松田の仲
間に配分可致、昨今当地も余ほと人勢相増し賑々敷事
に候。
オカチンハ、タント子共ノ、ムシノドク。
ユダンヲスルト。ムシガフエルゾ。
あら〳〵かしく
一月二日　頑翁
貞との人々
追伸　湯地○津田梅○柳谷《謙太郎》○などもわすれてはな
らぬぞ。手玉でもおくれよ。勇蔵〔吉田〕が参りたら草道
より電報をよこせ。

29　明治(16カ)年1月5日

於熱海一月五日
草道并雄蔵、本日午後一字頃安着いたし候。折がら拙
者は黒田〔清隆〕方へ朝より差越居、迎ひを受け旅宿へ帰り、
勇蔵は殊に久々振故満足の至、御察可被下候。黒田氏
より到来候鹿肉沢山有之、直様之れを田舎料理にいた
し、一杯を傾《カタム》け候次第に候。

吉田　貞

其方二日付之手紙は今夕やうやく相達致披見、尤直左右も有之候故大ひに安神いたし候。拙者は日増に快気に赴き、このもやうにては不遠帰府可致と存候。運動ほと良薬は無之と存候。尤、松下清泉其功能実に大なり。多分明一日中は両人共当地滞留、明後日出立、八日午後帰京と存候。模様により候得は、拙者帰るべく存候。鳥は沢山とれ候得共、料理方面働〔ママ〕ゆへ、皆友人へ打遣り候。毎日一筆つゝ可被差遣候。草々かしく

一月五日灯下　猊翁

貞との其他へ

要件

追て、別紙の通ミスパークスより一書其方名あてにて参り候処、取次の処にて直に草道へ渡し候由にて、今日披見いたし候。右は「今日（五日）午後四時より七時迄に子共を列れて御出被成度奉待候云々なり」。右式《シキ》にて行ちがひ相成候に付ては、この手紙相届次第、文と清とを差列、見舞して同人等の好意《コウイ》も取次人等の不心得にて甚た気の毒なる趣申入置べし。

右の序に井上方へも年首に出候ては如何。

30　明治(16)年7月20日

家内中一統無事の筈、欣喜此事と存申候。拙者にも本日午前第拾一時比当港着候処、目今宜便無之、廿三四日には鹿地へ直乗之汽船有之積りに付、右へ乗込み之積り決心、其内は大坂辺え差越心組に候間、左様納心可被給候。且留主中子共怪我等無之様、守子〔ママ〕共へ堅く可被申付、且亦本日岩倉公〔具視〕御死去に付電信を以申越置候通、法事手厚く供物等可被取計候。尤、松田・栗野抔え相談可被成候。岩公〔具視〕実に遺憾此事と存申候。拙にも此度は精々相急き、早目帰京之心組に有之候間、左様可被相心得候。森元之方へもよろしく御通声可被成候。先は当港着旁迄申進置候。余は追々巨細可申越候。目出度かしこ

七月廿日　清成

お貞との家内中

尚々、着港より客来に付一筆申越候間、左様可被相心得候。

31　明治（　）年1月3日

〔巻封〕吉田貞との　用事　清成

着物はぬまき〔ママ〕斗にては込り候。よき衣裳《しやう》は皆ぬれてあれば、早々ひと通のものを為持て被遣候。

昨夜申越候通、左太郎〔志村〕さまなり共、鳥渡人力にて御出で被下候得ば仕合の至に候。無左候へは手紙にて難書尽候間、其方にも懸念可有之と存候まゝ、一刻も早目に御いで被下候やう御申し可被成候。約速〔ママ〕の通井上〔馨〕さんなとも直に参上のはすなれは、帰宅いたし候て又々出立候いとま無之候間、之より直に船にて鳥打に差越積〔カ〕に候。其方も被参候て宜布候。気分よけれは必早々おいて可被下候。左太郎さんも御いで被成候て宜布御坐候。舟も二艘《さふ》とゝのへ置き候間、ちつとも差支は無之候。衣裳は返す〳〵も早々可被遣候。匆々用事迄、かしく

吉田　貞

一月三日　　清成

お貞とのへ人々

追啓　鉄砲の玉は大形小形共沢山為御持可被下候。あの例の波袋にいれて御遣し可被成候〔カ〕なり。しやつ等もぬれ候間、外に為御持可被成候。づきんも同断に候。

32　明治（　）年3月9日

三月九日午後四時前、宇佐美村杉山半三郎方認。

遠藤君の旅宿へも一寸相通置可被下候。

昨日も今日も猟獲は沢山ありつれとも。今日は雨天、殊に風も悪く、舟を出し候義不相叶との事故、一泊いたし、明日午後には是非帰寓致候含に候。水鳥と兎と十余りも取得申候。子供は元気の筈に存候。今晩は唯今より伊東と云へる温泉場へ（当宇佐美より一里程）舟にて渡り、一泊のつもりに候。又明日も沢山の猟獲可有之と存候。草々

清成

お貞との人々御中

33　明治（　）年4月23日

〔巻封〕貞との　晩翠

さく夜は売茶亭にて一酔狂之後、狐亭より華頂宮殿下前田其外より呼に参り、不取敢参りて又々大杯を傾け、終に熟眠におちゐり、その方のひとり留主番して居るも思はすして泊りたるは、今更申わけなし。平にゆるし玉ふべし。今日はこれより直に出勤致し帰宅の積なり。左様御諒〔カ〕知可被成候。草々

四月廿三日

34　明治（　）年6月19日

〔巻封〕吉田氏奥へ　要用　晩より

さく晩は無拠用向有之、脇へ迫り会議有之、帰りに両三人同行狐亭え立寄り、終に遅刻《ちこく》相成一泊《はく》いたし候。夜明まて為御待申候義、心外の事共に候。唯今是より直に出省いたし候間、御用書付入のふくろ其外、他より書状でも参り居候へは早々省へ御遣し可被成候。何も昼後帰宅面会の上可申入候。

六月十九日　　晩翠

お貞とのへ人々

35　明治（　）年9月27日

〔封筒表〕Mrs Yoshida Kiyonari
Japanese Legation 926 Scott. Place Washington
D. C

〔封筒裏〕八月十三日付の一箱　九月廿八日相届候

吉田さんへ手状は請取ましたと御申可被成候。

Trans-Continental Hotel

昨夕七字着、馬車をやとひ入候に、少しは手間とれ候得共これも間なくと〔ママ〕なひに付、早々このホテルへ参り四階《カイ》の客の少き部屋をやうやく取り、まこと不満足に候へ共ひとりに候まゝ別段《ベツダン》の苦情《クジャウ》は無之候。昨夜は夫より西郷〔従道〕氏之旅寓《リヨグウ》へ到《イタリ》り玉つきいたし候処、二番共拙者勝利《シャウリ》を得候。其後塩《シオ》田〔三郎〕と碁を始候処、これも二番ともに勝利を得申候。このあんばひにては敵は有之ましく存候。今日関沢〔孝三郎〕と四目にて始め候筈に候。当地大

勢之入りにて、恰《アタカ》も浅草の前之込みよりも今一層《ソウ》込み之やう相見得候。よい御みやども持てかへるから、なかずに待て居よ、ぼふやん。穴賢

九月廿七日　清成

貞との人々中

36　明治(　)年10月23日

尚々、うなきを唯今やかせおり候間、直吉をとりに遣し可申候。

狐亭へ一泊致候間、用事あらは此方え可被申越候。手紙にても参候へは、早々為御持可被成候。以上

十月廿三日　清成

お貞との

37　明治(　)年12月6日

昨夜はふと及熟酔、源川佐賀町壱丁目へ泊り、今朝直様登省いたし候間、左様御承知可被成候。昨日より相催置候通、両三人の小共参候筈に候間、二字頃までに万端御とゝのへおき被成候様いたし度存候。尤、客来は誠に朋友間にして、何もかまひはなき人達なれとも、凡五六人の心組相備置可被成候。何も万端可然御取計可有之候也。かしく

十二月六日　清成より

お貞とのへ

38　明治(　)年(　)月26日

邸宅表の方解家にて可売却分は、先日御見合せ可被成候。何分追て可申遣候。

庭の義は可成入費不相嵩様注意可有之候。

馬の義は望み手あれは早く可売却もの也。

早く一左右あるべし。

以上

廿六日　清成

貞とのへ

39　明治(　)年(　)月31日

小礼服幷ショルツ其外一切取揃早々外務省迄為持可被
被給候　本日は七時より山かた〔有朋〕氏招にて晩餐也。内の
事万たんよろしく取計置可被給候。早々

卅一日　　清成

貞との

尚々、しやうはひ〔角力の勝敗カ〕は付けて遣すべし。

三〇　吉田　貞・吉田清風

1　明治16年1月1日

於熱海

新年の吉慶申納候。相揃芽出度加年被致、万賀々々。
拙者にも日々快方にて新年を此地に迎へたり。御安神
可被成候。早朝より黒田〔清隆〕・得能〔良介〕・花房〔義質〕・北沢其外来駕
にて、終日程入れ替り客来にて快談不少候。遠察可有
之候。
今日は真に晴天にて、気候も六十度位、衆人大喜に
候。
定めし東京も同断にて、子共朝より庭前に出てゝ羽を
つき候事、かゝみにかけて見ることくに有之候。拙者
は子共写真を友にして年取の式共致し候。笑察〳
〵。右は子共へも申聞可被成候。
今朝は四時頃より目覚《メザメ》候て、ちやうど日の出を久振《ぶり》大
海上に見申候。誠に快爽《クワイソウ》《コヽロヨク》ニ相覚候。之れより起上りて

年を送りとしを迎ふも
　大皇の御代安かれと祈りこそすれ

又

去年《コゾ》よりは《も》なを泰《やす》かれと新玉の
　年の始に祈《いの》る民草《タミグサ》

又

打渡《ウチワタ》す四方《ヨモ》のけしきもおのつから
　君か八千代の色をこめけり《ふくむらむ》〔右いづれにてもよろしからん〕

とよみ侍りぬ。右未たさだまらす候故、他人に聞せて
はよからす候。

先、年始の吉左右のみ如斯候。かしく

十六年一月一日　清成

貞殿

清風殿

其外皆々へ人々

尚々、志村様へ別段不差出候間、其方より可然御通知可被成候。

御祖母さまにも日に増御快方之事と遙賀《ヨウガ》之至に存候。宜敷御致声頼存候。

園田も帰り候由承知、草道さんへもこの手紙を見せてよろし。別段に不認候。夫故卅日の手紙は相達候。草道の分も同断。

松田へも別段不差立候間宜敷致声の事。

中村次郎が頻《シキ》りに心配して居たから、拙者日々快方の事を通知可被計。

右は松田さんへ頼候へは直に相達し可申候。

浅田〔徳則〕相見得候は同断。

たゞひとくち《ふで》にてもよろしく、まひにち子供の形勢申越べく候。

2　明治(16)年7月20日

岩倉〔具視〕公にも終に御養生不相叶、今晩誓〔逝〕去之由外務省より電報有之候。実に為邦家、痛悼無極被存候。乍然是れは天命にて、自ら同病にて不遠被相卒候事は、皆人之知る所にて候得共、いよ／＼御卒去と申せは実に此遠隔之地にありて遺憾に被存候。本日三度目にかけ候電信之通、夫々無遺漏御悔等使者を以、手厚く被取計候事と存候。

拙者にもいよ／＼被相卒候一電報を得候時は、帰京せばやと存候へ共、船便も無之、かつ帰り候とても間に逢候気遣ひは無之候事故、決意南下之事に取極め候次第に候。実に万事不愉快を極め候。御遠察可被給候。

七月廿日　清成

貞殿
清風殿

3　明治（16）年7月20日

於神戸港専崎弥五平方

一筆申入候。横浜を十八日五更過きに発し、船中無事、本日午前十一時半頃安着致し候。御安心可被成候。扨、松方大蔵卿には本日十二時発の汽船にて帰東京之筈承候故、直様面会致し候。中井・益田・加藤氏等も同船にて帰京の事に可有之候。本日電信三通差立候付、夫々取計被成候事と存候。いつれ明朝か明後廿二日早天出発、鹿府下向の筈に候。先つ一左右まて草々如此候。不一

七月廿日　清成

貞殿
清風殿

其外無事

尚々、当方は少々暑さ東京にまさり候様相覚候。子供一同息才〔ママ〕之事と致想像候。愛護無油断様頼存候。穴賢

4　明治（16）年7月28日

於鹿児嶋公園故郷尊庵

本月廿四日夜中十一時頃兵庫港を発し、宝瑞丸号に塔載、内海・豊後海・日向灘等を経、海上至極穏ニて、廿七日午前八時前の浜え投錨、直様上陸、但〔鮫島〕慶蔵其外迎として参り居候故、一同同道にて墓参共致し候て、草庵に到り候時分は十時頃にも候半、一家類中も参集居候て久し振の面会、嘻しきやらかなしひやら、何より話そふもなく、暫時は当惑御遠察可被給候。幸に皆々元気にて仕合の至に候。昨夜は親類の人々も相集り、かれこれの積話共致し候次第に候。当地は随分あつく候得共、神戸辺と左ほと違ひ候様にも不被存候。昨今は九十度以下八十五度以上歟と被存候。当方用向もいまた着手不致候得共、余り長くは相掛り申間敷存候間、五六日の内には出発相叶可申と存候。

昨廿七日東京午後五時発の電信七時半相達、其方皆々無事の由、安神いたし候。炎熱の時分に候間、子供の気付け専一に存候。少しなり共不例なる時は医師へ相頼み可被申候。一家の取締向は精々相心掛、万事油断無之様可被致候。

志村〔智常〕様本月廿日御差立の御手状は、昨日正午十二時相達申候。縷々御申越の趣致承知候。別段に書状差上不申候間、其方より可然御申上可被給候。

船中にて子供の事を毎度管々見て、一度はうれしく、又一度は懸念の状を起し申候。御笑察可被給候。文子の稽古事はこの暑中は相やすみ候方と存候。あまりべんきやう候と夏いたみのうれひ有之候。御注意可被成候。来月十日迄には帰京可致と存候間、左様御ふくみ可被成候。

庭の樹木をからさゝるやう市五郎え沙汰いたし置可被成候。

先はあら〳〵着の一左右まで申述候。草々かしく

七月廿八日　清成

貞との
清風殿　人々

二伸　松田へも時々為相知、拙者の進退外務省へ相知れ候様御注意可被成候。

三一　吉田勇蔵

1　明治（　）年3月10日

鹿児島県下
鹿児島高麗町上之園通町百七十三番地
ヨシダユウゾウヘ

コノセツハ、ナラバラ〔奈良原繁〕、ノミヲツレ、シツキヤウ〔出京〕ノカタ、コウシノツガウヨロシ、シカルウヘバンタンノキマリヲツクベシ

三月十日朝差出　吉田清成

三二　〔吉田兄〕

1　慶応3年12月15日〔'68年1月9日〕

〔吉田兄〕

任幸便、一筆啓上仕候。乍恐本朝に於ても　聖上いや安らけく九重に静りまし〱玉ひ、将軍には辞職、政挙　王家に帰し奉り、賢明之諸候《〔ママ〕》方之公会相開候段、当国新報に相見得、一統欣然躍舞仕候次第、実に難尽筆紙候。尤、我似之契兄「ヲリファント」氏にも折柄同席にて、容に欣賞に時を移せる形勢、ハリス先生には此新報を見終り、嘻しく落涙に迄及ばれし次第、其切情御賢察被下かし。御両殿様益御機嫌克被遊御座候由、御平に大慶至極奉存候。去年九月洋暦谷元《〔兵右衛門〕》・野村《〔一介〕》之両雄も爰に来着、云々を略す。直様翁の大徳の溢れ、其門下に至り其風化の世に卓越するを見、即先生の徒弟たらん事を切望す。先生、為に之を肯し愛育する事、実に切なり。彼等も亦生来之前非を悔み研究する事、筆紙に尽しかたし。亦江夏《〔蘇助〕》・仁礼《〔景範〕》帰薩之三士も、翁の高論を聞かんと五百有余の里数を不厭偲々来りたるか、その大徳に感し立せん、心《〔ママ〕》弟たらん事を希ひ、終に其意を為翁の愛育を蒙る最篤し。しかして当分挙兄弟骨肉之交接を為し、松平翁の心に講習勉学罷在候旨、乍憚御放意可被下候。若、御都合も候はゝ谷元氏・野村氏之家内衆《〔カ〕》へも御見舞、安心之為形行為御志被成下候ても可然奉存候。磯永《〔長沢鼎〕》彦助も至極元気、ど之方へも追々生長被致居候間、左様御伝声被下度、尤此節は彼にも一筆致御送候間、両親方にも御安悦可被成と存申事御坐候。中上度儀は海山御坐候得共、寸楮不任心候間、左様思召被下度、猶期後書之時候。恐々敬白

千八六八年一月九日　永井《〔吉田清成〕》五百助

兄上様

其外様

略文尚々土肥《〔毛利藤四郎〕》・服部《〔潜蔵〕》・音見《〔河瀬真孝〕》・芳山《〔福原親徳〕》・永見《〔藤本磐造〕》・花房《〔義質〕》・柘植《〔善吾〕〔又一〕》・結城《〔幸安〕》・大庭等其外種子島《〔敬輔〕〔五郎之介〕》・吉原《〔重俊〕》等の士、先生の法を慕ふて来らん事を切望すといへども、未其意得すとの段を記せり。

谷元兵右衛門

野村一介

肥後十郎

毛利覚助
竹内健蔵
井上干城

右は洋学諸生として江戸表え被差出置、於彼地修行。

三三 〔吉田姉〕

1 明治（ ）年3月12日

二月廿六日付御手紙厳着、早々拝見仕候処、皆様御揃御清穆被成御座、奉珍重候。二に、当方至て無事罷在候間、乍憚御放念可被降候。陳は、慶蔵〔鮫島〕儀に付御申越之趣了承、愕然仕候。如何なる気狂ひ相発し候哉。多分一時之心得違ひとは奉存候得共、尊姉公御配神之程、奉恐察候。税所・横山両氏より委細放道〔ママ〕之趣も有之、確報と奉存候故、此際取切、至当之所分不致候ては双方之家名にも相拘り候も難計、苦慮仕候間、本月初旬電報差立、勇蔵〔吉田〕帰県所分之外有之間布存候旨申上候処、早速御回電にて勇蔵を差下し候様被仰聞候付、即ち勇蔵へも其趣申聞候処、当時御用繁に候へ共、勿論早々罷下り可申とて、親病気帰省之義本日願済相成、明日横浜出般〔帆〕下向可仕候間、着之上は万事御打融け御相談之上、至当之御措置御座候様万禱之至に不堪候。尤、可相成は穏便に局を御結ひ被下度、慶蔵も所謂若気之誤なるへく故、改心する之期あるは眼前と奉存候間、後来を誡め候はゝ、強ち既往之過を以御見捨不被遊様、偏に〳〵御注意相願候。何にせよ既に業に幾分之汚名双方之家にも相与へ候は無論に御坐候得共、此末夫れが為めに同人を厳しく御所置被成候様にては、益名誉に相関し可申、実に苦神無申計御座候間、可成は情に泥み過ぎるも苛に過ざる様仕度、右辺は勇蔵とも談置申候間、親敷御聞取被下、且つ宜布御取計御座候様、偏に冀望仕候。

いつれ御一家家政向御取片付相成候上は、速に御出京相成候様、此度是亦希望仕候。慶蔵にも悔悟之意充分御見認め御座候上、夫々当方え御召列之上、私乍不及、万事引立方世話可仕奉存候。勇蔵と御相談可被下候。

厳儀も不遠内より入塾為致候舎に御座候。御放神可被下候。至極元気に相見受候。当分草道方へ相托し置申候。是も少々所以有之候次第、私官舎之方も手狭、且つ草道此内旅行中故、留守之間にも相成可申処、かく取計置申候。勇蔵より委細は御聞取被下度候。今便には他事は不申上、勇蔵より万御聞取被下様奉願候。類中え宜布御致声被下度御依頼申上候。取急き前後書ちらし候間、御推読被下度候。　敬具

三月十二日灯下　清成

吉田姉上様人々

二白　家内より宜布申出候間、左様御承知可被下候。

三四　吉田家中

1　明治(　)年12月17日

御用之義有之、唯今よりかふべ〔神戸〕え出足いたし候間、左様御承知被成度候。明晩か明後日早天には必帰府いたすべく候間、左様御待居可被給候。北代様〔正臣〕にも明日帰東の筈にて、旁御聞の儀多く有之、其上出舟の事にて鳥渡帰宅する事だに不能、直様出足いたし候間、左様御納得可被成候。

臘月十七日　太郎より

吉田家中へ　用向

三五　フィッシュ〔Fish, Hamilton〕

1　明治10年2月9日

謹啓　陳は、合衆国と日本国との間現存の条約改定之発題に関し、客歳六月廿九日御談話之事に係る去十二月三十日附之拙翰に対し、去月十日附之貴翰致落手候。去月十八日親しく陳述致置候通、去年六月廿九日御談判中、或るケ条貴下と拙者の記臆〔憶〕少差異有之様に相見候。右差異の中、余に取り緊要と存候廉、貴下に開陳候は相当と思惟いたし候。

我政府に於ては、諸締盟国協同之後に限り実施す可し

との約あれは、結約の談判を欲し候哉御尋問有之候処、余に於て否と相答候旨、去月十日附貴翰中御記載有之候。右に付、貴下之御強記なるは不容疑候得共、左の事を茲に不可不愚陳候。右の条約発題に及候はゝ、我政府に於て如何に可致哉、更に告知を領せさりしを以て、右御尋問に対し右之如き確言難申述筈に有之候。余か記臆〔憶〕に拠れは、斯く立限之条約を締結するは、我政府に於て欲せさる事と被察候得共、其意見問合多き旨とのみ陳述いたし候事と被存候。

右に付、今茲に御尋問致候儀は、貴政府に於ては客歳六月八日貴閲に供置候同年四月十四日附我訓条中充分に説明有之候通り、其発題之趣旨に基き諸締盟国協同之後に〔後欠〕

明治十年二月九日

華盛頓〔ワシントン〕府に於て

特命全権公使　吉田清成

フィッシュ

編集・解説

吉田清成関係文書研究会（代表・山本四郎）

京都大学史料叢書 12

吉田清成関係文書三 書翰篇3

平成十二年（二〇〇〇）八月十五日 発行

定価：本体一三、〇〇〇円（税別）

編者 京都大学文学部日本史研究室

発行者 田中周二

印刷所 株式会社図書印刷同朋舎

発行所 株式会社 思文閣出版

京都市左京区田中関田町二―七

電話（〇七五）七五一―一七八一（代）

ISBN4-7842-1048-2 C3321

Printed in Japan

京都大学史料叢書（第一期）

1	兵範記 1	上横手雅敬編	本体10,500円
2	兵範記 2		本体10,500円
3	兵範記 3		本体10,500円
4	兵範記 4・範国記・知信記		
5	兵範記紙背文書	大山喬平編	
6	古文書集　西山地蔵院	大山喬平編	
7	京都雑色記録 1	朝尾直弘編	
8	京都雑色記録 2		
9	京都雑色記録 3		
10	吉田清成関係文書 1　書翰篇 1	山本四郎編	本体13,000円
11	吉田清成関係文書 2　書翰篇 2		本体13,000円
12	吉田清成関係文書 3　書翰篇 3		本体13,000円
13	吉田清成関係文書 4　書翰篇 4		
14	吉田清成関係文書 5　書翰篇 5		
15	吉田清成関係文書 6　書類篇 1		
16	吉田清成関係文書 7　書類篇 2		